Hans Herbert von Arnim, geboren 1939, leitete nach dem Jura- und Volkswirtschaftsstudium zehn Jahre lang das Karl-Bräuer-Institut des Bundes der Steuerzahler. Nach der Habilitation in »Staats- und Verwaltungsrecht, Finanz- und Steuerrecht« ist er seit 1981 Professor an der Hochschule für Verwaltungswissenschaften Speyer. Seine Veröffentlichungen zur Politikfinanzierung haben in den letzten Jahren immer größere Wirkung auf die Praxis gehabt, so etwa bei den Skandalen um Diäten, Ministerversorgung und Parteienfinanzierung in Hessen, Hamburg, im Saarland und im Bund. Eine breite öffentliche Diskussion lösten zuletzt seine Bücher »Der Staat als Beute. Wie Politiker in eigener Sache Gesetze machen«, »Staat ohne Diener. Was schert die Politiker das Wohl des Volkes?« und »Der Staat sind wir!‹ Politische Klasse ohne Kontrolle? Das neue Diätengesetz« aus.

Von Hans Herbert von Arnim sind außerdem erschienen:

Demokratie ohne Volk (Band 80021)
Der Staat als Beute (Band 80014)
Staat ohne Diener (Band 80062)
»Der Staat sind wir!« (Band 80079)

Dieses Buch wurde auf chlor- und säurefreiem Papier gedruckt.

Originalausgabe Juni 1996
© 1996 Droemersche Verlagsanstalt Th. Knaur Nachf., München
Diese vollständig überarbeitete, aktualisierte und ergänzte
Neuausgabe basiert auf dem gleichnamigen Titel, der zuerst
1991 im Verlag v. Hase & Koehler, Mainz, erschien.
Umschlaggestaltung Agentur Zero, München
Satz MPM, Wasserburg
Druck und Bindung Ebner Ulm
Printed in Germany
ISBN 3-426-80074-8

5 4 3 2 1

HANS HERBERT VON ARNIM

Die Partei,
der Abgeordnete
und das Geld

Parteienfinanzierung
in Deutschland

Für Joachim und Susanne Schulz

Inhalt

Vorwort

Die Parteienfinanzierung, zu der hier auch die Finanzierung der Fraktionen, der Parteistiftungen und der Parlamentsabgeordneten gezählt werden, hat in den letzten Jahren ihr Gesicht völlig verändert. Der Hunger der Parteien nach Geld, öffentliche Skandale und Diskussionen, Berichte von Sachverständigen und Urteile des Bundesverfassungsgerichts haben in ihrem Zusammenwirken dazu geführt, daß in kurzer Zeit neue Parteien-, Fraktions- und Abgeordnetengesetze ergingen, so daß es selbst für gemeinhin gut informierte Beobachter fast unmöglich wurde, noch den Überblick zu behalten. Darunter leidet dann auch die öffentliche Kontrolle, die gerade bei Entscheidungen des Parlaments in eigener Sache doppelt wichtig ist. Die 1991 erschienene erste Auflage dieses Buches mußte deshalb völlig überarbeitet werden; in weiten Teilen ist ein neues Buch entstanden, das nun als Taschenbuch allgemein verfügbar ist. Trotz der teils komplizierten Materie habe ich versucht, es so zu schreiben, daß es für den politisch interessierten Bürger lesbar bleibt. Denn der Bürger ist in erster Linie betroffen, wenn es um das Verhältnis von Geld, Macht und Recht im demokratischen Verfassungsstaat geht.

Speyer, März 1995

Hans Herbert von Arnim

I. Einführung:

Überblick und Thesen

1 Einleitung

Überkommene Finanzblindheit der Staatslehre

Die Beschäftigung mit den Finanzen, auch mit denen des Staates, gilt vielen immer noch als etwas Minderwertiges. Über Geld spricht man nicht. Auch in der Wissenschaft kam das Thema »Finanzierung der Politik« lange zu kurz.[1] Das hat historisch gewachsene ideologische Wurzeln. Der deutsche Idealismus verachtete alles Finanzielle zutiefst. Jean Jacques Rousseau meinte gar abfällig, Finanzen seien etwas für Sklaven, nicht für Bürger.[2] Die überkommene »Finanzblindheit«[3] nimmt noch zu, wenn es um die Finanzierung der politischen Akteure selbst geht. Zum idealistischen Erbe kommt die Scheu hinzu, sich mit finanziellen Interna der Mächtigen in Staat und Politik zu befassen und diesen dabei möglicherweise zu nahe zu treten.[4]

Finanzen als Kern der öffentlichen Dinge

Solche Art von Zurückhaltung ist bedauerlich, sind die Finanzen doch nicht nur ein Bereich unter anderen, sondern in Wahrheit fast so etwas wie der strategische Punkt, von dem aus man die Dinge in den Blick und in den Griff bekommt. In den staatlichen Finanzen spiegelt sich der Zustand eines Gemeinwesens seit eh und je besonders deutlich wider;[5] in der Politikfinanzierung zeigen sich charakteristische Eigenarten der Politik wie durch eine Lupe vergrößert.[6] Geld ist nicht nur Mittel zur Erringung der Macht und Gegenstand sowie Resultat der Machtausübung,[7] sondern auch exakt meßbar. Geldflüsse bieten deshalb, sofern sie der Wissenschaft zugänglich sind, besonders geeignete Ansätze für Forschungen. »If you follow the money trail you will come upon the truth« heißt es im angelsächsischen Sprachbereich treffend,[8] mag der Widerwille vieler Staats- und Sozialwissenschaftler, sich mit der Geldseite ihrer Forschungsobjekte zu befassen, diese Quelle der Erkenntnis auch oft ungenutzt lassen. Die zentrale Bedeutung der Finanzen war früher, vor Rousseau und dem Idealismus, auch unter politischen Schriftstellern weithin anerkannt. Der Satz »Geld ist der Kern der öffentlichen Dinge« stand seit dem Altertum im Mittelpunkt der Staatswissenschaften.[9] Die Frage, wie das Gemeinwesen seine politischen Führer entschädigen solle, war für politische Denker von Aristoteles bis Bentham ein zentraler Gegenstand ihres Interesses – ganz im Gegensatz zur lange bei uns vorherrschenden Haltung der Wissenschaft. Dabei verdient dieser Bereich gerade heute wieder verstärkte Aufmerksamkeit.[10]

Parteienfinanzierung als Ausdruck des Parteienstaates

Die Parteien sind in der parlamentarischen Demokratie der Bundesrepublik Deutschland die zentralen machtpolitischen Größen, auch wenn es daneben natürlich noch andere Akteure wie etwa die Verwaltung, die Interessenverbände und die Medien gibt.[11] Doch nur die politischen Parteien kämpfen um die Macht im Staat, besetzen mit ihren Führungsgruppen die staatlichen Ämter und haben grundlegende innen- und außenpolitische Entscheidungen zu verantworten, die alle Bürger binden. Man spricht deshalb nicht zu Unrecht vom »Parteienstaat«. Dabei darf, wenn in diesem Buch generalisierend von »Parteien« gesprochen wird, nicht übersehen werden, daß sie keine monolithischen Blöcke sind. Die politischen Parteien umfassen nicht nur die nach außen vor allem in Erscheinung tretenden Führungsgruppen, die wir hier – entsprechend einem inzwischen verbreiteten Sprachgebrauch – auch als »politische Klasse«[12] bezeichnen, sondern auch eine große Zahl zumeist ehrenamtlich tätiger aktiver Mitglieder und eine noch viel größere Zahl passiver, lediglich ihre Beiträge zahlender Mitglieder,[13] die gerade in Sachen Parteienfinanzierung nicht selten eine ganz andere Einstellung haben als die Angehörigen der politischen Klasse.

Entwicklungen und Strukturen, aber auch Fehlentwicklungen und Mängel des Parteienstaates spiegeln sich in der Finanzierung der Parteien im weiteren Sinne (also einschließlich der Fraktionen, Parteistiftungen und Abgeordneten) besonders deutlich wider.[14] Was für den Staat und die Politik generell gesagt wurde, gilt auch für den *Parteien*staat. In der staatlichen Parteien*finanzierung* spitzen sich die Gefahren des Mißbrauchs unkontrollierter Macht förmlich zu. Ihr seit einigen Jahrzehnten explosionsartig ausgeweitetes Volumen ist nicht nur Ausdruck der Parteienmacht, sondern auch Mittel, diese immer weiter auszudehnen. Wer die Macht der Parteien begrenzen will, muß zuvörderst ihre Finanzierung aus öffentlichen Haushalten eindämmen.

Wende in der Parteienbeurteilung: Von der Parteienverklärung ...

In der Beurteilung der politischen Parteien hat sich in den vergangenen Jahrzehnten ein bemerkenswerter Wandel ergeben. In der Vor- und Anfangsphase der Bundesrepublik hatte sich dem Weg in den Parteienstaat kaum Widerstand entgegengestellt. Die Parteien stießen in der Stunde Null – auch angesichts der politischen Vorbelastung mancher konkurrierender Einflußgruppen – in ein Vakuum und konnten ihre Position rasch festigen. In Überreaktion auf die Verketzerung demokratischer Parteien in der Weimarer Republik, die ihnen die Daseinsberechtigung abgesprochen und der nationalsozialistischen Diktatur in den Sattel geholfen hatte, verfiel man nach dem Zusammenbruch zunächst ins gegenteilige Extrem, so als gelte der Satz »Parties can do no wrong«.

Die Überhöhung der Parteien fand ihren staatsrechtlichen Ausdruck in der überspitzten Parteienstaatsdoktrin von Gerhard Leibholz, der in den Parteien nicht nur Vermittler zwischen Volk und Staat sah, sondern die Parteien mit beiden identifizierte[15] und so den Blick für Mißstände und Fehlentwicklungen lange verstellte. Da Leibholz einflußreiches Mitglied des Bundesverfassungsgerichts wurde, schlug sich seine Auffassung anfangs auch in der Rechtsprechung nieder. So bewirkte ein bloßer Wink aus Karlsruhe im Jahre 1958,[16] daß die Bundesrepublik 1959 als erstes europäisches Land die staatliche Finanzierung der Parteien einführte; die Verfasser des Grundgesetzes waren noch von einer rein privaten Finanzierung ausgegangen.

Auch die Politikwissenschaft wirkte einseitig parteietablierend: Sie sah anfangs ihre Hauptaufgabe darin, die bundesdeutsche Bevölkerung von der Nazidiktatur zur parlamentarischen Demokratie umzuerziehen. Dabei stand auch hier die (natürlich nicht bestreitbare) Unverzichtbarkeit der Parteien in der Demokratie so sehr im Vordergrund, daß die ebenfalls notwendige Diskussion über Begrenzungen und Kontrollen zu kurz kam.

... zum Glaubwürdigkeitsverlust

Heute hat sich die Situation gewandelt. Nach fast fünf Jahrzehnten »Marsch in den Parteienstaat« haben sich die Problemfronten verschoben. Mußte es nach dem Zusammenbruch der Hitler-Diktatur erst einmal darum gehen, die politischen Parteien zu etablieren, so sind sie heute, nach einem halben Jahrhundert, wahrhaft etabliert genug. Es besteht kein Grund mehr, sie mit Samthandschuhen anzufassen oder gar gegen Kritik zu immunisieren. Im Gegenteil: Wenn der Satz stimmt, daß Macht, soll sie nicht korrumpieren, Kontrolle benötigt, sind die Parteien heute besonders kontrollbedürftig. Entgegen der Absicht des Grundgesetzes (das in Art. 21 I nur von einer *Mit*wirkung bei der politischen Willensbildung des Volkes spricht) haben sich die Parteien mit den Worten des früheren Bundespräsidenten Richard von Weizsäcker immer mehr zu beherrschenden Organisationen des gesamten öffentlichen Lebens entwickelt. Sie breiten sich »fettfleckartig« auch in solche Bereiche aus, in denen sie nach dem Grundgesetz eigentlich nichts zu suchen haben, und vermitteln den Eindruck, daß sie sich den Staat vollends »zur Beute« machen.[17] Die Gewaltenteilung wird unterlaufen, und auch neutrale Gewalten wie Verwaltung, Justiz und Wissenschaft werden zunehmend vereinnahmt.[18]

Als Folge dieser Entwicklung zeigt sich auch in den Staatswissenschaften fast so etwas wie ein paradigmatischer Wandel des Ausgangsverständnisses. Kritik und Warnungen vor der zunehmenden Oligopolisierung aller Staatsmacht in der Hand der politischen Parteien nehmen sprunghaft zu. Auch ansonsten mit Kritik sehr zurückhaltende Autoren sprechen von »Beschlagnahme« des Staates (und zunehmender Bereiche der Gesellschaft) durch die Parteien und von »Partitokratie«.[19] Die Vereinigung der Deutschen Staatsrechtslehrer widmete 1985 ihre Jahrestagung dem Thema »Parteienstaatlichkeit – Krisensymptome des demokratischen Verfassungsstaates?«.[20] Auch die Politikwissenschaft geht zunehmend zu einer mehr oder weniger kritischen Behandlung der Thematik über,[21] obwohl dies gerade manchen Parteienforschern aufgrund ihrer häufig sehr engen Parteibindungen und ihrer Unsicherheit im Umgang mit normativen Maßstäben, die sie offiziell für »unwissenschaftlich« erklären, inoffiziell aber durch die Hintertür doch wieder einfließen lassen,[22] besonders schwer zu fallen scheint.

Regeln des Machterwerbs

Die Regelung der Höhe, der Art und Weise und der Verteilung der Parteienfinanzierung gehört zu den »Regeln des Machterwerbs« (Rudolf Wildenmann[23]), das heißt zu den zentralen Determinanten des politischen Prozesses. Diese Spielregeln haben nicht nur Einfluß auf Erfolg oder Mißerfolg der Akteure im politischen Wettbewerb, sondern bestimmen auch den Ablauf der gesamten politischen Willensbildung mit. Wie Parteienfinanzierung ausgestaltet wird, ist deshalb von völlig anderer machtpolitischer Bedeutung und demokratietheoretischer Qualität als etwa die Art der staatlichen Subventionierung von irgendwelchen Wirtschaftszweigen oder auch von gemeinnützigen Institutionen. Es geht um zentrale Machtfragen. Die Regeln des Machterwerbs bestimmen mit über Erwerb und Erhalt der Mehrheit und damit der Gesetzgebungs-, Regierungs- und Verwaltungsmacht durch die politischen Parteien, der alle Bürger, auch die der überstimmten Minderheit, unterworfen sind; sie bestimmen auch mit über die Einwirkungsmöglichkeiten der Bürger auf den politischen Prozeß und die Blickrichtung der Parteien und Politiker. Es versteht sich deshalb, daß die Regeln des Machterwerbs einerseits bevorzugter Gegenstand des Machtinteresses der jeweiligen Mehrheiten in den Parlamenten sind, die versuchen, sie zu ihren Gunsten zu biegen, so daß Fairneß und Gemeinwohlorientiertheit der Spielregeln besonders *gefährdet* sind.[24] Andererseits ist es für das Gedeihen des Gemeinwesens und die Legitimität seiner Führung besonders *wichtig*, daß die Spielregeln vor Verzerrungen zugunsten der jeweiligen Machthaber möglichst bewahrt werden.

Entscheidung in eigener Sache als Grundproblem

Das zentrale Problem der staatlichen Politikfinanzierung, das man in den Mittelpunkt aller Diagnose- und Therapieüberlegungen stellen muß, liegt in einer parlamentarischen Demokratie wie der Bundesrepublik Deutschland darin: Über die rechtliche Ordnung der Abgeordneten, Fraktionen, Parteien und Parteistiftungen und über das Geld, das sie aus der Staatskasse erhalten, entscheiden die Betroffenen letztlich selbst. Die Parlamente beherrschen die öffentlichen Haushalte und die Gesetzgebung. Sie bestimmen mit Erlaß der Haushaltspläne darüber, wer wieviel Geld aus der Staatskasse erhält, und sie bestimmen durch die Gesetzgebung, was als »Recht« für alle verbindlich gilt. Die Parlamente bestehen aber ihrerseits aus nichts anderem als Abgeordneten und Fraktionen, und diese stehen ihren Parteien und Stiftungen denkbar nahe. Die Parlamente entscheiden hier also in eigener Sache. Von dieser Erkenntnis ist das Bundesverfassungsgericht in seinem Diätenurteil von 1975 mit Recht ausgegangen.[25] Sie hat sich mittlerweile auch für die Parteien-, Fraktions- und Stiftungsfinanzierung weitgehend durchgesetzt. Entscheidungen in eigener Sache sind ansonsten in unserer Rechtsordnung seit je verpönt – und das aus gutem Grund: Selbstbetroffenheit macht befangen, und man weiß aus Erfahrung, daß die eigenen Interessen der Entscheidenden mangels Gegengewichts durchschlagen und es so der Tendenz nach zu einseitigen, unangemessenen und mißbräuchlichen Entscheidungen kommt. Genau das zeigt sich auch bei der Politikfinanzierung. Berücksichtigt man zusätzlich, daß die sie betreffenden Regelungen zu den besonders wichtigen, aber auch besonders gefährdeten »Regeln des Machterwerbs« gehören, so erscheint die bereits in ihren Entstehungsprozeß eingebaute Schieflage um so problematischer.

Prozeßorientierter Ansatz

Der methodische Ansatz, der diesem Buch zugrunde liegt, beruht auf der Erkenntnis, daß zwischen dem *Verfahren* und dem *Inhalt* von Entscheidungen ein *Zusammenhang* besteht. Diese allgemeine Erkenntnis gilt auch für die Politikfinanzierung: Ist das Verfahren, in dem über Fragen der Politikfinanzierung entschieden wird, einseitig von bestimmten Interessen dominiert, dann werden mangels wirksamer Widerlager die daraus hervorgehenden Resultate meist auch inhaltlich unangemessen und damit unrichtig sein.[26] Unser Ansatz setzt also nicht die (in aller Regel ohnehin unmögliche) Bestimmung irgendeines »allein richtigen« Optimums voraus (etwa um damit den Ist-Befund vergleichen und bewerten zu können). Er verlangt nicht einmal den Nachweis, daß eine bestimmte Entscheidung im Einzelfall wirklich unrichtig ist. Er erlaubt vielmehr Kritik und Empfehlungen bereits dann, wenn es nur zutrifft, daß ein tendenziell und im allgemeinen wirksamer, nicht unbedingt in jedem Einzelfall nachweisbarer Zusammenhang zwischen Prozeß und Ergebnis besteht, mit anderen Worten: Ein unausgewogener Prozeß der Willensbildung in Sachen Politikfinanzierung »indiziert« zugleich die Unausgewogenheit des Ergebnisses. Mit der Feststellung der Unausgewogenheit des Prozesses und der daraus hervorgegangenen Resultate läßt sich regelmäßig auch die *Richtung* der Abweichung feststellen. Daraus ergibt sich dann umgekehrt auch die Richtung, in die zur Herstellung von Ausgewogenheit und Angemessenheit *gegengehalten* werden muß. Erst dieser organisations- und prozeßorientierte Ansatz eröffnet den Zugang zum Verständnis und zur Kritik der Politikfinanzierung und zur Entwicklung von Verbesserungsvorschlägen. Er ist deshalb nach Auffassung des Verfassers für eine praxisorientierte Wissenschaft von besonderer Relevanz.

Dieser Ansatz und das Thema bringen es mit sich, daß in diesem Buch nicht die Stärken unseres politischen Systems, sondern die auf Entscheidungen in eigener Sache beruhenden *Problem*punkte und Einseitigkeiten der Parteien*finanzierung* im Mittelpunkt stehen. Ein solches gezieltes Gegenhalten erscheint aber auch gerechtfertigt: Will man eine nach der einen Seite gebogene Rute gerade machen, muß man sie in die andere Richtung biegen.

»Aufgaben« als Kriterien der Staatsfinanzierung?

Die Ungleichgewichtigkeit des Entscheidungsverfahrens macht den methodisch zunächst naheliegenden Weg illusorisch, die Finanzbedürfnisse »der Politik« anhand der gesetzlichen Aufgaben etwa der Parteien zu ermitteln und auf dieser Grundlage mangels ausreichender eigener Mittel der Parteien staatliche Zuwendungen in bestimmtem Umfang zu begründen.[27] Auf den ersten Blick mag es zwar naheliegen, von den Aufgaben auszugehen, die etwa für Parteien in dem umfangreichen Aufgabenkatalog des § 1 PartG (Parteiengesetz) enthalten sind. So ist in der Tat die Parteienfinanzierungskommission 1983 vorgegangen, um eine Erhöhung der staatlichen Parteienfinanzierung zu begründen.[28] Dieses Vorgehen führt aber – ganz abgesehen von der extremen Vagheit der Kriterien – zwangsläufig zu einem Zirkelschluß, weil den Katalog des § 1 PartG kein neutraler Gesetzgeber erlassen hat. Hinter dem Gesetzgeber stehen vielmehr die Parteien selbst. Die Bestimmung der Aufgaben der Parteien in § 1 PartG hat das Parlament sozusagen in eigener Sache vorgenommen. Von dieser Selbstdefinition der Aufgaben nun die Staatsfinanzierung abhängig zu machen würde bedeuten, die Bestimmung der Kriterien und damit des Umfangs der Staatsfinanzierung wiederum in die Hand der Begünstigten selbst zu legen. Angesichts der naheliegenden Neigung der Parteien, ihre Aufgaben auch nach ihren eigenen Wünschen nach staatlicher Finanzierung auszurichten, liefe eine solche Vorgehensweise auf eine Spirale ohne Ende hinaus und ist deshalb nicht sinnvoll. Diese Auffassung[29] klingt jetzt auch beim Bundesverfassungsgericht an, wenn es betont, daß der Finanzbedarf der Parteien sich »an dem zur Verfügung stehenden Einnahmerahmen ausrichten« muß.[30]

Eine ganz ähnliche Schieflage der Argumentation hat sich bei der Festsetzung der Entschädigung von Landtagsabgeordneten ergeben: Viele Landesparlamente haben Tätigkeiten, die auf kommunaler Ebene ehrenamtlich erledigt werden, zu den Aufgaben von Landtagsabgeordneten gerechnet und daraus Folgerungen für die Höhe des Entschädigungsniveaus und die Versorgung gezogen. Das führt dazu, daß in fast allen Ländern die Tendenz festzustellen ist, daß die Landtage sich als Vollzeitparlamente definieren. Auch hier liegt die Vermutung nahe, daß die Entscheidung für den Vollzeitabgeordneten und die Einbeziehung ansonsten ehrenamtlich erbrachter Aktivitäten in den Kreis der Abgeordnetenaufgaben durch den Wunsch nach einem höheren Entschädigungsniveau und nach Versorgung mitbedingt sind. Aus dem gleichen Grund fehlt auch für durchgreifende, die Parlamentsarbeit rationalisierende Organisationsreformen des Parlamente von vornherein die Motivation.

Inhalt und Gliederung des Buchs

Unter der hier zu behandelnden »Parteienfinanzierung im weiteren Sinn« werden im folgenden verstanden: die Finanzierung

- der politischen Parteien im engeren Sinne,
- der (mit den Parteien politisch eng verbundenen) Fraktionen,
- der sogenannten Stiftungen der politischen Parteien und
- der Volksvertreter.

In einem in die Europäische Union eingebetteten Bundesstaat mit kommunaler Selbstverwaltung wie der Bundesrepublik Deutschland stellen sich parallele Finanzierungsfragen auf (mindestens) vier Ebenen:

- auf der Ebene des Bundes,
- der Länder,
- der Kommunen und
- der Europäischen Union.

Es ist nicht möglich, alle Ebenen zu behandeln, auch deshalb, weil viele Fragen, besonders auf Kommunal- und Europaebene, bisher noch wenig untersucht sind.

Im folgenden werden wir zunächst auf die Finanzierung der Parteien (Teil II), der Fraktionen im Bundestag und in den Landesparlamenten, der Parteistiftungen und Abgeordnetenmitarbeiter (Teil III) eingehen, sodann auf die Finanzierung der Abgeordneten des Bundestags und der Landesparlamente (Teil IV). Die Behandlung der verschiedenen Teile der Politikfinanzierung in getrennten Kapiteln läßt sich nicht vermeiden, weil sie gesonderten *rechtlichen* Regeln unterliegen. Gleichwohl werden die zahlreichen *tatsächlichen* Querverbindungen, Zusammenhänge und Parallelen zwischen den Teilbereichen[31] stets zu berücksichtigen sein. In den Augen der Öffentlichkeit bilden die jeweiligen Parteien mit ihren zugehörigen Fraktionen, Parteistiftungen und Abgeordneten – trotz aller rechtlichen Selbständigkeit – *politische Einheiten*. Das kann auch eine funktionsgerechte Analyse der Rechts- und Verfassungsentwicklung nicht außer acht lassen.

Im fünften Teil schließlich sollen die sogleich zu nennenden 19 Thesen wieder aufgenommen und die bisherigen Erfahrungen mit der Politikfinanzierung zusammenfassend ausgewertet werden. Dann wird sich auch die Fruchtbarkeit einer Zusammenschau erweisen, die neben der üblicherweise im Mittelpunkt der literarisch-wissenschaftlichen Aufmerksamkeit stehenden Parteienfinanzierung im *engeren Sinne* auch die Fraktions-, Stiftungs- und Abgeordnetenfinanzierung (Parteienfinanzierung *im weiteren Sinne*) einbezieht. (Weitere Bereiche der »*Politik*finanzierung«, etwa die Bezahlung und Versorgung von Bundespräsidenten, Ministern und politischen Beamten,[32] werden in diesem Buch nicht behandelt, allenfalls gestreift.) Dabei werden nicht nur die derzeit geltenden rechtlichen Regelungen behandelt, sondern auch die finanziell-wirtschaftlichen Größenordnungen, ebenso ihre zeitliche Entwicklung im Zusammenwirken der relevanten Akteure. Erst eine solche Quer- und Längsschnitte legende Gesamtbetrachtung schafft die Basis, die es erlaubt, den Determinanten der staatlichen Politikfinanzierung im Dreieck von politischen Institutionen, Verfassungsrechtsprechung und Öffentlichkeit auf die Spur zu kommen, die eigentlichen Probleme in den Blick zu nehmen und an den Nerv gehende Verbesserungsvorschläge zu entwickeln.

2 Neunzehn Thesen

Die in den folgenden Kapiteln im einzelnen dargestellten und analysierten Erscheinungsformen der Politikfinanzierung zeigen bestimmte Entwicklungslinien und typische Eigenarten, die sich in 19 Thesen zusammenfassen lassen. Die Auflistung der Thesen schon am Anfang dieses Buches soll dem Leser bei Lektüre der einzelnen Bereiche der Politikfinanzierung ein vertieftes Verständnis ermöglichen, ihn zu dem hinführen, was nach Meinung des Verfassers die Wurzeln der Probleme sind, und möglichst verhindern, daß sich die Reaktion des Lesers auf die dargestellten Fehlentwicklungen und Defizite in vordergründiger Entrüstung erschöpft.

(1) Dominanz von Eigeninteressen

Die Repräsentanten in den Parlamenten sind überfordert, wenn man ihnen unbegrenzte und unkontrollierte Möglichkeiten der Selbstfinanzierung gibt und Mäßigung allein von ihrer Selbstdisziplin und ihrem Rechts- und Richtigkeitsgefühl erwartet. Vielmehr werden die Eigeninteressen der in eigener Sache Entscheidenden sich mangels wirksamer Gegengewichte auf Dauer tendenziell Bahn brechen. Dies entspricht bis zu einem gewissen Grad der Prämisse von Joseph Schumpeter[33] und Anthony Downs,[34] die davon ausgehen, daß Parteien und Politiker ihre spezifischen Eigeninteressen an Macht, Geld, Prestige usw. verfolgen, wenngleich keineswegs ausgeschlossen werden soll, daß auch institutionelle, kulturelle und andere Faktoren Wirkung entfalten und die Kanalisierung privater Zuwendungen und den Umfang und die Ausgestaltung staatlicher Politikfinanzierung mitbestimmen.[35] Im Gegenteil: Die Suche nach institutionellen Gegengewichten und Begrenzungen wird sich wie ein roter Faden durch das gesamte Buch ziehen.

(2) *Undemokratischer Einfluß des »großen Geldes«*

Das klassische Problem der Parteienfinanzierung, das zu Anfang der Bundesrepublik, als es noch keine Staatsfinanzierung gab, ganz im Vordergrund stand, ist der mögliche Einfluß des »großen Geldes« auf die Politik durch die Gewährung von »Spenden« und sonstigen Zuwendungen, der, unkanalisiert und unkontrolliert, leicht plutokratische Formen annehmen kann und mit dem Gedanken der demokratischen Gleichheit des politischen Einflusses aller Bürger schwer vereinbar erscheint – eine Gefahr, die aber von den Beteiligten regelmäßig heruntergespielt und bagatellisiert wird, es sei denn, es geht darum, Begründungen für staatliche Zuschüsse zu finden.

(3) *Zweifelhafte Argumente für die Staatsfinanzierung*

So wurden die Einführung und der Ausbau der *staatlichen* Politikfinanzierung unter anderem damit begründet, der Einfluß des privaten Kapitals müßte beschränkt werden, ein Argument, das aber nur bis zu einem gewissen Umfang die Staatsfinanzierung trägt und zudem konterkariert wird, wenn es gleichzeitig an Kontrollen und Begrenzungen kapitalistischer Einflüsse weiterhin fehlt oder sogar umgekehrt der Einfluß von Großspendern durch staatliche Subventionen auch noch massiv gefördert wird.

(4) *Benachteiligung außerparlamentarischer Konkurrenten*

Die im Parlament Vertretenen sind immer wieder versucht,

ihrem Machtstreben nachzugeben und die Verfügung über staatliches Recht und staatliches Geld dadurch auszunutzen, daß sie ihre außerparlamentarischen Konkurrenten, also kleine und neue, nicht oder noch nicht in den Parlamenten vertretene Parteien, Wählergemeinschaften oder Kandidaten, benachteiligen. Dadurch wird die Offenheit des politischen Prozesses und damit die Reaktionsfähigkeit des Systems auf neue Herausforderungen gefährdet.

(5) Gefahr übermäßiger Selbstversorgung
Zugleich sind die im Parlament Vertretenen der Versuchung ausgesetzt, sich zu Lasten der Allgemeinheit im Übermaß selbst zu versorgen. Die grundsätzlich unbegrenzten Finanzierungswünsche der in eigener Sache Entscheidenden können sich relativ ungehemmt durchsetzen, soweit und solange es an wirksamen Gegengewichten fehlt.

(6) Staatsfinanzierung gefährdet Bürgernähe
Mit der Zunahme der Staatsleistungen nimmt die Angewiesenheit der Parteien auf ihre »Basis« ab. Staatsleistungen demoralisieren leicht privates Engagement. Es drohen Bürokratisierung, Verkrustung und Bürgerferne durch Abkoppelung der politischen Klasse von Mitgliedern, Sympathisanten und anderen Bürgern (»Raumschiff Bonn«). Den Parteien wird die Erfüllung ihrer Funktion als Mittler zwischen Bürger und Staat erschwert,[36] Parteien- und Staatsverdrossenheit werden gefördert.[37] Wandlungen, denen die Parteien aufgrund geänderter Finanzierung unterliegen, wandeln auch die politische Gesamtstruktur. Darauf hatten weitsichtige Beobachter bereits vor Jahrzehnten, als die staatliche Parteienfinanzierung eingeführt wurde, warnend hingewiesen.[38]

(7) Rückwirkungen auf die Rekrutierung des politischen Führungspersonals

Die Ausweitung der Politikfinanzierung hat häufig übersehene Rückwirkungen auf den Auswahlprozeß des politischen Führungspersonals, also der politischen Klasse, die aber eher in die umgekehrte Richtung gehen, als zumeist von den Betroffenen selbst behauptet wird. Die großzügige Bezahlung etwa von Abgeordneten wird regelmäßig damit gerechtfertigt, die Positionen müßten auch für höher bezahlte Kreise attraktiv gemacht werden. Dieses Argument trifft aber nur unter der Voraussetzung zu, daß tatsächlich Offenheit und Chancengleichheit des Wettbewerbs bestehen. Fehlt es daran und wird bei der Auswahl von kleinen Zirkeln in eigener Sache gekungelt, erhöhen sich mit der Bezahlung der Begünstigten die Prämien für Kungelei und führen deshalb eher zu einer Intensivierung der Abschottung als zu einer Öffnung gegenüber Außenseitern und Seiteneinsteigern.

(8) Politikversagen bei Schaffung der nötigen Begrenzungen

Das Parlament und die hinter ihm Stehenden treten der Aufgabe, eine sie selbst disziplinierende rechtliche Ordnung mit Begrenzungen, Kontrollen und Gegengewichten gegen Mißbrauch in eigener Sache zu schaffen, nur sehr zögerlich nahe und schieben sie, wenn irgend möglich, auf die lange Bank. Oder sie schaffen Begrenzungen, die in Wahrheit oft keine sind, sondern nur so tun, als ob, und die Betroffenen dazu einladen, sie zu *unterlaufen* und unwirksam zu machen. Dabei geht es nicht nur um Begrenzungen staatlicher Politikfinanzierung, sondern auch um die Verhinderung plutokratischer Einflüsse auf die Politik.

Da zu den wichtigsten politischen Gegengewichten die Kontrolle durch die Opposition und damit auch durch den Wähler gehört, ergibt sich die weitere These:

(9) Politische Kartelle

Die Mehrheitsparteien werden, wenn sie Entscheidungen planen, die ihnen zusätzlich Finanzmittel bringen, versuchen, durch *Absprache mit der* parlamentarischen *Opposition* diese einzubinden und so die politische Kontrolle zu schwächen oder auszuschalten. Durch derartige große Koalitionen, das heißt wettbewerbsbeschränkende politische Kartelle in Sachen Parteienfinanzierung (Fraktions-, Stiftungs- oder Abgeordnetenfinanzierung), wird die Kontrolle durch den *Wähler* verhindert und dieser *entmachtet.* Welche Partei auch immer der Wähler wählt, alle sind in das Kartell eingebunden. Bisher konnten sich den politischen Kartellen meist nur die Grünen, neuerdings auch die PDS entziehen.

(10) Ausbeutung des Staates?

Die Einbeziehung aller Parlamentsparteien in die Absprache verlangt die allseitige Förderung ihrer Belange, soll das Kartell nicht gefährdet werden. Angesichts der Verfügung über staatliches Recht und staatliches Geld erfolgen die Absprachen nur allzuleicht auf der Basis des größten gemeinsamen Nenners und damit letztlich auf Kosten der steuerzahlenden Allgemeinheit. Der Staat droht zur Beute der Parteien zu werden.[39]

(11) Wandel des Parlaments vom Kontrolleur zum Kontrollierten

Demokratietheoretisch ergibt sich eine ganz neue Problemlage. Nach überkommenem Verständnis ist in der parlamentarischen Demokratie das Parlament der Kontrolleur der anderen Gewalten. Bei Entscheidungen in eigener Sache bedarf das Parlament nun aber selbst der Kontrolle. Doch wer soll den Kontrolleur kontrollieren? Volksabstimmungen, deren bloße Möglichkeit bereits eine wirksame Bremse bilden könnte, sieht das Grundgesetz auf Bundesebene – von unerheblichen Randfällen abgesehen – bisher nicht vor. Der Bürger als nomineller Herr und Schiedsrichter in der Demokratie ist in seiner Einflußmöglichkeit auf die periodisch wiederkehrenden Parlamentswahlen beschränkt. Er kann mit dem Wahlzettel aber eben nichts ausrichten, wenn die Parteien in den Parlamenten sich einig (oder fast einig) sind und ein politisches Kartell in Sachen staatlicher Politikfinanzierung bilden.

(12) Von der Richtigkeits- zur Unrichtigkeitsvermutung

Demokratietheorie und Staatsrechtslehre gehen davon aus, der parlamentarische Gesetzgeber treffe tendenziell ausgewogene, angemessene Entscheidungen. Diese Prämisse trifft in Sachen Politikfinanzierung aber nicht mehr zu. Entscheidet das Parlament in eigener Sache über die staatliche Finanzierung von Abgeordneten, Parteien, Fraktionen und Parteistiftungen, so gilt die Richtigkeitsvermutung nicht mehr. Muß man in solchen Fällen nicht realistischerweise eher von einer Unrichtigkeitsvermutung der parlamentarischen Entscheidung ausgehen?

(13) Vertrauensverluste

Für Politiker und Parteien (und für den demokratischen Staat, den sie repräsentieren und der ohne sie nicht bestehen kann) steht mehr auf dem Spiel, als sich mit Geld kaufen läßt: ihre Legitimation in den Augen der Bürger und der Angehörigen des öffentlichen Dienstes.[40] Die Bezahlung der politischen Klasse berührt wie kaum ein anderer

Gegenstand den Kern der Beziehung zwischen Regierenden und Regierten.[41] (Die besondere Sensibilität der Öffentlichkeit beruht auch keineswegs nur auf »Neidkomplexen« oder »Neidkampagnen«, wie die Betroffenen gern unterstellen, sondern besitzt einen durchaus rationalen Kern, gehört doch die Ordnung der Politikfinanzierung zu den besonders wichtigen, aber auch besonders gefährdeten Regeln des Machterwerbs [siehe S. 24].) Die langfristigen Wirkungen eines Legitimations- und Vertrauensverlustes der Parteien (und damit auch des von ihnen beherrschten Staates) sind gar nicht zu überschätzen. Kann man vom Verwaltungsbeamten noch erwarten, daß er sich strikt an »Gesetz und Recht« hält, wie das Grundgesetz es befiehlt, vom Bürger, daß er die Gesetze achtet, wenn die in eigener Sache entscheidenden Gesetzeserzeuger sich selbst nicht größter Korrektheit befleißigen? Laxheiten und Permissivität auf oberster Ebene haben Folgen für das Staats- und Rechtsbewußtsein von Bürger und Verwaltung, deren Ausmaß kaum zu erahnen ist.

(14) Öffentlichkeit als zentrales Kontrollelement

In dieser Lage wird – mangels direktdemokratischer Elemente – Öffentlichkeit zum wichtigsten Kontrollelement. Das Bundesverfassungsgericht hat Öffentlichkeit bei Entscheidungen des Parlaments in eigener Sache sogar als einzige wirksame Kontrolle bezeichnet. Die parlamentarische Demokratie basiere auf dem Vertrauen des Volkes; Vertrauen ohne Transparenz aber sei in der Demokratie nicht möglich.[42]

(15) Öffentlichkeitsscheu der Parteien

Die Parteien, Fraktionen und Stiftungen scheinen Öffentlichkeit gerade wegen ihrer Kontrolleffekte wie der Teufel das Weihwasser zu fürchten und neigen dazu, (fast) alles zu versuchen, um sie zu verhindern oder zu umgehen.

(16) Bundesverfassungsgericht als Kontrollinstanz

Da die Parlamente über staatliches Recht und damit auch über staatliches Geld verfügen, weil sie selbst im Rahmen der Verfassung durch Gesetz entscheiden, was zu »Recht« wird, kommen (neben der Öffentlichkeit, die ihrerseits aber durch die Verfassung erzwungen wird) als Gegengewichte vornehmlich die Verfassung und das (die Verfassung auslegende) Bundesverfassungsgericht in Betracht. Das Gericht hat diese Rolle auch bewußt angenommen. In der Praxis wird die Entwicklung der Parteienfinanzierung deshalb wesentlich von seinen Entscheidungen mitbestimmt. Richterrecht herrscht vor. Das Bundesverfassungsgericht wird zum »Ersatz- und Obergesetzgeber«.

(17) Verkehrung gerichtlicher Urteile

Die in eigener Sache entscheidenden Parlamente neigen ihrerseits dazu, die vom Bundesverfassungsgericht offengelassenen Möglichkeiten der staatlichen Politikfinanzierung voll zu ihren Gunsten auszuschöpfen; sie gehen regelmäßig an die Grenze des verfassungsrechtlich Zulässigen oder auch darüber hinaus. Durch die Erprobung der »Belastbarkeit« der Verfassung und des Verfassungsgerichts und bewußte Inkaufnahme »verfassungsrechtlicher Restrisiken« nimmt der Gesetzgeber den von der Rechtsprechung an sich vorausgesetzten politischen Gestaltungsspielraum in der Praxis nicht wahr. Die Verfassungsrechtsprechung mußte bisher paradoxerweise – und sicher ohne es zu wollen – nicht selten sogar zur scheinbaren Legitimation von Fehlentwicklungen herhalten und hat bisweilen selbst ungute Entwicklungen angestoßen.

(18) Asymmetrie der gerichtlichen Kontrolle

Die Rechtsprechung des Bundesverfassungsgerichts hat sich bisher auf die Parteienfinanzierung im engeren Sinne konzentriert. Hier hat das Gericht in zahlreichen Urteilen versucht, Vorkehrungen zur Erhaltung der Chancengleichheit und Offenheit des Wettbewerbs, gegen ein Zuviel an Staatsfinanzierung und gegen Bürgerferne der Parteien zu entwickeln. Für Fraktionen, Parteistiftungen und Abgeordnete samt ihrer Hilfskräfte und sonstigen Ausstattungen fehlen entsprechende Vorkehrungen aber weitgehend. Die Asymmetrie der gerichtlichen Kontrolle begründet eine riesige offene Flanke. Das punktuelle Gegenhalten hat es der in eigener Sache entscheidenden politischen Klasse nicht nur erlaubt, die Subventionen an die bisher von gerichtlicher Kontrolle weitgehend freien Bereiche gigantisch zu steigern, sondern des weiteren bewirkt, daß diese in beträchtlichem Maße auch Parteiaufgaben wahrnehmen, ohne daß dafür die vom Gericht für die Finanzierung der Parteien im engeren Sinne geltenden Vorkehrungen für Chancengleichheit und Bürgernähe greifen.

(19) Entscheidung durch das Volk statt durch das Parlament in eigener Sache

Das Grundproblem der Entscheidung in eigener Sache wird sich letztlich vielleicht nur dadurch entschärfen lassen, daß man an seine Wurzel geht und die Entscheidung auf andere als die Begünstigten selbst überträgt. Dafür kommt in einer Demokratie am Ende wohl nur die Einschaltung des Volkes selbst als des demokratischen Souveräns in Betracht. Wäre es nicht eigentlich naheliegend, daß das Volk seinen Vertretern nicht nur das Mandat erteilt, sondern auch die Vergütung für seine Wahrnehmung festlegt? In der Schweiz etwa kann das Volk jede Entscheidung über

Fragen der Politikfinanzierung an sich ziehen, was einen unerhört disziplinierenden Effekt besitzt.

Schlüsselfunktion der Öffentlichkeit

Im Zentrum aller Überlegungen über die Aktivierung der erforderlichen Kontrollen und die Beseitigung von Mißständen steht die Öffentlichkeit, verstanden als allgemein-politische und als wissenschaftliche Fach-Öffentlichkeit. Alle Änderungen zum Besseren setzen öffentliche Diskussion voraus. Ohne sie können die Parteien nicht überzeugt werden, daß zur Sicherung ihrer Glaubwürdigkeit und damit auch im eigenen langfristigen Interesse wirksame, alle Parteien bindende Begrenzungen und Gegengewichte gegen Mißbräuche in eigener Sache unverzichtbar sind. Auch die Rolle des Bundesverfassungsgerichts bedarf der Diskussion, ebenso die Einführung und gezielte Nutzung direktdemokratischer Institutionen. Könnte man auf die Wirksamkeit der öffentlichen Diskussion und Kritik nicht mehr hoffen, blieben nur Beschwichtigung, Anpassung oder Resignation. Demokratie beruht nicht nur auf Skepsis, sondern auch auf Zuversicht, wie der frühere Präsident des Bundesverfassungsgerichts Ernst Benda bemerkt hat: »Beide sind für ihr Überleben notwendig. Skepsis erkennt die Gefahren, die bestehen, und deckt sie auf, greift sie kritisch und auch mit Schärfe an, um Änderungen zu bewirken. Die Zuversicht entsteht aus der Erkenntnis der bestehenden Selbstheilungskräfte.«[43]

Insgesamt gesehen hat die bewußt in die breite Öffentlichkeit getragene wissenschaftliche Kritik von Defiziten des Parteienstaates gerade im Bereich der Politikfinanzierung schon in den vergangenen Jahren immerhin einiges erreicht,[44] wenn auch vieles andere noch zu verbessern ist. Das wird im einzelnen in diesem Buch dargestellt. Eine kritische Staatslehre und Politikwissenschaft, die vor Strukturdefekten der Demokratie nicht ängstlich die Augen verschließt, ist allerdings »kein Geschäft für Leisetreter und Opportunisten«, wie Ernst Fraenkel, ein Begründer der Politikwissenschaft in Deutschland nach dem Zweiten Weltkrieg, mit Recht festgestellt hat.[45] Die Entwicklung in Italien, wo die Mißstände noch ungleich größer waren als bei uns, zeigt, zu welchen politischen Eruptionen es kommen kann, wenn man Defizite zu lange treiben läßt und nicht rechtzeitig und wirksam genug dagegen angeht. Erste Voraussetzung dafür aber ist fundierte wissenschaftliche Kritik. Bedenkt man allerdings, daß bei der Politikfinanzierung die Begünstigten in eigener Sache entscheiden und Kritik es deshalb regelmäßig mit Regierungsmehrheit *und* Opposition aufzunehmen hat, bedenkt man weiter, daß die politischen Parteien zunehmend auch die öffentlich-rechtlichen Medien, die Einrichtungen der politischen Bildung und Teile der Wissenschaft einzubinden versuchen,[46] dann versteht sich, daß die Kritik massiv und öffentlichkeitswirksam ausfallen muß, um überhaupt etwas bewirken zu können.

II. Parteienfinanzierung

3. Parteienfinanzierung – Parteienstaat – Grundgesetz

Staatliche Parteienfinanzierung als Ausdruck des Parteienstaates

In der staatlichen *Finanzierung* der Parteien kommen die Eigenheiten des bundesrepublikanischen Parteienstaates besonders augenfällig zum Ausdruck. Die Staatsfinanzierung ist, wie eingangs schon erwähnt, Spiegel des Einflusses der Parteien und zugleich Mittel, ihren Einfluß immer weiter auszubauen. Geld ist Macht und schafft Verfügung über Personal und Ressourcen aller Art. Insofern sind die staatliche Politikfinanzierung und die öffentliche Diskussion darüber in der Tat »symptomatisch«, wie der frühere Bundespräsident von Weizsäcker bemerkt hat.[1] Daher ist die Frage, auf welche Weise, in welchem Umfang und aus welchen Quellen die politischen Parteien sich finanzieren, verfassungsrechtlich und verfassungspolitisch von weit größerem Gewicht, als die absoluten (auch nicht gerade geringen) finanziellen Beträge, um die es geht, auf den ersten Blick vermuten lassen. Veranlaßt gar der Wunsch, mehr Staatsgeld zu erhalten, die Parteien zu einer massiven Ausdehnung ihrer im Parteiengesetz genannten Aufgaben, um eine vordergründige Legitimation für ihre verstärkte Staatsfinanzierung zu schaffen (siehe S. 27 f.), so wird exemplarisch deutlich, wie die in eigener Sache beschlossene staatliche Parteienfinanzierung – schon per Vorwirkung – dem Marsch in den immer umfassenderen Parteienstaat den Weg bereiten kann.

Das Grundgesetz kannte ursprünglich keine Staatsfinanzierung

Als der Parlamentarische Rat 1948/49 das Grundgesetz konzipierte, dachte er noch nicht im entferntesten an eine staatliche Finanzierung der Parteien. Da die Parteien sich in der Weimarer Republik noch ausschließlich aus privaten Quellen finanziert hatten, waren die »Väter« (und die wenigen »Mütter«) des Grundgesetzes noch wie selbstverständlich von diesem »vorverfassungsrechtlichen Bild« ausgegangen. Eine staatliche Parteienfinanzierung galt in der Anfangsphase der Bundesrepublik als verfassungsrechtlich dubios und stand nicht zur Debatte. Einer der »Väter«, der hessische Ministerpräsident *Zinn,* hat rückblickend bestätigt, »daß uns damals der Gedanke einer Alimentierung der Parteien durch den Staat völlig unvorstellbar gewesen ist«.[2] Es galt – so ausdrücklich auch das Bundesverfassungsgericht – »als selbstverständlich, daß die Parteien die finanziellen Aufwendungen für ihre Organisation und ihre Tätigkeit aus eigener Kraft bestritten«.[3]

Mögliche Gefahren der Parteienfinanzierung sah das Grundgesetz deshalb ausschließlich von anderer Seite. Man befürchtete, das private Kapital könne über Großspenden ungebührlichen politischen Einfluß gewinnen, und verpflichtete deshalb die Parteien, »über die Herkunft ihrer Mittel öffentlich Rechenschaft« zu geben. Der Wähler sollte erkennen, wer finanziell hinter den Parteien stehe, damit er daraus seine Schlüsse ziehen könne. Einzelheiten waren durch ein Parteiengesetz zu regeln, das aber erst 18 Jahre später zustande kam. Kaum je ließ das Parlament sich so lange Zeit, einen zwingenden Gesetzgebungsauftrag des Grundgesetzes zu erfüllen. Nur ein Fall ist wohl vergleichbar: Der Verfassungsauftrag, den unehelichen Kindern Chancengleichheit zu geben (Artikel 6 Absatz 5 Grundgesetz), blieb sogar 20 Jahre unerfüllt. Beide Fälle sind durch ein krasses

Ungleichgewicht der politischen Kräfte geprägt. Massive Kräfte blockierten die Verfassungsaufträge, ohne daß sich ausreichende Gegenkräfte für seine Erfüllung stark gemacht hätten. Die Betroffenen haben keine Lobby. Dies ist nicht nur bei den unehelichen Kindern der Fall, gegen deren Gleichstellung (die erst 1969 vom Bundesverfassungsgericht erzwungen wurde)[4] die Kirchen entschieden Front machten, weil sie davon eine Schwächung der Ehe befürchteten, sondern auch beim Gebot der Transparenz der Parteieinnahmen. Das staatspolitische Interesse an solcher Transparenz ist derart allgemein, daß es verbandlich kaum organisiert werden kann.[5] Eigentlich wäre es Aufgabe der politischen Parteien, zumal als »Volksparteien«, solch allgemeine Interessen zu artikulieren und durchzusetzen. Was die Transparenz der Parteifinanzen anlangt, hatte man jedoch den Bock zum Gärtner gemacht. Besonders die Parteien, die hohe Spenden aus der Wirtschaft erhielten (CDU/CSU, FDP und DP), wehrten sich mit aller Kraft dagegen, diese zu veröffentlichen.[6]

Hier stoßen wir erneut auf das Kernproblem der Parteienfinanzierung, das uns immer wieder begegnen wird: Die Entscheidung des Parlaments in eigener Sache schafft Verstrickungen und Versuchungen, denen ohne wirksame Kontrolle nur ein Gott auf Dauer widerstehen könnte. Das Parlament, dessen Aufgabe darin besteht, die Belange der Allgemeinheit der Bürger und Steuerzahler zu repräsentieren und gegen Partikularinteressen durchzusetzen, droht hier selbst von innen heraus in den Griff parteilicher Partikularinteressen zu kommen. Solange die Gesetzgebung auch in solchen Angelegenheiten beim Parlament monopolisiert ist, bleibt zur Kontrolle des Kontrolleurs Parlament neben der Öffentlichkeit nur die Rechtsprechung. Bis das Bundesverfassungsgericht mit einem Urteil von 1966 den Erlaß des Parteiengesetzes von 1967 erzwang, dauerte es aber 17 Jahre. Hier kommt bereits das Versagen der Politik bei Schaffung der nötigen Vorkehrungen zur Disziplinierung der Parteienfinanzierung zum Ausdruck.

Statt die gebotene Transparenz ihrer Einnahmen von sich aus herzustellen, bauten die Parteien in den fünfziger Jahren und Anfang der sechziger Jahre – entgegen den Intentionen des Verfassungsgebers – ihre indirekte und direkte Finanzierung aus der Staatskasse massiv aus. Sie führten eine hohe steuerliche Begünstigung der Parteien und rasch wachsende direkte Subventionen aus dem Staatshaushalt ein.

Im Folgenden wollen wir zunächst der Frage nachgehen, wie das Verfassungsgebot der Transparenz der Parteifinanzen vollzogen wurde (siehe S. 49 ff.), und darauf die Steuerbegünstigung (siehe S. 58 ff.) und die direkte Subventionierung der Parteien (siehe S. 76 ff.) behandeln. Im letzten Abschnitt dieses Kapitels (siehe S. 119 ff.) werden die Einnahmen der Parteien insgesamt in den Blick genommen und die Höhe des Staatsanteils berechnet.

4 Transparenz der Parteienfinanzen?

Da die Verfasser des Grundgesetzes davon ausgingen, die Parteien finanzierten sich allein aus privaten Mitteln, stand ihnen primär die Gefahr übermäßigen Einflusses des »großen Geldes« auf die Politik vor Augen. Großspenden bringen Elemente der Plutokratie in die Demokratie. Um dieser Gefahr einigermaßen zu begegnen, enthält das Grundgesetz von Anfang an die Regelung, daß Parteien »über die Herkunft ihrer Mittel öffentlich Rechenschaft geben« müssen. Danach gelten private Zuwendungen an Parteien, die verniedlichend gemeinhin als »Spenden« bezeichnet werden, zwar in unbegrenzter Höhe als zulässig,[7] es soll aber andererseits für die Wähler transparent gemacht werden, wer finanziell hinter den Parteien steht. Angesichts der unbeschränkten Zulässigkeit auch von Groß»spenden«, die durchaus nicht unproblematisch ist – im Ausland, etwa in den USA, sind Spenden, die eine bestimmte Grenze überschreiten, im Interesse der Unabhängigkeit der Parteien häufig verboten, und auch in der Bundesrepublik werden solche Verbote empfohlen[8] –, müßten aber zumindest die Transparenzgebote strikt durchgeführt werden. Das ist jedoch nicht der Fall. Daß das Publikationsgebot des Grundgesetzes 18 Jahre lang gänzlich unerfüllt blieb, wurde schon erwähnt. Das Parteiengesetz von 1967 sieht für die Einnahmen der Parteien zwei Regelungen vor: Erstens müssen in den öffentlichen Rechenschaftsberichten die Namen von Groß»spendern« genannt werden. Dies sind »Spender« mit über 20 000 DM im Jahr. Zweitens müssen die Einnahmen der Parteien nach ihren Hauptkategorien aufgegliedert werden.

Spendenpublizität

Veröffentlichung von Großspendern

Nach dem Parteiengesetz von 1967 mußten die Namen von Personen, die einer Partei mehr als 20 000 DM gespendet hatten, in den jährlichen Rechenschaftsberichten publiziert werden.[9] Diese Regelung entspricht dem verfassungsrechtlichen Transparenzgebot, so wie das Bundesverfassungsgericht es versteht.[10] Das Änderungsgesetz von 1988 hatte dann die Grenze (gegen die Stimmen der SPD und der Grünen) auf 40 000 DM verdoppelt. Zusammenveranlagte Eheleute konnten 80 000 DM spenden, ohne daß ihr Name veröffentlicht zu werden brauchte.[11] Diese massive Minderung der Transparenz war problematisch. Aufgrund der seit 1983 erweiterten Rechenschaftsberichte hatte sich nämlich herausgestellt, daß ein Spender schon mit 20 000 DM auf regionaler Ebene einen erheblichen politischen Einfluß auf die begünstigte Partei erlangen kann. Eine solche Spende macht auf dieser Ebene regelmäßig einen großen Teil des Jahresbudgets der regionalen Parteigliederung aus.[12] Dann aber muß ein Spender, der mehr als 20 000 DM gibt, nach dem Sinn des Art. 21 I 4 GG, der transparent machen will, wer finanziell hinter den Parteien steht,[13] von Verfassungs wegen auch genannt werden.[14] Diesen Argumenten hat sich auch das Bundesverfassungsgericht nicht verschlossen: In seinem Urteil vom 9. 4. 1992 erklärte es die Erhöhung der Publikationsgrenze auf 40 000 DM für verfassungswidrig und bestätigte die frühere Grenze von 20 000 DM,[15] die auch das Parteiengesetz wieder übernahm.[16]

Die Vorschrift des Parteiengesetzes war nicht nur lange zu großzügig, ihre Einhaltung war und ist darüber hinaus auch unzureichend gesichert. Kaum eine Bestimmung wurde so dreist andauernd gebrochen wie das Publikationsgebot.[17] Seit 1983 ist zwar die Steuerbegünstigung der Spenden von der Veröffentlichung des Spendernamens abhängig. Spenden über 20 000 DM kann der Spender einkommensteuerlich nur absetzen, wenn sein Name im Rechenschaftsbericht der Partei genannt wird. Doch wissen wir seit den Spendenskandalen, daß Spender oft mehr an Anonymität als am steuerlichen Abzug gelegen ist. Die Neuregelung ist dazu angetan, den unzutreffenden Eindruck zu erwecken, der Großspender dürfe sich Anonymität durch Verzicht auf die Steuerbegünstigung erkaufen. In Wahrheit verstößt die Nichtveröffentlichung von Großspendern in jedem Fall, also unabhängig von der steuerlichen Behandlung, gegen das Grundgesetz und das Parteiengesetz.

Eine über den Verlust der Steuerbegünstigung hinausgehende Sanktion besteht nur insoweit, als bei Bekanntwerden des Verstoßes das Zweifache des rechtswidrig nicht veröffentlichten Betrages von der Wahlkampfkostenerstattung der Partei abgezogen wird. Angesichts der geringen Wahrscheinlichkeit eines solchen Bekanntwerdens und des Fehlens einer unabhängigen Kontrollinstanz müßte die Sanktion aber sehr viel massiver sein, um eine halbwegs wirksame Abschreckung darstellen zu können. Die Parteienfinanzierungskommission von 1983 hatte den Verfall des Zehnfachen empfohlen;[18] das in eigener Sache handelnde Parlament hat diesen Vorschlag leider nicht aufgegriffen.

Umgehung der Publizität durch »Spenden« an Abgeordnete

Die öffentliche Diskussion um den Einfluß des Geldes auf die Politik war lange fast ausschließlich auf die Parteien gerichtet und hatte kaum zur Kenntnis genommen, daß »Spenden« an einzelne Politiker ein ebenso großes Problem sein können. »Spenden« an *Abgeordnete* mußten deshalb lange überhaupt nicht publiziert werden, obwohl Abgeordnete schon mit sehr viel geringeren Summen beeinflußt werden können als Parteien. Diese groteske Lücke macht es Großspendern leicht, das Publizitätsgebot für Parteispenden zu unterlaufen. Wer 100 000 Mark politisch einsetzen will, kann statt an die Partei (die Spende und Spender veröffentlichen müßte) zehn wichtigen Bundestagsabgeordneten der gleichen Partei je 10 000 Mark zuwenden. Die Wirkung kann ähnlich, vielleicht sogar erheblich größer sein, ohne daß irgendeine Publizität vorgeschrieben wäre. (Spenden über 10 000 DM im Kalenderjahr sind zwar dem Bundestagspräsidenten anzuzeigen. Dies schafft aber natürlich keine Öffentlichkeit und ist im übrigen wiederum leicht zu umgehen.[19]) Daß diesem Zustand von Verfassungs wegen abzuhelfen sei, wurde schon in der ersten Auflage dieses Buches betont. Inzwischen hat das Bundesverfassungsgericht in seinem Urteil vom 9. 4. 1992 den Parlamentspräsidenten immerhin verpflichtet, Spenden an Abgeordnete über 20 000 DM, die ihm angezeigt werden, zu veröffentlichen.[20]

Gesetzliche Vorkehrungen gegen sogenannte Beraterverträge und sonstige laufende Zahlungen von Interessenten an Abgeordnete hat das Bundesverfassungsgericht im Diätenurteil von 1975 ausdrücklich angemahnt,[21] ohne daß aber der Bundestag und die meisten Landtage dem bisher in hinreichendem Umfang gefolgt wären.[22]

Verbreitung von Abgeordneten-Spenden

Die Lücke (mangelhafte Publizität von Abgeordneten-»Spenden«) mochte so lange mehr theoretischer Natur erscheinen, als man glaubte, die finanzielle Einflußnahme auf Abgeordnete sei selten. Spätestens seit dem Flick-Skandal wissen wir aber, wie verbreitet Bargeldzuwendungen an Parlamentarier in der Bundesrepublik tatsächlich sind. Sie sind auch keineswegs auf Flick-Spenden beschränkt. Das haben Presseveröffentlichungen über die Praxis großer Wirtschaftsverbände[23] und wissenschaftliche Untersuchungen von Göttrik Wewer[24] und Christine Landfried[25] gezeigt.

Publizität sonstiger Einnahmen

Aber auch bei den Parteien bestehen noch weitere Publizitäts-
defizite. Bis 1983 mußten die Parteien nur über ihre Einnahmen
öffentlich Rechenschaft geben. Seit 1984 gilt dies auch für die
Ausgaben und das Vermögen der Parteien. So notwendig diese
Erweiterung war, so betroffen macht es doch, daß gleichzeitig
die Aussagekraft der öffentlichen Einnahmenrechnung erheblich vermindert worden ist. Das Parteiengesetz von 1967 hatte
noch eine öffentliche Aufgliederung der Einnahmen der Parteien vorgesehen in

- Mitgliedsbeiträge,
- Spenden,
- staatliche Wahlkampfkostenerstattung,
- Sonderbeiträge von Amtsträgern (»Parteisteuern«),
- Kreditaufnahme,
- Einnahmen aus Vermögen,
- Einnahmen aus Wirtschaftstätigkeit und
- sonstige Einnahmen.

Zwei dieser Posten, und zwar besonders heikle, lassen die Rechenschaftsberichte seit der Gesetzesänderung von 1983 nicht
mehr erkennen. In beiden Fällen benutzte man zur Verschleierung der Einnahmen Scheinbegründungen, die an ideologische
Formulierungskünste diktatorischer Staaten erinnern.

»Parteisteuern« werden vertuscht

So geben die öffentlichen Rechenschaftsberichte nunmehr keinen Aufschluß mehr über die Sonderbeiträge von Abgeordneten
an ihre Parteien, also die sogenannten Parteisteuern, die im Jahre
1983 immerhin etwa 40 Millionen DM betrugen. Seit 1984

53

werden sie nicht mehr gesondert unter den Einnahmeposten aufgeführt (§ 24 II PartG), sondern mit Mitgliedsbeiträgen (oder Spenden) in einen Topf geworfen. Die Ausblendung der »Parteisteuern« vor den Blicken der Öffentlichkeit erfolgte mit dem Hinweis, sie seien rechtswidrig. Dies trifft zu, kann aber keinen Grund für ihre Abdunkelung, sondern allenfalls für ihre Unterbindung abgeben.[26] Diese wurde aber gar nicht versucht. »Parteisteuern« bestehen nach wie vor fort und dürften derzeit fast 70 Millionen DM jährlich betragen (siehe Tabelle 3 auf S. 120 ff.). Das Anstößige wird nicht unterbunden, sondern durch verfassungswidrige Lockerung der Publizität verborgen.[27] (Näheres siehe S. 312 ff.)

Statt Begrenzung: Verschleierung der Krediteinnahmen

Ähnlich ist die Situation bei den Krediteinnahmen. Diese sind besonders heikel, weil sie die Parteien in Abhängigkeit von Interessenten bringen können. Die Parteienfinanzierungskommissionen von 1983 und 1993 hatten eine gesetzliche Kreditbegrenzung empfohlen,[28] die, wäre sie eingeführt worden, zum Beispiel die hohe Verschuldung der CDU in den Jahren 1986–1988 verhindert hätte.[29] Eine Kreditbegrenzung ist auch deshalb dringend, weil sie die Parteien – wirksamer vielleicht als Ausgabenbegrenzungen – zum Sparen zwingen und das ständige kostentreibende Wettrüsten der Parteien eindämmen könnte.

Gleichwohl wurden die Kredite gesetzlich nicht begrenzt. Statt dessen wurde der öffentliche Ausweis der jährlichen Kreditaufnahme, der bis 1983 noch vorgeschrieben war, ab 1984 beseitigt.[30] Die Ausblendung ausgerechnet der Krediteinnahmen als der für die Unabhängigkeit der Parteien potentiell gefährlichsten Einnahmeart aus den Rechenschaftsberichten erfolgte mit dem Hinweis, ihnen ständen Rückzahlungsverpflichtungen gegenüber, ein Argument, dessen Abwegigkeit man schon daran sieht, daß dann auch in der öffentlichen Haushaltswirtschaft generell die Krediteinnahmen nicht mehr gesondert ausgewiesen werden dürften.[31]

Die Einnahmen aus Krediten lassen sich allerdings auf indirektem Wege ermitteln. Da die Parteien im Rahmen ihrer seit 1984 jährlich aufzustellenden Vermögensrechnung (Näheres siehe S. 57) auch über den Stand ihrer Verbindlichkeiten zum jeweiligen Jahresende öffentlich Rechenschaft zu legen haben, lassen sich die (Netto-)Einnahmen aus der Aufnahme neuer Kredite während des Rechnungsjahres durch Vergleich des Standes der Verbindlichkeiten mit dem des Vorjahres errechnen (siehe Tabelle 3 auf S. 120 ff.). Das ist jedoch ein unnötig mühsames Verfahren, weil es die Heranziehung auch der Vorjahresberichte und zusätzliche Rechnungen verlangt, und kann – gerade unter Publizitätsgesichtspunkten – den Ausweis der Krediteinnahmen im *Rechenschaftsbericht* nicht ersetzen.

Veröffentlichung der Parteigläubiger?

Neben dem Gesamtvolumen der Krediteinnahmen müßten eigentlich auch die Namen von Kreditgebern der Parteien – ab einer gewissen Größenordnung – im Rechenschaftsbericht genannt werden.[32] Daran fehlt es bisher, obwohl die Gründe für das verfassungsrechtliche Gebot der Veröffentlichung der Namen von Großspendern auch hier zutreffen. Eine Ergänzung des Parteiengesetzes wäre um so mehr geboten, als die Abhängigkeit der Parteien von Kreditgebern eine viel größere Intensität erreichen kann als die von Spendern – und das nicht nur bei Aufnahme eines Kredits, sondern etwa auch bei Verhandlungen über die Verlängerung fälliger Kredite. Gerade in einer Situation, in der eine Partei Kredite braucht, etwa weil andere Einnahmen ausbleiben, kann sie erpreßbar werden.

So erhielt zum Beispiel die damals hochverschuldete FDP laut Presseberichten[33] nach der Bundestagswahl 1969 und der Koalition mit der SPD einen Sechs-Millionen-Kredit von der Schweizer Tochter der gewerkschaftseigenen Bank für Gemeinwirtschaft. Vorausgegangen waren eine starke Abnahme der Spenden der FDP aus der Wirtschaft und (aufgrund schwerer Verluste bei den Wahlen) ein massiver Rückgang ihrer Wahlkampfkostenerstattung.

Es kommt für den Wähler nicht nur darauf an zu wissen, wie hoch, sondern gerade auch, bei wem die Partei sich verschuldet. Die für das Namhaftmachen von Spendern geltenden Überlegungen treffen auf Gläubiger also erst recht zu. Die Herkunft eines Millionenkredits zu günstigen Bedingungen ist offensichtlich offenlegungsbedürftiger als die einer Spende von 20 000 DM.

Verfassungsrechtlich bedenklich

Mit den »Parteisteuern« und den Krediteinnahmen werden gerade besonders prekäre Einnahmekategorien kaschiert. Der Rückschritt gegenüber der früheren Gesetzeslage ist auch verfassungsrechtlich anfechtbar. Art. 21 I 4 GG verlangt die öffentliche Rechenschaftslegung über die Herkunft der Mittel. Dies setzt unter anderem eine Aufgliederung der Parteieinnahmen nach ihren Hauptquellen voraus,[34] zu denen aber auch »Parteisteuern« (bis zu ihrer an sich erforderlichen Unterbindung) und Krediteinnahmen gehören.

Auch die Nennung der Namen von Großgläubigern im Rechenschaftsbericht entspräche dem Sinn des verfassungsrechtlichen Publikationsgebots.[35]

Publizität von Ausgaben und Vermögen

Die Einführung der staatlichen Parteienfinanzierung im Jahre
1959 und ihre sprunghafte Ausweitung (Näheres siehe S. 76 ff.)
machten allmählich eine Erweiterung des bis dahin nur für die
Einnahmen geltenden Publikationsgebots auch auf die Ausgaben und das Vermögen unumgänglich. Über die Verwendung
öffentlicher Mittel muß auch öffentlich Rechenschaft gelegt
werden. Dies entspricht einem selbstverständlichen Grundsatz.[36] Nachdem die erste Parteienfinanzierungskommission sich
dieser Forderung angeschlossen hatte,[37] wurden im Jahre 1983
Art. 21 I 4 GG und das Parteiengesetz entsprechend erweitert.
Die Rechenschaftsberichte enthalten für die Jahre ab 1984 also
auch Angaben über die Ausgaben und das Vermögen der Parteien. Trotz des im internationalen Vergleich beachtlichen Trans-
parenzgrades wurden die Rechenschaftsberichte als nicht sehr
öffentlichkeitsfreundlich kritisiert;[38] sie kämen auch »viel zu
spät«.[39] Dementsprechend hat die Parteienfinanzierungskommission von 1993 gefordert, auch schon vor der Veröffentlichung solle ein allgemeines Auskunftsrecht gegenüber der Bundestagsverwaltung bestehen. Zudem müßten die Rechenschaftsberichte früher als bisher eingereicht und veröffentlicht werden
und eine allgemeinverständliche Zusammenfassung enthalten.[40]
Die letztere Forderung hat das neue Parteiengesetz übernommen
und sieht jetzt in § 24 VI vor, daß den Rechenschaftsberichten
eine Zusammenfassung voranzustellen ist, was erstmals in den
Berichten für das Jahr 1994 auch geschieht.

5 Steuerliche Begünstigung von Parteispenden

Die seltsamen Wege der steuerlichen Begünstigung

Der geschichtliche Ablauf der steuerlichen Begünstigung von Zuwendungen an Parteien ist verschlungen und nur nachvollziehbar, wenn man die wiederholten Brems-, Kontroll- und Steuerungsversuche des Verfassungsgerichts, aber auch seine gelegentlichen Ausrutscher, einbezieht.

Steuerbegünstigung von 1954: international einmalig

Obwohl die »Verfassungsväter« noch davon ausgegangen waren, die Parteien finanzierten sich allein aus privaten Quellen, führte der Bundestag 1955 (gegen die Stimmen der SPD) eine enorme steuerliche Begünstigung von Spenden (und Beiträgen) an politische Parteien ein. Spenden und Beiträge an politische Parteien wurden bis zur Höhe von 10 Prozent des Gesamtbetrages der Einkünfte (bei Körperschaften 5 Prozent des Einkommens) oder 2 vom Tausend der Summe der Umsätze und der Löhne und Gehälter als Sonderausgaben einkommensteuerlich bzw. körperschaftsteuerlich abzugsfähig.

Diese massive Steuerbegünstigung von Spenden (und Beiträgen) war im internationalen Vergleich einmalig. Auch heute noch lesenswert sind die Gründe, mit denen die SPD-Bundestagsabgeordneten Erler und Kühn die vorgesehene Steuerbegünstigung seinerzeit ablehnten und die Gefahr einer Korrumpierung des öffentlichen Lebens und undemokratischer Bevorzugung des großen Geldes beschworen.[41]

Ebenso lesenswert ist die Arroganz der Macht, mit der die

Parlamentsmehrheit vergleichende Hinweise auf Demokratien mit langer Tradition abschmetterte: »Was im Ausland getan wird, das steht hier nicht zur Debatte. Es interessiert mich … nicht, wie andere Staaten dieses Problem steuerlich behandeln.« (So der Abgeordnete Elbrächter[42] von der Deutschen Partei zu dem Einwand, im Ausland gebe es nirgendwo eine derart hohe steuerliche Begünstigung.)

Urteil von 1957: Ausschluß von kleinen Parteien verfassungswidrig

Die Steuerbegünstigung war nach der Einkommensteuerdurchführungsverordnung auf solche Parteien beschränkt, die im Bundestag oder in einem Landesparlament vertreten waren, so daß kleinere Parteien wegen der Fünfprozentklausel ausgeschlossen blieben. Hier zeigt sich zum ersten Mal das Bestreben der etablierten Parteien, sich auf Kosten außerparlamentarischer Wettbewerber einen finanziellen Vorteil zu verschaffen und den politischen Wettbewerb zu ihren eigenen Gunsten zu verfälschen. Auf Antrag einer benachteiligten Partei erklärte das Bundesverfassungsgericht 1957 die Beschränkung der Steuerbegünstigung auf Parlamentsparteien wegen Verstoßes gegen den Grundsatz der Chancengleichheit für verfassungswidrig.[43]

Urteile von 1958 und 1979: Bundesverfassungsgericht erzwingt niedrigen Freibetrag

Kurz darauf hatte das Gericht auf Antrag der SPD-geführten hessischen Landesregierung die Frage zu behandeln, ob die Regelung nicht auch die Chancengleichheit zwischen den im Bundestag vertretenen Parteien verletze. Auch diese Frage hat es bejaht und das Gesetz im Jahre 1958 für verfassungswidrig erklärt, weil es die Bezieher hoher Einkommen (und die Parteien, denen hohe Spenden vornehmlich zugute kommen) – entgegen dem strengen Gleichheitssatz – begünstige.[44] Der aus der einkommensteuerlichen Begünstigung resultierende finanzielle Vorteil ist ja um so größer, je höher das Einkommen des Spenders ist, weil der mögliche steuergesetzliche Abzugsbetrag proportional mit der Höhe des Einkommens zunimmt. Die Bezieher hoher Einkommen können sich auch hohe Spenden leisten (und entsprechend hohe Steuerminderungen erlangen). Zudem wächst mit steigendem Einkommen aufgrund des progressiven Einkommensteuertarifs auch die prozentuale Steuerersparnis. Das Bundesverfassungsgericht hat die Regelung deshalb – unter Berufung auf die Gleichheit der Bürger und die Chancengleichheit der Parteien – für verfassungswidrig erklärt. Das Parteiengesetz von 1967 sah deshalb nur einen *Freibetrag von 600 DM* (bei zusammenveranlagten Ehegatten 1200 DM) für Spenden und Beiträge an Parteien vor.[45] Dieser Betrag wurde später auf 1800 DM (3600 DM) verdreifacht, nachdem ein von der niedersächsischen Landesregierung beantragtes neuerliches Urteil des Bundesverfassungsgerichts von 1979[46] zwar an der früheren Rechtsprechung festgehalten, aber eine gewisse Anhebung nicht von vornherein für verfassungswidrig erklärt hatte.

Umgehungen

Gegen Ende der siebziger Jahre aber stellte sich allmählich heraus, daß die Parteien sich nicht an die rechtlichen Grenzen gehalten, sondern Großspender massenhaft und zunächst mit Erfolg zur Umgehung eingeladen hatten. Dabei bediente man sich folgender Praktiken:[47]

– Die Spende ging scheinbar an eine als gemeinnützig anerkannte Fördervereinigung (was sie steuerlich absetzbar machte) und wurde sodann – satzungswidrig – an die Partei, für die sie von Anfang an bestimmt war, weitergeleitet. Man erreichte durch diesen gesetzwidrigen Umweg die volle steuerliche Absetzbarkeit auch sehr hoher Parteispenden. Besonders hervor tat sich hier die zunächst in Köln, später in Koblenz angesiedelte Staatsbürgerliche Vereinigung von 1954 e. V., die Spenden an die CDU und die FDP weiterleitete, insgesamt mehr als 200 Millionen DM.[48]

- Spenden wurden an sogenannte Berufsverbände (Verbände zur Förderung der Interessen eines Berufsstandes), die beim Spender als Betriebsausgaben absetzbar waren, geleitet und vom Berufsverband sodann (in erheblichem, das zugelassene Maß überschreitendem Umfang) an Parteien weitergeleitet.
- Den Parteien wurden Räume, Personal oder Dienstfahrzeuge kostenlos zur Verfügung gestellt, was ihnen entsprechende Aufwendungen ersparte und beim Spender als Betriebsausgabe absetzbar war.
- Der Spender bestellte und bezahlte bei einer Firma wertlose Scheingutachten. Der Kaufpreis, den er wiederum als Betriebsausgabe absetzen konnte, wurde sodann an die Partei, für die er bestimmt war, weitergeleitet. Bekanntgeworden für solche Geschäfte ist die »Europäische Unternehmensberatungsanstalt« in Vaduz (Liechtenstein).

Diese Praktiken brachten den Spendern einen doppelten Vorteil: die steuerliche Begünstigung weit über die engen Grenzen des Gesetzes hinaus und zusätzlich die häufig ebensosehr gewünschte Anonymität. Seit dem Parteiengesetz von 1967 mußte nämlich bei Spenden ab 20 000 DM der Name des Spenders im Rechenschaftsbericht der Partei veröffentlicht werden. Bei Umwegspenden der geschilderten Art lief diese Vorschrift leer. Die Umgehungen verstießen also nicht nur gegen das Steuerrecht, sondern auch gegen das staatsrechtliche Publikationsgebot des Parteiengesetzes. Während das Publikationsgebot

aber nur schwach bewehrt ist, sind Verletzungen der Steuervor-
schriften Straftaten (oder in leichteren Fällen Ordnungswidrig-
keiten), die vom Staatsanwalt verfolgt und gerichtlich geahndet
werden.

Parteispendenprozesse

Das Ganze kam ans Licht, als der Leiter der Bonner Steuerfahn-
dung, Klaus Förster, durch Zufall einen Zipfel des dubiosen
Geschäftsgebarens zu packen bekam und dann nicht mehr
losließ. Er hatte seine Bindung an »Recht und Gesetz«, die das
Grundgesetz vorschreibt, – ungeachtet aller Widerstände – ernst
genommen und mußte dafür einen hohen Preis zahlen. Nach
einer Versetzung sah er sich, wie Roland Kirbach für die Wochenzeitung *Die Zeit* recherchiert hatte, »aus der Steuerfahn-
dung herausgedrängt« und quittierte »völlig demotiviert« seinen
Dienst. »Der ehedem pflichtbewußte Beamte« hatte sich »innerlich von seinem Dienst gelöst«, weil er für seine Entdeckung
nicht Anerkennung und Unterstützung erntete, sondern unver-
hohlen zurückgepfiffen wurde.[49]
Eine Lawine von Strafverfahren (und Ordnungswidrigkeitsver-
fahren), insgesamt mehr als 2000 an der Zahl, schloß sich an, in
denen die Staatsanwaltschaft gegen erste Adressen der deutschen
Wirtschaft wegen Steuerhinterziehung oder Steuerverkürzung
ermittelte. Viele Fälle wurden durch Strafbefehle erledigt, in
anderen kam und kommt es zu öffentlichen Gerichtsverhand-
lungen.[50]
Die massenhafte Rechtsverletzung mit Hilfe und zugunsten der
politischen Parteien und die Erkenntnis, daß die Mächtigen aus
Politik, Wirtschaft und Verwaltung[51] sich zum gemeinsamen
Nutzen in Tausenden von Fällen über das Recht hinweggesetzt
hatten, bewirkte fast eine Vertrauenskrise des parteienstaatlichen
Systems und schürte die »Parteienverdrossenheit«. Die korrekte

strafrechtliche Bewältigung des Skandals erschien einem Beobachter sogar als »größte Herausforderung in der Geschichte der Bundesrepublik«.[52] Angesichts des vielfachen Zusammenspiels von Parteien, potenten Steuerzahlern und Steuerverwaltung, der die Parteispendenpraxis »schon seit Jahrzehnten bekannt« gewesen war (so der zuständige Referent im Bundesfinanzministerium, Troll),[53] war es ein rechtsstaatlicher Segen, wenn Staatsanwälte und ordentliche Gerichte sich nicht gleichschalten ließen.

Amnestieversuche

Fast wäre die strafrechtliche Aufarbeitung allerdings unmöglich geworden.[54] Zweimal, im Winter 1981/82 und im Mai 1984, setzten einige Parteien nämlich dazu an, durch eine Amnestie die Steuerstraftaten (und -ordnungswidrigkeiten) der Spender und ihrer Anstifter in Politik und Parlament nachträglich straflos zu stellen. Diese Versuche schienen für eine empörte Öffentlichkeit die gleiche Einstellung widerzuspiegeln, aus der vorher die Delikte begangen worden waren; die Einstellung nämlich, daß die Führungsriege der politischen Parteien und ihre Helfer nach eigenem Selbstverständnis nicht unter, sondern über dem Recht ständen und es sich für ihre Zwecke nach Belieben zurechtbiegen, kurz: sich den Staat und sein Recht zur Beute machen könnten.

Der Amnestieplan 1981/82 scheiterte am Widerstand der SPD. Der Plan von 1984 war unter großer Geheimhaltung von den Parteispitzen der CDU/CSU und der FDP ausgearbeitet worden. Er scheiterte an dem Sturm der Entrüstung, den sein Bekanntwerden ausgelöst hatte – der *Spiegel* vom 14. 5. 1984 erschien mit dem Titel »Die Rechtsbeuger. Amnestie im Handstreich« –, und dem Widerstand zahlreicher FDP-Abgeordneter, dem sich schließlich auch die Spitze dieser Partei beugen mußte.[55]

Doch die Parteistrategen gaben nicht auf. Was für die Vergangenheit nicht hatte durchgesetzt werden können, sollte wenigstens für die Zukunft »gelingen«. Nach dem massenhaften Skandal hätte es an sich nahegelegen, Umgehungen des Steuerrechts in Zukunft wirksam zu unterbinden. Statt aber die Praxis unter das Recht zu zwingen, gingen die Parteien umgekehrt daran, das Recht zu lockern, der illegalen Praxis anzupassen und die Steuerbegünstigung von Parteispenden so stark auszuweiten, daß Umgehungen zukünftig überflüssig würden. Man ergriff die Flucht nach vorn (übersah dabei aber geflissentlich, daß es Großspendern oft mehr auf Anonymität als auf steuerlichen Abzug ankommt und zudem Direktspenden an Abgeordnete nicht steuerbegünstigt sind, so daß auch die Neuregelung das Umgehungsproblem in Wahrheit nicht beseitigen konnte).

Schrittmacherdienste leistete die sogenannte Parteienfinanzierungskommission von 1983, deren Mitglieder von den Parteien ausgewählt und auf ihren Vorschlag vom Bundespräsidenten ernannt worden waren. Sie schlug eine praktisch unbegrenzte steuerliche Begünstigung von Spenden vor: Zuwendungen an Parteien sollten bis zur Höhe von 5 Prozent des Einkommens des Spenders steuerlich absetzbar sein.[56] Daß diese Regelung, die der bereits 1958 vom Bundesverfassungsgericht kassierten ähnelte, verfassungswidrig war, lag auf der Hand.

... führt zu immer weiteren Staatsleistungen

Zur Heilung der offensichtlichen Verfassungswidrigkeit ihres Vorschlags[57] empfahl die Kommission noch zwei weitere Leistungen an die Parteien: einen 50prozentigen Steuerabzug von Spenden und Beiträgen an Parteien bis 1200 DM (bei Verheirateten 2400 DM) und den sogenannten Chancenausgleich aus der Staatskasse. der Parteien mit geringen Spenden, insbesondere der SPD, einen Ersatz für die steuerliche Begünstigung der anderen Parteien geben sollte.[58]

Diese Vorschläge wurden im Dezember 1983 Gesetz.[59] Dabei sattelte der Bundestag noch drauf, indem er einige Einschränkungen, die die Kommission vorgeschlagen hatte, wegließ und einige weitergehende Regelungen vorsah. Die Parteien standen auf diese Weise dreifach besser, als wenn sie sich schlicht ans Verfassungsrecht gehalten und die Steuerbegünstigung von Spenden auf einem erträglichen Niveau belassen hätten:

1. Großspender erhielten hohe Steuersubventionen und konnten den Parteien entsprechend mehr zuwenden, ohne die Eigenmittel zu erhöhen.
2. Mitglieder und Kleinspender erhielten einen 50prozentigen Zuschuß aus der Staatskasse, was die Erhöhung von Mitgliedsbeiträgen und das Einwerben von Kleinspenden erleichterte,[60] und
3. die Parteien erhielten auch noch einen sogenannten Chancenausgleich aus der Staatskasse.

Spendenurteil von 1986

Der zweite Senat des Bundesverfassungsgerichts erklärte 1986 dennoch die Fünf-Prozent-Regelung für verfassungswidrig, ließ aber gleichwohl – in unerwarteter Großzügigkeit – einen Abzug von Spenden bis 100 000 DM zu und segnete damit die Explosion der steuerlichen Spendenbegünstigung im großen und ganzen ab,[61] ein Mehrheits-Urteil, das in der Literatur fast einhellig auf Ablehnung stieß[62] und ein klassisches Fehlurteil darstellte. Noch nach dem Urteil des Bundesverfassungsgerichts von 1979 sollte die Steuerbegünstigung von Spenden nur so weit zulässig sein, als »die vorgegebene Wettbewerbslage zwischen den Parteien« nicht »in einer ernsthaft ins Gewicht fallenden Weise« verändert werde.

»Das wird in aller Regel so lange nicht der Fall sein, wie der Mehrzahl der Steuerpflichtigen die Möglichkeit eröffnet bleibt, in vergleichbarer Weise an der Steuervergünstigung teilzuhaben.« Es war nicht nachvollziehbar, wie eine steuerliche Begünstigung von Spenden bis 100 000 DM, die nur Höchstverdiener mit einem Millioneneinkommen faktisch ausnutzen können, noch mit dem Gleichheitssatz vereinbar sein sollte. Das Durchschnittseinkommen von Arbeitnehmern betrug weniger als die Hälfte dieses Betrages. Ebensowenig nachvollziehbar war die steuerliche Begünstigung auch von Spenden juristischer Personen, obwohl dadurch die dahinterstehenden natürlichen Personen in die Lage versetzt werden, die Höchstgrenze zwei- oder mehrmals auszuschöpfen. In dem durchweg überzeugenden abweichenden Votum des Richters Böckenförde wurde die Unhaltbarkeit der Mehrheitsentscheidung klar herausgearbeitet. Ein schaler Nachgeschmack blieb auch deshalb, weil einer der späteren Richter 1982 einen Aufsatz veröffentlicht hatte,[63] in dem er das Gericht zur Lockerung seiner bisherigen Rechtsprechung zur Steuerbegünstigung von Parteispenden aufgefordert hatte und darauf von den Parteien ins Bundesverfassungsgericht gewählt worden war. Einem Befangenheitsantrag der Kläger im Spendenverfahren war nicht stattgegeben worden.[64]

Mit dem Urteil von 1986 hatte das Bundesverfassungsgericht praktisch kapituliert, allerdings nur vorläufig. Die Parteien, die insgesamt mit einer deutlichen Niederlage in Karlsruhe gerechnet hatten, hatten jedenfalls keinen Grund zu triumphieren. Sie hatten in Wahrheit nur einen Pyrrhussieg errungen. Das schrieb ihnen Böckenförde in seinem Minderheitsvotum mit Deutlichkeit ins Stammbuch.

Ähnliches muß auch der Gesetzgeber empfunden haben. Denn er blieb unter den vom Verfassungsgericht eröffneten Möglichkeiten und setzte 1988 den steuerlichen Höchstbetrag auf 60 000 DM (für zusammenveranlagte Ehegatten auf 120 000 DM) fest.[65]

Umbau des »Chancenausgleichs«

Hinzu kam, daß der »Chancenausgleich« falsch konzipiert war. Es erwies sich nämlich immer mehr, daß dieses überaus komplizierte Konstrukt aufgrund eines »Systemfehlers« – so der Initiator des »Chancenausgleichs«, Hans-Peter Schneider, selbst – die Falschen begünstigte. Der Sinn des »Chancenausgleichs« hatte darin liegen sollen, den Parteien mit geringen Spenden einen Ausgleich aus der Staatskasse dafür zu geben, daß die höheren Spenden anderer Parteien steuerlich begünstigt würden. Da der »Chancenausgleich« (nach dem Gesetz von 1983) neben den Spenden aber auch die Mitgliedsbeiträge in die Rechnung einbezog, begünstigte er die Grünen, die FDP und die CSU, die ein relativ hohes Spendenaufkommen erhalten und für die der »Chancenausgleich« deshalb gar nicht gedacht war. Dagegen ging die SPD, um deretwillen der »Chancenausgleich« eigentlich eingeführt worden war, trotz ihres geringen Spendenaufkommens aufgrund ihres hohen Beitragsaufkommens leer aus.

Vom Regen in die Traufe: der »Chancenausgleich« 1988

Statt nun aber die steuerliche Begünstigung so zurückzuführen, daß der mißratene Chancenausgleich gestrichen werden könnte,[66] baute man ihn im Jahre 1988[67] um. Nunmehr profitieren vor allem die großen Parteien. Zugleich nutzte man die Gelegenheit zu einer kräftigen Ausweitung des Gesamtvolumens des Chancenausgleichs. (Die Änderung beruhte auf einem Gesetzentwurf der Parteischatzmeister der CDU, CSU, SPD und FDP, den die gesetzgebenden Organe übernahmen und formell absegneten.) Während der Chancenausgleich aus der Staatskasse in den Jahren 1986 bis 1988 im Durchschnitt 11,1 Millionen DM jährlich betragen hatte, belief er sich in den Jahren 1989 bis 1995, also nach der Neuregelung, auf durchschnittlich mehr als 27 Millionen DM pro Jahr (siehe Tabelle 1). Auch weiteren abwegigen Konsequenzen, zu denen das neue Konstrukt führte, schenkte man keine Aufmerksamkeit. So bewirkte der »Chancenausgleich«, daß eine Anspannung der Beitragseinnahmen, also der unproblematischsten Einnahmequelle der Parteien, finanziell bestraft wurde.

Tabelle 1: Chancenausgleich 1986 bis 1995
in Millionen DM

Jahr	SPD	CDU	CSU	FDP	B90/ Grüne	NPD	Rep.	PDS	Graue	Summe
1986[1]	–	2,8	1,9	1,7	3,0	–	–	–	–	9,4
1987	–	3,9	3,7	1,1	1,7	–	–	–	–	10,4
1988	1,9	–	1,4	4,3	5,9	0,1	–	–	–	13,6
1989	9,1	6,4	2,4	2,8	2,6	0,1	–	–	–	23,4
1990	9,1	6,8	2,9	2,8	2,6	0,1	–	–	–	24,3
1991	9,1	8,1	2,4	1,4	5,1	–	1,0	–	0,2	27,3
1992	10,1	10,0	2,8	4,0	1,0	–	1,0	–	0,2	29,2
1993	9,8	11,1	2,2	3,4	–	–	0,6	0,7	–	27,8
1994	10,2	11,1	2,2	3,4	–	–	0,6	0,7	0,3	28,5
1995	11,1	10,5	2,2	2,1	2,2	–	0,6	1,3	0,2	30,2

Abweichungen von den genauen Summen aufgrund von Rundungen.

[1] Auszahlungsjahre. Die Beträge beruhen auf Angaben im letzten Bericht der Bundestagspräsidentin, die jeweils das Vorvorjahr betreffen. Beispiel: Die Auszahlungen im Jahre 1986 beziehen sich auf Angaben für das Jahr 1984. Die in den Rechenschaftsberichten der Parteien angegebenen Beträge weichen teilweise ab, weil in ihnen häufig auch Forderungen auf zukünftige, erst im folgenden Jahr auszuzahlende Beträge mit aufgeführt sind.

Quellen: Bericht der Bundestagspräsidentin über die Rechenschaftsberichte und über die Entwicklung der Finanzen der Parteien im Jahr 1994.

Undurchsichtigkeit des »Chancenausgleichs«
verhinderte Öffentlichkeit und erschwerte Kontrolle

Die Regelung war zudem extrem kompliziert. Bei Max Weber liest man, persische Schreiber hätten früher für Staatsangelegenheiten eine Geheimschrift entwickelt, um Uneingeweihten die Möglichkeit der Information und Kontrolle zu nehmen. Ein ähnlicher Effekt kann heute durch extreme Komplizierung erreicht werden. Eschenburg hat schon früh auf die »entdemokratisierende Wirkung« unverständlicher Gesetze hingewiesen. Der sogenannte Chancenausgleich war ein ungutes Musterbeispiel für derartige Effekte, in dem zugleich die sarkastische Devise zum Ausdruck kam: »Wenn Du nicht überzeugen kannst, mußt Du verwirren.« Schon die bis 1988 geltende Regelung war derart kompliziert, daß nur wenige Fachleute wußten, was sich hinter dem irreführenden Begriff »Chancenausgleich« wirklich verbarg und wie die Ausgleichszahlungen sich errechneten.[68] Der neue »Chancenausgleich« war aber noch viel komplizierter.[69]

Die Durchsichtigkeit des »Chancenausgleichs« wird dadurch zusätzlich erschwert, daß die ohnehin komplizierte Berechnungsformel des § 22a PartG und die Angaben in den Rechenschaftsberichten der Parteien nicht einmal ausreichten, um den »Chancenausgleich« zu berechnen. In den Jahren 1989 und 1990 nahm das Bundestagspräsidium Korrekturen an den Angaben in den Rechenschaftsberichten vor, auf die zwar später im Bericht der Bundestagspräsidentin[70] hingewiesen wurde, deren Kriterien (und damit auch ihre Berechtigung) anhand der veröffentlichten Daten aber nicht nachvollziehbar waren.

Die extreme Kompliziertheit des »Chancenausgleichs« erschwerte die Kontrolle bis zur Unmöglichkeit, weil sie es der breiten Öffentlichkeit verwehrte zu erkennen, daß das Konstrukt entgegen seiner irreführenden Bezeichnung keinen wirklichen Ausgleich schaffte, der neue »Chancenausgleich« die Staatsmittel für die begünstigten Parteien mehr als verdoppelte und eine Fülle von abwegigen Konsequenzen zeitigte, die im Gesetzgebungsverfahren weder offengelegt noch diskutiert worden waren. Der Vorsitzende des federführenden Innenausschusses fand bei Verabschiedung des Gesetzes im Bundestag am 9. Dezember 1988 nichts dabei einzugestehen, er habe die Berechnung des neuen »Chancenausgleichs« selbst nicht durchschaut.[71] Die Warnung der Sachverständigen in einer Anhörung des Innenausschusses am 21. November 1988, die Regelung nicht übereilt in Kraft zu setzen, sondern sie erst einmal sorgfältig auf ihre Auswirkungen abzuklopfen,[72] wurde nicht beherzigt. Die Parteischatzmeister, die das neue Gesetz mit seinen erheblichen Mehrleistungen unter sich abgesprochen hatten und zu Beginn des Jahres 1989 in Kraft setzen wollten, bestimmten den Zeittakt der Entscheidung des Parlaments.[73]

»Sockelbetrag« als Lückenbüßer

Die Zustimmung der FDP (als Partner der Regierungskoalition) zum Umbau und zur Erhöhung des Chancenausgleichs erhielten die Initiatoren der Neuregelung aber nur durch gleichzeitige Einführung einer weiteren Staatsleistung: des sogenannten Sockelbetrags,[74] in dessen Genuß alle Parteien mit mindestens 2 Prozent der Stimmen kamen. Auch er war anhand des Gesetzeswortlauts schwer zu erfassen. Im Ergebnis bewirkte er eine relative Bevorzugung der kleineren Bundestagsparteien und gab der FDP (und den Grünen) einen Ersatz für die verminderten Zahlungen, die sie aus dem »Chancenausgleich« erhielten. In den Genuß des Sockelbetrags kamen gleichwohl auch die großen Parteien.[75]

Kumulation von Staatsleistungen

Die Entstehungsgeschichte der Neuregelung 1988 (die vor allem den Chancenausgleich geändert und den Sockelbetrag eingeführt hat) begann also bereits 1983 mit dem Versuch der Parteien, die verfassungsrechtlichen Grenzen für die steuerliche Begünstigung von Spenden auszuweiten. Dieser Versuch gab Anlaß, immer weitere Staatsleistungen einzuführen, ein Verfahren, das den Parteien schließlich fünffachen Ertrag brachte:

- die Steuervergünstigung für Großspenden,
- die 50prozentige Steuersubvention für kleinere Zuwendungen,
- den staatlichen »Chancenausgleich«,
- die Umschichtung und Anhebung des »Chancenausgleichs« und
- den »Sockelbetrag«.

Der gesamte Ablauf bestätigt einmal mehr die Erfahrungstatsache, daß das in eigener Sache entscheidende Parlament die Begrenzung und Disziplinierung der Parteien möglichst vermeidet und statt dessen eher zur Entgrenzung von Leistungen aus der Staatskasse neigt.

Die Verabschiedung des Gesetzes von 1988 erfolgte zum Schluß unter größtem Zeitdruck.[76] Die Parteischatzmeister, die nicht nur den Gesetzentwurf und spätere Änderungen untereinander abgesprochen hatten, sondern auch den Zeittakt des Gesetzgebungsverfahrens bestimmten, wollten die finanziellen Segnungen der Neuregelung unbedingt zum Jahresanfang 1989 in Geltung sehen.

Das Urteil von 1992

Doch hatten die Schatzmeister mit dem Gesetz von 1988 das Faß zum Überlaufen gebracht. Mit einem neuerlichen Urteil vom 9. 4. 1992 distanzierte sich das Bundesverfassungsgericht von seinem Fehlurteil von 1986 und schloß sich in fast allen Punkten dem früheren Minderheitsvotum von Böckenförde an. »Chancenausgleich« und »Sockelbetrag« wurden für verfassungswidrig erklärt. Die steuerliche Begünstigung von Spenden von *Körperschaften* wurde völlig verboten. Im übrigen wurde die steuerliche Begünstigung von Großspenden untersagt.[77] Das Gericht kehrte insoweit zu seiner ursprünglichen Rechtsprechung zurück. Die steuerliche Begünstigung darf nur so hoch sein, daß ein durchschnittlicher Einkommensbezieher sie auch ausschöpfen kann.[78] Das dürfte, wie die Parteienkommission von 1993 konkretisierte, bei Zuwendungen bis etwa 2000 Mark jährlich (für zusammenveranlagte Ehegatten 4000 Mark) der Fall sein.[79] Sonst würden Reiche – und Parteien, die besonders von Reichen unterstützt werden – gleichheitswidrig begünstigt. Die Grenzziehung ergibt sich im einzelnen aus folgenden Erwägungen. Von den früheren Regelungen der indirekten staatlichen Parteienfinanzierung ließ das Gericht nur eine bestehen: die steuerliche Begünstigung von kleinen und mittleren Spenden an Parteien nach § 34g EStG. Danach konnten Beiträge und Spenden bis zur Höhe von 1200 Mark (bei zusammenveranlagten Ehegatten bis 2400 Mark) jährlich zur Hälfte von der Steuerschuld des Gebers abgezogen werden. Die Verfassungsmäßigkeit dieser Regelung begründete das Gericht wie folgt: »Mit guten Gründen konnte der Gesetzgeber der Meinung sein, daß im Veranlagungszeitraum 1984, für den die Vorschrift erstmals zur Anwendung kam, ein Beitrags- oder Spendenvolumen von 1200/2400 Mark für den Durchschnittsverdiener erreichbar war; er konnte also die danach größtmögliche steuerliche Begünstigung erlangen. Folgerichtig stünde eine dem Anstieg der Durchschnittseinkommen folgende Anhebung der in § 34g Satz 2 EStG genannten Beträge der verfassungsrechtlich gebotenen Gleichheit unter den Einkommensbeziehern nicht entgegen.«[80] Umgekehrt wurde § 10b II EStG mit der Begründung für verfassungswidrig erklärt, daß »nur eine Minderheit von Bürgern ... in der Lage [ist], den vom Gesetz gezogenen Rahmen voll auszuschöpfen«.[81] Daraus ergab sich, daß das Gericht in der von § 34g EStG genannten Grenze von 1200/2400 Mark, angehoben entsprechend der Einkommensentwicklung seit 1984, die verfassungsrechtliche Obergrenze für steuerbegünstigte Zuwendungen sieht. Es hätte für das Gericht keinen Sinn gehabt, eine Anhebung entsprechend der Einkommensentwicklung ausdrücklich zuzulassen, wenn ohnehin eine höhere Festsetzung der Grenze zulässig wäre. Eine überschlägige Durchsicht der statistischen Daten und Prognosen für die Jahre 1984 bis 1994, dem Jahr des voraussichtlichen Inkrafttretens der Neuregelung, ergab, daß eine Anhebung der Obergrenze des § 34g EStG um etwa 50 Prozent, also auf 1800/3600 Mark, in Betracht kam. Auch der Vorschlag der Parteienfinanzierungskommission, die Grenze auf 2000/4000 Mark zu erhöhen, lag wohl noch in diesem Rahmen.

Neuregelung verfassungswidrig

Doch auch dieses Mal konnten die Schatzmeister der etablierten Parteien, die dem Gesetzgeber wiederum die Feder führten, der Versuchung nicht widerstehen, die vom Gericht gesetzten Grenzen zu eigenen Gunsten zu überdehnen.[82] Das neue Gesetz, das Anfang 1994 in Kraft trat,[83] sieht vor, daß Spenden natürlicher Personen und Beiträge bis zu 6000 Mark jährlich, bei zusammenveranlagten Ehegatten bis zu 12 000 Mark, steuerlich begünstigt sind, ein Betrag, der dreimal so hoch liegt wie von der

Parteienfinanzierungskommission ermittelt; ein Durchschnittsverdiener kann ihn sicher nicht mehr ausschöpfen. (Diese Überhöhung ist um so gravierender, als derartige Zuwendungen nicht nur beim Geber steuerbegünstigt sind, sondern, wie später [auf S.98 f.] noch darzulegen ist, bei der empfangenden Partei auch noch Staatszuschüsse in Höhe von 50 Prozent der Zuwendung auslösen.[84]) Das (meist nicht offengelegte) Hauptmotiv für die überhöhte Festsetzung: Es sollten auch die »Parteisteuern« erfaßt werden, die Abgeordnete neben ihrem normalen Mitgliedsbeitrag an ihre Partei abführen und die bei Bundestags- und Europaabgeordneten bis zu 12 000 Mark jährlich, bei der SPD und den Grünen noch mehr betragen können und eine nicht unerhebliche Einnahmequelle der Parteien darstellen. Da diese Beträge aus der staatlichen Abgeordnetenentschädigung gezahlt werden und sich ihnen kein Abgeordneter entziehen kann, wenn er die Wiedernominierung durch seine Partei nicht gefährden will, sind sie eine indirekte staatliche Parteienfinanzierung, die eigentlich illegal ist; allerdings ist es bisher nicht gelungen, sie zu unterbinden. Doch daß diese rechtswidrig abgepreßten Gelder nun auch noch zweifach Staatszuwendungen auslösen – beim Geber als Steuervergünstigung, bei der Partei als direkter Staatszuschuß –, ist geradezu aberwitzig. (Näheres siehe S. 312 ff.)

Diskriminierung kommunaler Wählergemeinschaften

Darüber hinaus sind die neuen Regelungen auch deshalb verfassungswidrig, weil sie kommunale Wählergemeinschaften gleichheitswidrig diskriminieren. Spenden und Beiträge an Wählergemeinschaften konnten lange überhaupt nicht steuerlich abgesetzt werden. Ganz im Gegensatz zu den Neuerungen, die den etablierten Parteien zugute kommen und die regelmäßig mit großer Eile durchgepeitscht werden, ließ (und läßt) der Bundestag sich beim Abbau der Diskriminierung der Wählergemeinschaften sehr viel Zeit. Obwohl das Bundesverfassungsgericht bereits in einer Entscheidung von 1985 in den Gründen deutlich gemacht hatte, daß der Ausschluß kommunaler Wählergemeinschaften von den im Jahre 1983 enorm ausgeweiteten steuerlichen Begünstigungen verfassungsrechtlich keinen Bestand mehr würde haben können,[85] bedurfte es eines weiteren Urteils von 1988, das die Diskriminierung auch ausdrücklich für verfassungswidrig erklärte,[86] bevor der Gesetzgeber Mitte 1988 schließlich reagierte und am 25. Juli 1988 das »Gesetz zur steuerlichen Begünstigung von Zuwendungen an unabhängige Wählergemeinschaften« erließ.[87] Danach können Spenden und Beiträge aber nur bis zur Höhe von 1200 DM jährlich zur Hälfte von der Steuer abgezogen werden. Dagegen kann eine *Partei*spende bis zur Höhe von insgesamt 6000 DM jährlich begünstigt werden. Berücksichtigt man zusätzlich, daß kommunale Wählergemeinschaften auch von der staatlichen Teilfinanzierung, die die Parteien erhalten, ausgeschlossen sind, diese Subventionen aber auch zur Finanzierung des Kommunalwahlkampfs mitverwendet werden (Näheres siehe S. 107 f.), so fällt die steuerliche Benachteiligung der Wählergemeinschaften erst recht ins Gewicht und erscheint mit dem strengen Gleichheitssatz des Grundgesetzes nicht vereinbar. Das Bundesverfassungsgericht hat wiederholt entschieden, daß kommunale Wählergemeinschaften durch die steuerliche Behandlung von Spenden und Beiträgen nicht in einer ernsthaft ins Gewicht fallenden Weise gegenüber Parteien benachteiligt werden dürfen. Dies aber ist eindeutig der Fall.

6 Direkte Staatsfinanzierung

Das Wechselspiel zwischen Bonn und Karlsruhe

Am Anfang war ein Wort aus Karlsruhe

Der Startschuß für die direkte Staatsfinanzierung fiel im Jahre 1958. Auslöser war ausgerechnet ein Urteil des Bundesverfassungsgerichts:[88] Im Juni 1958 hatte der zweite Senat des Gerichts (wie dargestellt) die bis dahin geltende steuerliche Begünstigung von Parteispenden für verfassungswidrig erklärt, gleichzeitig aber in einer Nebenbemerkung angekündigt, er werde eine direkte Finanzierung der Parteien aus der Staatskasse akzeptieren (wenn eine solche auch keinesfalls verfassungsrechtlich geboten sei). Das Gericht machte die staatliche Parteienfinanzierung also sozusagen im Nebensatz salonfähig, was angesichts der ablehnenden Haltung des Parlamentarischen Rates bis heute nur schwer nachvollziehbar ist. Geistiger Vater dieses Schwenks war offenbar Gerhard Leibholz. Seine »Parteienstaats«lehre, die die Parteien auch normativ mit dem Staat gleichsetzt und damit jedem rechtlichen Widerstand gegen eine Usurpation des Staates durch die Parteien die Grundlage nimmt, wird heute zwar allgemein verworfen, auch vom Bundesverfassungsgericht. Die darauf beruhende Schwächung des Widerstandes gegen staatliche Parteienfinanzierung hatte jedoch ihre Wirkung getan. Hätte die Mehrheit des Gerichts vorausgesehen, welche Lawine sie damit ins Rollen bringen würde und welches Kuckucksei Leibholz ihr ins Nest gelegt hatte, hätte sie die für die Entscheidung des Falles überflüssige Bemerkung sicher unterdrückt oder doch Begrenzungen gleich mitgenannt.

Es begann mit fünf Millionen DM

Die Parteien und der von ihnen beherrschte Gesetzgeber griffen die »Anregung« des Gerichts unverzüglich auf, aber nicht etwa durch Erlaß des damals schon seit zehn Jahren überfälligen Parteiengesetzes; denn das hätte auch die Durchsetzung der durch Art. 21 GG gebotenen Einnahmentransparenz verlangt. Vielmehr wurden die Mittel für die Subventionierung der im Bundestag vertretenen Parteien ohne gesetzliche Regelung schlicht in den Bundeshaushalt eingestellt, 1959 erstmals fünf Millionen DM jährlich.[89] Dies geschah aufgrund einer interfraktionellen Vereinbarung im Haushaltsausschuß des Bundestags. Die Mittel waren als »Zuschüsse zur Förderung der politischen Bildungsarbeit der Parteien« deklariert.

Bald waren es 38 Millionen DM – mit steigender Tendenz

Damit begnügten sich die Parteien aber keineswegs. Im Bundeshaushalt 1962 stiegen die Subventionen auf 20 Millionen und seit 1964 auf 38 Millionen DM jährlich. Die für 1962 bewilligten zusätzlichen 15 Millionen DM waren nun erklärtermaßen für die Aufgaben der politischen Parteien nach Art. 21 GG bestimmt. Dieser Erhöhung wie auch der 1964 erfolgten weiteren Erhöhung auf 38 Millionen DM verweigerte die SPD-Fraktion ihre Zustimmung;[90] sie sah in der Einführung der staatlichen Parteienfinanzierung ohne Gesetz eine Staatsfinanzierung »über die Hintertreppe«. Die Warnungen der SPD-Abgeordneten Schoettle, Schmidt-Vockenhausen und Wehner vor einer massiven staatlichen Finanzierung der Parteien sind auch heute noch nachlesenswert.

Der Betrag von 38 Millionen Mark errechnete sich aus einer Mark je Wahlberechtigten[91] (nicht: Wähler) im Jahr, also vier

Mark in einer normalen Legislaturperiode. Einige Länder folgten dem Beispiel des Bundes, besonders Nordrhein-Westfalen. Dort wurde 1959 ein Betrag von einer Million Mark in den Haushaltsplan eingesetzt, der bis 1964 auf vier Millionen Mark anstieg. Insgesamt erhielten die Parteien in den Bundesländern im Jahre 1965 9,45 Millionen Mark.[92] (Die Zuschüsse an die Fraktionen, die damals nach Schätzungen von Plate etwa zur Hälfte an die Parteien weitergeleitet wurden und die im Jahre 1965 im Bund und in den Ländern insgesamt etwa neun Millionen Mark betrugen,[93] sind dabei noch nicht mitgezählt.) Damit waren die Regierungsparteien aber noch nicht zufrieden; die CDU/CSU- und die FDP-Fraktionen des Bundestages beabsichtigten vielmehr, das Gesamtvolumen der Staatszuschüsse auf 90,8 Millionen Mark pro Jahr hochzudrücken: Sie legten 1964 den Entwurf eines Parteiengesetzes vor,[94] in dem zusätzlich zu den 38 Millionen Mark, die im Gesetz festgeschrieben werden sollten, noch 60 Prozent dieses Betrages auf Landesebene (= 22,8 Millionen Mark) vorgesehen waren und im Wege eines Spendengutscheinverfahrens weitere 30 Millionen Mark Staatsgeld jährlich aufgewendet werden sollten.[95] Das Gesetz sollte zum 1. 7. 1966 in Kraft treten. Es hätte also eine Steigerung der Staatsfinanzierung in sieben Jahren von fünf[96] auf 90,8 Millionen Mark gebracht.

Eine europäische Premiere

Die Einführung der Staatsfinanzierung in der Bundesrepublik Deutschland im Jahre 1959 war eine europäische Premiere und wäre sogar eine Weltpremiere gewesen, hätten nicht Costa Rica schon 1954 und Argentinien 1955 eine staatliche Parteienfinanzierung eingeführt. Vor diesem Hintergrund bezeichnete der Bundestagsabgeordnete Schmidt-Vockenhausen die Finanzierung aus der Staatskasse als »Krebskrankheit, die früher auf mittel- und südamerikanische Staaten beschränkt war«.[97] Andere westliche Demokratien in Europa folgten, so zum Beispiel die skandinavischen Länder in der zweiten Hälfte der sechziger Jahre, die Niederlande 1972 und Italien 1974. Es gibt aber auch heute noch mehrere Demokratien in Europa, die keine staatliche Parteienfinanzierung kennen, zum Beispiel Großbritannien und die Schweiz.

Wegfall einer ursprünglichen Rechtfertigung der Staatsfinanzierung

Die direkte Staatsfinanzierung der Parteien war ursprünglich auch damit gerechtfertigt worden, man wolle den Einfluß des großen Geldes auf die Parteien beseitigen. In den fünfziger Jahren war man noch als selbstverständlich davon ausgegangen, staatliche Zuschüsse an Parteien seien, wenn sie denn überhaupt eingeführt würden, nur dann gerechtfertigt, wenn gleichzeitig private *Spenden* an Parteien *verboten* und dadurch die Gefahr, daß privates Kapital sich politischen Einfluß erkauft, eingedämmt würde. So hatte sich etwa Bundesfinanzminister Schäffer im Jahre 1954 für eine Finanzierung der Parteien durch den Staat ausgesprochen, um die Parteien aus der Abhängigkeit der wirtschaftlichen Interessen und Organisationen zu lösen. Den Parteien sollte zu diesem Zweck gesetzlich die Annahme von Spenden verboten werden.[98] Auch eine vom Bundesminister des Innern eingesetzte Parteienrechtskommission ging in ihrem Bericht von 1957 davon aus, die Einführung einer staatlichen Parteienfinanzierung käme allenfalls dann in Betracht, wenn Spenden von privater Seite unterbunden würden.[99] Diese gedankliche Voraussetzung für die Staatsfinanzierung geriet jedoch später in Vergessenheit. Die in eigener Sache entscheidenden Parteien bewilligten sich ab 1959 rasch zunehmende Staatssubventionen, *ohne* gleichzeitig Spenden zu verbieten; selbst hohe und höchste Spenden – und selbst solche von juristisch selbständigen Körperschaften – blieben vielmehr unbegrenzt zulässig. Am Ende hatten die Parteien beides: Staatsgeld *und* Spenden. Darüber hinaus werden Spenden auch nach der Neuregelung von 1994 immerhin bis zur Höhe von 12 000 DM (bei Zusammenveranlagten) im Jahr, also bis zu einer Höhe, die sich kein Durchschnittsverdiener leisten kann, noch *steuerlich* massiv begünstigt. Damit ist der seinerzeitigen Rechtfertigung die Grundlage entzogen.

Gefahren der Staatsfinanzierung

Um so mehr trat die Kehrseite staatlicher Parteienfinanzierung in den Blick, die Landfried »Etatisierung der Parteien« genannt hat.[100] Die staatliche Parteienfinanzierung förderte eine Verkrustung der Parteien, die immer unabhängiger vom finanziellen Engagement ihrer Mitglieder und Sympathisanten wurden. Die Bürokratisierung entfernte die Parteien von den Bürgern und schürte deren Parteienverdrossenheit. Schon die erwähnte Parteienrechtskommission hatte davor gewarnt, die Parteien könnten bei Subventionierung durch den Staat das Vertrauen der Wählerschaft verlieren und ihre Legitimation schwächen. Die Kommission äußerte ferner »die Besorgnis, daß bei einer derart gesicherten Finanzierung die Parteien sich im Laufe der Zeit auf die öffentliche Hilfe zu sehr verlassen würden und ihr Interesse an der Werbung der Mitglieder erlahmen könnte«.[101] Auch der frühere Vorsitzende der SPD-Bundestagsfraktion, Herbert Wehner, hatte vor der Staatsfinanzierung gewarnt, weil sie die Mitglieder leicht demotiviere und die Parteiführung von ihrer Unterstützung unabhängig mache.[102] Und genau dieser Effekt stellte sich mit der raschen Zunahme der in eigener Sache bewilligten Staatsmittel ein.

Das Bundesverfassungsgericht tritt auf die Bremse (Erstes Parteienfinanzierungsurteil von 1966)

Offenbar in Reaktion auf die Explosion der Staatsfinanzierung seit 1959 und die geplante weitere Steigerung zog das Bundesverfassungsgericht im Juli 1966 (auf Antrag der SPD-geführten hessischen Landesregierung,[103] der Gesamtdeutschen Partei und der Bayernpartei[104]) drei materielle Schranken und wirkte dadurch erneut als »Ersatzgesetzgeber«:

Erstens erklärte das Gericht nur noch die Erstattung der Kosten eines zeitlich eng begrenzten Wahlkampfes für zulässig.[105] Eine allgemeine Parteienfinanzierung (auch die Finanzierung von politischer Bildungsarbeit durch die Parteien) sei dagegen verfassungswidrig.[106] Das Gericht wörtlich: »Nach Art. 21 und 20 Abs. 2 GG ist es unzulässig, daß den politischen Parteien von Staats wegen laufende Zuschüsse zu ihrer gesamten politischen Tätigkeit gewährt werden. Es läßt sich jedoch verfassungsrechtlich rechtfertigen, wenn unter Beachtung der Grundsätze der Parteienfreiheit und der Chancengleichheit den politischen Parteien die notwendigen Kosten eines angemessenen Wahlkampfs ersetzt werden.«

Zweitens legte das Gericht fest, die staatlichen Zuschüsse dürften höchstens die Hälfte der Gesamteinnahmen der Parteien ausmachen[107] (später als »relevante Obergrenze« bezeichnet).

Drittens durften diese Zuwendungen nicht auf Bundestagsparteien beschränkt bleiben, sondern es mußten auch Parteien einbezogen werden, die aufgrund der Fünfprozentklausel den Sprung in den Bundestag nicht geschafft hatten.

Die beiden ersten Begrenzungen wurden im wesentlichen damit begründet, die Parteien seien staatsfreie Einrichtungen und müßten dies auch bleiben. Die Einbeziehung kleiner Parteien ergab sich aus dem Gebot der strengen Chancengleichheit im politischen Wettbewerb.

Die an die Bundestagsparteien von 1959 bis 1966 gezahlten Subventionen standen mit diesen Grundsätzen (zumindest mit dem ersten und dritten) nicht in Einklang. Das Bundesverfassungsgericht erklärte die einschlägigen Bestimmungen des Bundeshaushalts deshalb für verfassungswidrig und nichtig.

Parteiengesetz von 1967

Darauf erließ der Bundestag im Juli 1967 das Parteiengesetz[108] nach Art. 21 III GG, das seit 18 Jahren überfällig war. Das Gesetz behandelte vor allem die staatliche Wahlkampfkostenerstattung und regelte endlich auch die öffentliche Rechenschaftslegung der Parteien über die Herkunft ihrer Mittel (deren Vermeidung ein Grund dafür gewesen war, daß der Erlaß des Parteiengesetzes so lange hinausgeschoben worden war).

Das Parteiengesetz sah eine Erstattung der Wahlkampfkosten aus staatlichen Mitteln vor, die allerdings nicht im einzelnen abgerechnet, sondern pauschal gewährt wurden: Für jeden Wahlberechtigten (unabhängig davon, ob er zur Wahl gegangen war oder nicht) wurde ein Betrag von 2,50 DM gezahlt und die Gesamtsumme auf die Parteien nach dem Ergebnis der Bundestagswahl proportional verteilt. (Die Parteien erhielten den Pro-Kopf-Betrag also auch für Nichtwähler. Die Höhe der Kostenerstattung war somit unabhängig von der Wahlbeteiligung.) An der Verteilung sollten alle Parteien mit mindestens 2,5 Prozent der Stimmen teilnehmen. Zugleich sah das Parteiengesetz vor, daß schon in den Jahren vor der Wahl Abschlagszahlungen auf die zu erwartende Wahlkampfkostenerstattung geleistet wurden.

Lockerung der Bremse? (Zweites Parteienfinanzierungsurteil von 1968)

In einem weiteren Urteil des Bundesverfassungsgerichts vom Dezember 1968[109] wurden die Bestimmungen des Parteiengesetzes über die Wahlkampfkostenerstattung im wesentlichen bestätigt, obwohl mit der Pauschale und den Abschlagszahlungen die Begrenzung auf einen kurzen Wahlkampf praktisch aufgegeben, der Begriff der »Wahlkampfkosten« stark ausgedehnt und eine Abgrenzung von den sonstigen Ausgaben der Parteien fast unmöglich gemacht worden war. Für verfassungswidrig erklärte das Gericht allerdings die 2,5-Prozent-Grenze, die die Chancengleichheit zu Lasten kleiner Parteien beeinträchtigte und die Offenheit des politischen Wettbewerbs beschnitt: Alle Parteien, die mindestens 0,5 Prozent der Stimmen erhalten hatten, müßten an der Wahlkampfkostenerstattung beteiligt werden. Denn ein solches Wahlergebnis signalisiere bereits die Ernsthaftigkeit der Kandidatur und schließe Mißbrauch aus. Das Parteiengesetz mußte deshalb geändert werden.

Festschreiben der Subventionen

Mit der Relativierung des Begriffs der Wahlkampfkosten verlor er auch seine Begrenzungswirkung. Um so notwendiger wurde es, zu einer anderen halbwegs wirksamen verfassungsrechtlichen Begrenzung des in eigener Sache entscheidenden Parlaments zu kommen. Deshalb erklärte das Gericht in seinem Urteil von 1968, die staatliche Kostenerstattung dürfe grundsätzlich nicht schneller wachsen als die allgemeine Kostenentwicklung.[110] Ausgangs- und Orientierungsgröße sollten die (von den Schatzmeistern der Parteien gegenüber dem Gericht angegebenen) Ausgaben für den Bundestagswahlkampf 1965 sein.[111] (Diese Begrenzung hat das Bundesverfassungsgericht später zur »absoluten Obergrenze« fortentwickelt.)

»Geburtsfehler« der staatlichen Parteienfinanzierung

Die Ausgaben für den Bundestagswahlkampf 1965 waren allerdings aufgrund der laufenden staatlichen Zuschüsse hoch,[112] so daß die Fortschreibung dieser Beträge sich als ziemlich großzügig erwies. Der Politikwissenschaftler Heino Kaack, ein Vorreiter der Parteienforschung und geistig unabhängiger Kenner der Parteien, sprach nicht zu Unrecht von einem »Geburtsfehler der Parteienfinanzierungsgeschichte«.[113] Die rasante, zunächst durch nichts gebremste Steigerung der staatlichen Parteienfinanzierung bis 1965 hatte das Niveau stark hochgedrückt, bevor die rechtliche Begrenzung durch das Bundesverfassungsgericht greifen konnte.

Dennoch hatte das Parteiengesetz von 1967 mit seinen 2,50 DM pro Wahlberechtigten in einer Legislaturperiode, umgerechnet auf das einzelne Jahr, eine Senkung gegenüber dem bisherigen Betrag von 38 Millionen Mark jährlich gebracht,[114] was die Parteien zunächst zu Kürzungen ihrer vorher stark aufgeblähten Budgets zwang.[115] Allerdings ermächtigte das Parteiengesetz auch die *Länder,* eine Wahlkampfkostenerstattung einzuführen, die nach einer Übereinkunft der Landtagspräsidenten 1,50 DM (= 60 Prozent des Bundesniveaus) betragen sollte. Davon machten allmählich alle Länder Gebrauch, wobei die Beträge sich im Laufe der Jahre jedoch immer mehr dem Bundesniveau anglichen. Die ursprünglich vorgesehene Beschränkung auf 60 Prozent geriet in Vergessenheit, obwohl selbst die den Parteien besonders gewogene (erste) Parteienfinanzierungskommission in ihrem Bericht von 1983 noch betont hatte, für die Länder sei eine Anhebung des Pro-Kopf-Betrages auf den damals für den Bund vorgesehenen Satz von fünf Mark je Wahlberechtigten *nicht* dargetan[116] und Heino Kaack die automatische Anhebung der Landespauschalen auf Bundesniveau als »untragbar« bezeichnete.[117]

Bis zur Neuregelung 1994 lag der Betrag, den es neben den Bundestags- und den Landtagswahlen seit 1979 auch bei Europawahlen gibt (trotz der bei Europawahlen sehr viel geringeren Kosten der Parteien), einheitlich bei fünf Mark pro Wahlberechtigten. Durch die deutsche Vereinigung wurde die Zahl der Wahlberechtigten von rund 47 auf etwa 60 Millionen erhöht und damit auch das Volumen der Wahlkampfkostenerstattung entsprechend aufgestockt. Die Parteien erhielten seit der deutschen Vereinigung bei rund 60 Millionen Wahlberechtigten 300 Millionen Mark je Wahlebene (Bund, Länder und Europa), also allein aus dieser staatlichen Quelle insgesamt rund 900 Millionen Mark pro Legislaturperiode.

Rückwirkungen auf den Aufgabenkatalog der Parteien

Die Einführung der Staatsfinanzierung und ihre schnelle Steigerung hatte, wie auf S. 27 schon erwähnt, Rückwirkungen auf die gesetzliche Festlegung der Aufgaben der Parteien. Normalerweise sind die Aufgaben einer Einrichtung der Ausgangspunkt für die Ermittlung ihres Finanzbedarfs und eines eventuellen staatlichen Zuschußbedarfs. Soweit die eigenen Mittel nicht ausreichen und ein öffentliches Interesse an der Aufgabenerfüllung besteht, kommen staatliche Zuschüsse in Betracht. Diese Schlußweise setzt jedoch voraus, daß sich die Aufgaben einigermaßen objektiv ermitteln lassen oder, soweit ihre Bestimmung einen Spielraum läßt, dieser von einer unvoreingenommenen Instanz ausgefüllt wird. Dafür besteht aber nicht die geringste Gewähr, wenn die Parteien selbst über ihre eigenen Aufgaben bestimmen. Sie haben im Parlament die gesamte Gesetzgebung im Griff und haben deshalb auch »bei der Bestimmung ihrer Zuständigkeiten durch den Bundestag selbst die Feder geführt«.[118] Um so näher lag aber die Versuchung, kurzerhand den gesetzlichen Katalog der Aufgaben der Parteien möglichst auszuweiten,[119] um damit dem Zugriff auf die Staatsfinanzen eine scheinbare Rechtfertigung zu geben. Denn: »Je detaillierter und je extensiver die Aufgabenstellung, desto größer die Ansprüche der Parteien an den Staat«.[120] Da die finanziellen Mittel im Haushaltsplan als »Sondermittel für die Aufgaben der Parteien nach Art. 21 GG« ausgewiesen waren, brauchte man in eigener Sache nur den Katalog der Aufgaben in den Gesetzentwürfen zum Parteiengesetz immer weiter auszudehnen, um so den Schein einer Rechtfertigung für die schnell wachsenden Bewilligungen zu konstruieren.

In der Tat wurden – im Gleichschritt mit den seit 1959 eingeführten und schnell wachsenden Staatszuschüssen – die in den Gesetzentwürfen eines Parteiengesetzes angegebenen Aufgabenkataloge der Parteien seit 1959 immer weiter ausgedehnt und erhielten schließlich die umfassende Gestalt des heutigen Parteiengesetzes. Nach seinem § 1 bündeln und integrieren die Parteien nicht nur die politischen Auffassungen, stellen Kandidaten für Wahlen auf und führen Wahlkämpfe, sondern wirken auch an der Bildung des politischen Willens des Volkes »auf allen Gebieten des öffentlichen Lebens« mit, indem sie zum Beispiel auch »auf die Gestaltung der öffentlichen Meinung Einfluß nehmen« und »die politische Bildung anregen und vertiefen«. Der Regierungsentwurf eines Parteiengesetzes von 1959 hatte noch einen moderaten Aufgabenkatalog für die Parteien enthalten, der sich dann aber von Gesetzentwurf zu Gesetzentwurf ausweitete, bis der Aufgabenkatalog im Parteiengesetz von 1967 sein extensives Maximum erreichte. Die Parteiaufgaben lassen sich in der Tat »kaum umfassender und ehrgeiziger formulieren« als in § 1 Abs. 2 Parteiengesetz geschehen; darin stimmen erfahrene Beobachter überein.[121]

Auch hinsichtlich der Festlegung des Aufgabenkatalogs erweist sich das Parteiengesetz somit als »Parteien*finanzierungs*gesetz«.[122] Das »hohe Pathos der Aufzählung in § 1 Abs. 2«

Parteiengesetz sollte »Schrittmacher«[123] für die Finanzierung aus öffentlichen Mitteln sein. Alles spricht dafür, »daß die Parteien bestrebt waren, sich durch eine sehr weitgehende, sehr extensive Aufgabenbeschreibung ihre Pfründe zu sichern«.[124]

Den unzulässigen Schluß von den selbst entgrenzten Aufgaben auf hohe Staatszuschüsse, den die Parteien selbst so gerne ziehen, hat 1983 auch die (erste) Parteienfinanzierungskommission gezogen, als sie – anknüpfend an die umfassenden in § 1 Parteiengesetz selbst formulierten Aufgaben der Parteien – eine massive Erhöhung der Staatsfinanzierung empfahl,[125] die dann vom Parlament 1984 beschlossen wurde.

Wenn sich aber der Katalog der Aufgaben der Parteien nach dem gewünschten Finanzierungsvolumen richtet, wird alles auf den Kopf gestellt. Der Schwanz wedelt mit dem Hund. Das zeigt sich besonders bei der politischen Bildung. Die Frage ihrer angemessenen Organisation wird parteilichen Eigeninteressen untergeordnet. Nicht weil die politische Bildung Sache der Parteien wäre, wird sie ihnen übertragen, sondern weil die Parteien sie – um ihrer Interessen an Macht und Geld willen – zu ihrer Sache machen *wollten*. Ist es aber eigentlich sinnvoll, den Kämpfern um die Macht die politische Bildung anzuvertrauen? Ist die politische Bildung nicht zuallererst Sache des auf Ausgewogenheit und Objektivität verpflichteten staatlichen Schul-, Erziehungs- und Fortbildungswesens?[126] Diese Frage wird dadurch noch drängender, daß bei der Schlußformulierung des Parteiengesetzes im Jahre 1967 die Ausrichtung der Parteien auf Interessenintegration und Gemeinwohl ausdrücklich fallengelassen wurde.[127] Muß eine *parteiliche* politische Bildung aber nicht fast zwangsläufig übergreifende Erwägungen der Sachrichtigkeit zurückdrängen, Macht, Eigeninteresse und die Sicherung von Positionen immer stärker dominieren lassen und so die Defizite noch verstärken, die uns in jüngerer Zeit immer bewußter geworden sind?

Das Bundesverfassungsgericht hat sich diesen von den Parteien in eigener Sache gefertigten Schuh nicht angezogen, die von den Parteien gewünschte *finanzielle* Konsequenz aus ihrem umfassenden Aufgabenkatalog nicht gezogen und der politischen Bildung im Urteil von 1966 ausdrücklich den Charakter einer staatlich *zuwendungs*fähigen Aufgabe der Parteien aberkannt.[128] Zuschüsse durften nur für den Wahlkampf erfolgen, nicht auch für die politische Bildung.

Diese gegenständliche Begrenzung der Staatsfinanzierung auf Wahlkampfkostenerstattung hat das Gericht dann später zwar aufgegeben, weil eine Abgrenzung sich ohnehin als unmöglich erwiesen hatte.[129] Das Gericht hat statt dessen – in Fortführung der 1968 entwickelten objektiven Begrenzung – eine »absolute Obergrenze« festgelegt. Darin kommt die aus jahrzehntelanger Erfahrung gewonnene Erkenntnis zum Ausdruck, daß – angesichts der Neigung der Parteien, ihre Aufgaben nach ihrer gewünschten Staatsfinanzierung auszurichten – ein anderes ausgaben- und damit aufgabenbegrenzendes Instrumentarium nicht zur Verfügung steht.[130] Die vom Bundesverfassungsgericht gesetzte Grenze stellt also zugleich einen Versuch dar, der immer weiteren Ausdehnung der Aktivitäten der Parteien zu begegnen.

Neukonzeption der Parteienfinanzierung

Das Urteil von 1992

Das Fehlurteil des Bundesverfassungsgerichts von 1986, das die Steuervergünstigung von Großspenden und den absurden »Chancenausgleich« abgesegnet hatte, war von den Parteien als Freibrief verstanden worden, den »Chancenausgleich« noch weiter auszuweiten und einen »Sockelbetrag« einzuführen. Dies und die einhellige Kritik des Urteils dürften das Gericht schließlich zur Umkehr bewogen haben, wobei dieser Entschluß sicher auch durch die zunehmende Parteien- und Politikerverdrossenheit in der Bundesrepublik gefördert wurde; »Politikverdrossenheit« wurde nicht von ungefähr zum Wort des Jahres 1992 erklärt. In seinem auf Antrag der Grünen ergangenen Urteil vom 9. 4. 1992[131] erklärte das Gericht fast die gesamte bisherige staatliche Parteienfinanzierung für verfassungswidrig, entwickelte die Grundstruktur für ein neues System und verpflichtete den Gesetzgeber, dies bis zum Anfang des Jahres 1994 in Kraft zu setzen; es bestätigte dadurch erneut seine Rolle als Ersatz- und Obergesetzgeber. Das Gericht machte im wesentlichen sechs verfassungsrechtliche Vorgaben:

— Es erklärte die bisherige »Wahlkampfkostenerstattung« (einschließlich des »Sockelbetrages«) und den »Chancenausgleich« für verfassungswidrig.[132] Da eine Abgrenzung zwischen Wahlkampf- und anderen Kosten sich ohnehin als nicht praktikabel erwiesen hat, wird eine staatliche Teilfinanzierung erlaubt.

— Ihre Bemessung muß sich nach den erlangten Wählerstimmen, den von den Parteien erhaltenen Mitgliedsbeiträgen und den eingeworbenen Spenden richten. Es geht nach Auffassung des Gerichts darum, den »Erfolg, den eine Partei beim Wähler, den sie bei der Summe der Mitgliedsbeiträge sowie bei dem Umfang der von ihr eingeworbenen Spenden erzielt, zu einem jeweils ins Gewicht fallenden, im einzelnen allerdings vom Gesetzgeber zu bestimmenden Anteil in den Verteilungsmaßstab« eingehen zu lassen.[133] Ein solches Finanzierungssystem verstärke die Anstrengungen der Parteien, sich um Zustimmung und aktive – auch finanzielle – Unterstützung in der Bevölkerung zu bemühen; dies aber sei um der Einbeziehung des Volkes in die politische Willensbildung willen erwünscht und geboten. Beim Beitrags- und Spendenaufkommen der Parteien dürften allerdings »nur

Zuwendungen einer Größenordnung berücksichtigt werden, wie sie alle Parteien ungeachtet ihrer politischen Zielvorstellungen verzeichnen und von den Beziehern durchschnittlicher Einkommen auch geleistet werden können«.[134]

- Kommunale Wählergemeinschaften müssen in die Staatsfinanzierung einbezogen werden.[135]

- Das Gericht entwickelte ausdrücklich eine »absolute« Obergrenze für die direkte Staatsfinanzierung aller Parteien zusammen, die in Zukunft nicht höher sein darf als die Leistungen, die die Parteien im Durchschnitt der vorangehenden Jahre 1989 bis 1992 aus der Staatskasse erhalten hatten[136] (= 230 Millionen Mark jährlich). Die absolute Obergrenze bewirkt ein Einfrieren des Gesamtvolumens der (realen) öffentlichen Mittel und ist ein probates Mittel, um die Parteien, die hier über den Umweg des Gesetzgebers in eigener Sache entscheiden, an der gemeinsamen finanziellen Ausbeutung des Staates und damit auch an einer fortschreitenden Überdehnung ihrer Aktivitäten zu hindern. Dieser Gedanke findet im Urteil unmittelbaren Ausdruck: »Gewönne der Bürger den Eindruck, die Parteien ›bedienten‹ sich aus der Staatskasse«, so schreibt das Gericht den Parteien ins Stammbuch, »führte dies notwendig zu einer Verminderung ihres Ansehens und würde letztlich ihre Fähigkeit beeinträchtigen, die ihnen von der Verfassung zugewiesenen Aufgaben zu erfüllen«.[137] Was die Parteien in der Vergangenheit erhalten hätten, sei hinreichend und markiere die Obergrenze dessen, was ihnen der Staat »äußerstenfalls« zuwenden dürfe. Die absolute Obergrenze stehe jedoch unter zwei Vorbehalten: Sie gelte nur, »solange die bestehenden Verhältnisse keine einschneidende Veränderung erfahren«. Außerdem könne der Gesetzgeber »die mit Rücksicht auf Veränderung des Geldwertes etwa notwendigen Anpassungen« vornehmen.[138] In Wahrheit ist auch die absolute Obergrenze so neu nicht. Das Gericht hat die 1968 für die Wahlkampf-kostenerstattung formulierte Begrenzung (Näheres siehe S. 83) – nach Vorschlägen in der Literatur[139] – nun auf die allgemeine staatliche Teilfinanzierung erstreckt.

– Nach der »relativen Obergrenze« (die sich nicht auf alle Parteien zusammen bezieht wie die »absolute Obergrenze«, sondern auf jede einzelne Partei) müssen die Eigenmittel, die jede Partei selbst erwirtschaftet, mindestens ebenso hoch sein wie die Zuwendungen, die sie unmittelbar aus der Staatskasse erhält. Auf diese Weise soll der Vorrang der Selbstfinanzierung der Parteien vor der Staatsfinanzierung und damit ein Mindestmaß an Bürgernähe gesichert werden.[140] Die »relative Obergrenze« war der Sache nach schon aus der früheren Rechtsprechung des Bundesverfassungsgerichts bekannt, hat aber erst im Urteil vom 9. April 1992 diese Bezeichnung gefunden. Nicht zu den Staatsmitteln in dieser engen Definition des Gerichts, also zu den den Parteien »unmittelbar aus der Staatskasse zufließenden Zuwendungen«,[141] gehören die »Parteisteuern«, die Abgeordnete an ihre Partei leisten müssen;[142] sie stellen nur eine indirekte Staatsfinanzierung dar (Näheres siehe S. 127, 312 f.). Ebensowenig sei es nach Auffassung des Gerichts »geboten, in den staatlichen Anteil der Parteienfinanzierung diejenigen Vorteile einzurechnen, die den Parteien aus einer – verfassungsrechtlich unbedenklichen – steuerlichen Begünstigung von Beiträgen und kleineren Spenden indirekt zufließen«.[143] Umgekehrt dürften nicht zu den Eigenmitteln der Parteien gerechnet werden: ihre Einnahmen aus Kreditaufnahme,[144] da sonst die Gefahr heraufbeschworen würde, daß Parteien in bestimmten Situationen nur deshalb Kredite aufnehmen, um ein Überschreiten der relativen Obergrenze zu vermeiden.

– Die bisherige steuerliche Begünstigung von Großspenden wird für verfassungswidrig erklärt und die steuerliche Begünstigung auf Zuwendungen begrenzt, die durchschnittliche Einkommensbezieher erbringen können (zu diesem Punkt bereits oben S. 73 f.).

Der Sinn des Urteils

Der Sinn des verfassungsgerichtlichen Urteils besteht darin, Antworten auf ganz bestimmte für die Gesetzgebung in Sachen Parteienfinanzierung typische Herausforderungen zu geben. Über die Parteienfinanzierung entscheiden die Parteien, die das Parlament beherrschen, in eigener Sache und sind dashalb nicht unbefangen. Es besteht daher die dreifache Gefahr, (1) daß die Parteien sich *zuviel* bewilligen, (2) daß außenstehende politische *Konkurrenten benachteiligt* werden und (3) daß die Staatsmittel die Parteiführungen vom politischen Engagement der Bürger unabhängig machen und dadurch die Verkrustung der Parteien und *die Bürgerferne* der sogenannten politischen Klasse *verschärfen.* Auf diese drei Herausforderungen will das Grundgesetz (in der authentischen Interpretation durch das Bundesverfassungsgericht) Antworten geben: (1) Es sucht die staatliche Parteienfinanzierung, insbesondere durch die absolute und die Bestätigung der relativen Obergrenze, zu limitieren. (2) Es sucht die Benachteiligung von Konkurrenten, etwa kommunalen Wählergemeinschaften, zu verhindern und dadurch den politischen Wettbewerb offenzuhalten. (3) Vor allem will das Gericht ein neues Anreizsystem schaffen, das – zusätzlich zu der bisher schon bestehenden relativen Obergrenze – die Parteien zur verstärkten Bürgernähe veranlaßt.

Dieser letzte Punkt ist das eigentlich Neue des Urteils. Insofern liegt der Grundgedanke des Urteils darin, die Entscheidung über die Höhe und die Verteilung der staatlichen Parteienfinanzierung in die Hände der Bürger (der Wähler, der Mitglieder und der Spender) zu legen und damit ihre Verwurzelung in Volk und Partei zu stärken. Die doppelte Begünstigung von Beiträgen und Spenden – durch Steuerabzug beim Geber und staatlichen Zuschlag bei der Partei – soll die Motivation von Mitgliedern und Spendern fördern, der Partei Mittel zukommen zu lassen; zugleich erhöht sich der Anreiz für die Parteien, sich ihrerseits um vermehrte Zuwendungen zu bemühen. So sollen die staatlichen Zahlungen von beiden Seiten her Parteiführung, Basis und Umfeld »am goldenen Zügel« aufeinander zuführen. Auf diese Weise sollen der Demotivierung von Mitgliedern und Spendern, zu der die Staatsfinanzierung ansonsten leicht führt, gezielt entgegengewirkt und die zunehmende Parteienferne der Bürger und die Bürgerferne der Parteien möglichst überwunden werden.

Verfassungswandel

Das Bundesverfassungsgericht gelangte zu diesen Forderungen dadurch, daß es den Begriff der »Staatsfreiheit der Parteien« – in Anlehnung an einschlägige Ansätze im Schrifttum – zu einem Gebot der »Staatsferne« der Parteien fortentwickelte. Staatsfreiheit in diesem Sinn verlange Vorkehrungen, »daß die Parteien sich ihren Charakter als frei gebildete, im gesellschaftlich-politischen Bereich wurzelnde Gruppen bewahren«,[145] und enthalte »das Gebot der fortdauernden Verankerung der Parteien in der Gesellschaft und ihrer darauf beruhenden Staatsferne«.[146]

Dieser vom Bundesverfassungsgericht durchgesetzte Verfassungswandel ist von weittragender Bedeutung. Der Sinn des lange mißverstandenen Grundsatzes der »Freiheit der Parteien vom Staat« besteht weniger in dem üblichen grundrechtlichen Schutz vor Eingriffen des Staates. Denn hier geht es ja um die Gewährung von Leistungen. Diese aber pflegen den Freiheits- und Handlungsraum der Empfänger nicht zu beeinträchtigen, sondern zu erweitern. Im übrigen halten die Parteien selbst die staatlichen Schaltzentralen besetzt, so daß der verfassungsrechtliche Schutz auf einen Schutz der Parteien *vor sich selbst* hinauslaufen muß. Denn es besteht die Gefahr, daß die Parteien durch staatliche Mittel von der Basis zunehmend unabhängiger, dieser dadurch entfremdet werden und so ihre Verwurzelung in der Gesellschaft verlieren.[147] So gesehen, ist der Ausdruck Staatsfreiheit nicht ganz treffend. Auch der Begriff der Staatsferne bringt das Wesentliche noch nicht voll zum Ausdruck. Besser wäre es, direkt von *Bürgernähe* zu sprechen. Es geht darum, die – auch finanzielle – Angewiesenheit der Parteien auf Wähler, Mitglieder und (Klein-)Spender aufrechtzuerhalten.[148]

Bürgerbonus

Das Konzept des Bundesverfassungsgerichts besitzt eine gewisse Verwandtschaft zum sogenannten Bürgerbonus. Nach diesem Vorschlag Theodor Eschenburgs, den die Parteienfinanzierungskommission von 1983 aufgriff, sollte der Wähler die Möglichkeit erhalten, im Wege einer zusätzlichen Finanzstimme zu entscheiden, welche Partei den Fünf-Mark-Betrag erhält. Durch den verstärkten Einfluß des Bürgers auf die Verteilung der Staatsmittel sollten die Parteien nach der Vorstellung der Kommission »wieder an die Bürger« herangeführt werden, denn bei dieser Finanzierungsart blieben »die Parteien auf das Vertrauen der Bürger bei der Erfüllung ihrer staatspolitischen Aufgaben angewiesen«.[149] Der Bürgerbonus sollte die Parteien aus finanziellem Eigeninteresse in die Bürgernähe zwingen. Bei Anhörung des Innenausschusses des Deutschen Bundestages am 21. November 1988 sprachen sich fünf der sechs angehörten Sachverständigen nachdrücklich für die Einführung des Bürgerbonus aus, ohne daß die Empfehlung aber (außer bei den Grünen) im Bundestag Resonanz gefunden hätte. Zu sehr standen die finanziellen Sekuritätsbedürfnisse der Parteischatzmeister im Vordergrund. Das Konzept des Bundesverfassungsgerichts verfolgt nun aber eine ganz ähnliche Intention.

Die vom Gericht konzipierte steuerliche Begünstigung der Beiträge und Spenden bleibt allerdings hinter dem Konzept des Bürgerbonus insofern zurück, als in ihren Genuß nur kommen kann, wer überhaupt Steuern zahlt, nicht also zum Beispiel Sozialversicherungsrentner, Studenten, Arbeitslose oder andere, die kein steuerpflichtiges Einkommen beziehen. Das ist mehr als ein Schönheitsfehler.[150]

Parteienfinanzierungskommission 1993

Das Urteil veranlaßte den Bundespräsidenten im Sommer 1992, eine Kommission zu berufen. Das Bundesverfassungsgericht hatte dem Gesetzgeber – angesichts der eigenen Befangenheit des Parlaments – ausdrücklich nahegelegt, sich »des Rates unabhängiger Sachverständiger« zu bedienen.[151] Der Kommission gehörten, unter dem Vorsitz des früheren Präsidenten des Bundesverwaltungsgerichts Sendler, an: der ehemalige Vorsitzende des Deutschen Gewerkschaftsbundes Breit, der frühere Präsident des Bundeskartellamtes Kartte, der ehemalige Hauptgeschäftsführer des Bundesverbandes der Deutschen Industrie Mann, der Hannoveraner Staatsrechtler Hans-Peter Schneider, der bereits Mitglied der Parteienfinanzierungskommission von 1983 gewesen war und viel über Parteienfinanzierung veröffentlicht hatte, der Kölner Staatsrechtler Klaus Stern und der Verfasser dieses Buches. Die Kommission hatte den Auftrag, »in voller Unabhängigkeit Vorschläge für eine künftige Regelung der mit der Parteienfinanzierung zusammenhängenden Fragen zu erarbeiten«. Dementsprechend suchte sie, unter Berücksichtigung der Vorgaben des Gerichts, Vorschläge für die Struktur und das Niveau der staatlichen Parteienfinanzierung zu entwickeln. Zugleich sah die Kommission ihre Aufgabe darin, die mit der Parteienfinanzierung eng zusammenhängenden Nachbarbereiche, die das Gericht nicht hatte behandeln können, weil sie nicht Gegenstand seiner Entscheidung waren, einzubeziehen, besonders die Finanzierung der Fraktionen und der Parteistiftungen (Näheres siehe S. 133 f.). Die Kommission legte ihren Bericht im Februar 1993 vor.[152]

Die Kommission und ihr Bericht fanden in der Presse und bei den Grünen, die das Urteil des Bundesverfassungsgerichts erstritten hatten, weitgehende Zustimmung. Tenor fast aller Kommentare war, die Parteien sollten den Bericht der Kommission als Chance begreifen, Politikverdrossenheit abzubauen, und ihn entschlossen in ein neues Gesetz umsetzen. Die Empfehlungen der Kommission stießen aber von zwei Seiten auf ungewöhnlich harsche Kritik: bei den Schatzmeistern der etablierten Parteien, besonders der Schatzmeisterin der SPD, Wettig-Danielmeier, und bei dem CDU-nahen Politikwissenschaftler Werner Kaltefleiter. Kaltefleiter war zusammen mit dem SPD-nahen Politikwissenschaftler Naßmacher Vorsitzender eines Arbeitskreises, der parallel zur Kommission getagt hatte und dessen besonders parteifreundliche Vorschläge zur Parteienfinanzierung[153] von der Kommission angeblich zu wenig berücksichtigt worden waren. Gemeinsam bezeichneten Wettig-Danielmeier und Kaltefleiter die Kommission in vielen Zeitungsartikeln als »Laienspielschar«,[154] die die »realen Parteistrukturen« verkannt habe,[155] und suchten den Eindruck zu erwecken, »als habe der Bundespräsident schon bei der Auswahl der Kommissionsmitglieder kräftig danebengegriffen und weitaus professionellere und kompetentere Persönlichkeiten übersehen«.[156] Durch zahlreiche polemische, von Fehlern und Halbwahrheiten strotzende Pressebeiträge versuchten sie, den Eindruck zu verbreiten, der Kommissionsbericht sei nicht ernst zu nehmen. Kritisiert wurden – neben dem umfassenden Ansatz der Kommission, der auch die Finanzierung der Fraktionen und Parteistiftungen einbezog und, ausgehend vom Grundproblem der Entscheidung des Parlaments in eigener Sache, auch Empfehlungen zur Verbesserung des Entscheidungsverfahrens machte – in der Sache vor allem zwei Vorschläge, deren Verwirklichung den Parteien besonders weh getan hätte: einmal die vorgeschlagene Absenkung der Steuerbegünstigung auf Spenden und Beiträge von höchstens 2000/4000 DM im Jahr, weil damit ein großer Teil der »Parteisteuern« aus der Förderung herausgefallen wäre[157] (Näheres siehe S. 74 und 318), zum zweiten der Vorschlag, die auf Gemeindeebene erzielten Wählerstimmen in die Bemessung der staatlichen Zuschüsse einzubeziehen, weil dann auch die kommunalen Wählergemeinschaften hätten bedacht werden müssen und zudem die Staatszuwendungen in geringerem Maße bei den Bundeszentralen konzentriert worden wären (Näheres siehe S. 107 f.). Die Ablehnung des letzteren Vorschlags der Kommission wurde mit der mangelnden Leistungsfähigkeit der kommunalen Ebene der Parteien begründet,[158] obwohl dieses Argument auch für die staatliche Begünstigung von Beiträgen und Spenden zugetroffen hätte. Die Schatzmeister hatten der Kommission beide Einwände bereits in einer Anhörung vorgetragen, und die Kommission hatte ihnen – auch aus verfassungsrechtlichen Gründen – bewußt nicht entsprochen. Die über soviel Unbotmäßigkeit der unabhängigen Kommission verärgerten Schatzmeister, die die Parteienfinanzierung früher immer unter sich ausgemacht hatten, warfen ihr daraufhin eine übertrieben parteienkritische Haltung vor:[159] An vielen Stellen ihres Berichts komme die angebliche »von Arnimsche Parteienfeindlichkeit ungeschminkt zum Ausdruck«.[160] Durch diese polemische Form der Kritik sollte offenbar der Boden bereitet werden, um schließlich um so leichter in wesentlichen Punkten von den Empfehlungen der Kommission abweichen zu können.

Die Neuregelung 1994

Überblick

Das neue Gesetz vom 28. 1. 1994,[161] das rückwirkend zum 1. 1. 1994 in Kraft trat,[162] vollzog die vom Bundesverfassungsgericht vorgegebene völlige Umstellung des Systems von der bisherigen sogenannten Wahlkampfkostenerstattung, die auf die jeweilige Wahlperiode bezogen war und die es seit 1994 nicht mehr gibt, auf eine jährliche staatliche Teilfinanzierung. Die Einzelheiten ergeben sich aus den §§ 18 bis 22 PartG. Danach erfolgt die Berechnung der den Parteien zufließenden staatlichen Mittel (siehe Tabelle 2 S. 100 f.) auf Antrag zum 1. Dezember eines jeden Jahres. Bei Berechnung des Faktors »Wählerstimmen« (Wähleranteil) werden für jede Partei diejenigen Stimmen einbezogen und auf einem »Stimmenkonto« addiert, die die Parteien jeweils bei der letzten Europa-, bei der letzten Bundestags- und bei den letzten Wahlen zum Landesparlament in jedem der sechzehn Bundesländer erlangt haben, sofern diese Wahlen vor dem 31. Oktober stattgefunden haben. Jede für eine Partei abgegebene gültige Stimme bringt dieser Partei in den folgenden vier oder fünf Jahren (je nach Dauer der Legislaturperiode) nominell jährlich eine Mark, wobei die ersten fünf Millionen Stimmen mit 1,30 Mark entgolten werden.
Teilhabeberechtigt sind Parteien mit mindestens 0,5 Prozent der Wählerstimmen (bei Bundestags- oder Europawahlen) oder bei Wahlen zu einem Landesparlament mit mindestens 1 Prozent der Wählerstimmen. Bei Berechnung des Faktors »Zuwendungen« (Zuwendungsanteil) werden die Beiträge und Spenden (bis zur Höhe von 6000 DM) des jeweiligen Vorjahres zugrunde gelegt; sie ergeben sich aus den Rechenschaftsberichten, die die Parteien bis zum 30. September des laufenden Jahres beim Bundespräsidenten einzureichen haben. Jede Beitrags- und

Spendenmark, die einer Partei zufließt, bringt ihr nominell 50 Pfennig staatlichen Zuschuß. Zur Einhaltung der »absoluten Obergrenze« von derzeit 230 Millionen DM werden die in ihrer Summe regelmäßig sehr viel höheren Einzelbeträge der direkten Staatszuwendungen – für das Jahr 1995 329 Millionen DM – anteilig so gekürzt, daß ihre Summe die Obergrenze nicht mehr überschreitet. Das führt dazu, daß die Parteien je Wählerstimme und Zuwendungsmark in Wahrheit erheblich geringere Beiträge erhalten als gesetzlich ausgewiesen; im Jahre 1995 statt 1 Mark 70 Pfennig je Stimme und statt 50 nur 35 Pfennig je Zuwendungsmark. Zur Einhaltung der »relativen Obergrenze« erhält jede Partei staatliche Mittel nur bis zur Höhe der selbst erwirtschafteten Mittel, wobei Einnahmen aus Krediten unberücksichtigt bleiben. Die Mittel fließen schwerpunktmäßig dem Bund zu: der gesamte Zuwendungsanteil und die auf Bundestags- und Europawahlen entfallenden Wähleranteile. Die Länder erhalten lediglich den gemäß § 19 VIII PartG pauschalierten Wähleranteil, der auf Landeswahlen entfällt. Abschlagszahlungen werden auf Antrag jeweils zum 15. Februar, 15. Mai und 15. August in Höhe von jeweils 25 Prozent der im Vorjahr berechneten Beträge gezahlt. Nach § 22 PartG haben die Bundesverbände der Parteien »für einen angemessenen Finanzausgleich für ihre Landesverbände Sorge zu tragen«.

Eine neue Kommission

Das Gesetz sieht weiter vor, daß der Bundespräsident jeweils für die Dauer seiner Amtszeit wiederum »eine Kommission unabhängiger Sachverständiger« beruft. Sie hat drei Aufgaben, wovon die ersten beiden mit der Anpassung der »absoluten Obergrenze« zusammenhängen. Das Bundesverfassungsgericht hat als Voraussetzung dafür Kostensteigerungen und einschneidende Änderungen der Verhältnisse genannt. Die Aufgabe der Kommission besteht deshalb nach § 18 VI PartG darin, jährlich die

Tabelle 2: Berechnung der staatlichen Teilfinanzierun

PARTEI	STIMMENKONTO (§ 19 Abs. 3 PartG)	ZUWENDUNGEN (§ 24 Abs. 5 PartG)	WÄHLERANTEIL (§18 Abs. 3 PartG)	ZUWENDUNGSANTEIL (§ 18 Abs. 3 Nr. 3 PartG)
	Wählerstimmen der letzten Bundestags-, Europa- und der 16 Landtagswahlen	Rechenschaftsbericht 1994	5 Mio. Wählerstimmen mal 1,30 DM, darüber 1,00 DM	Zuwendungen aus den Rechenschaftsberichten 1994 mal 0,50 DM
SPD	43 333 514	168 832 990,00	44 833 514,00	84 416 495,00
CDU	40 458 359	126 902 613,00	41 958 359,00	63 451 306,50
GRÜNE	10 170 135	20 394 887,00	11 670 135,00	10 197 443,50
CSU	8 902 514	26 250 572,00	10 402 514,00	13 125 286,00
FDP	6 399 742	22 594 128,00	7 899 742,00	11 297 064,00
PDS	5 211 722	18 543 855,00	6 711 722,00	9 271 927,50
REP	3 482 007	4 675 719,34	4 526 609,10	2 337 859,67
GRAUE[1]	556 193	892 032,60	723 050,90	446 016,30
ÖDP	491 872	2 855 555,78	639 433,60	1 427 777,89
BFB	385 676	1 116 396,96	501 378,80	558 198,48
APD	231 265	251 353,63	300.644,50	125 676,82
DVU	125 416	2 352 159,09	163 040,80	1 176 079,55
BP	59 936	137 422,48	77 916,80	68 711,24
STATT (NDS)	55 605	210 273,16	72 286,50	105 136,58
STATT	46 894	652 480,90	60 962,20	326 240,45
AfB	36 735		47 755,50	0,00
SSW[1]	28 245	145 732,54	36 718,50	72 866,27
FORUM	15 060	172 345,13	19 578,00	86 172,57
GESAMT	119 990 890	396 980 516,61	130 645 361,20	198 490 258,31

[1] Wegen Versäumens der Antragsfrist erfolgt keine Festsetzung; bzgl. d »GRAUEN« gilt dies für den Bundesverband und den Landesverband Berli Die Angelegenheit ist streitig.

er Parteien 1995

ESAMTBETRAG	ABSOLUTE OBER-GRENZE (§ 18 Abs. 5 PartG)	RELATIVE OBER-GRENZE	Endbetrag	VERTEILUNG BUND/LAND	
hler- und Zuwendungsanteil	Kappung bei 230 Mio. D M	Selbsterwirtschaftete Eigeneinnahmen 1994	unter Berücksichtigung der relativen Obergrenze	Länderanteil Wählerstimmen bei Landtagswahlen mal 1,00 DM (§19 Abs. 8 PartG)	Bundesanteil
29 250 009,00	90 319 917,71	220 138 323,00	90 319 917,71	14 803 463,00	75 516 454,71
05 409 665,50	73 660 283,57	164 051 232,00	73 660 283,57	13 022 326,00	60 637 957,57
21 867 578,50	15 281 065,79	32 121 886,00	15 281 065,79	3 182 552,00	12 098 513,79
23 527 800,00	16 441 228,72	40 682 013,00	16 441 228,72	3 081 944,00	13 359 284,72
19 196 806,00	13 414 729,73	33 904 662,00	13 414 729,73	1 698 478,00	11 716 251,73
15 983 649,50	11 169 375,68	23 226 121,00	11 169 375,68	1 475 230,00	9 694 145,68
6 864 468,77	4 796 891,38	6 288 035,75	4 796 891,38	1 219 698,00	3 577 193,38
1 169 067,20	816 944,26	959 456,75	816 944,26	41 685,00	775 259,26
2 067 211,49	1 444 567,57	3 284 090,47	1 444 567,57	218 096,00	1 226 471,57
1 059 577,28	740 432,70	1 293 001,24	740 432,70	0,00	740 432,70
426 321,32	297 913,37	340 503,33	297 913,37	0,00	297 913,37
1 339 120,35	935 777,42	2 685 520,09	935 777,42	125 416,00	810 361,42
146 628,04	102 463,69	194 635,05	102 463,69	59 936,00	42 527,69
177 423,08	123 983,26	264 308,82	123 983,26	55 605,00	68 378,26
387 202,65	270 577,25	822 285,48	270 577,25	46 894,00	223 683,25
47 755,50	33 371,55		33 371,55	33 371,55	0,00
109 584,77	76 577,85	666 385,68	76 577,85	28 245,00	48 332,85
105 750,57	73 898,50	403 794,37	73 898,50	15 060,00	58 838,50
29 135 619,51	230 000 000,00	531 326 254,03	230 000 000,00	39 107 999,55	190 892 000,45

Quelle: Verwaltung des Deutschen Bundestags.

Preissteigerung der von den Parteien typischerweise benötigten Güter und Leistungen festzustellen, »erstmalig im Jahre 1995 bezogen auf das Jahr 1991«. Außerdem hat die Kommission »vor Änderungen in der Struktur und Höhe der staatlichen Finanzierung« Empfehlungen abzugeben, insbesondere zur Frage, »ob sich die Verhältnisse einschneidend geändert haben« (§ 18 VII PartG). Schließlich hat die Kommission zu prüfen, ob sich die Neuregelung in der Praxis bewährt, und dazu dem Bundestag bis zum 31. 3. 1999 zu berichten. Zu Mitgliedern der Kommission wurden im Frühjahr 1995 unter Vorsitz der Präsidentin des Bundesrechnungshofes Czaschke-Meseke der frühere Arbeitgeberpräsident Esser, der frühere Vorsitzende der Industriegewerkschaft Bergbau Schmidt, der Präsident des Statistischen Bundesamtes Merk und der Oldenburger Politikwissenschaftler Naßmacher berufen. Zusätzlich hat Bundespräsident Herzog der Kommission einen im Gesetz nicht vorgesehenen »Beirat« beigegeben, dem ehemalige Politiker der Bundestagsfraktionen angehören. Dies sei, wie Bannas in der *Frankfurter Allgemeinen Zeitung* schrieb, geschehen, um Vorwürfen, die Kommission sei »mit den praktischen Erfordernissen der Parteienfinanzierung nicht vertraut«, vorzubeugen[163] (dazu, daß die Schatzmeister die »praktischen Erfordernisse« am liebsten selbst definieren, siehe S. 97).

In ihrem ersten Bericht, der Anfang 1996 veröffentlicht (und durch einen Zusatzbericht ergänzt) wurde, nahm die Kommission allerdings – entgegen dem mißverständlichen und dem Urteil des Verfassungsgericht widersprechenden Wortlaut des Gesetzes (»bezogen auf das Jahr 1991«) – den zutreffenden Standpunkt ein, eine Berücksichtigung von Preissteigerungen käme jedenfalls für die Jahre vor Inkrafttreten des Gesetzes (1. 1. 1994) verfassungsrechtlich nicht in Betracht, lehnte – angesichts der Übergangszahlungen in den Jahren 1994 und 1995 – auch eine rückwirkende Steigerung für diese Jahre ab und schlug für 1996 eine Steigerung vor, »die unterhalb der Summe der prozentualen Steigerungen in den Jahren 1994 und 1995 liegt«. Das sind 5,2 Prozent. Die Steigerungen des von der Kommission zugrunde gelegten Preisindex betrugen (jeweils gegenüber dem Vorjahr) in den Jahren 1992 3,9 Prozent, 1993 4,9 Prozent, 1994 2,3 Prozent und 1995 2,9 Prozent.

Kritik

Der Gesetzgeber folgte dem Bundesverfassungsgericht also in großen Zügen. Doch ging das Gesetz schließlich wiederum in wichtigen Punkten über das Urteil hinaus und ließ auch wohlerwogene, die gerichtlichen Grundsätze konkretisierende Empfehlungen der Parteienfinanzierungskommission unberücksichtigt. Das wurde hinsichtlich der Steuerbegünstigung bereits dargelegt (siehe S. 73). Es gilt aber auch hinsichtlich der direkten Staatsfinanzierung:

– Die Parteien erhalten nach dem neuen Gesetz nicht mehr pro Stimmberechtigten fünf Mark je Wahlperiode, sondern eine Mark je tatsächlich *abgegebener* Stimme *pro Jahr* auf den drei Wahlebenen Bund, Länder und Europa; zusätzlich gibt es 50 Pfennig Staatszuschuß jährlich auf jede eingeworbene Mark an Mitgliedsbeiträgen und Spenden natürlicher Personen bis zur Höhe von jährlich 6000 DM. Doch sind diese Beträge so hoch bemessen, daß die Obergrenze von derzeit 230 Millionen Mark nicht nur erreicht,[164] sondern sogar stets weit überschritten wird. (Für das Jahr 1995 ergibt sich z.B. ein Betrag von 329 Millionen Mark [siehe Tabelle 2, S. 100 f.].) Der überschießende Teil wird zwar gekappt. Die überhöhten Beträge bewirken aber, daß die Parteien *insgesamt* in jedem Fall die Maximalsumme erhalten, unabhängig von ihrem Erfolg beim Gewinnen von Wählern – das

Ausmaß der Wahlbeteiligung wird irrelevant – und bei der Einwerbung von Mitgliedsbeiträgen und Spenden. (Die Parteienfinanzierungskommission hatte vorgeschlagen, für jede Wählerstimme auf den *vier* Ebenen Europa, Bund, Länder *und Gemeinden* 90 Pfennig und für jede Beitrags- und Spendenmark 20 Pfennig aus der Staatskasse zu gewähren, was – ähnliche Verhältnisse wie in der Vergangenheit vorausgesetzt – zu einer jährlichen Staatsfinanzierung von weniger als 230 Millionen Mark geführt hätte.[165]) Wenn die Parteien unabhängig von der Wahlbeteiligung und der Höhe der Mitgliedsbeiträge und Kleinspenden immer den Maximalbetrag erhalten, so ähnelt diese Konstruktion einem Wirtschaftszweig, in dem den anbietenden Unternehmen immer der gleiche Gesamtgewinn vom Staat garantiert wird. Geht der Gewinn zurück, so gleicht der Staat den Ausfall aus. Es ist klar, daß in einem solchen System der Anreiz fehlt, einen Rückgang des Gesamtgewinns zu verhindern oder den Gesamtgewinn auszuweiten. Mit dem Wegfall der *Erfolgs*abhängigkeit entfallen auch die finanziellen Anreize für die Parteien *insgesamt,* sich vermehrt um Basis- und Bürgernähe zu bemühen. Zwar müssen die Parteien untereinander um möglichst hohe Anteile an der Staatsfinanzierung kämpfen; doch da das Gesamtvolumen feststeht, wird dieser Kampf insgesamt zum Nullsummenspiel. Dadurch wird der Sinn des vom Bundesverfassungsgericht entwickelten neuen Konzepts der Parteienfinanzierung, die Parteien für den Anklang, den sie beim Wähler, bei ihren Mitgliedern und bei Kleinspendern finden, auch finanziell zu belohnen und sie dadurch verstärkt zur Basis- und Bürgernähe zu veranlassen, zu einem guten Teil nicht erreicht.[166] Insoweit hat das Sekuritätsbedürfnis der Parteischatzmeister den Sieg über das wohlbegründete Konzept des Bundesverfassungsgerichts davongetragen.

- Das Gesetz führt darüber hinaus zu völliger *Intransparenz*. Denn die im Gesetz genannten staatlichen Zuwendungen pro Wählerstimme und pro Beitrags- und Spendenmark werden aufgrund der Kappung des Gesamtbetrags durch die Obergrenze nicht wirklich gezahlt. Die tatsächlich ausgelöste staatliche Zahlung läßt sich somit nicht mehr aus dem Gesetz ablesen, sondern kann nur durch eine komplizierte Rechenoperation ermittelt werden, die für die Öffentlichkeit kaum mehr durchschaubar ist.[167]

- Der hohe Staatszuschuß von nominell 50 Prozent auf Beiträge und Spenden kann zu mancherlei Manipulationen anreizen. Auch um solche Gefahren zu verringern, hatte die Parteienfinanzierungskommission nur einen Betrag von 20 Pfennig je Zuwendungsmark empfohlen.[168]

- Die im Gesetz genannten Beträge (eine Mark pro Stimme, 50 Pfennig pro Zuwendungsmark) führen – abweichend von den Vorschlägen der Parteienfinanzierungskommission – dazu, daß der überwiegende Teil der Staatszuschüsse auf Zuwendungen entfällt. Dieser Teil betrug im Jahre 1995 etwa 60 Prozent, der auf Wählerstimmen entfallende Teil nur rund 40 Prozent (siehe Tabelle 2, S. 100 f.). Das Ungleichgewicht zwischen wahl- und zuwendungsbedingten Staatszuschüssen dürfte im Laufe der Zeit noch erheblich zunehmen, schon deshalb, weil die Zuwendungen sich etwa im Schritt der nominal wachsenden Einkommen erhöhen, während die Wählerzahlen kaum zunehmen, eher sinken dürften. Dies hat verschiedene Folgen, etwa die Stärkung der Parteizentralen, die die zuwendungsbedingten Zuschüsse allein erhalten, und die Schwächung der Landesverbände, die nur wahlbedingte Zuschüsse, und zwar die auf die Landtagswahlen bezogenen, erhalten. Die gravierendste Konsequenz aber liegt in der Stärkung der etablierten Parteien und der Schwächung möglicher Herausfordererparteien. Denn bei neu aufsteigenden Parteien mit Wählerresonanz überwiegt nach aller Erfahrung typischerweise der Wähleranteil im Vergleich zum Zuwendungsanteil. Indem das neue Gesetz das Schwergewicht auf die zuwendungsbedingten Staatszuschüsse legt, schränkt es die Offenheit des politischen Wettbewerbs ein und kann »wie eine weitere, vorverlegte Verschanzung gegenüber allen auch demokratischen Herausforderern wirken«.[169]

– Nicht nur wurde die vom Bundesverfassungsgericht ausdrücklich als äußerste Grenze gekennzeichnete absolute Obergrenze voll ausgeschöpft,[170] sondern die nach dem Gesetz tatsächlich gezahlten Staatszuschüsse gingen über die Obergrenze von 230 Millionen Mark hinaus: Leistungen aus dem sogenannten Chancenausgleich wurden in den Jahren 1994 und 1995 weiter gezahlt (noch einmal rund 30 Millionen Mark pro Jahr), obwohl das Gericht den »Chancenausgleich« für verfassungswidrig erklärt und die Fortgeltung der betreffenden Regelungen über den 1. 1. 1994 hinaus verboten hatte. Im übrigen war der »Chancenausgleich« auch bereits in die Berechnung der Obergrenze eingegangen, seine Bezahlung über die Obergrenze hinaus lief deshalb auf eine zweifache Berücksichtigung hinaus. Dabei waren weitere rund 100 Millionen Mark, die das Gesetz ebenfalls vorsieht und die die Parteien – entgegen den Empfehlungen der Parteienfinanzierungskommission – im Jahre 1994 zur nachträglichen Anhebung früherer Abschlagszahlungen erhalten hatten, noch nicht berücksichtigt, ebensowenig Mittel an die Jugendorganisationen der Parteien (derzeit über zehn Millionen Mark jährlich), die ebenfalls zusätzlich gezahlt und weder auf die absolute noch auf die relative Obergrenze angerechnet werden (§ 24 IX PartG).

– Die Parteien erhalten für jede Stimme, die sie bei Bundestags-, Landtags- und Europawahlen erhalten, nicht nur eine Mark jährlich aus der Staatskasse, sondern für die ersten fünf Millionen erzielten Wählerstimmen noch einmal zusätzlich 30 Pfennig pro Stimme jährlich. Ermutigt fühlten sie sich dazu durch ein Gutachten des Osnabrücker Professors Jörn Ipsen für die FDP.[171] Die neue Regelung widerspricht den Empfehlungen der Parteienfinanzierungskommission und dem Urteil des Bundesverfassungsgerichts. Sie läuft auf eine Wiederbelebung des vom Gericht mit Recht für verfassungswidrig erklärten Sockelbetrags hinaus. Das Gericht hat denn auch ausdrücklich nur für diejenigen Parteien, die an der Fünfprozentklausel scheitern, einen höheren Markbetrag pro Stimme zugelassen, um ihnen auf diese Weise einen Ausgleich für die größere Werbekraft der im Parlament vertretenen Parteien zu bieten.[172] Das neue Gesetz gesteht den erhöhten Betrag dagegen auch den im Parlament vertretenen Parteien zu, für die gar keine Notwendigkeit für einen Ausgleich besteht.

– Die kommunalen Wählergemeinschaften bleiben – entgegen dem Urteil des Bundesverfassungsgerichts und den Empfehlungen der Parteienfinanzierungskommission von 1993 – von der direkten Staatsfinanzierung ausgeschlossen und damit gleichheitswidrig benachteiligt: Die nunmehr eingeführte neue Form der staatlichen Finanzierung der Parteien ist nicht mehr auf die Erstattung von Wahlkampfkosten für Bundestags-, Europa- und Landtagswahlen beschränkt, sondern sie ist für die (teilweise) Finanzierung aller Aktivitäten der Parteien, auch der kommunalen, bestimmt. Sie kommt deshalb offensichtlich »auch deren kommunalpolitischer Tätigkeit zugute«.[173] Die Nichtbeteiligung der kommunalen Wählergemeinschaften läßt sich auch nicht damit begründen, der Bund habe dafür keine Gesetzgebungskompetenz. Aus der Kompetenz des Bundes, die Parteienfinanzierung zu regeln (Art. 21 III GG), ergibt sich nämlich als Annex auch die Kompetenz zur Regelung der damit zusammenhängenden Finanzierung der Wählergemeinschaften. Das hat auch die Parteienfinanzierungskommission festgestellt.[174] Die Einbeziehung der Wählergemeinschaften ließe sich dadurch bewerkstelligen, daß auch die Wählerstimmen auf *Gemeindeebene* für die Bemessung der Staatszuschüsse herangezogen würden (wie die Parteienfinanzierungskommission empfohlen hatte[175]). Das hätte auch dem Grundgedanken des verfassungsgerichtlichen Konzepts entsprochen, daß die staatliche Finanzierung die Verwurzelung bei den Bürgern belohnen soll; denn solche Verwurzelung kommt in den Gemeinderatswahlen besonders stark zum Ausdruck, mehr jedenfalls als bei den Landtags- und erst recht den Europawahlen. Die Einbeziehung der Kommunalebene hätte auch die Offenheit des politischen Wettbewerbs gefördert, weil es dadurch neuen Parteien mit Wählerzuspruch erleichtert würde, sich zunächst einmal im kommunalen und regionalen Bereich zu präsentieren. Doch hätte die Einbeziehung der Kommunen dem zentralistisch-eigensüchtigen Bestreben der Schatzmeister der Bundesparteien widersprochen, in deren Händen die Vorbereitung des Gesetzes ganz wesentlich lag und die zudem die Staatsfinanzierung nicht mit den kommunalen Wählergemeinschaften teilen wollten und schon gar kein Interesse daran haben, Herausfordererparteien den Zugang zu erleichtern.

Das neue Gesetz geht also in mehreren Punkten über das Urteil des Bundesverfassungsgerichts und die darauf fußenden Empfehlungen der Parteienfinanzierungskommission hinaus. In ihrem Bericht über die Rechenschaftsberichte und die finanzielle Lage der Parteien vom 19. 8. 1993[176] hatte Bundestagspräsidentin Süssmuth im Interesse des Ansehens der Parteien ausdrücklich davor gewarnt, bei der Neuregelung der Parteienfinanzierung verfassungsrechtliche Risiken einzugehen:

»Bei der anstehenden Neuregelung geht es darum, verfassungsrechtlich einwandfreie Bezugsgrößen zu finden, nach denen die den Parteien zufließenden staatlichen Mittel auf sie zu verteilen sind. Ich bin sicher, daß alle an der Bearbeitung des Gesetzentwurfs Beteiligten, namentlich die Fraktionen und die hinter ihnen stehenden Parteien, darauf achten werden, daß das neue Gesetz *keine verfassungsrechtlichen Risiken* in sich birgt. Auch wenn es für die eine oder andere Partei sehr schwierig sein wird, die finanziellen Auswirkungen der Rücknahme der Vorteile zu bewältigen, die das Bundesverfassungsgericht als verfassungswidrig beurteilt hat, wird der Versuchung widerstanden werden, diese Nachteile durch Regelungen auffangen zu wollen, die ihrerseits *verfassungsrechtliche Zweifel auslösen* könnten. Ich bin zuversichtlich, daß die vom Bundesverfassungsgericht eröffnete Möglichkeit einer allgemeinen, nicht auf Wahlkampfkosten fixierten Parteienfinanzierung auch als Chance betrachtet werden wird, das zur Zeit negative Ansehen der Parteien zu verbessern.« (Hervorhebungen nicht im Original)

Das vorliegende Gesetz erfüllt diese Anforderungen offensichtlich nicht. Im Entstehungsstadium des Gesetzes fürchteten deshalb einige Politiker, das Gesetz werde ihnen »um die Ohren« fliegen.[177] Um die öffentliche Kritik in Grenzen zu halten, veranstaltete deshalb der Innenausschuß des Bundestags im Oktober 1993 ein Hearing,[178] dessen Verfahren einem Schauprozeß östlicher Provenienz alle Ehre gemacht hätte. Von den 15 geladenen Personen waren sechs die Schatzmeister der Parteien selbst. Andere »Sachverständige« standen bestimmten vom Gesetz begünstigten Parteien nahe, noch andere hatten – angesichts chronischer Überlastung und kurzer Ladungsfristen – keine Möglichkeit, sich in die komplizierte Materie gründlich einzuarbeiten. So kam am Ende das von Anfang an von der großen

Koalition aus Union, SPD und FDP in »demokratischer Einigkeit« gewünschte Ergebnis heraus. Nachhaltig kritisiert wurde der Gesetzentwurf nur von dem Vorsitzenden der Parteienfinanzierungskommission, Horst Sendler, dem früheren Präsidenten des Bundesverwaltungsgerichts, dem Schatzmeister der Grünen, Selzer, und dem Verfasser dieses Buches.[179] Doch auch ihre Ausführungen wurden dadurch behindert, daß der Sitzungsleiter in »Anbetracht der großen Zahl« der geladenen Personen eine Redezeitbegrenzung von zehn Minuten verhängte. So konnten die Parteien sagen, die Mehrheit der angehörten Sachverständigen habe dem Gesetz seine Unbedenklichkeit bescheinigt.[180] Die Landesregierung von Schleswig-Holstein verweigerte gleichwohl ihre Zustimmung im Bundesrat und begründete ihre »schwerwiegenden verfassungsrechtlichen Bedenken« in einer zu Protokoll gegebenen ausführlichen Erklärung.[181] Fünfzehn Bundestagsabgeordnete der SPD gaben Erklärungen zu Protokoll, warum sie das neue Parteiengesetz für verfassungswidrig halten und ihm nicht zustimmen konnten.[182] Der Bundespräsident unterschrieb das Gesetz schließlich zwar, aber nur unter größten Bedenken, die er in einer gleichzeitig vom Bundespräsidialamt veröffentlichten Presseerklärung ausführlich begründete – ein bisher einmaliger Vorgang in der bundesdeutschen Verfassungsgeschichte. Der Bundespräsident unterschrieb nur deshalb, weil er sich in Sachen Verfassungsprüfung nicht an die Stelle des Verfassungsgerichts setzen wollte. Damit war ein neues Verfahren in Karlsruhe programmiert. Eine kommunale Wählergemeinschaft hat Klage erhoben. Doch dürfte es bis zu einer Entscheidung wiederum Jahre dauern, während deren die Parteien die erhöhten Zahlungen erhalten, und zur Rückzahlung verfassungswidriger Leistungen hat das Gericht die Parteien bisher noch nie verurteilt.

Weitere Probleme

Die direkte staatliche Parteienfinanzierung stellt weitere Probleme, von denen einige im folgenden zumindest erwähnt seien.

Ausgaben- und Kreditbegrenzung

Bisher fehlt jede Form der gesetzlichen Begrenzung der Ausgaben der Parteien, ohne die der Teufelskreis von kostentreibendem Wettrüsten der Parteien und der periodischen Erhöhung ihrer Staatsfinanzierung kaum unterbrochen werden kann.[183] Auch über eine gesetzliche Begrenzung der Kreditaufnahme könnte man versuchen, die Ausgaben indirekt zu drosseln, wie die Parteienfinanzierungskommissionen von 1983 und 1993 vorgeschlagen haben.[184] Diese Vorschläge wurden bisher nicht verwirklicht (vergleiche S. 54).

Immerhin könnte die nunmehr bestehende »absolute Obergrenze« für die Staatsfinanzierung es verhindern, daß die Parteien allzu unbeschwert Kredite aufnehmen. Denn die früher leichter mögliche schließliche Verlagerung des Schuldendienstes für Zinsen und Tilgung auf die Steuerzahler im Wege der Erhöhung der Staatsmittel in eigener Sache ist in Zukunft grundsätzlich versperrt.

Staatsabhängigkeit der Parteizentralen ...

Die Rechenschaftsberichte geben seit 1984 Aufschluß über die Verteilung der Mittel unter den verschiedenen Ebenen der Parteien. Danach zeigt sich, daß die Bundesebenen der Parteien (Parteizentralen) sich in den Jahren 1986 und 1987 zu etwa zwei Dritteln aus dem Bundeshaushalt finanziert haben.[185] Das rührte, wie der Parteienforscher Naßmacher aufgezeigt hat, daher, daß die Wahlkampfkostenerstattung ihnen zum ganz überwiegenden Teil zufloß,[186] aber nur weniger als 15 Prozent der Beiträge und Sonderbeiträge und zugleich die ihnen zufließenden Spenden dramatisch zurückgegangen waren.[187] Nach der Neuregelung 1994 ist der Teil der Staatsfinanzierung, der an die Bundeszentralen der Parteien fließt (siehe die beiden letzten Spalten der Tabelle 2, S. 100 f.), sogar noch gewachsen. Das Bundesverfassungsgericht hat die Fünfzig-Prozent-Grenze (»relative Obergrenze«) für die Staatsfinanzierung bisher auf die Partei insgesamt bezogen.[188] Es wäre durchaus erwägenswert, sie auch auf jede der einzelnen Ebenen zu beziehen. Das würde die Partei zu einem auch aus anderen Gründen überfälligen parteiinternen Finanzausgleich zwingen.[189]

... macht Finanzausgleich innerhalb der Parteien überfällig

Während – jedenfalls bei den beiden großen Parteien – die regionalen Ebenen finanziell recht üppig mit Eigenmitteln ausgestattet sind,[190] leiden die Bundesebenen der Parteien eher Not.[191] Da aber die entscheidenden politischen Aktivitäten der Parteien von den Zentralen geplant werden, deren Haupteinnahmequelle die staatliche Finanzierung ist, haben finanzielle Engpässe in den Zentralen in der Vergangenheit immer wieder dazu verführt, das Heil in Erhöhungen der staatlichen Mittel zu suchen. Näher läge es, die großzügige Mittelausstattung der regionalen Gliederungen stärker für die Zentralen zu nutzen. Das würde andererseits wohl auch eine stärkere Mitsprache der regionalen Gliederungen voraussetzen (was wiederum der Bürgernähe der Aktivitäten zugute kommen könnte). Gelänge ein solcher Finanzausgleich, wären mit den Worten Naßmachers »die Anlage dezentraler Geldhorte und die Jagd der Parteizentralen nach mehr öffentlichen Mitteln gleichermaßen hinfällig.«[192] Hier zeigt sich in der Tat ein »Strukturproblem der deutschen

Parteienfinanzen«,[193] das nur durch grundlegende Umgestaltung des parteiinternen Finanzausgleichs behoben werden kann. Der relative Reichtum der Regionalebene und die relative Armut der Zentralen bedürfen eines Ausgleichs. Seit 1994 verlangt nun auch § 22 PartG einen derartigen Ausgleich.

Stärkung oder Korrumpierung neuer Parteien?

Die erheblichen Wirkungen auf die Struktur und Verfaßtheit der Parteien und damit auf den politischen Prozeß insgesamt wurden vor allem bei den Grünen deutlich. Hier kamen zwei Einflußfaktoren zusammen: einmal der Umstand, daß die Grünen anfangs wenig organisiert waren und einem hauptamtlichen Apparat skeptisch gegenüberstanden; sie wußten mit dem seit der Europawahl 1979 schlagartig einsetzenden Sturzbach an öffentlichen Mitteln deshalb zunächst kaum etwas anzufangen. Hinzu kam zweitens, daß den Grünen aus dem verkorksten »Chancenausgleich« erhebliche zusätzliche Mittel zuflossen, die dann in den Sockelbetrag übergingen und auf diese Weise wirtschaftlich erhalten blieben.

Der Geldsegen brachte die Grünen in das Dilemma, entweder das Geld zurückzuweisen und damit ihre Wettbewerbsposition gegenüber anderen Parteien möglicherweise zu verschlechtern. oder das Geld anzunehmen, einen hauptberuflichen Apparat aufzubauen und damit die Struktur, unter der sie angetreten waren, zu beseitigen. Die Grünen gingen bekanntlich den zweiten Weg. Von 1984 bis 1987 zeigt sich »ein beinahe dramatischer Ausbau«[194] ihres Apparats. Der Personalaufwand der Gesamtpartei hat sich in dieser Zeit mehr als verdreifacht.[195] (Allerdings zeigte sich nach dem überraschenden Ausscheiden der Grünen aus dem Bundestag aufgrund des Verfehlens der Fünfprozenthürde bei der Wahl von 1990 auch die Kehrseite: Nichts ist wirtschaftlich schmerzhafter, als ein finanzielles Niveau, an das man sich gewöhnt hat, einschränken zu müssen.)

Eine ähnliche Entwicklung zeigt sich in der Stiftungsfrage. Nachdem es den Grünen mißlungen war, die staatliche Finanzierung der anderen Stiftungen durch das Bundesverfassungsgericht unterbinden zu lassen,[196] betraten sie die vom Bundesverfassungsgericht gebaute Brücke und nahmen über den zu diesem Zweck eigens gegründeten »Stiftungsverband Regenbogen« nunmehr selbst die Staatsfinanzierung in Anspruch.

Der Gang der Grünen in die Etabliertheit zeigt sich kaum woanders so deutlich wie bei der Staatsfinanzierung von Partei und Stiftung – und zugleich zeigt sich darin der verführend-korrumpierende Effekt der staatlichen Finanzierung.

Staatliche Parteienfinanzierung auf Umwegen

Die begrenzte Zulässigkeit staatlicher Subventionen an Parteien im engeren Sinne verlangt konsequenterweise eine wirksame finanzielle *Abschottung* von solchen Institutionen, die voll aus der Staatskasse finanziert werden dürfen: der Regierung und des öffentlichen Dienstes insgesamt, der Fraktionen, der Parteistiftungen, der Abgeordneten und sonstiger Hilfs- und Randbereiche der Parteien. Diese Abschottung ist bisher in keiner Weise gelungen. In zahlreichen Fällen und in erheblichem Umfang erfolgt eine indirekte verschleierte Parteienfinanzierung aus der Staatskasse. Dies geschieht zum Beispiel:

- über den Einsatz von Regierungspropagandamitteln[197] (aber auch der politischen Spitzen von Staatskanzleien und Ministerien) für Zwecke der Regierungsparteien;
- über kostenlose Wahlwerbespots für Parteien in den öffentlich-rechtlichen Rundfunkanstalten, die die Parteien in anderen Ländern teuer bezahlen müssen;

- über den Einsatz von öffentlichen Bediensteten in Wahlkämpfen oder sonst für Parteizwecke. Bekanntestes Beispiel war die Anstellung des »Medienreferenten« Pfeiffer durch den schleswig-holsteinischen Ministerpräsidenten Barschel;
- generell über den Parteieinsatz von öffentlich Bediensteten als Gegenleistung für Patronage bei der Einstellung und Beförderung im öffentlichen Dienst;[198]
- über Landes- oder Bundesbeamte, die für die Wahrnehmung von Mandaten in Kommunalvertretungen bei ungekürzten Bezügen freigestellt werden;
- über den Einsatz von staatsfinanzierten Mitarbeitern von Abgeordneten im Wahlkampf oder für sonstige Parteizwecke (siehe S. 182);
- über den Wahlkampfeinsatz der Abgeordneten selbst, deren Entschädigung und pauschale Kostenerstattung auch in der Wahlkampfzeit fortläuft, während andere Bewerber um ein Mandat keinen Anspruch auf Fortzahlung der Bezüge gegen Staat oder Arbeitgeber haben (siehe S. 233 f.);
- über Landtagsabgeordnete, die voll alimentiert werden, obwohl das Mandat auch als Teilzeittätigkeit ausübbar wäre, und die auf diese Weise desto mehr Zeit für Parteitätigkeit verwenden können (siehe S. 227 ff.);
- über ehemalige Minister, Abgeordnete oder politische Beamte, die durch ihre lange vor der allgemeinen Altersgrenze beginnende Pension für Parteifunktionen abkömmlich werden;
- über sogenannte Parteisteuern von Abgeordneten (siehe S. 312 ff.);
- über den Einsatz von personellen und sachlichen Mitteln von Hilfsorganisationen der Parteien wie Jugend-, Alten- und Frauenorganisationen, kommunalpolitische Vereinigungen und insbesondere Fraktionen und Stiftungen für Parteizwecke (siehe S. 133 ff.).

Die »Parteisteuern« werden zwar in den Rechenschaftsberichten der Parteien nicht mehr veröffentlicht, sie sind aber in der Praxis trotz ihrer Verfassungswidrigkeit weiterhin verbreitet. Bei Verwendung von Fraktions- und Stiftungsmitteln und Abgeordnetenmitarbeitern für Parteizwecke besteht bei mangelhafter Kontrolle eine breite Grauzone. Da die staatlichen Mittel, die sie erhalten, hoch sind – um ein Mehrfaches höher als die Subventionen, die direkt an die Parteien gehen –, dürfte auch das Ausmaß der verschleierten Parteienfinanzierung beträchtlich sein, obwohl sie in keinem Rechenschaftsbericht auftaucht.

Das Problem besteht – entgegen der immer noch üblichen Betrachtungsweise – nicht nur darin, daß Mittel, etwa von den Fraktionen, Stiftungen oder Abgeordneten, an ihre Mutterpartei transferiert werden. Transferverbote können deshalb nur einen Teil der Problematik erfassen. Das eigentliche Problem liegt zunehmend darin, daß die genannten Akteure – trotz ihrer rechtlichen Selbständigkeit – in den Augen der Öffentlichkeit und der Wähler als den Parteien zugehörig angesehen werden und mit diesen eine politische Einheit bilden; deshalb können sie die Parteien dadurch entlasten, daß sie *an ihrer Stelle* bestimmte Tätigkeiten ausüben, die gleichwohl den Parteien zugerechnet werden. Auf diese Weise können Zahlungen an Hilfskräfte der Parteien – auch ohne jede Weitergabe dieser Zahlungen an die Parteien – bis zu einem gewissen Grad eine politische Ersatzfunktion für Zahlungen unmittelbar an die Parteien haben. Insofern verlangte eine wirksame Abschottung eigentlich auch die Abschottung der Aufgaben. Eine auch praktisch durchsetzbare Abgrenzung der Aufgaben erscheint aber um so schwieriger, je mehr man sich vergegenwärtigt, daß die Mutterparteien und ihre jeweiligen Hilfsorganisationen und -akteure auf dieselben politischen Ziele ausgerichtet und vom Bestreben erfüllt sind, dafür in der Öffentlichkeit und bei den Wählern möglichst viel Zustimmung zu erhalten. Hier zeigt sich ein echtes Dilemma, das in der bisherigen Diskussion noch stark unterbelichtet ist und das uns in den folgenden Kapiteln noch beschäftigen wird.

Finanzierung über die Europäische Union?

Parteipolitischer Druck in Richtung auf eine Verstärkung öffentlicher Subventionen an Parteien dürfte auch von Europa ausgehen. Hier zeichnet sich schon jetzt eine neue Stufe der Diskussion ab. In den Maastrichter Vertrag wurde mit Art. 138a des Vertrages über die Europäische Gemeinschaft (EGV) eine – von der Öffentlichkeit noch viel zu wenig beachtete – Parteienvorschrift untergebracht. Sie lautet:

> »Politische Parteien auf europäischer Ebene sind wichtig als Faktor der Integration in der Union. Sie tragen dazu bei, ein europäisches Bewußtsein herauszubilden und den politischen Willen der Bürger zum Ausdruck zu bringen.«

Diese eher beschreibende Vorschrift wird offenbar von der Erwartung getragen, europäische Parteien könnten das Demokratiedefizit in der Union mildern. Mit »Parteien auf europäischer Ebene« sind dabei mehr als nur konföderativ koordinierte nationale Parteien – z. B. die Christdemokratische Europäische Volkspartei oder die Sozialdemokratische Partei Europas – gemeint, die es bisher aber allein gibt. Art. 139a EGV bezieht sich also auf einen supranationalen Parteientyp, der noch gar nicht existiert und den er offenbar erst anstoßen und in seiner Entwicklung fördern soll. Dabei kommt auch die Partei*finanzierung* in den Blick. Parteinahe Autoren verstehen die neue Vorschrift denn auch nur wenig verblümt als rechtlich-politischen Hebel für eine europäische Parteienfinanzierung[199] und lassen damit, wie Graf Vitzthum bemerkt, »die Katze aus dem

Sack«.[200] Was wir schon aus der deutschen parteienrechtlichen Entwicklung kennen, scheint sich hier auf europäischer Ebene zu wiederholen: Der Wunsch nach mehr Staatsfinanzierung wird zum Vater für eine Ausweitung der Partei*aufgaben,* ja hier soll der Parteien*typ* mit Staatsmitteln erst noch geschaffen werden, was in der Praxis aber wohl zunächst auf eine weitere Finanzquelle für die nationalen Parteien hinauslaufen dürfte.[201] Hier könnte sich eine offene Flanke für alle Bemühungen, die Staatsfinanzierung der Parteien in Grenzen zu halten, auftun. Doch weist die Vorschrift des Art. 138a EGV in Wahrheit in eine andere Richtung. Die Funktion europäischer Parteien, »den politischen Willen der Bürger der Union zum Ausdruck zu bringen«, verbietet es geradezu, sie mit Staatsmitteln hochzupäppeln. Denn das hätte den gegenteiligen Effekt. Überzogene staatliche Hegung müßte bürgerschaftliches Engagement von vornherein demoralisieren. Das wissen wir bereits aus der innerdeutschen Diskussion (siehe S. 33). Es müßte für europäische Parteien erst recht gelten. Ein *bürger*näheres Europa kann konsequenterweise nicht über *staats*finanzierte Apparateparteien geschaffen werden.[202]

7 Höhe und Staatsanteil der Einnahmen der Parteien insgesamt

Um das Bild abzurunden, soll hier noch ein Gesamtüberblick über die Höhe und Entwicklung der Einnahmen der Parteien und den staatlichen Anteil daran gegeben werden.

750 Millionen Mark im Jahr

Die im Deutschen Bundestag vertretenen Parteien – seit 1994 sind dies SPD, CDU, CSU, FDP, Bündnis 90/Die Grünen und PDS – verfügen laut ihren Rechenschaftsberichten im Schnitt der letzten Jahre über rund 750 Millionen Mark im Jahr. Wie die Tabelle 3 auf S. 120 ff. zeigt, sind die wichtigsten Einnahmearten Mitgliedsbeiträge, Staatszuschüsse, Spenden und »Parteisteuern«. Die Einnahmen aus Spenden weisen im Rhythmus der Jahre starke Ausschläge auf, weil sie sich auf die Wahljahre, besonders von Bundestagswahlen, konzentrieren. Vor der Systemänderung von 1994 war dies auch hinsichtlich der Wahlkampfkostenerstattung der Fall. Zeitweise macht auch die Kreditaufnahme einen erheblichen Posten aus. Kreditaufnahme und »Parteisteuern« werden seit 1984 zwar nicht mehr in den Rechenschaftsberichten der Parteien ausgewiesen, was gerade bei diesen beiden Einnahmekategorien besonders problematisch ist (vgl. S. 53 f.). Ihre Größenordnung mußte deshalb mittels Hilfsrechnungen ermittelt werden. Seit 1986 kam der sogenannte Chancenausgleich und seit 1989 der sogenannte Sockelbetrag (der gesetzestechnisch zur Wahlkampfkostenerstattung zählte) hinzu. Beide sind verfassungswidrig, wie das Bundesverfassungsgericht in seinem Urteil vom 9. 4. 1992 bestätigt hat. Ob-

Tabelle 3:   Einnahmen der Bundestagsparteien

Jahr	Gesamteinnahmen (ohne Kreditaufnahme)	private Quellen			sonstige private Einnahmen[2]	Summe Spalte 3+4+5
		Mitgliedsbeiträge[1]	Spenden[1]			
1	2	3	4		5	6
1968	101,4	28,3	11,8		5,8	45,9
1969	132,0	31,0	36,9		10,3	78,2
1970	124,2	35,3	29,5		12,0	76,8
1971	123,1	40,8	22,2		9,4	72,4
1972	272,6	53,3	91,7		13,8	158,8
1973	173,2	70,8	44,9		12,5	128,2
1974	224,8	75,9	47,4		14,3	137,6
1975	272,8	85,5	54,7		16,8	157,0
1976	325,2	101,9	100,1		15,8	217,8
1977	227,1	108,8	44,7		11,7	165,2
1978	271,5	114,1	51,6		11,9	177,6
1979	469,1	126,3	45,1		15,3	186,7
1980	394,9	135,1	89,8		19,7	244,6
1981	281,7	137,3	47,3		19,0	203,6
1982	353,5	141,9	63,1		21,1	226,1
1983	613,6	150,0	84,7		22,4	257,1
1984	496,8	163,8	64,1		31,3	259,2
1985	457,7	167,2	61,1		34,6	262,9
1986	513,9	176,9	96,7		34,4	308,0
1987	541,1	179,1	85,2		31,1	295,4
1988	478,2	180,2	73,2		25,3	278,7
1989	577,6	186,2	107,3		34,6	328,1
1990	930,8	207,4	173,4		83,0	463,8
1991	748,6	237,7	95,5		162,5	495,7
1992	635,2	240,3	94,8		51,1	386,2
1993	666,1	245,0	114,1		50,8	409,9
			natürliche Personen[7]	juristische Personen[7]		
1994	846,3	244,4	104,0	33,1	65,4	446,9

Geringfügige Abweichungen bei den Summen aufgrund von Rundungen.

* »Bundestagsparteien« sind SPD, CDU, CSU, FDP, seit 1983 die Grünen un seit 1990 die PDS.

[1] Mitgliedsbeiträge und Spenden im Sinne des § 24 Abs. 2 Nrn. 1 bis 3 Part abzüglich der »Parteisteuern«.

	staatliche Mittel (ohne Steuervergünstigung)					Kreditaufnahme[5]
Wahlkampfkosten-erstattung	Chancen-ausgleich[3]	Summe Spalten 7+8	»Partei-steuern«[4]	Summe Spalten 7+8+10	Anteil an den Gesamteinnahmen	
7	8	9	10	11	12	13
47,3	–	47,3	8,2	55,5	54,7%	1,1
43,3	–	43,3	10,5	53,8	40,8%	12,5
34,1	–	34,1	13,3	47,4	38,2%	10,9
38,1	–	38,1	12,6	50,7	41,2%	4,2
97,9	–	97,9	15,9	113,8	41,8%	2,7
27,4	–	27,4	17,6	45,0	26,0%	3,0
67,7	–	67,7	19,5	87,2	38,8%	5,0
93,7	–	93,7	22,1	115,8	42,4%	13,6
81,9	–	81,9	25,5	107,4	33,0%	30,1
34,3	–	34,3	27,6	61,9	27,2%	20,4
63,8	–	63,8	30,1	93,9	34,6%	41,9
248,3	–	248,3	34,1	282,4	60,2%	3,6
112,8	–	112,8	37,5	150,3	38,1%	77,3
40,0	–	40,0	38,1	78,1	27,7%	24,1
89,1	–	89,1	38,3	127,4	36,0%	15,9
317,4	–	317,4	39,1	356,5	58,1%	10,6
190,9	–	190,9	46,7	237,6	47,8%	–[6]
145,7	–	145,7	49,0	194,7	42,5%	–2,7
143,8	9,4	153,2	52,7	205,9	40,1%	5,1
181,9	10,4	192,3	53,5	245,8	45,4%	–9,1
131,6	13,5	145,1	54,2	199,3	41,7%	–5,1
170,6	23,3	193,9	55,6	249,5	43,2%	21,7
383,6	242	407,8	59,2	467,0	50,2%	–20,7
161,2	26,1	187,3	65,6	252,9	33,8%	–19,6
155,0	28,0	183,0	65,7	248,7	39,2%	–9,8
161,7	27,2	188,9	67,4	256,3	39,5%	–2,1
Staatsfinanzierung[8]	davon Chancenausgleich[8]					
332,2	27,6	332,2	67,2	399,4	47,2%	77,1

Unter den »sonstigen privaten Einnahmen« sind die »Einnahmen aus Vermögen« (§ 24 Abs. 2 Nr. 4 PartG), »Einnahmen aus Veranstaltungen, Vertrieb von Druckschriften und Veröffentlichungen und sonstiger mit Einnahmen verbundener Tätigkeit« (§ 24 Abs. 2 Nr. 5 PartG) sowie »sonstige Einnahmen« (§ 24 Abs. 2 Nr. 7 PartG) zusammengefaßt.

[3] Die in der Tabelle angegebenen Auszahlungen beruhen auf Angaben im letzten Bericht der Bundestagspräsidentin, die jeweils das Vorvorjahr betreffen. *Beispiel:* Die Auszahlungen im Jahr 1986 beruhen auf Angaben für das Jahr 1984. Die in den Rechenschaftsberichten der Parteien angegebenen Beträge weichen teilweise ab, weil in ihnen häufig auch Forderungen auf zukünftige, erst im folgenden Jahr auszuzahlende Beträge mit aufgeführt sind.

[4] Die »Parteisteuern« werden seit 1984 nicht mehr gesondert in den Rechenschaftsberichten ausgewiesen. Sie sind für die Jahre 1984 bis heute wie folgt berechnet worden: Da die Parteisteuern in den Jahren 1980–1983 bei der CDU, CSU, FDP und SPD durchschnittlich ca. 21,5% der gesamten Beiträge (einschließlich der Parteisteuern) betragen haben, wurde die Summe der in den Rechenschaftsberichten ab 1984 ausgewiesenen Mitgliedsbeiträge dieser Parteien und der PDS mit 21,5% multipliziert. Bei den Grünen, die die Parteisteuern im Gegensatz zu den anderen Parteien seit 1984 nicht bei den Mitgliedsbeiträgen, sondern bei den Spenden buchen, wurden die Parteisteuern als 50% der Spenden errechnet.

[5] Die Nettokreditaufnahme wird seit 1984 in den Rechenschaftsberichten nicht mehr ausgewiesen. Ab 1984 wurden die Beträge durch die Gegenüberstellung der Verbindlichkeiten der einzelnen Bundestagsparteien gegenüber Kreditinstituten mit denen des Vorjahres ermittelt.

[6] Für 1984 läßt sich die Nettokreditaufnahme nicht berechnen, da eine Gegenüberstellung der Verbindlichkeiten der Parteien gegenüber Kreditinstituten mit dem Jahr 1983 nicht möglich ist. Diese werden est seit 1984 in den Rechenschaftsberichten ausgewiesen.

[7] Seit der Neuregelung der Parteienfinanzierung 1994 werden die Spenden von natürlichen und juristischen Personen gesondert ausgewiesen, weil seitdem nur erstere noch steuerlich begünstigt und zuschußberechtigt sind.

[8] Mit der Neuregelung der Parteienfinanzierung im Jahre 1994 ist an die Stelle der Wahlkampfkostenerstattung eine staatliche Teilfinanzierung getreten, in der nunmehr der Chancenausgleich, der nach einer Übergangsregelung des Parteiengesetzes noch in den Jahren 1994 und 1995 gezahlt wurde, enthalten ist.

Quellen: Rechenschaftsberichte der Parteien und Berichte des Bundestagspräsidenten.

wohl ein verfassungsgemäßer Zustand bis zum Jahresende 1993 hergestellt werden mußte und der Sockelbetrag auch bis dahin beseitigt wurde, lief der Chancenausgleich nach der Neuregelung von 1994 erst Ende 1995 aus und wurde in den Jahren 1994 und 1995 noch gezahlt. Sonstige private Einnahmen, wie etwa Einnahmen aus Vermögen und Veranstaltungen, spielten lange keine große Rolle mehr. Seit 1990 schlugen sich darin aber auch einige erhebliche einigungsbedingte Vermögensmehrungen von Parteien nieder.

Von der Gesamtsumme von etwa einer dreiviertel Milliarde Mark fließen der SPD gut 40 Prozent, der CDU knapp 35 Prozent und den vier kleinen Bundestagsparteien je zwischen 4 und 8 Prozent zu (siehe Tabelle 4, S. 124).

Was die Zusammensetzung der Einnahmen anlangt, bestehen allerdings charakteristische Unterschiede. So erhält zum Beispiel die SPD traditionell hohe Beitragseinnahmen, aber relativ wenig Spenden, die CSU umgekehrt relativ viel Spenden und wenig Beiträge. Andere Unterschiede haben sich in den letzten Jahrzehnten eingeebnet. Vor allem konnte die CDU ihre Mitgliederzahlen seit dem Verlust der Regierung in Bonn im Jahre 1969 weit überproportional steigern[203] und dadurch (zusammen mit der CSU) mit der SPD praktisch gleichziehen[204] (siehe Tabelle 5 auf S. 125 f.), so daß sie auch bei den Beitragseinnahmen – trotz des höheren Durchschnittsbeitrags bei der SPD – erheblich aufgeholt hat. Dies hat dazu beigetragen, daß die Beitragseinnahmen der Parteien seit 1968 so stark wie keine andere Einnahmeart gewachsen sind.

Staatsfinanzierungsquote über 60 Prozent

Die Einnahmen der Parteien aus Beiträgen und Spenden (Spalten 3 und 4 der Tabelle 3) sind regelmäßig erheblich höher als die Zuwendungen, die die Parteien unmittelbar aus der Staats-

Tabelle 4: Einnahmen der Bundestagsparteien 1985–1994 in Millionen DM und in Prozent der Gesamteinnahmen

Jahr	SPD	CDU	CSU	FDP	B90/Grüne	PDS	Summe[1]
1985	193,7 (41,5%)	176,7 (37,8%)	39,5 (8,5%)	30,3 (6,5%)	26,8 (5,7%)		467,0 (100%)
1986	199,2 (38,7%)	192,1 (37,3%)	60,2 (11,7%)	33,1 (6,4%)	30,4 (5,9%)		515,0 (100%)
1987	214,0 (39,3%)	193,0 (35,5%)	48,3 (8,9%)	44,7 (8,2%)	44,2 (8,1%)		544,2 (100%)
1988	195,8 (41,1%)	174,0 (36,5%)	43,6 (9,2%)	33,1 (7,0%)	29,6 (6,2%)		476,1 (100%)
1989	241,1 (41,5%)	198,3 (34,1%)	57,1 (9,8%)	42,8 (7,4%)	41,8 (7,2%)		581,1 (100%)
1990	318,0 (33,9%)	330,4 (35,2%)	89,8 (9,6%)	83,8 (8,9%)	44,0 (4,7%)	72,9 (7,8%)	938,9 (100%)
1991	339,6 (45,3%)	212,8 (28,4%)	51,7 (6,9%)	52,2 (7,0%)	32,5 (4,3%)	60,7 (8,1%)	749,5 (100%)
1992	262,0 (41,2%)	213,5 (33,6%)	49,5 (7,8%)	47,3 (7,4%)	40,7 (6,4%)	22,5 (3,5%)	635,5 (100%)
1993	280,8 (41,5%)	225,9 (33,4%)	56,1 (8,3%)	49,5 (7,3%)	36,7 (5,4%)	27,3 (4,0%)	676,3 (100%)
1994	353,4 (41,7%)	279,9 (33,1%)	67,8 (8,0%)	58,0 (6,9%)	52,8 (6,2%)	34,3 (4,1%)	846,2 (100%)

Ohne Einnahmen aus Kreditaufnahme.

[1] Abweichungen von Tabelle 3, Spalte 2 beruhen darauf, daß dort die Zahlungen aus dem Chancenausgleich dem letzten Bericht der Bundestagspräsidentin entnommen sind, in der vorliegenden Tabelle dagegen den Rechenschaftsberichten der Parteien (zu den Abweichungen siehe Tabelle 1, Anmerkung 1).

kasse erhalten (Spalte 7). Dies gilt jedenfalls dann, wenn man zu den Beiträgen und Spenden auch die sogenannten Parteisteuern (Spalte 10) zählt, wie die Rechenschaftsberichte der Parteien dies tun, und auch die sonstigen privaten Einnahmen der Parteien (Spalte 5) einbezieht. Die so errechneten »Staatsquoten« suggerieren, die Parteien brächten den größten Teil ihrer Mittel aus eigener Kraft auf und der Staat griffe ihnen mit weniger als der Hälfte unter die Arme.[205]

Tabelle 5: Mitgliederstand der Parteien in Tausend

Jahr	SPD	CDU	CSU	FDP	Grüne	Rep	PDS	Sonstige	Gesamt
1946	701,0		69,4						
1947	875,0		82,2						
1948	844,0								
1949	684,0								
1950	649,0								
1951	649,0								
1952	627,0	350,0		80,0					1550,0
1953	607,0								
1954	585,0								
1955									
1956	612,0		ca. 43,5						
1957	626,0								
1958	623,0								
1959	634,0								
1960	649,0		52,5						
1961	644,0		58,6						
1962	646,0	248,5		87,0					
1963	648,0		(Juli) 56,0						
1964	678,0	279,8							
1965	710,0		(Jan.) 70,3	96,0					
1966	727,0								
1967	733,0		(Jan.) 80,9						
1968	732,4	286,5	73,6	57,0					
1969	778,9	303,5	76,7	58,8					
1970	820,2	329,2	93,2	56,5					
1971	847,5	355,7	109,8	53,3					
1972	954,4	423,0	107,0	57,8					
1973	973,6	457,4	112,0	63,2					
1974	957,3	530,5	122,8	71,0					
1975	998,5	590,5	132,6	74,0					

Jahr	SPD	CDU	CSU	FDP	Grüne	Rep	PDS	Sonstige	Gesamt
1976	1022,2	652,0	146,4	79,2					
1977	1006,3	664,2	160,0	79,6					
1978	997,4	675,3	165,7	81,0					
1979	985,0	682,8	169,2	82,6					
1980	986,9	693,3	172,4	84,9	ca. 18,0				
1981	956,0	705,0	175,0	87,0	ca. 21,0				
1982	926,0	719,0	179,0	80,0	ca. 25,0				
1983	926,0	735,0	185,0	72,0	ca. 25,0				
1984	916,0	730,0	184,0	71,0	ca. 31,0				
1985	919,0	719,0	183,0	67,0	ca. 37,0				
1986	913,0	714,0	182,0	64,0	ca. 38,0				
1987	910,1	705,8	184,3	64,9	39,5				
1988	911,9	676,7	182,7	64,3	37,9				
1989	921,4	662,6	185,9	65,2	38,0	16,4		ca. 61,9	1951,4
1990	949,6	777,8	186,2	168,2	41,3	18,0	ca. 200,0	ca. 55,0	2396,1
1991	919,9	751,2	184,5	140,0	38,1	16,5	172,6	ca. 53,4	2276,2
1992	886,0	713,8	181,8	103,5	35,8	19,9	146,7	ca. 51,4	2138,9
1993	861,5	685,3	177,3	94,2	39,3	19,8	131,4	ca. 46,5	2055,3
1994	849,4	671,5	176,3	88,0	43,4	–	123,8		
1995	817,7	661,9	179,6	ca. 80	46,1	–	123		

Quellen: *v. Heydte/Sacherl,* Soziologie der deutschen Parteien, München 1955, S. 60; *Körper,* FDP, Bilanz der Jahre 1960–1966, Köln 1968, S. 41; *Mintzel,* Geschichte der CSU, Opladen 1977, S. 131; *von Beyme,* Parteien in westlichen Demokratien, München 1982, S. 216 f.; *von Arnim,* Staatslehre der Bundesrepublik Deutschland, München 1984, S. 260; *Schöhnbohm,* Die CDU wird moderne Volkspartei, Stuttgart 1985, S. 83; *Mintzel,* Parteien in der BRD, Opladen 1992, S. 432; Bericht der Bundestagspräsidentin über die Parteienfinanzierung der Jahre 1993 und 1994; für 1995: dpa-Meldung, veröffentlicht in der Tagespresse vom 21. 1. 1995. Die Zahlen beziehen sich (wie auch die für die vorhergehenden Jahre) auf das Ende des Jahres, nur bei der CDU beziehen sie sich auf September 1995, bei Bündnis 90/Die Grünen auf Oktober 1995.

Dieser erste Eindruck ist jedoch nur dann zutreffend, wenn man den Blick allein auf die *unmittelbaren* Staatszuschüsse richtet, wie das Parteiengesetz dies bei Berechnung der relativen Obergrenze tut (§ 18 V 1 PartG).[206] Rechts- und verfassungs*politisch* ist es jedoch von Interesse, sich einen Überblick über die gesamten Staatszuwendungen, einschließlich der *indirekten,* und ihren Anteil an den Einnahmen der Parteien (gesamter Staatsanteil) zu verschaffen. Bezieht man die mittelbaren Staatszuwendungen ein, so ergibt sich ein völlig anderes Bild.

Die Rechenschaftsberichte brauchen aufgrund einer Änderung des Parteiengesetzes seit 1984 die sogenannten *Parteisteuern,* die die Abgeordneten der Volksvertretungen des Bundes, der Länder, der Kommunen und der Europäischen Union in erheblichem Umfang zu leisten haben, nicht mehr gesondert auszuweisen, sondern dürfen sie zu den Mitgliedsbeiträgen (bzw. bei den Grünen zu den Spenden) und damit scheinbar zu den privaten Einnahmen zählen, obwohl sie als eine Art Hypothek auf dem Mandat liegen. Die Abgeordneten sind, wenn sie ihre Wiedernominierung durch ihre Partei nicht gefährden wollen, praktisch gezwungen, die »Parteisteuern« aus der Entschädigung zu bezahlen, die im Hinblick darauf von vornherein überhöht festgelegt wird. So fließen die »Parteisteuern« indirekt aus Staatsmitteln.[207] In Tabelle 3 wurden die »Parteisteuern« deshalb den staatlichen Mitteln zugerechnet, wie dies auch die politikwissenschaftliche Literatur überwiegend tut.[208] Mitgliedsbeiträge bzw. Spenden wurden entsprechend gemindert. Dadurch erhöht sich der Staatsanteil bereits erheblich (Spalte 12).

Vor allem aber kommt in den Rechenschaftsberichten nicht zum Ausdruck, daß Zuwendungen an Parteien *steuerlich* massiv *begünstigt* werden und der Staat auch auf diese Weise in großem Umfang indirekt die Finanzierung der Parteien fördert. Die große Masse der Mitglieder und Spender hat nur etwa die Hälfte ihrer Zuwendungen selbst zu tragen, die andere Hälfte steuert

Tabelle 6: 65,7 Prozent Staatsanteil bei der Parteienfinanzierung 1994

	Gesamteinnahmen der Parteien in Mio. DM	Direkte und indirekte Staatszuwendungen in Mio. DM
Mitgliedsbeiträge, Spenden und »Parteisteuern« (Tabelle 3, Spalten 3, 4 und 10)	448,7	
davon »Parteisteuern« (Spalte 10)		67,2
davon Spenden juristischer Personen (Spalte 4)	33,1	
In den Zuwendungen natürlicher Personen enthaltene Steuerbegünstigung von durchschnittlich 50%		207,8
Sonstige private Einnahmen (Spalte 5)	65,4	
Direkte Staatszuschüsse (Spalte 7)	332,2	332,2
Summe	846,3	607,2
Einnahmen aus Nettokreditaufnahme (Spalte 13)	77,1	
Summe	923,4	607,2

Daraus berechnet sich eine Staatsquote von 65,7% (= 607,2 Mio. DM: 923,4 Mio. DM), bei Nichteinbeziehung der Einnahmen aus Kreditaufnahme sogar von 71,2 Prozent (= 607,2 Mio. DM : 846,3 Mio. DM).
Quelle: Tabelle 3 »Einnahmen der Bundestagsparteien«.

der Fiskus durch hohe Steuererleichterungen bei.[209] Ihr Ausmaß wird auch in den Subventionsberichten der Bundesregierung verschwiegen.[210] Berücksichtigt man diese heimliche Subvention, so ergibt sich eine Staatsfinanzierungsquote der Parteien von 60 Prozent und mehr, das heißt, die Zuwendungen, die der Staat direkt und indirekt gewährt, betragen über sechs Zehntel der Mittel, über die die Parteien verfügen.[211] Wie Tabelle 6 und Schaubild 1 zeigen, ergibt sich für das Jahr 1994 ein Staatsanteil von 65,7 Prozent. Dazu tragen die 1994 besonders hohen Staatszuschüsse bei. Der Staatsanteil erhöht sich noch weiter auf 71,2 Prozent, wenn man die 1994 ebenfalls hohen Einnahmen

Schaubild 1: 65,7 Prozent Staatsanteil bei der Finanzierung der Bundestagsparteien 1994

Gesamteinnahmen 923,4 Mio. DM		Direkte und indirekte Staatszuwendungen 607,2 Mio. DM
Einnahmen aus Krediten 71,1 Mio. DM		
Sonstige private Einnahmen 65,4 Mio. DM		
Direkte Staatszuschüsse 332,2 Mio. DM	→	Direkte Staatszuschüsse 332,2 Mio. DM
Mitgliedsbeiträge, Spenden und »Parteisteuern« 448,7 Mio. DM	→ hiervon	Steuerbegünstigung auf Beiträge, Spenden natürlicher Personen und »Parteisteuern« 207,8 Mio. DM
	→ hiervon	»Parteisteuern« 67,2 Mio. DM

aus Krediten von den berücksichtigungsfähigen Gesamteinnahmen abzieht, wie dies auch Bundesverfassungsgericht und Parteiengesetz bei Berechnung der »relativen Obergrenze« tun (siehe S. 91). Eine noch weitere Erhöhung des Staatsanteils ergäbe sich, wenn man auch die sonstigen privaten Einnahmen (Spalte 5) als jedenfalls bei Berechnung der »relativen Obergrenze« nicht berücksichtigungsfähig abzöge, weil sich in ihnen keine Verwurzelung im Volke widerspiegelt (so die Parteienfinanzierungskommission[212] und Christine Landfried, die zusätzlich auch Großspenden abzieht[213]).

Dabei sind die Fraktionen und Parteistiftungen, die beide eng mit den Parteien zusammenwirken und sich fast zu hundert Prozent aus der Staatskasse finanzieren (siehe den folgenden Teil III), noch gar nicht berücksichtigt. Würde man sie oder Teile von ihnen (bei den Stiftungen insbesondere die Globalzuschüsse) einbeziehen, so ergäben sich noch höhere Staatsquoten.

III. Die Finanzierung der Fraktionen, Parteistiftungen und der Mitarbeiter von Abgeordneten

8 Parteienfinanzierung im weiteren Sinne: Überblick

Die staatliche Parteienfinanzierung im weiteren Sinne hängt eng zusammen mit der Finanzierung von Abgeordneten, Parlamentsfraktionen und Parteistiftungen.[1] *Rechtlich* besteht hier zwar eine strenge Trennung, tatsächlich und *politisch* aber gibt es enge Verbindungen. Das kommt schon daher, daß sie in den Augen der Öffentlichkeit und der Wähler zusammengehören und die Arbeit der Abgeordneten, Fraktionen und Parteistiftungen ihren jeweiligen Mutterparteien weitgehend zugerechnet wird und ihnen zugute kommt. Für den normalen Bürger bilden die Parteien mit ihren Abgeordneten, Fraktionen und Stiftungen jeweils eine mehr oder weniger enge politische Einheit und erscheinen als lediglich organisatorisch getrennte Ausprägungen gleichgerichteter politischer Kräfte, deren Existenz und Zukunft auf den gemeinsamen politischen Erfolg gegründet ist. Der generelle Eindruck von politischer Zusammengehörigkeit wird – auch im Umkehrschluß – durch die öffentliche Aufmerksamkeit bestätigt, die ausnahmsweise Abweichungen von der Normalität finden.

Um so mehr überrascht und irritiert der völlig unterschiedliche Grad von rechtlicher Erfassung und Ordnung. Während nämlich für die Finanzen der *Parteien* inzwischen durchgreifende verfassungsrechtliche Transparenzgebote und Begrenzungen gelten (Gesetzesvorbehalt, öffentliche Rechenschaftslegung und Obergrenzen) und Vorkehrungen ersonnen wurden, um Bürgernähe zu fördern, werden derartige Auflagen und Grenzen für Parteistiftungen und Abgeordnetenmitarbeiter bisher praktisch nicht, für Fraktionen erst jüngst und nur höchst lückenhaft angewendet, obwohl hier die gleichen Gründe vorliegen, die auch bei der Parteienfinanzierung schließlich Transparenz und Begrenzung unabweisbar machten:

– Über die staatlichen Zahlungen an Fraktionen, Parteistiftungen und Abgeordnetenmitarbeiter entscheiden die Parlamente – ähnlich wie über die Parteienfinanzierung im engeren Sinne – in eigener Sache.[2] Da die Zahlungen direkt oder indirekt allen denjenigen zugute kommen, die im Parlament sitzen, fehlt regelmäßig das korrigierende Element gegenläufiger politischer Interessen;[3] auch die Opposition ist meist eingebunden.
– Dem Entscheidungsverfahren über die Zahlungen an die genannten parteinahen Organisationen fehlt in besonders krasser Weise die Transparenz.

Parteinähe, Entscheidungen in eigener Sache, Undurchsichtigkeit und fehlende Begrenzung begründen die Gefahr einer unkontrollierten Ausweitung der Staatsmittel zu Lasten der Steuerzahler und der Offenheit und Chancengleichheit des politischen Wettbewerbs und bilden eine für die Glaubwürdigkeit der parlamentarischen Demokratie brisante Mischung. Solange die Parteien selbst noch keiner Kontrolle unterlagen, wurden die staatlichen Mittel direkt an sie geleistet; Umwege waren noch nicht erforderlich. Das führte anfangs zu einer Explosion staatlicher Parteienmittel unter gleichzeitiger Abdunklung vor der öffentlichen Kontrolle (siehe S. 76 ff.), bis das Bundesverfassungsgericht 1966 die staatliche Parteienfinanzierung begrenzte und das Parteiengesetz von 1967 erzwang. Auf der Suche nach neuen Wegen der Finanzierung kamen die Fraktionen, Parteistiftungen und Abgeordnetenmitarbeiter in den Blick. Die Kehrseite der gerichtlichen und gesetzlichen Kontrolle der Parteienfinanzierung im engeren Sinne wurde deshalb ein gewaltiges Wachstum der Staatsmittel für Fraktionen, Parteistiftungen und Abgeordnetenmitarbeiter. Im Windschatten des erbitterten Kampfes um die öffentliche Kontrolle der Parteienfinanzierung im engeren Sinne konnten sich die Finanzen ihrer wichtigsten Akteure und Hilfsorganisationen um so unkontrollierter entwickeln.[4]

Die Zahlungen an die Fraktionen des Bundestags haben sich von 1966 (3,4 Millionen Mark) bis 1995 (107 Millionen Mark) mehr als verdreißigfacht (siehe Schaubild 2, S. 138); die Zahlungen an die Landtagsfraktionen sind im gleichen Zeitraum von 7 auf 131 Millionen hochgeschossen (siehe Tabelle 7, S. 139 ff.). (Darin sind die Zahlungen an die Fraktionen in den Volksvertretungen der Gemeinden, Städte und Landkreise, die ebenfalls ein hohes, schnell zunehmendes Niveau erreichen, noch nicht enthalten.) Die Zahlungen an die Parteistiftungen sind im gleichen Zeitraum von 14 auf (1994) 620 Millionen Mark (siehe Tabelle 8, S. 167) explodiert, haben sich also verachtzehnfacht beziehungsweise vervierundvierzigfacht – Wachstumsraten wie im Schlaraffenland. (Auch wenn man die durch die deutsche Einigung bedingten Erhöhungen und die zweckgebundenen Zuschüsse an die Stiftungen abzieht, bleiben Wachstumsraten, die weit über alle wirtschaftlichen Vergleichsindikatoren hinausgehen.[5])

Die sogenannten Globalzuschüsse zur gesellschaftspolitischen Bildungsarbeit an die Parteistiftungen (siehe Tabelle 9, S. 168), die freier verwendet werden können als die zweckgebundenen Zuwendungen und 1995 mit 187 Millionen DM veranschlagt waren, wurden 1968 eigens geschaffen, und eine der Stiftungen, die Hanns-Seidel-Stiftung der CSU, wurde 1967 eigens gegründet, damit auch diese Partei die auf ihre Organisation entfallenden Mittel in Empfang nehmen konnte, ein Vorgang, der sich Ende der achtziger Jahre in bezug auf die Grünen wiederholte: Als es ihnen nicht gelungen war, die Globalzuschüsse an die

Stiftungen der etablierten Parteien durch das Bundesverfassungsgericht für verfassungswidrig erklärt zu bekommen, gründeten sie, um einen Empfänger für die umstrittene »Staatsknete« zu haben, den Stiftungsverband Regenbogen (siehe S. 398.).

Auch bei der »Erfindung« der Mitarbeiterfonds für Abgeordnete stand, wenn auch öffentlich kaum je ausgesprochen, der Wunsch mit Pate, die durch das Bundesverfassungsgericht vorgenommene Begrenzung der Parteienfinanzierung wettzumachen und »auf dem Wege über Hilfskräfte, die bei den Abgeordneten einzustellen waren, die Parteiapparate wieder zu besetzen«.[6] Die Bezahlung von Abgeordnetenmitarbeitern des Bundestags wurde 1969 eingeführt, und für sie wurden im Gründungsjahr 3,25 Millionen Mark in den Haushaltsplan eingestellt; 1995 waren es rund 151 Millionen Mark (siehe Schaubild 5, S. 183), also mehr als die öffentlichen Mittel für Bundestagsfraktionen. In den Ländern wurden 1995 78 Millionen Mark für Abgeordnetenmitarbeiter bewilligt (siehe Tabelle 11, S. 184).

Das von der Öffentlichkeit lange weitgehend unbemerkte Hochschießen der Staatsmittel für Fraktionen, Parteistiftungen und Abgeordnetenmitarbeiter hat zu einer völligen Gewichtsverlagerung geführt: Während die Zahlungen an Fraktionen und Stiftungen Mitte der sechziger Jahre nur einen Bruchteil desjenigen ausmachten, was die *Parteien* selbst erhielten, und Abgeordnetenmitarbeiter noch gar nicht finanziert wurden, haben diese Mittel die staatliche Parteienfinanzierung inzwischen vielfach überflügelt. Dieses Wachstum hängt mit dem Fehlen jeder rechtlichen Ordnung und Disziplinierung zusammen. Die schlaraffenländische Üppigkeit an Staatsleistungen, zu der die weit überproportionalen Wachstumsraten geführt haben, ist die Kehrseite der fehlenden Transparenz und Begrenzung.

9 Fraktionsgesetze – und ihre Mängel

Nicht zuletzt aufgrund der öffentlichen Kritik[7] sind die Parlamente in jüngster Zeit darangegangen, *Fraktionsgesetze* zu erlassen. Als erstes Land hat Bayern im März 1992 ein Fraktionsgesetz beschlossen. Andere Länder folgten. Zugrunde lag eine Art Mustergesetzentwurf, den die Präsidenten der deutschen Länderparlamente 1992 beschlossen hatten. Auch der Bund hat inzwischen ein Gesetz verabschiedet, das zum Beginn des Jahres 1995 in Kraft getreten ist[8] (siehe den Überblick über die einschlägigen Gesetze in der Tabelle auf S. 433). Diese Gesetze sind zwar nicht alle einheitlich, sondern enthalten durchaus Unterschiede. Insgesamt muß man aber feststellen, daß sie nicht einmal den verfassungsrechtlichen Mindestanforderungen genügen[9] und auch im Widerspruch zu den Empfehlungen der Parteienfinanzierungskommission 1993 stehen.[10] Die neuen Fraktionsgesetze gehen ganz überwiegend nur *ein* Problem an, indem sie nun die Fraktionen zur öffentlichen Rechenschaftslegung verpflichten. Dies geschieht allerdings in unterschiedlicher Intensität. Im übrigen enthalten die gesetzlichen Regelungen große Lücken. Mindestanforderungen werden nicht eingehalten. Besonders skeptisch macht, daß die Fraktionen die Gelegenheit der Gesetzgebung in eigener Sache genutzt haben, um verfassungsrechtlichen Vorgaben auszuweichen und hoch problematische und sogar eindeutig verfassungswidrige Regelungen in den Fraktionsgesetzen unterzubringen und diesen mittels Herstellung von Legalität den Schein der Legitimität zu geben.

Schaubild 2: »Zuschüsse« an Bundestagsfraktionen
in Millionen DM

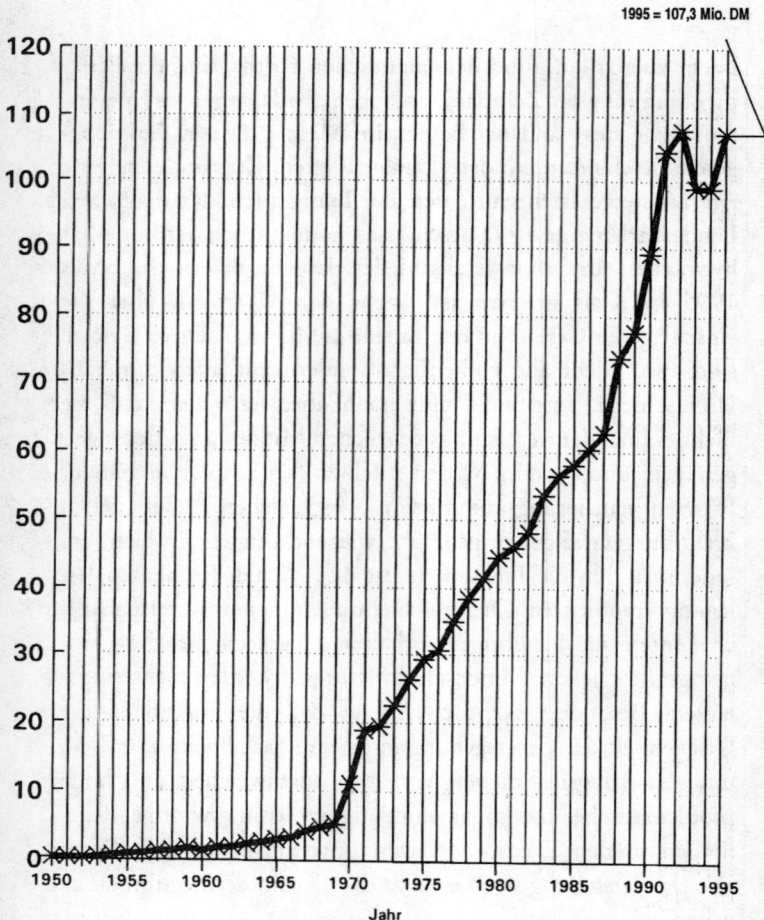

1995 = 107,3 Mio. DM

Jahr

Werte für 1994 und 1995 sind »Soll«-Angaben.

Tabelle 7: »Zuschüsse« an die Fraktionen des Bundestags und der Landesparlamente aus Haushaltsmitteln 1965–1996

in Millionen DM

	1965	1966	1967	1968	1969	1970	1971	1972
Bund	3,1	3,4	4,3	4,9	5,3	9,9	17,4	19,5
	(3,1)	(3,4)	(4,3)	(4,9)	(5,3)	(11,1)	(18,9)	(19,5)
Alte Bundesländer								
Baden-Württemberg	0,2	0,2	0,3	0,3	0,6	0,8	0,8	0,8
	(0,2)	(0,3)	(0,3)	(0,3)	(0,6)	(0,8)	(0,8)	(0,9)
Bayern	0,6	0,6	1,0	1,0	1,0	1,0	1,5	1,5
	(0,6)	(0,6)	(1,0)	(1,0)	(1,0)	(1,0)	(1,5)	(1,5)
Berlin	0,4	0,4	0,6	0,6	0,8	0,9	1,1	1,1
	(0,4)	(0,4)	(0,6)	(0,6)	(0,8)	(0,9)	(1,0)	(1,1)
Bremen						0,8	0,8	1,5
						(0,8)	(0,8)	(1,6)
Hamburg	0,5	0,5	0,5	0,7	1,0	1,0	1,4	1,4
	(0,5)	(0,5)	(0,5)	(1,0)	(1,0)	(1,0)	(1,4)	(1,4)
Hessen	0,6	0,6	0,6	0,6	0,8	0,8	1,3	1,3
	(0,6)	(0,6)	(0,6)	(0,6)	(0,8)	(0,8)	(1,3)	(1,3)
Niedersachsen	1,4	1,4	0,4	0,4	0,8	1,0	1,2	1,3
	(1,4)	(1,4)	(0,4)	(0,4)	(0,8)	(0,9)	(1,0)	(1,3)
Nordrhein-Westfalen	1,6	1,6	1,6	1,6	1,6	2,0	3,0	3,0
	(1,6)	(1,5)	(1,6)	(1,6)	(1,6)	(2,0)	(3,0)	(3,0)
Rheinland-Pfalz	0,4	0,5	0,5	0,5	0,6	0,8	0,8	1,2
	(0,4)	(0,5)	(0,5)	(0,6)	(0,6)	(0,7)	(0,8)	(1,1)
Saarland	0,6	0,6	0,6	0,6	0,6	0,6	0,6	0,8
	(0,6)	(0,6)	(0,6)	(0,6)	(0,6)	(0,6)	(0,6)	(0,8)
Schleswig-Holstein	0,3	0,3	0,4	0,7	0,9	1,0	1,0	1,0
	(0,3)	(0,3)	(0,5)	(0,7)	(0,9)	(1,0)	(1,0)	(1,0)
Neue Bundesländer								
Brandenburg								
Mecklenburg-Vorpommern								
Sachsen								
Sachsen-Anhalt								
Thüringen								
Länder insgesamt	6,6	6,7	6,5	7,0	8,7	10,7	13,5	14,9
	(6,6)	(6,7)	(6,6)	(7,4)	(8,7)	(10,5)	(13,2)	(15,0)
Bund und Länder zusammen	9,7	10,1	10,8	11,9	14,0	20,6	30,9	34,4
	(9,7)	(10,1)	(10,9)	(12,3)	(14,0)	(21,5)	(32,1)	(34,5)

	1973	1974	1975	1976	1977	1978	1979	1980
Bund	22,6	26,3	29,3	30,5	35,0	38,6	41,6	44,6
	(22,6)	(26,3)	(29,3)	(30,6)	(35,0)	(38,5)	(41,5)	(44,6)
Alte Bundesländer								
Baden-Württemberg	1,1	1,3	1,4	1,4	1,6	1,8	2,0	2,8
	(1,1)	(1,3)	(1,4)	(1,4)	(1,7)	(1,8)	(2,0)	(2,8)
Bayern	1,6	1,6	2,6	2,7	2,9	3,0	5,3	5,3
	(1,6)	(2,5)	(2,6)	(2,6)	(2,9)	(3,2)	(5,3)	(5,3)
Berlin	1,2	1,2	1,7	1,8	2,0	2,5	2,7	3,1
	(1,3)	(1,7)	(1,8)	(1,9)	(2,0)	(2,6)	(2,8)	(2,9)
Bremen	1,5	1,8	2,0	2,3	2,9	3,3	3,4	5,7
	(1,8)	(2,0)	(2,3)	(2,7)	(3,1)	(3,3)	(4,4)	(6,5)
Hamburg	1,4	1,4	2,0	2,0	2,2	2,2	1,8	2,2
	(1,4)	(1,8)	(2,0)	(2,0)	(2,2)	(2,0)	(1,9)	(2,2)
Hessen	1,5	1,7	2,0	2,0	2,2	3,8	3,9	4,1
	(1,5)	(1,7)	(2,0)	(2,0)	(2,2)	(3,8)	(3,9)	(4,2)
Niedersachsen	1,5	2,2	3,0	3,2	3,5	4,1	5,1	4,7
	(1,5)	(2,2)	(2,9)	(3,0)	(3,4)	(3,7)	(4,0)	(4,5)
Nordrhein-Westfalen	3,0	3,0	3,3	3,4	3,8	3,8	4,3	5,4
	(3,0)	(3,3)	(3,4)	(3,4)	(3,8)	(3,8)	(4,3)	(4,9)
Rheinland-Pfalz	1,4	1,7	1,7	2,1	2,1	2,3	2,4	3,5
	(1,4)	(2,0)	(1,7)	(2,2)	(2,1)	(2,4)	(2,4)	(3,5)
Saarland	1,0	1,1	1,6	1,8	1,8	1,8	2,0	2,6
	(1,0)	(1,4)	(1,6)	(1,8)	(1,8)	(1,8)	(2,0)	(2,6)
Schleswig-Holstein	1,0	1,4	1,6	2,0	2,1	2,6	3,9	4,5
	(1,0)	(1,4)	(1,7)	(2,0)	(2,1)	(2,6)	(3,9)	(4,5)
Neue Bundesländer								
Brandenburg								
Mecklenburg-Vorpommern								
Sachsen								
Sachsen-Anhalt								
Thüringen								
Länder insgesamt	16,2	18,4	22,9	24,7	27,1	31,2	36,8	43,9
	(16,6)	(21,3)	(23,4)	(25,0)	(27,3)	(31,0)	(32,5)	(43,9)
Bund und Länder zusammen	38,8	44,7	52,2	55,2	62,1	69,8	78,4	88,5
	(38,9)	(47,6)	(52,7)	(55,6)	(62,3)	(69,5)	(74,0)	(88,5)

	1981	1982	1983	1984	1985	1986	1987	1988
Bund	47,0 (46,0)	48,4 (48,2)	50,9 (53,6)	56,6 (56,5)	58,2 (58,1)	60,4 (60,4)	62,7 (62,7)	74,0 (73,9)
Alte Bundesländer								
Baden-Württemberg	3,8 (3,8)	3,9 (3,9)	4,0 (4,0)	4,2 (4,1)	4,4 (4,5)	4,7 (4,8)	4,9 (5,0)	4,9 (5,2)
Bayern	5,3 (5,3)	5,3 (5,3)	5,3 (5,3)	5,9 (5,9)	6,2 (6,1)	6,4 (6,4)	9,2 (9,2)	9,5 (9,3)
Berlin	3,4 (3,4)	4,2 (4,0)	4,5 (4,3)	4,7 (4,6)	5,0 (5,0)	5,6 (5,5)	6,1 (6,0)	6,3 (6,2)
Bremen	6,3 (6,2)	6,5 (6,5)	6,7 (6,7)	5,7 (5,9)	6,1 (5,9)	6,1 (6,1)	6,3 (6,6)	7,1 (7,2)
Hamburg	2,4 (2,3)	2,8 (2,7)	3,0 (3,0)	3,2 (3,1)	3,2 (3,1)	3,9 (3,5)	4,4 (4,1)	4,8 (4,6)
Hessen	4,3 (4,5)	4,5 (4,8)	4,7 (5,0)	5,4 (6,5)	5,4 (6,4)	5,4 (6,4)	5,4 (6,5)	5,4 (6,6)
Niedersachsen	5,1 (4,9)	6,0 (5,8)	6,7 (6,4)	6,9 (6,7)	7,0 (6,9)	7,2 (7,1)	8,1 (8,1)	8,4 (8,4)
Nordrhein-Westfalen	6,1 (6,1)	6,1 (6,1)	6,1 (6,1)	6,1 (6,1)	6,1 (7,1)	8,3 (8,3)	8,6 (8,6)	8,8 (8,8)
Rheinland-Pfalz	3,7 (3,7)	3,8 (3,7)	3,9 (3,9)	3,2 (3,1)	3,3 (3,3)	3,4 (3,3)	4,3 (4,3)	5,1 (5,1)
Saarland	3,3 (3,3)	3,3 (3,3)	3,3 (3,3)	3,3 (3,3)	3,4 (3,3)	3,5 (3,5)	3,5 (3,5)	3,5 (3,5)
Schleswig-Holstein	4,8 (4,8)	5,0 (5,0)	4,8 (4,5)	4,3 (4,2)	4,4 (4,3)	4,5 (4,4)	4,7 (4,9)	5,1 (5,1)
Neue Bundesländer								
Brandenburg								
Mecklenburg-Vorpommern								
Sachsen								
Sachsen-Anhalt								
Thüringen								
Länder insgesamt	48,5 (48,3)	51,4 (51,1)	53,0 (52,5)	52,9 (53,5)	54,5 (55,9)	59,0 (59,3)	65,5 (66,8)	68,9 (70.0)
Bund und Länder zusammen	95,5 (94,3)	99,8 (99,3)	103,9 (106,1)	109,5 (110,0)	112,7 (114,0)	119,4 (119,7)	128,2 (129,5)	142,9 (143,9)

	1989	1990	1991	1992	1993	1994	1995	1996
Bund	77,7 (77,7)	89,6 (89,2)	104,2 (104,4)	109,0 (107,8)	98,9 (99,0)	98,9 (98,9)	107,3	107,3
Alte Bundesländer								
Baden-Württemberg	5,2 (5,9)	5,7 (5,9)	6,0 (6,5)	7,0 (7,0)	7,7 (8,2)	8,0 (8,3)	7,8	8,0
Bayern	9,6 (9,5)	9,8 (10,1)	12,6 (12,5)	13,2 (12,9)	13,8 (13,7)	14,4	14,6	15,1
Berlin	6,5 (6,5)	6,8 (6,6)	11,2 (10,8)	11,3 (11,2)	11,7 (11,6)	12,2	12,4	11,7
Bremen	7,5 (7,5)	7,3 (7,3)	7,3 (7,3)	8,3 (8,3)	8,2 (8,2)	8,5	8,9	
Hamburg	4,9 (4,7)	5,4 (5,3)	5,5 (5,6)	6,0 (5,9)	6,1 (6,2)	6,4 (6,1)	6,4	6,5
Hessen	5,4 (5,4)	5,4 (6,8)	5,4 (6,5)	5,4 (6,6)	5,4 (6,5)	5,4	5,4	
Niedersachsen	9,4 (9,3)	9,2 (9,1)	9,8 (9,7)	10,3 (10,2)	9,9 (9,9)	9,8	9,1	9,4
Nordrhein-Westfalen	9,0 (9,0)	9,4 (10,2)	11,9 (11,9)	12,7 (12,7)	13,5 (13,4)	13,5	13,0	
Rheinland-Pfalz	5,3 (5,3)	5,4 (5,5)	5,9 (5,9)	6,3 (6,2)	6,5 (6,5)	6,9	6,9	
Saarland	3,9 (3,9)	3,9 (3,9)	4,2 (4,2)	4,2 (4,2)	3,8 (3,8)	3,9	4,2	
Schleswig-Holstein	4,8 (4,8)	4,9 (4,6)	4,4 (4,4)	4,5 (4,5)	6,5 (5,9)	6,5	6,6	
Neue Bundesländer								
Brandenburg			5,6 (5,6)	6,7 (6,8)	7,7 (7,7)	8,1 (7,8)	6,6	6,7*
Mecklenburg-Vorpommern			6,0 (6,0)	6,0 (6,0)	7,1 (7,1)	7,5 (7,1)	6,0	6,1*
Sachsen			6,7 (6,5)	9,3 (8,9)	10,0 (10,0)	10,7	10,6	
Sachsen-Anhalt			8,7 (8,7)	7,2 (7,5)	7,8 (7,6)	7,9 (7,9)	7,1	7,1*
Thüringen			6,0 (6,0)	6,0 (6,0)	6,1 (6,1)	6,1	5,8	
Länder insgesamt	71,5 (71,8)	73,2 (74,8)	117,2 (118,1)	124,4 (124,9)	131,8 (132,4)	135,8	131,4	
Bund und Länder zusammen	149,2 (149,5)	162,8 (164,5)	221,4 (222,5)	233,4 (232,7)	230,7 (231,4)	234,7	238,7	

So fehlen:

- die exakte spezialgesetzliche Regelung der konkreten Höhe der Staatsmittel, die die Fraktionen erhalten, im Bund und in fast allen Ländern,
- die Verpflichtung zu einer differenzierten Veranschlagung der Mittel im Haushaltsplan und
- die Festlegung von Obergrenzen durchweg.

Umgekehrt wurden zweifelhafte oder sogar eindeutig verfassungswidrige Verwendungsformen von staatlichen Fraktionsmitteln in den Fraktionsgesetzen verankert, so etwa

- für »Öffentlichkeitsarbeit«,
- für die Zusammenarbeit mit Fraktionen anderer Parlamente,
- für Sachverständigengutachten oder
- für Zulagen von Abgeordneten mit bestimmten Funktionen.

Zugleich wurde die Prüfung durch die Rechnungshöfe – entgegen den verfassungsgerichtlichen Vorgaben – eingeschränkt. Diese Probleme sollen hier nicht erschöpfend behandelt werden. Die Darstellung beschränkt sich vielmehr auf das nach Meinung der Verfassers Wichtigste.

* Entwurf des Haushaltsplans
Soll-Zahlen laut Haushaltsplänen; in Klammern: Ist-Zahlen.
Ergänzung: Zu den in dieser Tabelle allein genannten direkten Zahlungen kommen geldwerte Staatsleistungen hinzu, insbesondere in einigen Ländern (z. B. Baden-Württemberg und Hessen) das unentgeltliche Zurverfügungstellen von Fraktionspersonal, das dort einen jährlichen Gegenwert von mehreren Millionen DM ausmacht; ferner die unentgeltliche Überlassung von Räumen und sonstigen Einrichtungen, die allerdings nicht in allen Landesparlamenten in gleicher Weise gewährt werden (nicht z. B. in Bremen).
Quelle: Haushaltspläne.

Keine spezialgesetzliche Nennung der Beträge

Vor allem fehlt in allen Gesetzen – außer in Niedersachsen und Rheinland-Pfalz – die konkrete Nennung der Zahlungen, die die Fraktionen erhalten. Die Nennung der konkreten Beträge im Gesetz ist wie bei anderen finanziellen Bewilligungen des Parlaments in eigener Sache (Abgeordnetenentschädigung, Ministerbezüge, staatliche Parteienfinanzierung im engeren Sinne) aber – neben der nachträglichen Rechenschaftslegung – unverzichtbar.[11] Es gilt kraft zwingenden Verfassungsrechts ein sogenannter Gesetzesvorbehalt.[12] Das hat die Parteienfinanzierungskommission beim Bundespräsidenten 1993 nachdrücklich unterstrichen.[13] Teilweise sehen die Landesverfassungen sogar ausdrücklich vor, daß das Nähere ein Gesetz regelt (so zum Beispiel in Berlin, Brandenburg, Mecklenburg-Vorpommern, Rheinland-Pfalz und Sachsen-Anhalt).[14] Der übliche Weg, die Öffentlichkeit dadurch auszuschalten, daß die wichtigste Entscheidung, nämlich wieviel Geld die Fraktionen erhalten sollen, lediglich im Haushaltsplan getroffen wird, muß unterbunden werden. Der Haushaltsplan ist kein förmliches Gesetz, weder rechtlich – er wird lediglich durch das Haushaltsgesetz festgestellt, ist aber nicht mit diesem gleichzusetzen (vgl. zum Beispiel Art. 110 II 1 GG) –, noch was seine Öffentlichkeitswirkung anlangt. Selbst gewaltige Erhöhungen einzelner Beträge gehen im Haushaltsplan mit seinen Tausenden von Titeln unter. In dem zeitlich eng begrenzten Haushaltsverfahren kann das öffentlich verhandelnde Plenum des Parlaments nicht jeden einzelnen Titel erörtern, und die Titel über die staatliche Parteienfinanzierung im weiteren Sinn, über die die Regierungs- und Oppositionsfraktionen sich einig sind, *will* es regelmäßig auch nicht erörtern, so daß die Öffentlichkeit nichts bemerkt; einzelne Angaben im Haushaltsplan nimmt also praktisch niemand Außenstehender wahr. Selbst bei gewaltigen Steigerungen wird das Parlament deshalb nicht zur öffentlichen Begründung und Rechtfertigung gezwungen.

Geheimverfahren

Die Öffentlichkeit wird um so mehr unterlaufen, als sich bei derartigen Staatsleistungen eine Art Geheimverfahren eingespielt hat. Geplante Erhöhungen werden nicht schon in den zu Beginn des Verfahrens vorgelegten Entwurf des Haushaltsplans, sondern in der Regel erst in der letzten Sitzung des Haushaltsausschusses, kurz vor der endgültigen Beschlußfassung im Plenum des Parlaments, in den Haushalt eingefügt. Dadurch wird eine rechtzeitige Kontrolle durch die Öffentlichkeit vollends unmöglich gemacht. Der in erster Lesung vom Bundestag behandelte Entwurf des Haushaltsplans ist, was die Zahlungen an die Fraktionen (aber auch an die Stiftungen und für Abgeordnetenmitarbeiter) anlangt, eine Art Ablenkungsmanöver, weil er, selbst wenn gewaltige Erhöhungen geplant sind, diese regelmäßig noch nicht ausweist, sondern harmlose, das bisherige Zahlungsvolumen lediglich fortschreibende Angaben sozusagen als Spielmaterial enthält, die erst am Schluß des Haushaltsverfahrens gegen die wirklich vorgesehenen Mittel ausgetauscht werden. In der Kürze der Zeit zwischen der Änderung des Entwurfs in der letzten Sitzung des Haushaltsausschusses und seiner endgültigen Verabschiedung durch den Bundestag ist die Öffentlichkeit regelmäßig erst recht nicht in der Lage, von der Erhöhung auch nur Kenntnis zu nehmen.

Mit dem Entfallen des Drucks, Erhöhungen öffentlich zu rechtfertigen, entfällt auch die aus solchem Rechtfertigungsdruck resultierende Mäßigung. Man kann sich auch Scheinbegründungen leisten wie »Mehr wegen gestiegenen Bedarfs« oder »Mehr wegen Erhöhung der Beträge«. Wer einen Geldhahn besitzt und ihn in eigener Sache nur aufzudrehen braucht, muß offenbar nicht viele Worte machen. Unkontrollierte Macht braucht nicht zu argumentieren. Das Fehlen einer spezialgesetzlichen Regelung, die die öffentlichen Leistungen genau beziffert, leistet rasanten Steigerungsraten Vorschub. Ähnliche Überlegungen hat das Schleswig-Holsteinische Verwaltungsgericht in einer Entscheidung vom 24. 5. 1995 folgendermaßen formuliert:

»Entscheidet ein Parlament über Zahlungen an seine Fraktionen aus der Staatskasse, so entscheidet es in eigener Sache: Die Beschließenden sind zugleich Betroffene und Nutznießer ihrer eigenen Beschlüsse. Grundsätzlich dürfen die Entscheidenden kein Eigeninteresse am Ergebnis der Entscheidung haben. Eine Selbstbewilligung ist jedoch bei der staatlichen Finanzierung der Fraktionen durch das Parlament nicht zu vermeiden. Es müssen jedoch – im Falle einer Selbstbewilligung ist dies um so notwendiger – wirksame Kontrollen bestehen. Das Bundesverfassungsgericht hat bereits in seinem Diätenurteil vom 5. 11. 1975 grundsätzlich entschieden, daß ›jede Veränderung in der Höhe der Entschädigung im Plenum zu diskutieren und vor den Augen der Öffentlichkeit darüber als einer selbständigen politischen Frage zu entscheiden‹ ist. Das Verfassungsrecht verlangt eine eigenständige Entscheidung des Parlaments über die Höhe der Entschädigung (BVerfGE 40, 295, 316 f.). Diese Entscheidung ist hier sinngemäß heranzuziehen. Das parlamentarische Gesetzgebungsverfahren ist u. a. gekennzeichnet durch einen tiefgestaffelten Willensbildungsprozeß, der sich in mehrere Lesungen im Plenum, in Ausschußberatungen etc. unterteilen läßt, und vor allem durch die Öffentlichkeit der Verhandlungen im Parlament. Bei Materien wie der vorliegenden besteht ein gesteigertes Bedürfnis für das Zustandekommen der Entscheidung im Gesetzgebungsverfahren, weil das Parlament in eigener Sache entscheidet. Der Haushaltsplan ist kein solches Gesetz, er wird lediglich durch Gesetz, nämlich das Haushaltsgesetz, festgestellt (vgl. Art. 110 Abs. 2 Satz 1 GG).

Das Schleswig-Holsteinische Abgeordnetengesetz enthält in § 47 [der bis Ende 1994 galt] lediglich eine gesetzliche Regelung dem Grunde nach. Die Festlegung der Höhe erfolgt allein durch den Haushaltsplan. Diese Verfahrensweise ist mit verfassungsrechtlichen Grundsätzen unvereinbar. Es fehlt an einer wirksamen parlamentarischen Kontrolle im oben bezeichneten Sinne. Dem Transparenzgebot wird nicht Rechnung getragen.

Auch das neue Fraktionsgesetz vom 18. 12. 1994 [das seit Anfang 1995 gilt] wird diesen Anforderungen nicht gerecht. Zwar wird differenziert zwischen Geld- und Sachleistungen. Die Geldleistungen setzen sich aus einem Grundbetrag für jede Fraktion, aus einem Betrag für jedes Mitglied und einem Oppositionszuschlag für jede Fraktion, die nicht die Landesregierung trägt, zusammen. Die Höhe der Beträge und des Oppositionszuschlages legt der Landtag fest (§ 6 Abs. 2).

Auch damit werden die obenbezeichneten Mängel nicht behoben. Das Verfahren zur Festlegung der Beträge wird nicht geregelt; die Festlegung erfolgt insbesondere nicht durch Gesetz.«[15]

Aus der Diagnose folgt die Therapie: Öffentliche Leistungen an die Fraktionen müssen in vollem Umfang durch Gesetz geregelt werden, um ein Mindestmaß an öffentlicher Kontrolle zu ermöglichen. Eine spezielle gesetzliche Regelung, die bei jeder Erhöhung der Zahlungen geändert werden muß, indem ein Gesetzentwurf eingebracht, dieser als eigener Tagesordnungspunkt in mehreren Lesungen im Plenum des Parlaments öffentlich verhandelt und im Gesetzblatt veröffentlicht werden muß, ist eher geeignet, die nötige Öffentlichkeitskontrolle zu aktivieren, obwohl auch sie zur Kontrolle der in eigener Sache Entscheidenden nicht immer ausreicht.

Fehlen von Obergrenzen

Erforderlich ist zusätzlich eine wirksame Obergrenze für die Fraktionsfinanzierung, die in den vorliegenden Fraktionsgesetzen bisher nicht vorgesehen ist. Die »absolute Obergrenze«, die das Bundesverfassungsgericht für die staatlichen Zahlungen an politische Parteien schon 1966 im Ansatz entwickelt und 1992 ausdrücklich bestätigt und fortentwickelt hat (siehe S. 90), muß von Verfassungs wegen auch auf Fraktionen erstreckt werden.[16] Die Gründe (Gefahr einer unkontrollierten Ausweitung der Staatsmittel bei Entscheidungen des Parlaments in eigener Sache) bestehen auch bei Fraktionen. Die Obergrenze für die Staatszuwendungen an Parteien dürfte eine wesentliche Ursache dafür sein, daß diese seit den sechziger Jahren sehr viel moderater gestiegen ist als die Finanzierung der Fraktionen (und Parteistiftungen). Die Zahlungen an die Fraktionen des Bundestags und der Länderparlamente sind seit 1966, bezogen auf die Zahl der Wahlberechtigten, viermal so schnell wie die staatlichen Zuwendungen an die Parteien gestiegen.[17] Wirklich nötige Flexibilität wird durch eine solche Obergrenze nicht ausgeschlossen. Es sei daran erinnert, daß die absolute Obergrenze, so wie das Bundesverfassungsgericht sie für die Parteienfinanzierung im engeren Sinne entwickelt hat, eine Anhebung entsprechend den Steigerungen der Kosten und bei grundlegender Änderung der Verhältnisse nicht verbietet.

Aufgabenverlagerung auf die Fraktionen

Öffentlichkeitsarbeit

Die Begrenzung ist auch deshalb um so notwendiger, weil die bisherigen Fraktionsgesetze keine wirksame Einschränkung der (mit Staatsmitteln finanzierbaren) Aufgaben der Fraktionen enthalten; im Gegenteil: Die neuen Fraktionsgesetze erlauben den Fraktionen sogar ausdrücklich »Öffentlichkeitsarbeit«. (Eine Klausel im Fraktionsgesetz des Bundes ermöglicht es gar der Fraktion, die Öffentlichkeitsarbeit jedes einzelnen ihrer Bundestagsabgeordneten aus Fraktionsmitteln zu finanzieren. Das schließt dem Wortlaut nach die Finanzierung von Broschüren, Postwurfsendungen, Massenbriefen [»Direct-Mailing«] und Zeitungsanzeigen in den Wahlkreisen der Abgeordneten ein.) Wie solche Öffentlichkeitsarbeit aussehen kann, hat die FDP-Bundestagsfraktion demonstriert, als ihr Vorsitzender Hermann Otto Solms vor den Landtagswahlen vom März 1996 in Baden-Württemberg, Rheinland-Pfalz und Schleswig-Holstein auf ihre Kosten Wahlbriefe an ausgewählte Zielgruppen (Beamte und Angestellte im öffentlichen Dienst, Freiberufler und Selbständige) in diesen Ländern versandte.[18] Solms berief sich dabei ausdrücklich auf die neue Vorschrift des Fraktionsgesetzes.[19] Zwar haben die Fraktionen auch in der Vergangenheit Broschüren verteilt und Zeitungsanzeigen geschaltet. Dies geschah aber mit schlechtem verfassungsrechtlichem Gewissen und deshalb nur vereinzelt. Denn diese Praxis widerspricht dem Grundgesetz und wurde deshalb von den Rechnungshöfen und der Parteienfinanzierungskommission beim Bundespräsidenten[20] nachdrücklich beanstandet. Das Bundesverfassungsgericht hat in mehreren Entscheidungen,[21] zuletzt in seinem Urteil von 1989, den Sinn staatlicher Fraktionsmittel allein in der Koordination der Parlamentsarbeit gesehen. So wurde die Klage des fraktionslosen Abgeordneten Wüppesahl, der an den Fraktionsmitteln beteiligt werden wollte, seinerzeit mit der Begründung abgewiesen, daß es bei einem einzelnen fraktionslosen Abgeordneten »an einem solchen Koordinationsbedarf« fehle.[22] Wenn die neuen Fraktionsgesetze nunmehr dennoch vorsehen, daß die Fraktionen Staatsmittel für ihre Öffentlichkeitsarbeit und im Bund sogar für die Öffentlichkeitsarbeit der einzelnen Abgeordneten verwenden dürfen, so widerspricht dies jenem Urteil offensichtlich.[23] Öffentlichkeitsarbeit gehört nicht zur parlamentsinternen Koordinationstätigkeit, für die die Fraktionen ihre Mittel allein verwenden dürfen.[24] Die vom Bundesverfassungsgericht anerkannte (eingeschränkte) verfassungsrechtliche Zulässigkeit von »Öffentlichkeitsarbeit von Regierung und gesetzgebenden Körperschaften«[25] bezieht sich aus gutem Grund nicht auf *Teile* der gesetzgebenden Körperschaften, also nicht auf Fraktionen, und kann deshalb die fraktionelle Öffentlichkeitsarbeit nicht rechtfertigen.[26]

Da Öffentlichkeitsarbeit der Fraktionen immer auch den Charakter von politischer Werbung um Zustimmung und Unterstützung hat und in den Augen der Wähler und der Allgemeinheit praktisch kaum ein Unterschied zwischen der Werbung einer Fraktion und der ihrer Mutterpartei gemacht wird, wäre mit der verfassungsrechtlichen Zulassung von Öffentlichkeitsarbeit der Fraktionen kein Halten mehr und der Weg für eine Umgehung der engen Grenzen für die staatliche Parteienfinanzierung im engeren Sinn eröffnet.[27] Damit droht die ganze Diskussion, ob das Parteienfinanzierungsgesetz die vom Bundesverfassungsgericht vorgeschriebene Obergrenze für Staatsmittel von 230 Millionen Mark jährlich einhält, ja die Festlegung einer solchen Grenze überhaupt (siehe S. 103 ff.) zur Farce zu werden. Solche »Öffentlichkeitsarbeit« kann deshalb – auch zum Schutz kleinerer Parteien, die keine Fraktionen in den Parlamenten haben, und damit zur Sicherung der Offenheit und Chancengleichheit des politischen Wettbewerbs – verfassungsrechtlich keine Anerkennung finden.[28] Die entsprechenden Klauseln in den Fraktionsgesetzen sind verfassungswidrig.

In den gleichen Kontext gehört auch die Anerkennung der *Reisetätigkeit* der Fraktionsmitglieder und die *Zusammenarbeit* mit Fraktionen anderer Parlamente durch die Fraktionsgesetze. Dabei ist es nicht die Frage, ob Fraktionsmitglieder reisen und mit anderen Fraktionen Kontakt haben dürfen. Die Frage ist, ob die Verfassung es zuläßt, daß staatliche Mittel dafür verwendet werden. Erlaubt man dies, so ist – angesichts dessen, daß sich, auch wenn es um Parteiangelegenheiten geht, meist ein Grund für eine fraktionsbedingte Reise schaffen läßt – für die Ausweitung der Fraktionsmittel in eigener Sache wiederum kein Halten mehr.

Nach Schätzungen des Präsidenten des Hessischen Rechnungshofes aus dem Jahre 1990 stellen die rechtlich problematischen Tätigkeiten der Fraktionen des hessischen Landtags »immerhin einen Kostenfaktor von ca. 20 Prozent der bisher gezahlten Haushaltsmittel für die Fraktionen dar«,[29] so daß die Rechtsprechung, wenn sie ernst genommen wird, zu einer erheblichen Senkung der staatlichen Finanzierung unter das bisherige Niveau führen müßte. Für das Jahr 1993 hatte der Bundestag denn auch eine Senkung der Zahlungen an die Bundestagsfraktionen um zehn Millionen Mark (von 109 auf 99 Millionen) beschlossen. Darin liegt offenbar eine Reaktion auf die Kritik im Bericht der Parteienfinanzierungskommission, die ein längeres Einfrieren auf dem Niveau der Zahlungen von 1993 empfohlen hat.[30] Doch gingen die Mittel 1995 wieder auf 107 Millionen hinauf. Die Grünen hatten hingegen ein Absenken auf 89 Millionen DM und ein Einfrieren bis zum Jahr 2000 vorgeschlagen.[31]

151

»Fraktionsparteien«

Das Drängen der Fraktionen in Öffentlichkeitsarbeit, Reisen, auswärtige Kontakte, Beratung durch Sachverständige etc. betrifft keine atypischen Sonderfälle, sondern ist Ausdruck einer generellen Entwicklung: Die Fraktionen nehmen immer mehr Ersatz- und Ergänzungsfunktionen für die Parteien wahr. Zunehmend werden Aufgaben der Parteien auf die Fraktionen übertragen bzw. von diesen an sich gezogen. Eine neuere Untersuchung über den Deutschen Bundestag kommt zum Ergebnis, daß den Fraktionen zumindest »phasenweise auch eine dominierende Rolle bei der Politikformulierung und -durchsetzung« zukomme und »auch die programmatische und konzeptionelle Entwurfsarbeit ... inzwischen primär in den Fraktionen (bzw. auf Regierungsebene) geleistet [werde], die hierfür mit Mitarbeitern erheblich besser ausgestattet [seien] als die Parteizentralen«.[32] Eine immer stärkere Verlagerung der Aufgaben auf die Fraktionen wird von Vordenkern der Parteien – ohne alle verfassungsrechtlichen Rücksichten – auch ganz offen propagiert, besonders seitdem die weitere Expansion der Parteien im engeren Sinn kaum mehr möglich erscheint: Durch Ausbleiben der Mitglieder im Osten, durch Mitgliederschwund im Westen (siehe Tabelle 5, S. 125 f.), durch die der Typ der Mitgliederpartei an Perspektive verliert,[33] und durch die verfassungsgerichtliche Begrenzung der Staatsmittel werden die Aktionsmöglichkeiten der Parteien eingeengt. Der seinerzeitige Bundesgeschäftsführer der CDU Peter Radunski hat die hinter dieser Aufgabenverlagerung stehende Konzeption in einem programmatischen Aufsatz auf den Punkt gebracht: »Die politische Wissenschaft hat jahrzehntelang viele Abhandlungen über den Dualismus von Partei und Fraktion produziert. Dieser Gegensatz war so lange wirksam, wie lebendige Mitgliedsparteien den Fraktionen gegenüberstanden. Nach den Veränderungen in der Mitgliedschaft der Volksparteien muß man nun anerkennen, daß sie effektiv und erfolgreich nur als Fraktionsparteien arbeiten können. Die Fraktionen werden das politische Steuerungszentrum der Partei. Sie setzen die Themen, wählen das Führungspersonal aus, mobilisieren die Partei vor Ort, akquirieren Spenden und führen den Dialog mit dem Bürger. Die Volkspartei wandelt sich zur Fraktionspartei: Die Fraktionen vertreten die Regierungs- und Oppositionspolitik in der Öffentlichkeit und sind auch vor Ort der kompetente Ansprechpartner der Bürger«.[34]

Von diesem Verständnis geht auch die tägliche Praxis vielfach aus, so wenn zum Beispiel die *Frankfurter Allgemeine Zeitung* am 28. 3. 1994 unter dem Titel »Schäubles Stunde kommt, wenn er es will« berichtete, daß das »Büro für auswärtige Beziehungen« von der CDU-Zentrale zur Fraktion »übergesiedelt« sei; wenn *Focus* bemerkt, die Rolle des »Wadenbeißers« gegen die SPD spiele – anstelle des Generalsekretärs der CDU Peter Hintze – der Parlamentarische Geschäftsführer der CDU/CSU-Fraktion Jürgen Rüttgers;[35] wenn der Geschäftsführer der SPD-Fraktion Struck laut einem Bericht des *Spiegel* von Anfang 1994 meint, die von den Bundestagsfraktionen angesparten erheblichen Mittel könne man im Wahljahr gut gebrauchen;[36] wenn die Fraktion für ihre Partei die »Sonntagsfrage« bei einem Meinungsforschungsinstitut in Auftrag gibt und bezahlt;[37] oder wenn die Werte- und Strategiedebatte in der CDU im Hinblick auf die Situation in den neuen Ländern von der CDU-*Fraktion* des Landtags Mecklenburg-Vorpommern und ihrem Vorsitzenden angestoßen wird.[38]

Explosion der Staats»zuschüsse« und des Fraktionspersonals

Im Zusammenhang mit dieser Aufgabenverlagerung steht auch die gewaltige Ausweitung des Personals der Fraktionen, die ihrerseits nicht ohne die Explosion der staatlichen Finanzmittel möglich gewesen wäre. Die enorme Steigerung der staatlichen »Zuschüsse« an die Bundestagsfraktionen von 3,4 Millionen DM im Jahre 1966 auf über 100 Millionen DM in den neunziger Jahren ging weit über die allgemeinen Einkommenssteigerungen und die durch die deutsche Vereinigung bedingte Vergrößerung und Vermehrung der Bundestagsfraktionen hinaus und wurde vor allem für eine gewaltige Ausweitung des Fraktionspersonals verwendet. Während im Jahre 1966 die Bundestagsfraktion der SPD noch 67, die der CDU/CSU 33 und die der FDP 15 Bedienstete zur Verfügung hatten, betrug die Zahl der Fraktionsbediensteten im November 1991 290 bei der SPD, 280 bei der CDU/CSU, 87 bei der FDP, 42 bei der Gruppe der PDS/LL und 28 bei der Gruppe Bündnis 90/Grüne, insgesamt 727 Personen[39] (die nicht mit der Bundestagsverwaltung oder den Mitarbeitern der Abgeordneten verwechselt werden dürfen). Diese Entwicklung, die der Politikwissenschaftler Wilhelm Hennis kürzlich als »Skandal« bezeichnete,[40] hat dazu geführt, daß zum Beispiel die Bundestagsfraktion der CDU/CSU erheblich mehr Mitarbeiter hat als die Bundesgeschäftsstelle der CDU.[41]

Angesichts der »absolut phantastischen Explosion« (Hennis) der Fraktionsfinanzierung seit 1966 und der entsprechend starken Ausweitung der Zahl der Fraktionsbediensteten mit Steigerungsraten weit über den staatlichen und kommunalen Haushalten verschieben sich die finanziellen, personellen und damit auch die politischen Gewichte zwischen Parteien und Fraktionen fast zwangsläufig. Während § 1 Abs. 2 PartG noch davon ausgeht, die Parteien sollten »auf die politische Entwicklung in Parlament und Regierung Einfluß nehmen«, ist es inzwischen immer mehr zu einer Verkehrung der Verhältnisse gekommen: »Nicht die Parteien nehmen Einfluß auf das Parlament, sondern das Parlament in Gestalt seiner Fraktionen nimmt Einfluß auf die politische Entwicklung in den Parteien.«[42] Radunskis »Fraktionsparteien« werden in der Praxis zunehmend Realität.

Nimmt man noch die Tausende von Mitarbeitern der Abgeordneten – allein im Bundestag über 4000 – hinzu (siehe S. 179) und berücksichtigt, daß diese Personen auch als einzelne zumeist parteipolitisch aktiv sind und – schon aufgrund ihrer politiknahen Tätigkeit – in den Parteien eine erhebliche Rolle spielen, so dürften mit den Worten von Hennis »parlamentarische Bedienstete‹ inzwischen die größte Berufsgruppe sein, die sich an der Willensbildung der Parteien beteiligt«.[43] Der Politikbetrieb nährt sich zunehmend selbst.

Im übrigen hat diese Gruppe, die unmittelbar im Zentrum der Macht tätig ist, die Möglichkeit, auch ihre beruflichen Eigeninteressen, die oft mit den parteipolitischen Interessen der Fraktionen konform gehen, in der Gesetzgebung in besonderer Weise zur Geltung zu bringen – mit Rückwirkungen auf das Beamtenrecht, die der Parteipolitisierung weiter Vorschub leisten. Dafür gibt es zunehmend Beispiele, so das hessische Beamtengesetz, das den Assistenten der hessischen Landtagsfraktionen den Status von politischen Beamten gibt. Die Folge ist, daß hessische Fraktionsassistenten, also möglicherweise ganz junge Leute, die noch am Anfang ihres Berufslebens stehen, jederzeit mit hoher Pension in den einstweiligen Ruhestand geschickt werden können.[44] Auch hinter einer Änderung des Beamtenrechts des Bundes, die die Karriere von Fraktionsassistenten im öffentlichen Dienst fördert, stehen deren Interessen.[45]

Stärkung der Opposition – zu Lasten der Regierungsfraktionen

Wachsen die Fraktionen im Zuge eines auf Dauer wohl irreversiblen Prozesses immer mehr in die Rolle von »Fraktionsparteien« hinein, dürfte es an der Zeit sein, auch die Regierungstätigkeit bis hin zur Regierungspropaganda als das zu sehen, was sie zu einem guten Teil auch ist: Öffentlichkeitsarbeit für die Regierungsparteien. Diese politisch-pragmatische Sichtweise legt es aber nahe, die erforderliche Deckelung der Fraktionsfinanzierung mit einer *Verlagerung* der finanziellen Mittel *auf* die jeweilige Opposition zu verbinden. Die bisherigen relativ geringfügigen Oppositionsboni reichen auch nicht im entferntesten aus. Die Opposition sollte wirklich den Löwenanteil der Staatsmittel bekommen. Die Regierungsparteien und -fraktionen haben durch die Unterstützung seitens der Regierung und ihrer Verwaltung ohnehin ein starkes Übergewicht in der politischen Auseinandersetzung und benötigen dafür nicht auch noch Fraktionsmittel, während bei den Oppositionsfraktionen schon aus Gründen des politischen Gleichgewichts in der öffentlichen Präsenz, aber auch in der konkreten Gesetzgebungsarbeit ein offensichtlicher Bedarf besteht.[46]

Weitere Probleme der Fraktionsfinanzierung

Einzelveranschlagung im Haushaltsplan

Die den Fraktionen bewilligten Mittel dürfen – anders als es bisher regelmäßig der Fall ist – nicht nur in einem Globalbetrag, sondern müssen nach Art und Zweck spezifiziert im (vorherigen) Haushaltsplan ausgewiesen werden. Dazu gehört auch der Ausweis eines Stellenplans.

In den Fraktionsgesetzen fehlt es bislang an den erforderlichen Weichenstellungen für eine dem Verfassungsrecht entsprechende differenzierte Veranschlagung der Mittel im Haushaltsplan.[47] Den Gesetzen liegt vielmehr eine Konzeption zugrunde, die auf eine bloße Globalveranschlagung der Mittel hinausläuft. Das reicht (auch nach Auffassung der Parteienfinanzierungskommission) nicht aus.

Die Fraktionen sind nach ständiger Rechtsprechung des Bundesverfassungsgerichts Teil des Staates. *Deshalb* dürfen sie – anders als die Parteien – in vollem Umfang aus der Staatskasse finanziert werden. Dann müssen auf sie aber auch die für staatliche Mittel geltenden Publikations- und Veranschlagungsgrundsätze angewendet werden, und zwar bei ihnen erst recht – wegen des gesteigerten Bedarfs an öffentlicher Kontrolle bei Entscheidungen des Parlaments in eigener Sache. Dies ergibt sich bereits aus allgemeinen verfassungsrechtlichen Grundsätzen, eine Auffassung, die auch die Parteienfinanzierungskommission vertritt[48] und die der Verfasser in einem Rechtsgutachten für den Landesrechnungshof Schleswig-Holstein im einzelnen nachgewiesen hat.[49] Wenn die in eigener Sache gemachten Fraktionsgesetze diese Konsequenz durch eine Vorschrift abwehren wollen, nach der die Fraktionen »nicht Teil der öffentlichen Verwaltung« seien (für den Bund § 46 III des Abgeordnetengesetzes des Bundes), so ist erneut daran zu erinnern, daß der einfache Gesetzgeber verfassungsrechtliche Anforderungen nicht außer Kraft setzen kann. Unhaltbar ist auch die Behauptung, die Freiheit des Abgeordnetenmandats stehe einer spezifizierten Veranschlagung im Haushaltsplan entgegen;[50] das zeigen bereits die Differenzierungen, die für erstattungsfähigen Aufwand der Abgeordneten selbst verfassungsrechtlich unangefochten gelten.

Die spezifizierte Veranschlagung, wofür die den Fraktionen zur Verfügung stehenden Mittel verwendet werden sollen, ist die notwendige Ergänzung der gleichfalls erforderlichen spezialgesetzlichen Regelung (siehe S. 144). Die gesetzliche Regelung ist erforderlich, um bei Erhöhungen der Mittel die in eigener Sache Entscheidenden zur Rechtfertigung vor der Öffentlichkeit zu veranlassen und um der öffentlichen Kontrolle Ansatzmöglichkeiten zu geben. Dazu gehört aber auch die Vorabdarlegung, für welche Ausgabearten und welche Zwecke die gewünschten zusätzlichen Mittel im einzelnen benötigt werden, wieviel früher dafür bewilligt wurde und warum dies nicht mehr ausreicht.[51] *Das* Instrument für solche Darlegungen ist die haushaltsrechtliche Veranschlagung nach den gültigen haushaltsrechtlichen Grundsätzen, deren Einhaltung bei Entscheidungen des Parlaments in eigener Sache von besonderem Gewicht ist. Andernfalls wäre die vom Verfassungsrecht bei Entscheidungen des Parlaments in eigener Sache geforderte volle Transparenz nicht herstellbar.

Prüfung durch die Rechnungshöfe

Die Zuständigkeit der Rechnungshöfe, die Fraktionen zu prüfen, war lange umstritten. Die Fraktionen wehrten sich beharrlich gegen die Kontrolle ihrer Finanzen, und selbst mehrere Rechnungshöfe gingen noch lange davon aus, die Fraktionskontrolle sei nicht ihre Sache.[52] Der Bundestag hatte sich aufgrund einer Prüfungsabsprache mit dem Bundesrechnungshof lediglich »freiwillig« einer – eingeschränkten – Prüfung unterworfen. In Wahrheit ist die Kontrolle der Fraktionsfinanzen notwendige Kehrseite der vollen Staatsfinanzierung der Fraktionen. Das Bundesverfassungsgericht hat die Zulässigkeit der Vollfinanzierung damit begründet, Fraktionen seien Teile der organisierten Staatlichkeit.[53] Daraus folgt aber auch eine uneingeschränkte Prüfung durch die Rechnungshöfe. Denn die Rechnungshöfe haben kraft ihrer Allzuständigkeit die Aufgabe, die gesamte staatliche Finanzwirtschaft auf Ordnungsmäßigkeit und Wirtschaftlichkeit zu überprüfen. Dazu gehören auch die Finanzen der Fraktionen.[54]

Endgültige Klarheit hat das Bundesverfassungsgericht mit seiner Entscheidung vom 13. 6. 1989 (dem sogenannten Wüppesahl-Urteil) gebracht, in der es ausdrücklich davon ausging, daß die Verwendung der Fraktionszuschüsse der uneingeschränkten

Kontrolle durch die Rechnungshöfe auf Rechtmäßigkeit und Wirtschaftlichkeit unterliegt »wie bei anderen Etatmitteln auch«.[55] Im Urteil des Bundesverfassungsgerichts heißt es wörtlich:

> »Der Bundesrechnungshof ist ... verpflichtet, die ordnungsgemäße Verwendung der Fraktionszuschüsse im Sinne ausschließlichen Einsatzes für die Arbeit der Fraktionen regelmäßig nachzuprüfen, Verstöße gegen die Zweckbindung sowie die Wirtschaftlichkeit und sonstige Ordnungsmäßigkeit der Mittelverwendung aufzudecken und zu beanstanden, gegebenenfalls Abhilfevorschläge zu unterbreiten und Beanstandungen in den jährlichen Prüfungsbericht aufzunehmen (Art. 114 Abs. 2 GG). Der verfassungsrechtliche Prüfungsauftrag des Bundesrechnungshofs umfaßt die Rechtmäßigkeit und Wirtschaftlichkeit der Verwendung von Fraktionszuschüssen in gleicher Weise und nach den gleichen verfassungsrechtlichen und haushaltsrechtlichen Maßstäben wie bei anderen Etatmitteln auch.«[56]

Das Bundesverfassungsgericht geht sogar von einer *Pflicht* der Rechnungshöfe zur regelmäßigen Prüfung und Veröffentlichung von Beanstandungen in den jährlichen Prüfungsberichten aus. Dem ist zuzustimmen. Es steht zwar normalerweise im pflichtgemäßen Ermessen des Rechnungshofes, welche Bereiche er aus dem breiten Feld der möglichen Prüfungsfelder auswählt und inwieweit er die Ergebnisse (regelmäßig durch Aufnahme in seinen Jahresbericht) veröffentlicht. Angesichts der gesteigerten Kontrollbedürftigkeit der in eigener Sache entscheidenden Fraktionen und der Bedeutung der Öffentlichkeitskontrolle in diesem Bereich ist das Ermessen des Rechnungshofes hier aber als insofern eingeschränkt anzusehen, daß es nur im Sinne einer regelmäßigen Prüfung und Veröffentlichung der Berichte ausge übt werden kann. Hier zeigt sich exemplarisch eine ganz konkrete Auswirkung des Wandels der Rolle des Parlaments vom Kontrolleur zum Kontrollierten auf das Verständnis und die Anforderungen der Rechnungshofkontrolle.

Die Veröffentlichungspflicht sollte, um den Rechnungshöfen den Rücken zu stärken, in den Fraktionsgesetzen auch ausdrücklich ihren Niederschlag finden, was bisher aber nicht geschehen ist.

Die Prüfung ist von Verfassungs wegen Sache des Rechnungshofs. Es ist deshalb unzulässig, die Prüfung auf den Präsidenten des Rechnungshofs zu beschränken, wie dies zum Beispiel der Gesetzentwurf über die Rechtsstellung und Finanzierung der Fraktionen im Hessischen Landtag vom 1. 12. 1992 noch vorgesehen hatte.[57]

Die Autonomie der Fraktionen steht einer Prüfung durch den Rechnungshof ebensowenig entgegen, wie die Autonomie der Hochschulen (Art. 5 Abs. 3 GG) oder der Gemeinden (Art. 28 Abs. 2 GG) ihrer Prüfung durch den Rechnungshof entgegensteht. Auf Bedenken stoßen deshalb Bestimmungen in den Fraktionsgesetzen, die die Prüfung durch die Rechnungshöfe einschränken, indem die »Erforderlichkeit der Wahrnehmung der parlamentarischen Aufgaben einer Fraktion« (so z. B. Art. 8 Bayerisches Fraktionsgesetz) oder »die Zweckmäßigkeit von Maßnahmen der Fraktionen im Rahmen ihrer Aufgaben« (so z. B. § 33d Niedersächsisches Abgeordnetengesetz) nicht Gegenstand der Prüfung sein dürfen.

Derartige Bestimmungen finden sich auch in den anderen kürzlich verabschiedeten Fraktionsgesetzen. Sie sind in ihrer Undeutlichkeit problematisch. Entweder sind sie überflüssig oder verfassungswidrig. Die Fraktionsmittel unterliegen, wie das Bundesverfassungsgericht betont hat, von Verfassungs wegen der umfassenden Prüfung des Rechnungshofs »in gleicher Weise und nach den gleichen verfassungsrechtlichen und haushaltsrechtlichen Maßstäben wie bei anderen Etatmitteln auch«. Die Rechnungshöfe nehmen aber seit je und mit Recht auch die Befugnis für sich in Anspruch, die tatsächlichen Prämissen politischer Entscheidungen zu überprüfen und unvorhergesehene negative Konsequenzen politischer Entscheidungen aufzuzeigen. Diese Kompetenz besitzen die Rechnungshöfe kraft Verfassungsrechts (Art. 114 II GG). Bereits damit könnte die genannte gesetzliche Einschränkung in Kollision geraten. Sie sollte deshalb gestrichen werden.[58] Daß die Rechnungshöfe den politischen Ermessensspielraum der Fraktionen zu respektieren haben, versteht sich von selbst.

Der Rechnungshof überprüft allerdings in erster Linie die angemessene Verwendung der bewilligten Mittel, weniger die großzügige Bewilligung im Prozeß der politischen Willensbildung, in der aber das Hauptproblem liegt. Deshalb können die Kontrolle der Fraktionsfinanzen durch die Rechnungshöfe und die Veröffentlichung ihrer Berichte die Problematik nicht entschärfen; sie ist nur eine Forderung unter mehreren und kann weder die Herstellung eines öffentlichkeitswirksamen Gesetzgebungsprozesses noch die erforderliche Finanzpublizität hinsichtlich der Einnahmen, der Ausgaben und des Vermögens der Fraktionen, noch die Konkretisierung und Einhaltung der Obergrenze ersetzen. Auch in anderen Bereichen der staatlichen Finanzen gehört es zum demokratisch-rechtsstaatlichen Standard, daß die Mittel vom Rechnungshof geprüft und in einem öffentlichkeitswirksamen Verfahren bewilligt werden.

Öffentliche Rechnungslegung

Die neuen Fraktionsgesetze bringen bei der Regelung der Fraktions*finanzierung*, um die es hier allein geht, lediglich in einem Punkt eine gewisse Verbesserung: Sie sehen durchweg die öffentliche Rechnungslegung über Einnahmen, Ausgaben und Vermögen der Fraktionen vor. Inzwischen liegen in einigen Ländern auch die ersten Berichte vor (so in Bayern, Berlin, Mecklenburg-Vorpommern, Niedersachsen, Rheinland-Pfalz, Sachsen-Anhalt), die zusammen mit den zugrundeliegenden gesetzlichen Vorschriften eine erste Einschätzung erlauben. Es bestätigt sich, daß die *Gliederung* der Einnahmen und Ausgaben teilweise *zu grob* ist. Dafür nur zwei Beispiele: Im Rechenschaftsbericht der CSU-Fraktion des bayerischen Landtags für das Jahr 1992 sind die unspezifizierten »Sonstigen Ausgaben« mit 1,4 Millionen DM der zweitgrößte Posten. Die Rechenschaftsberichte nennen häufig nur den Gesamtbetrag der Vergütungen an Fraktionsmitglieder für die Wahrnehmung besonderer Funktionen der Fraktion wie etwa in Bayern, aber nicht die Höhe der Vergütung für die Wahrnehmung der einzelnen Funktionen (so aber z. B. in Niedersachsen).

Auch die erforderliche *Zeitnähe* ist nicht gewährleistet. Im Bund und in vielen Ländern braucht die Rechnung erst sechs Monate nach Schluß des Rechnungsjahres dem Präsidenten vorgelegt werden, obwohl auch eine Frist von drei Monaten ausreichen würde, wie dies auch in Rheinland-Pfalz grundsätzlich vorgesehen ist. Zu noch viel größeren Verzögerungen führt die hessische Regelung, nach der eine Veröffentlichung erst nach der Prüfung durch den Rechnungshof erfolgt. Aufgrund dieser Publikationsverhinderungsvorschrift ist in Hessen bisher noch kein Bericht veröffentlicht.

Fazit: Von der Unmöglichkeit der Gesetzgebung in eigener Sache

Die Fraktionen haben die Gelegenheit der Gesetzgebung in eigener Sache genutzt, um den Status und die Finanzierung der Fraktionen weit über den verfassungsrechtlichen Rahmen hinaus auszudehnen. Sie haben nur so getan, »als ob«, und in Wahrheit nicht nur versucht, die Grenzen in verfassungsrechtlich zweifelhafte Bereiche hinein zu verschieben, sondern sie auch mehrfach überschritten, und dies gerade an den heikelsten Stellen. Wenn es noch eines Belegs bedurfte, daß das Parlament nicht in der Lage ist, in eigener Sache eine befriedigende Ordnung zu schaffen, ist er nun erbracht. Von dem großen Nationalökonomen Joseph A. Schumpeter stammt das Wort, ein Parlament könne ebensowenig sparen und konjunkturelle Rücklagen anlegen, wie ein Mops einen Wurstvorrat bewachen könne. Noch weniger aber scheinen Parlamente in der Lage zu sein, aus eigener Kraft und ohne ganz konkrete, ins einzelne gehende Vorgaben durch das Bundesverfassungsgericht halbwegs befriedigende und ausgewogene Regelungen der staatlichen Politikfinanzierung zu treffen.

10 Parteistiftungen

Keine gesetzliche Regelung gibt es für die Parteistiftungen, die auch »parteinahe Stiftungen« oder nur »politische Stiftungen« genannt werden;[59] hier fehlt es bisher völlig an Transparenz und öffentlicher Kontrolle. Solche »Stiftungen« haben inzwischen alle im Bundestag vertretenen Parteien: die SPD die (schon 1925 gegründete) Friedrich-Ebert-Stiftung, die CDU die (1964 gegründete[60]) Konrad-Adenauer-Stiftung, die FDP die (1958 gegründete) Friedrich-Naumann-Stiftung, die CSU die (erst 1967 gegründete) Hanns-Seidel-Stiftung[61] und die Grünen den 1987 gegründeten Stiftungsverband Regenbogen. Hinzu kommen noch einige regionale Parteistiftungen.

Irreführende Bezeichnung

Die Bezeichnung ist allerdings irreführend. Das Wort »Stiftung« vermittelt den Eindruck, hier wäre von privater Seite ein Vermögen für gemeinnützige Aufgaben »gestiftet« worden, aus dessen Erträgen die Ausgaben bezahlt werden. Das trifft nicht zu. Es handelt sich – mit Ausnahme der Friedrich-Naumann-Stiftung – nicht um »Stiftungen« im Rechtssinne, die der Stiftungsaufsicht unterlägen, sondern um eingetragene Vereine, die sich auch nicht aus privaten Spenden, sondern fast ganz aus Staatsmitteln finanzieren. In einer rechtlichen und politischen Grauzone haben sie sich zu gewaltigen Unternehmungen entwickelt. Allein im Inland beschäftigen sie fast 1500 hauptberufliche Kräfte. Ihre staatliche Subventionierung und ihr Personal sind in den

Schaubild 3: Staatsfinanzierung der Parteistiftungen aus dem Bundeshaushalt 1965 bis 1994

in Millionen DM

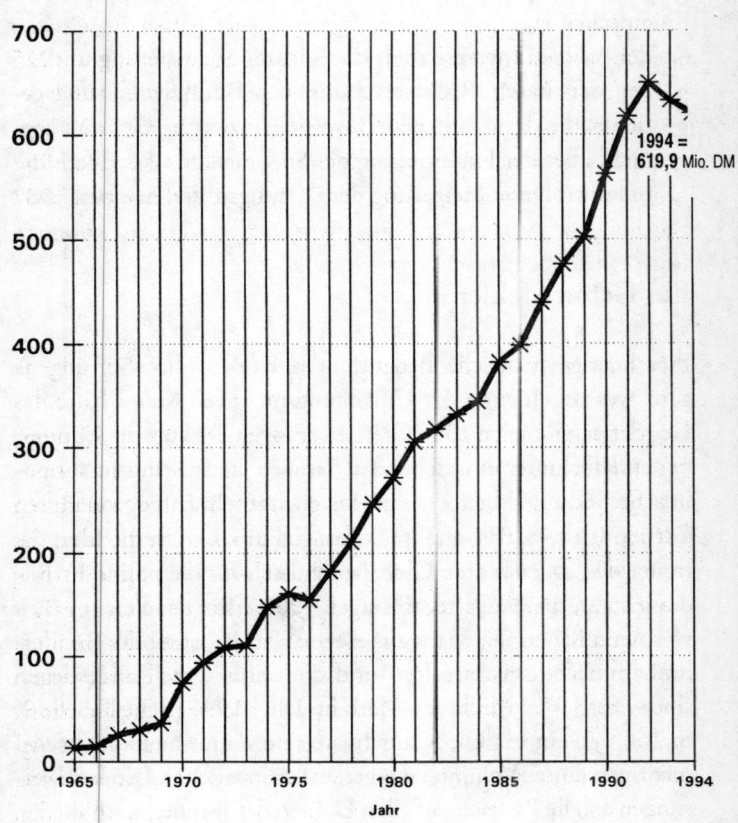

1994 = 619,9 Mio. DM

vergangenen drei Jahrzehnten explosionsartig gewachsen. Das ist kein Zufall, sondern systembedingt und beruht auf folgender Konstellation:

— der Parteinähe der Stiftungen, die bewirkt, daß ihre Aktivitäten den Mutterparteien bis zu einem gewissen Grade zugute kommen und diese deshalb an einer Ausweitung der Mittel interessiert sind,
— dem Umstand, daß das Parlament auch hier in eigener Sache entscheidet,
— der völligen Intransparenz der Stiftungsfinanzierung und
— der defizitären Rechtsprechung des Bundesverfassungsgerichts, die der staatlichen *Parteien*finanzierung Grenzen zog, nicht aber der Finanzierung der Stiftungen und dadurch die unkontrollierte Steigerung der Stiftungsmittel mit auslöste.

Ein Geburtsfehler

Ihre heutige politische Bedeutung verdanken die »Stiftungen« ganz wesentlich einer Art Umgehungsmanöver. Kaum hatte das Gericht den Parteien 1966 Grenzen gezogen, lenkten der Bundestag und die hinter ihm stehenden Parteien die Staatsmittel für politische Bildungsarbeit, die sie selbst nicht mehr entgegennehmen durften (siehe S. 81), an ihre Stiftungen um. Das ist die Idee, die hinter den sogenannten Globalzuschüssen für die politische Bildung steht, die die Parteistiftungen 1968 erstmals in einer Höhe von neun Millionen Mark aus einem Haushaltstitel des Bundesinnenministeriums erhielten und die seitdem steil angestiegen sind – auf 191,7 Millionen Mark im Jahre 1996 (siehe Tabelle 9, S. 168). Allein die Globalzuschüsse sind damit heute nicht viel niedriger als das Volumen der gesamten staatlichen Direktzuweisungen an alle Parteien auf allen Ebenen der Bundesrepublik.

Tabelle 8: Staatsfinanzierung der Parteistiftungen aus dem Bundeshaushalt 1965–1994

Jahr	Friedrich-Naumann-Stiftung	Friedrich-Ebert-Stiftung	Hanns-Seidel-Stiftung	Konrad-Adenauer-Stiftung	Stiftungsverband Regenbogen	Gesamt
			Millionen DM			
1965						13,1
1966						14,2
1967						25,0
1968						30,1
1969						36,2
1970	12,2	32,8	1,6	27,7		74,3
1971	11,7	44,6	1,7	36,0		94,0
1972	15,4	52,3	2,4	38,4		108,5
1973	15,9	50,4	3,2	41,2		110,7
1974	22,7	71,1	4,7	49,0		147,5
1975	23,9	71,9	6,2	58,6		160,6
1976	25,7	66,4	6,1	56,2		154,4
1977	29,4	78,1	9,7	65,1		182,3
1978	33,7	90,2	13,6	73,5		211,2
1979	40,2	104,5	16,6	84,6		245,9
1980	44,0	115,0	23,6	88,3		270,9
1981	49,0	118,5	31,9	105,7		305,1
1982	50,0	120,8	37,4	109,1		317,3
1983	51,4	122,4	42,5	114,9		331,2
1984	53,8	124,8	46,6	118,0		343,2
1985	56,4	139,7	58,2	127,3		381,6
1986	65,0	136,5	60,9	136,1		398,5
1987	67,4	152,1	70,1	150,3		439,9
1988	73,3	166,6	76,7	159,9		476,5
1989	80,3	172,6	80,7	163,8	4,8	502,2
1990	87,5	196,1	89,6	177,0	12,7	562,9
1991	98,3	201,3	95,6	204,6	17,5	617,3
1992	102,5	211,9	102,3	207,8	25,8	650,3
1993	98,1	206,4	97,5	201,0	29,6	632,6
1994	95,6	197,5	93,5	201,6	31,7	619,9

Quellen: 1965–1969: Eigene Berechnungen aufgrund der Haushaltsansätze der Jahre 1965–1969. Diese wurden mit dem Prozentsatz, den die politischen Stiftungen im Jahre 1970 aus den verschiedenen Haushaltsstellen erhalten hatten, multipliziert. Zu beachten ist, daß die Hanns-Seidel-Stiftung erst 1967 und der Stiftungsverband Regenbogen erst 1988 gegründet wurden.
1970–1985: Bundestagsdrucksache 10/5261 (1970–1985 Ist-Zahlen).
1986–1989: Angaben des Bundesministers der Finanzen in einem Schreiben vom 24. Juli 1990 (1986–1989 = Ist-Beträge).
1990–1994: Angaben des Bundesministers der Finanzen in einem Schreiben vom 7. 12. 1994 (1990–1993 = Ist-Beträge; 1994 Sollbeträge).

Tabelle 9: Globalzuschüsse an Parteistiftungen »zur gesellschaftspolitischen und demokratischen Bildungsarbeit« 1967–1995

in Millionen DM

Jahr	Soll	Ist
1967	9,0	9,0
1968	9,0	9,0
1969	10,0	10,0
1970	16,0	16,0
1971	16,0	16,0
1972	23,5	23,5
1973	29,5	29,5
1974	35,0	35,0
1975	42,5	42,5
1976	42,2	43,9
1977	53,7	55,7
1978	61,6	63,5
1979	68,3	70,4
1980	74,3	72,6
1981	79,7	81,2
1982	83,3	85,0
1983	85,8	87,2
1984	85,8	88,2
1985	96,6	99,3
	(davon für die Einrichtung von Bildungsstätten: 9 Mio.)	
1986	103,7 (12)	107,0
1987	122,1 (25)	124,3
1988	142,1 (40)	143,4
1989	151,9 (40)	151,4
1990	164,5 (39)	176,7
1991	207,5 (35)	203,6
1992	208,9 (26)	192,4
1993	203,3 (21)	190,7
1994	195,7 (20)	170,2
1995	187,0 (20)	
1996	191,7 (21)	

Quelle: Haushaltspläne.

Mit diesen Mitteln betreiben die Stiftungen politische Bildungsarbeit, wissenschaftliche Forschung sowie Begabtenförderung und widmen sich der internationalen Zusammenarbeit. Sie unterhalten Archive und Bibliotheken, veröffentlichen Arbeitsmaterialien und Schriften und stellen Tagungsstätten bereit. Die Leistungen sind formal zumeist offen für die Allgemeinheit. In der Sache aber wird das Umfeld der jeweiligen Mutterpartei besonders gefördert: durch Schulung und Bildung von Anhängern und Funktionären, durch Förderung des politischen Nachwuchses und durch sozialwissenschaftliche Grundlagenforschung und angewandte Forschung, die den jeweiligen Mutterparteien nützt und ihnen »Herrschaftswissen« zur Verfügung stellt.[62]

Schlaraffenländische Wachstumsraten wiesen bis vor kurzem auch die sonstigen Mittel auf, die die »Stiftungen« zumeist für Projekte im Ausland erhalten. Diese Mittel fließen aus zahlreichen Titeln des Bundeshaushalts, vor allem von dem Bundesministerium für Wirtschaftliche Zusammenarbeit, dem Bundesministerium für Bildung und Wissenschaft und dem Auswärtigen Amt, und sind für Entwicklungshilfe, Stipendien, die Unterstützung des Integrationsprozesses in West- sowie des Reformprozesses in Mittel- und Osteuropa und für Forschungsvorhaben bestimmt. Diese projektbezogenen Zuschüsse betrugen 1994 rund 424 Millionen Mark. Zusammen mit den Globalzuschüssen erhalten die Parteistiftungen 620 Millionen Mark aus dem Bundeshaushalt. Hinzu kommen Zahlungen aus Landes- und teilweise auch aus Kommunalhaushalten. 1966 hatten die Zahlungen aus dem Bundeshaushalt noch bei rund 14 Millionen Mark gelegen (siehe Tabelle 8, S. 167).

Schaubild 4: Globalzuschüsse an Parteistiftungen aus dem Bundeshaushalt 1967–1995

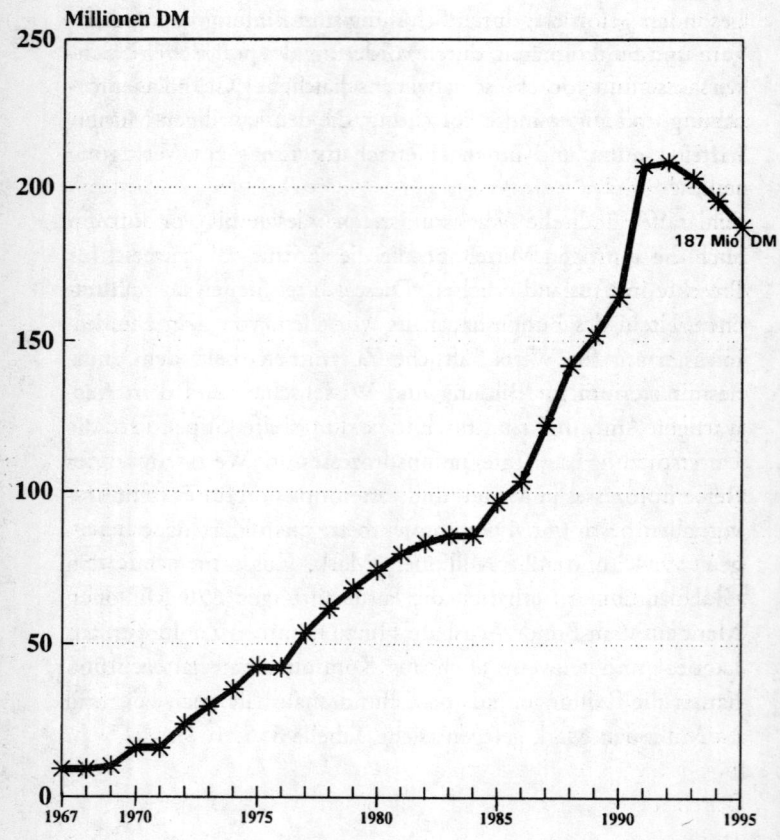

Quelle: Tabelle 9 (Haushaltspläne).

Totale Intransparenz

Die öffentlichen Mittel der Parteistiftungen sind von völliger Undurchsichtigkeit. Was die »Stiftungen« erhalten, wird zwar einheitlich von dem (nicht öffentlich beratenden) Haushaltsausschuß des Bundestages festgelegt. In diesem Gremium fällt also die eigentliche Entscheidung, nicht bei der späteren Einzelbewilligung der Mittel durch die Ministerien, die, wenn die üblichen Voraussetzungen gegeben sind, ohne weiteres erfolgt. Der Haushaltsausschuß geht dabei, genau wie bei der Fraktionsfinanzierung, in dem oben geschilderten Blitzverfahren vor (siehe S. 145) und richtet sich nach einem nur ihm bekannten internen Schlüssel für die Verteilung der Mittel unter die »Stiftungen«.[63] Wie hoch die Beträge wirklich sind, wieviel die »Stiftungen« insgesamt erhalten und wie die Mittel sich auf die verschiedenen Stiftungen verteilen, wird dadurch für die Öffentlichkeit vernebelt, daß sie völlig unübersichtlich in einer Vielzahl von Titeln unterschiedlicher Einzelpläne enthalten sind, aus denen oft nicht einmal ersichtlich ist, daß die Gelder überhaupt den Parteistiftungen zugute kommen. Selbst bei den Globalzuschüssen wird die Verteilung eines wichtigen Postens (Zuwendungen für die Errichtung von Bildungsstätten) im Haushaltsplan nicht angegeben. Die Intransparenz bewirkt, daß die Öffentlichkeit nicht verfolgen kann, wofür die Parteistiftungen wieviel Staatsgeld bekommen, und selbst bei enormen Erhöhungen nicht öffentlich dargelegt zu werden braucht, wofür das in eigener Sache bewilligte Geld benötigt wird, ob die bisherigen Leistungen sinnvoll verwendet worden sind, ob nicht die Finanzierung anderer öffentlicher Aufgaben dringender ist und wieviel Vermögen die Parteistiftungen angesammelt haben.

Durch die Intransparenz sind die Wachstumsraten der Vergangenheit erst ermöglicht worden. Es fehlt an jeder äußeren Kontrolle der in eigener Sache Entscheidenden. Die Rechnungshöfe können – entgegen Behauptungen aus den »Stiftungen« – das Kontrolldefizit nicht beheben. Sie prüfen zwar die Parteistiftungen, aber sie konzentrieren sich auf die Kontrolle der administrativen *Verwendung* der Mittel; das Hauptproblem liegt jedoch in ihrer politischen *Bewilligung*. Wie bei der staatlichen Finanzierung der Parteien im engeren Sinne und der Fraktionen muß auch für die »Stiftungen« Transparenz der Finanzen und des Gesetzgebungsverfahrens hergestellt und eine wirkungsvolle Begrenzung geschaffen werden. Bei der gesetzlichen Regelung der Finanzierung der Parteistiftungen ist sicherzustellen, daß die genauen Beträge, die sie erhalten, im Gesetz niedergelegt und auf diese Weise übersichtlich zusammengefaßt werden, so daß Erhöhungen eine ausdrückliche Gesetzesänderung verlangen. Es gilt auch hier von Verfassungs wegen ein Gesetzesvorbehalt,[64] wenn das Bundesverfassungsgericht die Frage auch noch offengelassen hat.[65] Zugleich müssen die »Stiftungen« zur öffentlichen Rechenschaftslegung über ihre Einnahmen, ihre Ausgaben, ihr Personal und ihr Vermögen gezwungen werden. Daß eine dahingehende Pflicht bisher fehlt, finden einige »Stiftungen« allerdings inzwischen selbst unangemessen, so daß sie freiwillig Berichte veröffentlichen, deren Form und Inhalt sie aber natürlich selbst bestimmen. Schließlich muß auch eine Obergrenze festgelegt werden. Es müssen insgesamt also diejenigen verfassungsrechtlichen Anforderungen durchgesetzt werden, die inzwischen für die Parteien anerkannt sind. Diese Anforderungen müssen auf »Stiftungen« erst recht erstreckt werden, weil sie sich fast zu 100 Prozent aus Staatsmitteln finanzieren. Mangels dieser Transparenzanforderungen und Begrenzungen sind die staatlichen Zahlungen an die Parteistiftungen seit 1966, bezogen auf die Zahl der Wahlberechtigten, mehr als sechsmal so schnell gestiegen wie die Zahlungen an die Parteien.

Parteinähe begünstigt Finanzexplosion

Der gewaltige Anstieg der Stiftungsfinanzierung ist Ausdruck der Allmachtansprüche der Parteien, auf die die Bürger mit zunehmender Verdrossenheit reagieren. Deshalb gehen die »Stiftungen«, auch wenn sie die »Nützlichkeit« ihrer Aktivitäten betonen,[66] am Kernproblem vorbei: Nützlich und wünschenswert ist vieles, dessen Finanzierung um die knappen öffentlichen Mittel konkurriert. Hier müssen gemeinwohlorientierte Vorrangentscheidungen getroffen werden. Doch entscheidet der Staat, wenn er der Finanzierung der Parteistiftungen in dem Maße Priorität gibt, wie dies in den vergangenen Jahrzehnten geschehen ist, nicht unvoreingenommen, sondern wird von den Eigeninteressen der ihn beherrschenden Parteien gesteuert. Nicht die gesellschaftlichen Aufgaben der »Stiftungen« sind der Grund für das überproportionale Wachstum ihrer Subventionen, sondern die Nähe zu den etablierten Parteien (deren »Stiftungen« allein die Staatsmittel erhalten) und deren Streben, ihren Einfluß immer weiter auszudehnen. Daß die »Stiftungen«, deren Leitungsgremien mit verdienten Parteipolitikern besetzt sind, bei ihren Aktivitäten – trotz formaler Selbständigkeit – die Interessen der jeweiligen Mutterpartei im Auge haben, und auch haben *sollen,* läßt sich im Ernst nicht bestreiten. Wie sehr selbst die Grünen darauf pochen, haben sie Ende 1994 demonstriert, als sie ihrer »Stiftung Regenbogen« wegen Eigenmächtigkeiten öffentlich mit dem Entzug ihrer Anerkennung und damit dem Verlust der »Staatsknete« drohten. Daß die Arbeit der »Stiftungen« ihren Mutterparteien zugute kommt, mußte selbst das Bundesverfassungsgericht in seiner Abschottungsentscheidung von 1986 einräumen;[67] auch die Parteienfinanzierungskommission ging davon ausdrücklich aus und hat sich aus diesem Grund auch mit den Parteistiftungen befaßt.[68]

Kumulieren von Privilegien

Die Zwischenstellung der »Stiftungen« ermöglicht es den Parteien, je nach Bedarf das eine Mal ihre Parteinähe, das andere Mal ihre formale Selbständigkeit hervorzuheben und so die Vorzüge beider Seiten zu kumulieren: Die Privilegierung gegenüber allen anderen Organisationen, die keine solchen staatlichen Leistungen erhalten, wird mit ihrer Anlehnung an die etablierten Parteien begründet. Dagegen wird die Nichteinhaltung der Vorkehrungen, die für die staatliche Parteienfinanzierung gelten, mit der formalen Selbständigkeit der Stiftungen begründet; dazu gehören auch Sicherungen gegen die Verletzung der Chancengleichheit und gegen die Gefahr des »closed shop«, die für Spenden an *Parteien* gelten, indem sie die Veröffentlichung von Großspenden vorsehen (siehe S. 50 f.) und die Steuerbegünstigung begrenzen (siehe S. 72 ff.) – alles Vorkehrungen, die für Zuwendungen an »Stiftungen« nicht gelten.

Allerdings scheinen Spenden bei den Einnahmen der »Stiftungen« bisher keine große Rolle zu spielen. Die üppige Staatsfinanzierung demotiviert private Spender. Das könnte sich ändern, wenn die für Parteien geltende »relative Obergrenze«, wonach Staatsmittel höchstens die Hälfte der Einnahmen ausmachen dürfen (siehe S. 81 und S. 91), auch auf die »Stiftungen« bezogen würde. Das hätte auch einen legitimatorischen Effekt: Könnten die »Stiftungen« zeigen, daß ihre Arbeit als so wertvoll empfunden wird, daß sie wenigstens die Hälfte ihrer Mittel privat einwerben können, wäre eine Finanzierung der anderen Hälfte durch den Staat eher zu begründen; ein solches Modell besteht bereits in den Niederlanden.

Die *Parteien* erhalten staatliches Geld, wenn sie mindestens ein halbes Prozent der Wählerstimmen erlangen. Diese niedrige Schwelle hat das Bundesverfassungsgericht im Interesse der Chancengleichheit erzwungen. Eine »Stiftung« erhält dagegen nur Geld, wenn ihre Mutterpartei im Bundestag ist, was in der Regel fünf Prozent der Wählerstimmen voraussetzt, und mindestens zwei Legislaturperioden dort vertreten war, eine von den Parteien selbst gebastelte Regel, die wieder nirgendwo veröffentlicht ist und ebenfalls die Chancengleichheit und Offenheit des politischen Wettbewerbs einschränkt.

Die »Stiftungen« verschaffen besonders den kleinen Bundesparteien FDP, Grünen und CSU (und bald vielleicht auch der PDS) große Wettbewerbsvorteile gegenüber möglichen neuen Parteien, die dadurch gesteigert werden, daß einige noch erheblich mehr gefördert werden, als es ihrem Anteil an Wählerstimmen entspricht. Ein sachverständiger englischer Beobachter hat die Frage gestellt, ob etwa die FDP nicht ohne derartige Wettbewerbsvorteile schon von der bundesrepublikanischen Bildfläche verschwunden wäre.[69]

Finanzierungskompetenz des Bundes?

Die Finanzierung der »Stiftungen« steht auch aus einem anderen Grund auf sehr dünnem verfassungsrechtlichem Eis. Es fehlt dem Bund nämlich die Kompetenz, die politische Bildung zu finanzieren.[70] Bildung ist Ländersache, sofern das Grundgesetz dem Bund nicht eine ausdrückliche Kompetenz dazu gibt. Solange die *Parteien* die Zuschüsse für die politische Bildung erhielten, konnte man die Bundeskompetenz aus Artikel 21 Absatz 3 Grundgesetz ableiten, wonach die Regelung der Parteienfinanzierung Sache des Bundes ist. Seitdem das Bundesverfassungsgericht dies aber untersagt hat und die »Stiftungen« diese Mittel nur erhalten dürfen, wenn sie von den Parteien rechtlich und organisatorisch streng abgeschottet sind,[71] ist eine Grundlage für die Kompetenz des Bundes nicht mehr ersichtlich.[72] Damit sind jedenfalls die Globalzuschüsse für die politische Bildung verfassungsrechtlich unzulässig. Dies hat auch die Parteienfinanzierungskommission gesehen und eine Ergänzung des Grundgesetzes vorgeschlagen, die dem Bund die Gesetzgebungskompetenz für eine Rahmenregelung über »die allgemeinen Grundsätze der politischen Bildungsarbeit einschließlich der parteinahen Stiftungen« gibt.[73] Die Mehrheit der Kommission versäumte es aber, gleichzeitig die Verankerung der nötigen Publizitätsanforderungen und Begrenzungen (Gesetzesvorbehalt, öffentliche Rechenschaftslegung über Einnahmen, Ausgaben und Vermögen sowie Obergrenzen) im Grundgesetz vorzuschlagen.[74]

Unverzichtbarkeit von Parteistiftungen?

Zudem wäre zu fragen, ob die Fortführung der von den Stiftungen mit Steuergeldern wahrgenommenen Aufgaben im bisherigen – explosionsartig zugenommenen – Umfang sinnvoll ist. Ja, man könnte nicht nur die Frage nach der *Höhe,* sondern auch nach dem *Ob überhaupt* einer staatlichen Finanzierung der »Stiftungen« stellen, die es weder in den ersten beiden Jahrzehnten der Bundesrepublik gegeben hat noch in den meisten anderen westlichen Demokratien heute gibt. Ist es eigentlich sinnvoll, die politische Bildung in die Hand von Einrichtungen zu legen, die den Parteien, also den Kämpfern um die politische Macht, nahestehen? Droht eine parteinahe politische Bildung nicht in den Sog machtorientierter Überlegungen zu geraten und so die Defizite noch zu verstärken, die uns in jüngerer Zeit immer bewußter geworden sind?

Die meisten anderen Tätigkeiten der »Stiftungen« lassen sich auch von anderen Einrichtungen wahrnehmen – und dies vielleicht noch besser:

- die Begabtenförderung von der Studienstiftung des deutschen Volkes oder den Universitäten;
- die sozialwissenschaftlichen Forschungen der »Stiftungen« von Universitäten oder privaten Einrichtungen;
- Entwicklungshilfeprojekte – zumindest zu einem großen Teil – unmittelbar von den zuständigen Ministerien oder von anderen Einrichtungen;
- und soweit »Stiftungen« Kaderausbildung und Politikberatung der Parteien betreiben, sollten diese Arbeiten gleich auf die Parteien übertragen werden.

Bei einer Anhörung, die die »Stiftung Regenbogen« der Grünen Anfang 1994 veranstaltete, waren sich fast alle Sachverständigen darin einig: Bei den meisten Aktivitäten der »Stiftungen« bestehe kein sachlicher Grund, daß sie gerade von diesen wahrgenommen oder überhaupt aus Staatsmitteln finanziert werden müßten.[75] Damit bleibt das bloße Besitzstandsargument: Die »Stiftungen« sind nun mal da. Das ist als Sachargument aber wenig überzeugend – in einer Zeit, in der die öffentlichen Prioritäten neu geordnet, alte Zöpfe abgeschnitten und überholte Subventionen abgebaut werden müssen.

Öffentliche Diskussion überfällig

In den letzten Jahren sind die Zahlungen an die »Stiftungen« zwar zurückgegangen; das erfolgt wohl auch in Reaktion auf die Kritik der Parteienfinanzierungskommission und ist zu begrüßen, aber kein Grund zur Entwarnung. Die Erfahrung zeigt, daß die Stiftungsmittel immer dann vorübergehend stagnieren, wenn sie scharfer öffentlicher Kritik ausgesetzt sind. Eine vorübergehende Kürzung bringt aber wenig, wenn die Problematik nicht an der Wurzel angepackt wird. Die längst fällige Grundsatzdiskussion über die Zukunft der Parteistiftungen darf nicht länger aufgeschoben werden – und sie muß öffentlich erfolgen, auch wenn das Versteckspiel um die »Stiftungen« dies bisher erschwert hat. Dabei sollten die Parteien aufhören, sich hinter einem Urteil des Bundesverfassungsgerichts zu verschanzen. Das Gericht hat 1986 zwar eine Klage der Grünen gegen die »Globalzuschüsse« abgewiesen[76] und dadurch die Grünen veranlaßt, selbst ihre Regenbogen-Stiftung zu gründen. Das Gericht konnte sich in den entscheidenden Fragen aber noch nicht äußern, etwa ob nicht ein Stiftungsgesetz nötig ist, die »Stiftungen« nicht zur öffentlichen Rechenschaftslegung verpflichtet sind, ob nicht auch für die »Stiftungen« absolute und relative Obergrenzen entwickelt werden müssen oder ob der Bund überhaupt die Zuständigkeit für eine Subventionierung der Parteistiftungen besitzt. Dieses Urteil war im übrigen von einem den Parteien sehr günstigen Geist getragen, wie auch das gleichzeitig ergangene Urteil zur *Partei*finanzierung zeigt. Davon hat das Gericht sich in neuer Besetzung und nach zwischenzeitlichen Erfahrungen mit der Parteienfinanzierung aber ausdrücklich distanziert und den *Parteien* in einem neuen Urteil von 1992 engere Grenzen gezogen (siehe S. 72 und S. 88 ff.). Die Vermutung liegt nahe, daß diese strengere Auffassung des Gerichts auch Rückwirkungen auf die zukünftige Beurteilung der »Stiftungen« haben wird.

Die Entscheidung der mittelbar Begünstigten in eigener Sache und die gezielte Undurchsichtigkeit der Stiftungsfinanzierung auf hohem Niveau sind Ausdruck der Verselbständigung etablierter Parteienmacht und bleiben eine brisante Gefahr für die Glaubwürdigkeit unserer Demokratie.

11 Abgeordnetenmitarbeiter

Im Bund und in den meisten Ländern werden den Abgeordneten – neben ihren steuerpflichtigen Bezügen, den steuerfreien Kostenpauschalen und der sonstigen Amtsausstattung – die Kosten von Mitarbeitern bis zu einem bestimmten Höchstbetrag auf Nachweis erstattet (siehe S. 180).

Besonders im Bund sind die Aufwendungen – fast unbemerkt von der Öffentlichkeit – stark gestiegen[77] (siehe Schaubild 5, S. 183). Die einsetzbaren Mittel betragen im Jahre 1996 für jeden Bundestagsabgeordneten über 168 000 DM jährlich, worin Sonderleistungen wie Weihnachts- und Urlaubsgeld und Arbeitgeberanteile zur Sozialversicherung noch gar nicht enthalten sind; rechnet man diese hinzu, so entfallen auf jeden Abgeordneten etwa 235 000 DM. Die dafür im Haushaltsplan 1996 insgesamt vorgesehenen Mittel belaufen sich auf 153 Millionen DM (siehe Tabelle 10, S. 180); dies ist erheblich mehr als das, was die Bundestagsfraktionen aus der Staatskasse erhalten. Die Wachstumsraten gehen weit über die Entwicklung der Einkommen hinaus. Entsprechend stark ist die Zahl der Abgeordnetenmitarbeiter gestiegen: im Bund von 398 im Jahre 1969 über 1401 im Jahre 1983 auf 4008 im Jahre 1991, wovon etwa ein Drittel vollbeschäftigt und zwei Drittel teilzeitbeschäftigt sind.[78] Inzwischen haben auch die Landesparlamente (bis auf das Saarland[79]) eine Erstattungsregelung eingeführt (Näheres siehe Tabelle 17, Spalte 6 auf S. 279). Die Größenordnungen sind allerdings noch erheblich niedriger (Tabelle 11).

Tabelle 10: Aufwendungen für Mitarbeiter von Bundestagsabgeordneten 1969 bis 1996

Jahr	Höchstbetrag je Abgeordneten[1] in DM pro Jahr	Haushaltsplan-Ansatz[2] (in Klammern: Ist-Ergebnis) in Mio. DM	
1968	–	–	–
1969	–[3]	4,0	(3,3)
1970	19 440	10,1	(8,5)
1971	22 200	12,1	(10,6)
1972	24 360	13,3	(11,5)
1973	27 600	15,2	(14,2)
1974	27 600	18,5	(16,9)
1975	27 600	18,5	(18,6)
1976	29 400	21,1	(20,6)
1977	49 020	32,8	(28,6)
1978	51 600	34,2	(33,0)
1979	54 000	35,8	(34,5)
1980	55 980	37,3	(37,9)
1981	59 520	39,6	(39,1)
1982	62 100	41,4	(41,6)
1983	64 344	43,6	(42,4)
1984	66 276	44,7	(43,1)
1985	84 276	56,9	(55,0)
1986	95 400	64,1	(62,7)
1987	109 560	78,8	(69,1)
1988	113 280	79,5	(76,7)
1989	117 624	83,2	(74,1)
1990	139 200	100,6	(96,5)
1991	147 552	136,9	(117,0)
1992	147 552	135,2	(122,7)
1993	155 520	142,9	(135,2)
1994	160 188	153,9	(138,6)
1995	163 392	151,0	
1996	168 624	153,0	

[1] Ohne Sonderleistungen wie z. B. Weihnachtsgeld, Urlaubsgeld und Arbeitgeberanteile zur Sozialversicherung.
[2] Inkl. Sonderleistungen.
[3] Im Haushaltsplan nicht gesondert ausgewiesen.
Quelle: Bundeshaushaltspläne.

Die bisherige Ausgestaltung weist vor allem zwei Probleme auf, die sich bedingen: die fehlende Transparenz und die Gefahr der Zweckentfremdung und des Mißbrauchs.

Keine gesetzliche Regelung

Wie bei allen Teilen der Abgeordnetenentschädigung bedarf es auch hier der spezialgesetzlichen Regelung.[80] Die Bewilligung im Haushaltsplan reicht nicht aus. Der Haushaltsplan ist kein formelles Gesetz, sondern wird lediglich durch Haushaltsgesetz festgestellt (vgl. Art. 110 II 1 GG). Wenn nach § 12 III 4 des Abgeordnetengesetzes des Bundes und einigen Abgeordnetengesetzen der Bundesländer der Umfang der Leistungen durch »das Haushaltsgesetz« geregelt wird, so ist damit vermutlich fälschlicherweise der Haushaltsplan gemeint, was verfassungsrechtlich aber nicht ausreicht. Aber auch eine Regelung wirklich durch Haushaltsgesetz wäre aufgrund des Bepackungsverbots unzulässig (für den Bund: Art. 110 IV GG). Die Obergrenze muß sich vielmehr dem genauen Betrag nach aus dem Abgeordnetengesetz ergeben.[81] Eine den Erstattungsbetrag exakt beziffernde Regelung findet sich aber nur in Nordrhein-Westfalen und Schleswig-Holstein.

Die Bezugnahme der gesetzlichen Regelung auf eine Vergütungsgruppe des Bundesangestelltentarifs (wie sie in Baden-Württemberg, Hamburg, Hessen, Mecklenburg-Vorpommern, Niedersachsen, Rheinland-Pfalz, Sachsen-Anhalt und Thüringen getroffen wurde) dürfte hier wohl zulässig sein; sie wäre sachlich begründet, weil ihre Entwicklung den steigenden Aufwendungen für Mitarbeiter entspräche.[82] Dann sollte sich aber zumindest aus dem Haushaltsplan nicht nur die Gesamtsumme der bewilligten Mittel ergeben, sondern auch der konkrete Betrag, der (höchstens) auf den einzelnen Abgeordneten entfällt;

dies ist aber in den meisten genannten Ländern nicht der Fall (siehe Tabelle 17, Anmerkung 6, S. 278).

Keine Regelung im Abgeordnetengesetz durch Festlegung des maximalen Betrages in Geld oder in einer Vergütungsgruppe des BAT (sondern lediglich die Bewilligung im Haushaltsplan) findet sich derzeit noch im Bund, in Bayern, Brandenburg, Bremen, Sachsen und Nordrhein-Westfalen.[83]

Öffentliche Rechenschaftslegung

Erforderlich ist ferner, daß die Abgeordneten über die Verwendung der Mittel in geeigneter Form *öffentlich Rechenschaft* ablegen. Für die Fraktionen ist eine solche Rechenschaftspflicht inzwischen anerkannt. Für die Abgeordnetenmitarbeiter, deren Finanzierung ein ähnliches Gesamtvolumen erreicht, im Bund sogar weit über das Fraktionsvolumen hinausgeht, ist eine öffentliche Rechenschaftslegung ebenfalls geboten.

Mißbrauchsgefahren

Bisher sind die Mittel nicht ausreichend gegen Zweckentfremdung gesichert, wozu neben der möglichen persönlichen Bereicherung der Einsatz für Zwecke der Partei und des Wahlkampfs gehört.[84] Die Aufwandsentschädigung (einschließlich der Kostenerstattung für Mitarbeiter) darf nicht der Wahlkampffinanzierung oder der Parteienfinanzierung dienen. Die einschlägigen Bestimmungen und Richtlinien sind dehnungsfähig; eine wirksame Kontrolle findet zur Zeit nicht statt. Da die Mitarbeiter nicht nur im Bundestag tätig sind, sondern zum großen und stark zunehmenden Teil auch im Wahlkreis, teils auch in der örtlichen Parteigeschäftsstelle,[85] liegt die Versuchung, sie für

Schaubild 5: Aufwendungen für Mitarbeiter von Mio. DM

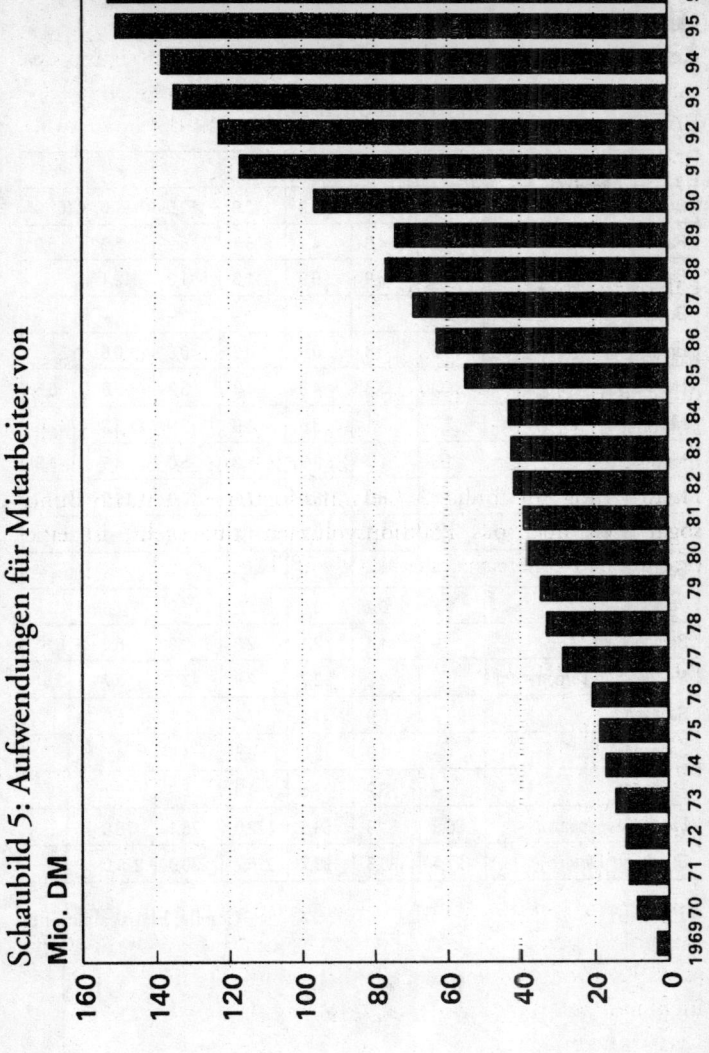

1995 und 1996 sind die Ansätze in den Haushaltsplänen angegeben.

183

Tabelle 11: Aufwendungen für Mitarbeiter von Abgeordneten des Bundestags und der Landesparlamente (Soll-Zahlen)

in Millionen DM

	1990	1991	1992	1993	1994	1995	1996
Bund	100,6	136,9	135,2	142,9	153,9	151,0	153,0
Baden-Württemberg	2,0	4,0	4,1	5,7	5,9	5,9	6,0
Bayern	6,3	6,9	6,9	11,3	11,3	12,4	
Berlin	–	–	–	–	–	–	–
Bremen	0,6	0,6	0,6	0,6	0,6	0,6	
Hamburg	3,5	3,8	4,8	4,9	5,2	5,2	5,5
Hessen	3,0	3,1	3,6	3,9	3,9	3,9	
Niedersachsen	1,9	1,7	2,2	5,2	5,0	4,5	4,5
Nordrhein-Westfalen	7,8	15,0	16,0	17,0	17,0	16,2	
Rheinland-Pfalz	1,5	1,5	1,7	1,8	1,8	1,8	
Saarland	–	–	–	–	–	–	–
Schleswig-Holstein	0,2	0,7	0,9	1,2	1,2	1,3	
Brandenburg	–	1,4	2,1	2,8	2,9	6,5	6,6*
Mecklenburg-Vorpommern	–	2,2	2,7	2,9	3,3	3,7	3,8*
Sachsen	–	5,9	7,4	7,4	8,2	6,3	
Sachsen-Anhalt	–	1,9	2,0	3,8	4,8	4,6	
Thüringen	–	3,2	3,5	4,3	5,0	5,1	
Länder insgesamt	26,8	51,9	58,5	72,8	76,1	78,0	
Bund und Länder	127,4	188,8	193,7	215,7	230,0	229,0	

* Entwurf   Quelle: Haushaltspläne.

Parteiarbeit und Wahlkampfzwecke einzusetzen, besonders nahe. Daß dies in der politischen Praxis auch vielfach und auf vielfältige Weise geschieht, ist ein offenes Geheimnis. Heiner Geißler bezeichnete die Abgrenzung zwischen Parlaments- und Parteitätigkeit des Abgeordneten auf einer Tagung über Politikfinanzierung in Hagen im Februar 1996 sogar als »politische Lebenslüge«. Gleichwohl muß an dem Grundsatz festgehalten werden, daß solche indirekte Parteienfinanzierung unzulässig ist; sie unterläuft die Obergrenze und beeinträchtigt zugleich die Chancengleichheit des politischen Wettbewerbs, weil der bisherige Abgeordnete (neben allem anderen) dadurch noch einen weiteren erheblichen Vorteil gegenüber potentiellen Herausforderern erhält. Die Offenheit des politischen Prozesses wird gemindert. Auch hier besteht also erheblicher Regelungsbedarf.

Obergrenze

So wichtig es bleibt, an der Abgrenzung zwischen parlamentarischer Arbeit und Parteiarbeit des Abgeordneten festzuhalten, so schwer ist es doch häufig, die Grenze zu ziehen, und so groß ist die Gefahr der Verwendung von Abgeordnetenmitarbeitern für Parteizwecke in der Praxis. Angesichts des starken Wachstums der staatlichen Mittel in der Vergangenheit und ihres enormen, mißbrauchsanfälligen Gesamtvolumens gelten die Überlegungen, die uns dazu geführt haben, eine *absolute Obergrenze* auch für Fraktionen von Verfassungs wegen zu begründen, wohl auch für Mittel für Abgeordnetenmitarbeiter.

12 Staatsfinanzierung von Parteien, Fraktionen, »Stiftungen« und Abgeordnetenmitarbeitern insgesamt

Sechs Milliarden Mark Staatsleistungen in einer Legislaturperiode

Rechnet man alles zusammen, was der Staat für Parteien, Fraktionen, parteinahe »Stiftungen« und Abgeordnetenmitarbeiter derzeit aufbringt, so kommt man in einer vierjährigen Legislaturperiode auf rund sechs Milliarden DM, pro Jahr also auf 1,5 Milliarden Mark (siehe Tabelle 12, S. 187).

Aufschlußreich sind vor allem die zeitliche Entwicklung in den vergangenen 23 Jahren und der Vergleich mit den Regelungen in anderen westlichen Demokratien, die hier allerdings nur grob nachgezeichnet werden können.

Verzehnfachung in zwei Jahrzehnten

Für die Jahre ab 1968, als die Parteien erstmals ihre Rechenschaftsberichte veröffentlichten, hatte sich, umgerechnet auf vier Jahre, eine Größenordnung von etwa 614 Millionen DM ergeben. Darin enthalten sind die direkten und indirekten Staatsleistungen an Parteien, Fraktionen, Parteistiftungen und für Mitarbeiter von Bundestagsabgeordneten (siehe Tabelle 12). Vergleicht man den Betrag von 614 Millionen DM mit den letzten aktuell verfügbaren Werten von ca. sechs Milliarden DM, so ergibt sich eine Erhöhung um ca. 875 Prozent, also auf fast den zehnfachen Ausgangsbetrag. Demgegenüber ist der Preisindex

Tabelle 12: Staatsfinanzierung von Parteien[1], Fraktionen, Stiftungen und Abgeordnetenmitarbeitern in vier Jahren

in Millionen DM

	1968 bis 1971	1991 bis 1994
Direkte Staatsfinanzierung	162,8	891,4
»Parteisteuern«	44,6	265,9
Steuerbegünstigung von Beiträgen, Spenden und »Parteisteuern«	70,1[2]	820,9[3]
Zahlungen an die Bundestags- und Landtagsfraktionen[4]	79,9	920,2
Zahlungen aus dem Bundeshaushalt an Parteistiftungen[5]	234,6[6]	2520,1[7]
Zahlungen an Mitarbeiter von Bundestagsabgeordneten[8]	22,4	568,9
zusammen	614,4	5987,4

[1] Herangezogen sind nur die Bundestagsparteien. Werte entnommen aus Tabelle 3, S. 120 ff.

[2] Ermittelt aus den Beiträgen (135,4 Mio. DM), Spenden (100,4 Mio. DM) und »Parteisteuern« (44,6 Mio. DM) für 1968 bis 1971, multipliziert mit einem geschätzten durchschnittlichen Steuerbegünstigungssatz von 25 Prozent.

[3] Unterstellt ist ein durchschnittlicher steuerlicher Begünstigungssatz von 50 Prozent; seit 1994 sind nur die allein noch steuerbegünstigten Spenden von natürlichen Personen einbezogen.

[4] Werte entnommen aus Tabelle 7.

[5] Werte entnommen aus Tabelle 8.

[6] Darin enthalten sind 51 Mio. DM Globalzuschüsse.

[7] Darin enthalten sind Globalzuschüsse in Höhe von 815,4 Mio. DM.

[8] Diese Zahlungen wurden im Bund erst 1969 eingeführt. Entsprechende Zahlungen in den Landtagen wurden nicht berücksichtigt. Werte entnommen aus Tabelle 10.

für die Lebenshaltung aller privaten Haushalte im gleichen Zeitraum nur um ca. 129 Prozent gestiegen;[86] die durchschnittlichen Einkommen haben um ca. 300 Prozent[87] und das Bruttosozialprodukt hat um ca. 400 Prozent zugenommen. Die staatliche Finanzierung der Politik ist also sehr viel schneller gestiegen als die gesamtwirtschaftlichen Vergleichsindikatoren.

Internationaler Vergleich: die Bundesrepublik als Vorreiter

Wirft man einen vergleichenden Blick auf andere westliche Demokratien, so liegt die öffentliche Parteienfinanzierung der Bundesrepublik (bezogen auf die Zahl der Einwohner, der Wahlberechtigten, die Gesamtausgaben der Parteien oder andere sinnvolle Größen) an der Spitze. Das gilt zunächst einmal zeitlich. Die Bundesrepublik war im internationalen Vergleich Vorreiter. Die *direkte* staatliche Parteienfinanzierung wurde in der Bundesrepublik als erstem europäischem Land 1959 eingeführt, später in die sogenannte Wahlkampfkostenerstattung umgewandelt und ab 1994 wieder in eine allgemeine Staatsfinanzierung überführt. Auch die Finanzierung des Umfeldes der Parteien über die massive Subventionierung der parteinahen *Stiftungen* ist eine bundesdeutsche Erfindung. Die Bundesrepublik ist vorgeprescht, und andere Länder sind gefolgt, obwohl es immer noch westeuropäische Länder ohne staatliche Parteienfinanzierung gibt wie zum Beispiel Großbritannien und die Schweiz[88] und obwohl staatlich finanzierte Parteistiftungen außer in der Bundesrepublik bislang erst in Israel, den Niederlanden, Österreich und den USA bestehen.[89] Auch mit der massiven *steuerlichen* Begünstigung von Zuwendungen an Parteien hatte die Bundesrepublik Neuland betreten, als sie sie 1954 einführte und nach zwischenzeitlicher Eindämmung durch das

Bundesverfassungsgericht 1983 in ähnlicher Form wieder aufgriff. Die 1992 vom Bundesverfassungsgericht wieder eingeschränkte Zulässigkeit steuerlicher Begünstigung hat der Gesetzgeber nicht in der erforderlichen strengen Form verwirklicht. Die Bundesrepublik hat ihren »Vorsprung« bis heute gewahrt. Sie steht bei der Staatsfinanzierung der Parteien und parteinahen Einrichtungen an der Spitze. Das gilt besonders für die indirekte Finanzierung durch die gewaltig gewachsene Staatsfinanzierung der parteinahen Stiftungen, insbesondere der Globalzuschüsse, und der Parlamentsfraktionen.[90]

IV. Abgeordnetenentschädigung

13 Entwicklungen und Probleme

Abgeordnete als Funktionsträger ihrer Parteien (»Parteisoldaten«)

Die Abgeordneten in den Parlamenten des Bundes, der Länder und der Europäischen Union sind rechtlich zwar selbständig. Das sogenannte freie Mandat, das das Grundgesetz und die Landesverfassungen garantieren, verbrieft den Abgeordneten das Recht, ihre Entscheidungen allein nach ihrer Überzeugung zu treffen: »Sie sind Vertreter des ganzen Volkes, an Aufträge und Weisungen nicht gebunden und nur ihrem Gewissen unterworfen« (Art. 38 I 2 GG). Doch ist diese rechtliche Garantie in der heutigen Wirklichkeit zu einem erheblichen Teil zu einer Fiktion geworden. Der Staatsrechtler und Bundesverfassungsrichter Gerhard Leibholz meinte schon früh, der Abgeordnete unterliege einer »Gleichschaltung« und sei »grundsätzlich fremdem Willen unterworfen«: dem Willen seiner Partei und dem seiner Fraktion. Wenn der Grundsatz der Freiheit des Mandats auch verhindert, daß Abgeordnete sich *rechtlich* binden – ein rechtlicher Fraktions*zwang* wäre ungültig –, so wirken die *politischen* Gegebenheiten doch um so unwiderstehlicher in Richtung auf sogenannte Fraktions*disziplin*, gegen die rechtlich kein Kraut gewachsen ist. Die Eingebundenheit des Abgeordneten in seine *Fraktion* und die Abhängigkeit von ihr und der Partei ergeben sich einerseits aus der arbeitsteiligen Angewiesenheit der Abgeordneten aufeinander und damit auf die Fraktion,[1] andererseits aus der engen politischen Bindung an die Partei. Diese rührt vor allem daher, daß die *Parteien* über die Vergabe der Parlamentssitze entscheiden. Ohne Nominierung durch eine Partei kann heute niemand mehr Parlamentsabgeordneter werden. (Auf kommunaler Ebene haben auch die kommunalen Wählergemeinschaften beträchtlichen Einfluß und vermitteln viele Mandate.) Das aber setzt voraus, daß der Kandidat die politische »Ochsentour« in der Partei gegangen ist und sich dadurch die für die Nominierung erforderliche parteiinterne Hausmacht verschafft hat. Die Nominierung des Kandidaten auf einem »sicheren Listenplatz« oder in einem »sicheren Wahlkreis« einer Partei bedeutet praktisch bereits die Vorwegnahme der eigentlichen Wahl durch das Volk, die dann nur noch Formsache ist. Und ein Kandidat, der im Wahlkreis unterliegt, ist häufig noch auf der Liste abgesichert. Wer aber auswählt und damit den politischen Lebensnerv des Abgeordneten in der Hand hält, befiehlt. Wird die eigentliche Auswahl nicht vom Volk, sondern von den Parteien getroffen, so kann man nur noch sehr bedingt von »Volksvertretern« sprechen; »Parteivertreter« wäre wohl zutreffender. Der frühere Bundesminister und langjährige Bundestagsabgeordnete Hans Apel hat das Verhältnis von Abgeordneten und Partei auf die zugespitzte Formel gebracht, Abgeordnete seien »Parteisoldaten«, also eingebundene und abhängige Funktionäre ihrer Partei.[2] Die Abhängigkeit von der Partei wird besonders deutlich in den hohen »Parteisteuern«, die rechtlich zwar unzulässig sind, die die Abgeordneten aber gleichwohl aus ihren Diäten (die zu diesem Zweck höher angesetzt werden) an ihre Partei abführen, weil sie sonst Gefahr liefen, nicht wieder aufgestellt zu werden (siehe S. 314 ff.). Die Eingebundenheit des Abgeordneten in seine Partei zeigt sich auch darin, daß Abgeordnete einen großen Teil ihrer Zeit und Arbeitskraft für Parteitätigkeit, zumeist an der Basis, aufwenden, dort häufig als »hochbezahlte Parteiarbeiter« (von Hassel) Orts- oder Kreisvorsitzende sind oder als Fraktionsvorsitzende in Gemeinde- und Kreistagen fungieren und für diese Aktivitäten auch ihre Amtsausstattung einschließlich ihrer – bei Bundestagsabgeordneten derzeit durchschnittlich sechs – staatsbezahlten Mitarbeiter (siehe S. 179 ff.) einsetzen, deren Zahl auch im Hinblick auf diese Zwecke bemessen wird.

Die Partei und ihre Abgeordneten ziehen politisch am selben Strang, werben gemeinsam um Zustimmung zu ihrem politischen Konzept und sind auf den gemeinsamen politischen Erfolg aus. Sie bilden – auch im Interesse ihrer Schlagkraft und Überzeugungskraft – eine politische Einheit und werden auch von der Öffentlichkeit und den Wählern als solche wahrgenommen. Dementsprechend werden die Äußerungen und das Erscheinungsbild der Abgeordneten ihrer jeweiligen Partei zugerechnet wie auch umgekehrt.

Andererseits sind die rund 2800 deutschen Abgeordneten in den Parlamenten des Bundes, der Länder und der Europäischen Union besonders *hervorgehobene* Mitglieder ihrer Parteien und des politischen Lebens der Bundesrepublik. Sie werden, zusammen mit den Mandatsträgern auf kommunaler Ebene, immer mehr zu den »eigentlichen Leistungsträgern der Parteiorganisation«, zu ihren Repräsentanten[3] und wichtigsten Funktionären.[4] Sie stellen auch fast alle anderen herausragenden Politiker (Mitglieder der Regierungen, Parlamentarische Staatssekretäre etc.) und bilden das Gros der sogenannten politischen Klasse. Wenn über die politische Klasse gehandelt oder wenn sie kritisiert wird, betrifft dies regelmäßig zuvorderst die »Volksvertreter«.

Vor diesem Hintergrund wird deutlich, wie eng die Zusammenhänge zwischen Abgeordneten, Partei und Fraktion sind und wie sehr die Abgeordneten nur Teile der Parteien sind, wenn auch in ihrer parteiinternen Stellung regelmäßig hervorgehobene Teile. Deshalb gehört auch die Finanzierung der Abgeordneten in den größeren Zusammenhang der Parteienfinanzierung im weiteren Sinne.[5] Durch die staatliche Bezahlung der Abgeordneten werden diese in die Lage gesetzt, sich selbst und die ihnen zur

Verfügung stehenden personellen und sächlichen Ressourcen auch in den Dienst ihrer Parteien zu stellen und diese dadurch zu stärken. Ohne Berücksichtigung dieser Zusammenhänge hängen sowohl die Analyse als auch die Entwicklung stimmiger Ordnungsvorstellungen zwangsläufig in der Luft. Die überkommene juristisch scharfe Trennung zwischen Parteien und Abgeordneten soll hier zwar nicht voreilig über Bord geworfen werden; sie darf aber auch nicht dazu verführen, die faktischen Gegebenheiten aus den Augen zu verlieren. Insofern gilt ähnliches wie beim Verhältnis von Partei und Fraktion (siehe S. 133 ff.). Das ist bei den folgenden Ausführungen stets zu berücksichtigen.

Zwiespältige Problematik

Die finanziellen Bezüge der Abgeordneten, die nach ihrer ursprünglichen Form als Tagegelder auch »Diäten« heißen, stehen in dem für alle staatliche Politikfinanzierung charakteristischen Zwiespalt: Die Gewährung einer angemessenen Entschädigung ist geboten, um jedermann den Zutritt zum Parlament zu eröffnen und seine wirtschaftliche Abkömmlichkeit und Unabhängigkeit zu ermöglichen.

Andererseits kann aus Wohltat im Übermaß leicht Plage werden. Die Begünstigten beschließen selbst über ihre finanzielle Ausstattung. Die Parlamente beherrschen die Gesetzgebung und die öffentlichen Haushalte. Sie bestimmen durch die Gesetzgebung, was als »Recht« für alle verbindlich gilt, und sie bestimmen mit Erlaß der Haushaltspläne darüber, wer wieviel Geld aus der Staatskasse bekommt, und mithin auch darüber, was sie selbst bekommen (siehe S. 25). Damit bestehen auch hier die bei Entscheidungen in eigener Sache typischen Mißbrauchsgefahren. Es wundert deshalb nicht, daß die neuere Geschichte der

Diäten eine Geschichte von Privilegien ist, die die Amtsinhaber vielfach begünstigen – gegenüber anderen Bevölkerungsgruppen, aber auch gegenüber neuen Kandidaten. Angesichts der gerade bei der Beschlußfassung über Abgeordnetengesetze typischen Parteienkartelle und damit des Fehlens (oder doch der Schwächung) innerparlamentarischer Kontrolle durch die Opposition – selbst die Grünen sind nicht mehr das, was sie einmal waren[6] – ist der Verfassungsstaat in gesteigertem Maße auf die Wirksamkeit anderer Kontrollen angewiesen: der Öffentlichkeit und der Verfassungsrechtsprechung.

Parteienkartell schwächt auch Öffentlichkeitskontrolle

Doch das Dilemma besteht darin, daß die Lähmung der Oppositionskontrolle auch die Öffentlichkeitskontrolle erheblich erschwert. Eine funktionierende Opposition ist in der parlamentarischen Demokratie normalerweise das treibende Moment der öffentlichen Kontrolle. Es ist ihre Aufgabe, die Politik der Mehrheit kritisch zu begleiten und Schwächen öffentlich anzuprangern, um – negativ gesehen – Mißstände zu beseitigen bzw. – positiv gesehen – die Mehrheitsparteien und ihre Regierung zu möglichst guter Politik zu veranlassen und insgesamt dem Wähler Alternativen vor Augen zu führen. Wird nun aber die Opposition ihrerseits gleichgeschaltet, entfällt das bewegend-aktive Element, das wie die Unruh einer Uhr die Öffentlichkeitskontrolle in Funktion hält. Das Dilemma liegt also darin, daß eine wirksame Öffentlichkeitskontrolle eine funktionierende Opposition voraussetzt, diese aber bei Entscheidungen in eigener Sache regelmäßig ausfällt.

Neuartigkeit des Problems

Daß eine Gruppe von Interessenten die ihnen gewährten staatlichen Leistungen unmittelbar selbst und unkontrolliert von anderen Staatsorganen festsetzt, ist in unserer Rechtsordnung absolut einmalig. Es handelt sich um ein verfassungsgeschichtliches Novum, eine erst seit kurzem bekannte Herausforderung der rechtsstaatlichen Demokratie, auf die die verfassungsrechtliche Antwort noch in der Entwicklung begriffen ist.

Die Neuartigkeit der Frage zeigt ein Blick in die Verfassungsgeschichte. Als die Väter (und die wenigen Mütter) des Grundgesetzes 1948/49 in der Paulskirche in Frankfurt berieten, war ihnen das Problem noch weitgehend fremd. Der Parlamentarische Rat konnte deshalb noch gar nicht auf die Idee kommen, hier könnte sich ein Mißbrauchspotential auftun, das schließlich sogar eine Legitimationskrise des Parlamentarismus heraufbeschwören könnte, weil das Problem noch nicht, zumindest nicht in der heutigen Dimension, existierte, hat doch die Abgeordnetenentschädigung im Laufe der Jahrzehnte eine ganz neue Qualität erhalten. Die Verfasser des Grundgesetzes waren, genau wie die Kommentatoren der Weimarer Reichsverfassung in den zwanziger und dreißiger Jahren, noch davon ausgegangen, das Mandat sei ein Ehrenamt, das der Abgeordnete neben einem Erwerbsberuf ausübe, und die Abgeordnetendiäten seien eine *Aufwands*entschädigung, bestimmt zur Abgeltung des Aufwandes für die Wahrnehmung des Mandats. So wurden das Mandat und der auch im Grundgesetz enthaltene Begriff »Entschädigung« bis in die siebziger Jahre in der Tat von der herrschenden Staatsrechtslehre verstanden. Doch hatten sich die Zahlungen allmählich immer mehr zu einem Einkommen zur Finanzierung des Unterhalts der Abgeordneten entwickelt, was spätestens dann deutlich wurde, als 1968 im Bund eine Altersversorgung für Abgeordnete eingeführt wurde. Das Bundesverfassungsgericht sprach in seinem Diätenurteil von 1975 sogar von einem *Anspruch* der Bundestagsabgeordneten auf »Vollalimentation«[7] (ein Ausspruch, den das Gericht allerdings inzwischen widerrufen hat[8]). Mit diesem Wandel der Entschädigung vom Aufwandsersatz zur Alimentation erhielt aber die Bestimmung des Grundgesetzes, die Verhältnisse der Bundestagsabgeordneten seien durch »ein Bundesgesetz« zu regeln (Art. 48 Abs. 3), einen neuen Gegenstand und eine völlig neue Dimension. Da »Gesetze« im Bund – mangels plebiszitärer Elemente – nur ein von den Abgeordneten selbst zu erlassendes Parlamentsgesetz sein konnte, wuchs damit »den Abgeordneten über den Gesetzesvorbehalt eine Selbstentscheidung von so großem politischen und finanziellen Gewicht zu, daß die Gefahr einer mißbräuchlichen Selbstbedienung in die Nähe rückte«.[9]

Das Problem unkontrollierter Entscheidungen der Abgeordneten in eigener Sache war dem Parlamentarischen Rat aber auch deshalb nicht in den Sinn gekommen, weil es früher stets gewisse *Gegengewichte* gegen einen Mißbrauch des Selbstentscheidungsrechts im Gesetzgebungsverfahren gegeben hatte. Die Zuständigkeit des früheren Reichsgesetzgebers für die Regelung der Abgeordnetenentschädigung war im Jahre 1906 in die Reichsverfassung geschrieben worden. Reichsgesetze konnten aber nur mit Zustimmung des Bundesrates erlassen werden, in dem die Regierungen der monarchischen deutschen Staaten saßen.[10] In diesem Zustimmungserfordernis lag ein wirksames Gegengewicht, das sogar zu umgekehrten Problemen geführt hatte: Am Veto des Bundesrates waren lange alle Initiativen, überhaupt eine Abgeordnetenentschädigung einzuführen, gescheitert.[11] Auch in die Weimarer Reichsverfassung von 1919 war insofern eine Kontrolle eingebaut, als der volksgewählte Reichspräsident die Befugnis besaß, Diätengesetze wie alle Reichsgesetze zum Volksentscheid zu bringen,[12] eine Möglichkeit, die präventive Wirkung besaß.

In der Bundesrepublik fehlt es, sieht man einmal vom Bundesverfassungsgericht ab, an entsprechenden Gegengewichten. Andere Verfassungsorgane wie die Bundesregierung, der Bundesrat[13] und der Bundespräsident pflegen sich in Sachen Diäten nicht einzumischen.

Entscheidungen des Parlaments in eigener Sache führen damit zu einer ganz neuen und – aus bürgerlich-liberaler Sicht – ungewohnten Perspektive. Nach überkommenem Verständnis ist das Parlament selbst der Kontrolleur, insbesondere der Kontrolleur der Regierung und ihrer weisungsgebundenen Verwaltung. Bei Entscheidungen in eigener Sache bedarf das Parlament nun selbst der Kontrolle. Die der Staatsrechtslehre und Demokratietheorie zugrundeliegende Prämisse, der parlamentarische Gesetzgeber treffe von sich aus tendenziell ausgewogene und richtige Entscheidungen, trifft in Sachen Abgeordnetenentschädigung nicht mehr zu. Entscheidet das Parlament in eigener Sache, ist die klassische Richtigkeitsvermutung außer Kraft gesetzt. Sieht man die Dinge, wie sie sind, realistisch und frei von allem Wunschdenken und parlamentsfrommem Opportunismus, so muß man bei Entscheidungen des Parlaments in eigener Sache eher umgekehrt von einer Unrichtigkeitsvermutung ausgehen. Dies bestätigt sich vor allem dort, wo die Entscheidungen in parlamentarische »Dunkelkammern« versteckt, also absichtlich undurchsichtig gemacht wurden.

Damit ergibt sich aber noch ein weiteres Dilemma; es liegt in der Kompliziertheit des Diätenrechts, die es erschwert, die Privilegien auch nur zu identifizieren. Der Schleier der Undurchsichtigkeit beeinträchtigt nicht nur die Kontrolle durch die Öffentlichkeit, sondern führt auch dazu, daß die Lektüre des vorliegenden Kapitels dem Leser einiges abverlangt (andererseits aber auch unverzichtbar ist).

Staatspolitische und demokratietheoretische Bedeutung

Die Bedeutung des finanziellen Status der Abgeordneten geht weit über die fiskalisch-budgetäre Belastung hinaus. Seine Ausgestaltung gehört zu den besonders wichtigen, aber auch besonders prekären »Regeln des Machterwerbs« (siehe S. 24). Die Bezahlung der Politiker hat nicht zu unterschätzende Auswirkungen auf die Art und Qualität der parlamentarischen Arbeit. Zusammensetzung, Denk- und Arbeitsweise der Parlamente werden von der Art und der Ausgestaltung der Abgeordnetenbezüge mitgeprägt. Die finanzielle Stellung der Abgeordneten kann erhebliche Auswirkungen auf die soziologische Zusammensetzung der Parlamente haben. Zudem rührt die Bezahlung von Politikern aus Steuermitteln von jeher an den Nerv der Beziehung zwischen Regierenden und Volk.[14] Kaum etwas ist für das Vertrauen der Bürger und Steuerzahler in ihre Abgeordneten schädlicher und damit letztlich für das Funktionieren und Gedeihen unserer parlamentarischen Demokratie gefährlicher als der mögliche Eindruck, in unserem politischen System würden Privilegien zugunsten der politischen Funktionäre konserviert.[15] Eben dieses Eindrucks kann man sich bei den vielen überkommenen Ungereimtheiten der Abgeordnetenentschädigung aber nicht erwehren.

Art. 48 Grundgesetz als Magna Charta

Die zentrale Vorschrift für die Bezahlung von Abgeordneten enthält Art. 48 Abs. 3 GG. Danach haben Bundestagsabgeordnete »Anspruch auf eine angemessene, ihre Unabhängigkeit sichernde Entschädigung« (Satz 1) und »das Recht der freien Benutzung aller staatlichen Verkehrsmittel« (Satz 2). »Das Nähere«, so heißt es in Satz 3, »regelt ein Bundesgesetz«, also das Parlament selbst.

Das Diätenurteil des Bundesverfassungsgerichts

Das Bundesverfassungsgericht hat in seinem sogenannten Diätenurteil von 1975[16] die Konsequenz daraus gezogen, daß die Bezüge der Abgeordneten sich von ihrem ursprünglichen Charakter als reine Aufwandsentschädigung im Laufe der Zeit immer mehr zu einer Art Amtsgehalt entwickelt haben, und eine Reihe von Privilegien, die seit langem fortgeschleppt worden waren, insbesondere die Steuerfreiheit, für verfassungswidrig erklärt. Nach dem Diätenurteil wurden die Abgeordnetengesetze des Bundes und der Länder neu konzipiert. Die derzeit geltenden Abgeordnetengesetze (siehe die Überblickstabelle, S. 435) sind fast alle in den Jahren 1977 bis 1979 ergangen und haben seitdem – trotz zwischenzeitlicher Gesetzesänderungen – ihre Struktur weitgehend erhalten.

Struktur der Abgeordnetenbezüge

Nach diesen Gesetzen bestehen die »Diäten« heute aus zwei Hauptbestandteilen: der »Entschädigung mit Alimentationscharakter« und der Aufwandsentschädigung, die die besonderen Unkosten abdecken soll, die in Ausübung des Mandats anfallen. Die alimentative Entschädigung muß nach dem Diätenurteil grundsätzlich allen Abgeordneten in gleicher Höhe gewährt und muß versteuert werden wie die Einkommen aller anderen Bürger auch. Andere Einkommen aus öffentlichen Kassen müssen (auf eine Vollalimentation) grundsätzlich angerechnet werden. Die Aufwandsentschädigung darf dagegen, vorausgesetzt, daß sie sich am tatsächlichen und angemessenen Aufwand orientiert, unterschiedlich hoch sein und unterliegt auch nicht der Besteuerung und der Anrechnung.

Die alimentativen Teile der Entschädigung bestehen aus der Entschädigung während des Mandats (Grundentschädigung), dem Übergangsgeld nach Beendigung des Mandats und der Alters-(Invaliden- und Hinterbliebenen-)Versorgung, die unter bestimmten Voraussetzungen ebenfalls nach Beendigung des Mandats anfällt. Hinzu kommt die Beihilfeberechtigung bei Krankheits-, Geburts- und Todesfällen. Die Aufwandsentschädigung besteht aus Sach-, Dienst- und Geldleistungen. Zu den Sachleistungen gehören die unentgeltliche Bereitstellung eines eingerichteten Büros und die Benutzung der Fernsprechanlagen des Parlaments, zu den Dienstleistungen die unentgeltliche Benutzung staatlicher Verkehrsmittel, zu den Geldleistungen die finanzielle Abgeltung von mandatsbedingten Reise-, Übernachtungs- und Verpflegungskosten, die teilweise pauschal (und sehr großzügig) bemessen sind, und die Finanzierung von Mitarbeitern.

Schon dieser Überblick deutet die kaum faßbare Kompliziertheit der Regelungen an mit ihrer entdemokratisierenden Wirkung für den Bürger und die Öffentlichkeit und einem hohen Aufwand für die Parlamentsverwaltung. Die Undurchschaubarkeit wird noch dadurch gesteigert, daß die Regelungen von Land zu Land und im Bund zum Teil erhebliche Unterschiede aufweisen, nicht nur in der Höhe, sondern auch in der Struktur.

Hamburgs Feierabendparlament

Eine Ausnahme von der ansonsten überall bestehenden dualistischen Diätenstruktur macht Hamburg, das auch nach dem Diätenurteil am Konzept des Feierabendparlaments festhält und die monistische Struktur seines Abgeordnetengesetzes nicht änderte. Die sehr viel bescheideneren Leistungen, die die Mitglieder der Hamburgischen Bürgerschaft erhalten, werden nach wie vor als Aufwandsentschädigung angesehen.[17] Hier ist allerdings eine Änderung vorgesehen.

Durchgreifende Kritik am geltenden Recht

Frühe Kritik blieb unbeachtet

Die Verfassungsmäßigkeit der neuen Abgeordnetengesetze war allerdings von Anfang an zweifelhaft. Willi Geiger, der als Berichterstatter am Diätenurteil maßgeblich mitgewirkt hatte, trat schon früh mit massiver Kritik hervor.[18] Auch die staatsrechtliche Literatur legte dar, daß die Gesetze, gemessen am Diätenurteil, in weiten Teilen verfassungswidrig seien.[19] Diese Kritik wurde von den Parlamenten zunächst nicht aufgenommen. Eine – zumindest vorübergehende – Wende brachten erst die Diäten- und Versorgungsfälle in Hessen, Hamburg, im Saarland und in anderen Bundesländern.

Der hessische Diätenfall

In Hessen hatte der Landtag sich seit Erlaß des Abgeordnetengesetzes von 1978 in mehreren von der Öffentlichkeit zunächst kaum bemerkten Schritten eine Fülle von erstaunlichen, verfassungsrechtlich und politisch unvertretbaren Privilegien verschafft. Das Faß zum Überlaufen brachte schließlich eine einvernehmlich von den CDU-, SPD- und FDP-Fraktionen (gegen die Stimmen der Grünen) beschlossene Gesetzesänderung vom Februar 1988.[20] Nach Veröffentlichung eines Gutachtens des Verfassers für den Bund der Steuerzahler[21] (dessen Inhalt sich auch die Grünen im Hessischen Landtag zu eigen machten) und massivem öffentlichem Protest mußte der Landtag in einer eigens einberufenen Sondersitzung das Februar-Gesetz im Sommer 1988 wieder zurücknehmen, nachdem anfängliche Versuche, die Seriosität des Gutachtens in Zweifel zu ziehen – so zum Beispiel der Abgeordnete Hahn: Der Verfasser müsse es »in der Badewanne« geschrieben haben –, rasch in sich zusammengefallen waren. Der Landtagspräsident Lengemann (CDU) und der Vizepräsident Dr. Lang (SPD), die die Öffentlichkeit über Inhalt und Voraussetzungen des Gesetzes unzutreffend informiert hatten, mußten zurücktreten. (Der frühere Landtagspräsident wurde später im ersten Kabinett Thüringens »Minister ohne Geschäftsbereich«.)

Der bis dahin vielleicht größte Parlamentsskandal in der Geschichte der Bundesrepublik hatte die Öffentlichkeit hellhörig gemacht und für die Problematik sensibilisiert, so daß nunmehr auch das alte und nach Aufhebung des Februar-Gesetzes wieder geltende Hessische Abgeordnetengesetz offiziell auf seine verfassungsrechtliche und politische Vertretbarkeit überprüft werden mußte. Drei vom Landtag berufene Gutachter bestätigten Anfang September 1988, daß auch das alte Gesetz noch eine Fülle unhaltbarer Privilegien aufwies.[22] Das Hessische Abgeordnetengesetz mußte völlig überarbeitet werden und trat in der neuen Struktur dann zum 1. 11. 1989 in Kraft.[23] Dabei hatte der Landtag sich hinsichtlich der Höhe der Entschädigung, der Versorgung und des Übergangsgeldes allerdings an den Empfehlungen einer vom Landtagspräsidenten eingesetzten Kommission orientiert[24] und war von deren Empfehlungen auch dann nicht abgegangen, als sich herausstellte, daß der Kommissionsbericht schwere logische und methodische Fehler aufwies, die die Vorschläge völlig diskreditierten (siehe dazu S. 322 ff.).

Der Hamburger Diäten- und Versorgungsfall

Die Bezüge und die Versorgung von *Ministern* waren ursprünglich kein Thema in der Bundesrepublik, weder politisch noch wissenschaftlich. Sie wurden es erst durch den Hamburger Diätenfall von 1991:[25] Nach einem von allen etablierten Fraktionen eingebrachten neuen Diätengesetz sollten der Präsident des Parlaments und die Fraktionsvorsitzenden die fünffache

Entschädigung der normalen Abgeordneten, nämlich fast 20 000 DM im Monat, erhalten. Der eigentliche Clou aber war die Altersversorgung, die in einem unlesbaren Paragraphen versteckt war. Die Dechiffrierung ergab, daß Spitzenparlamentarier schon nach dreieinhalb Jahren Amtszeit einen Anspruch auf über 10 000 DM monatliche Rente erlangen sollten (wenn sie nur vorher fünf Jahre lang Abgeordnete waren), dynamisiert, auf Lebenszeit und ohne eigene Beiträge. Maßgenommen hatten die Gesetzesmacher an der Altersversorgung von Senatoren, die in der Tat ähnlich üppig ausgestaltet war. Die Nachprüfung ergab, daß die Senatorenversorgung auf einem Gesetz beruhte, das 1987, also vier Jahre vorher, in einem fast mafiosen Verfahren durchgeboxt worden war. Eine Handvoll Spitzenpolitiker hatte das Gesetz unmittelbar vor der Auflösung des Parlaments – unter Verletzung vieler Bestimmungen der Hamburger Verfassung – an einem einzigen Tag durch das Parlament und seine Ausschüsse gepeitscht. Das Gesetz war in Wahrheit gar nicht »eingebracht« worden, weil es – von niemandem unterschrieben, sondern als Anlage eines Ausschußberichts – den Parlamentariern als Tischvorlage unmittelbar vor den Abstimmungen untergeschoben worden war. So wurde das Vorhaben camoufliert und die Öffentlichkeit unterlaufen; andernfalls hätte das Gesetz kaum eine Chance gehabt, verabschiedet zu werden. Drahtzieher waren im wesentlichen dieselben, die dann 1991, also vier Jahre später, von der Pensionsregelung für Präsident und Fraktionsvorsitzende profitieren sollten, die nach dem Vorbild der Senatorenversorgung gestaltet war. Als diese Zusammenhänge im Herbst 1991 durch Stellungnahmen des Verfassers für den Bund der Steuerzahler aufgedeckt wurden und der Camouflagecharakter des Verfahrens publik wurde, war nicht nur das Diätengesetz von 1991 zum Scheitern verurteilt; auch das Gesetz über die Erhöhung der Senatorenpension von 1987 mußte schließlich ersatzlos gestrichen werden, mochten die

Betroffenen anfangs auch noch so wild verbal um sich schlagen und mit allen Mitteln versuchen, diejenigen zu diffamieren, die den Sachverhalt publik gemacht hatten.[26]

Zur Aufarbeitung des Diätenfalls setzte die Bürgerschaft zwei Gremien ein: einen Parlamentarischen Untersuchungsausschuß, der das Zustandekommen des 1987er Gesetzes untersuchen sollte, und eine Enquête-Kommission, die unter anderem Vorschläge für eine angemessene Entschädigung Hamburger Abgeordneter machen sollte.[27] Durch das 1987er Gesetz waren neben dem Schaden für die politische Kultur weit über Hamburg hinaus Millionen Mark auf Kosten der Bürger verpulvert worden. Die Frage der persönlichen Verantwortung für dieses Gesetz stellte sich deshalb um so dringender. Der *Untersuchungsausschuß* erwies sich seiner Aufgabe allerdings nicht gewachsen, sondern geriet zur Alibiveranstaltung.[28] Die Aufgabe, die Verantwortung für das damals von allen Fraktionen getragene Gesetz von 1987 aufzuklären, ging wie das Hornberger Schießen aus. Die Kartellabsprache unter den beteiligten großen Parteien, die das 1987er Gesetz ermöglicht hatte, verhinderte auch die Klärung der persönlichen Verantwortlichkeit.[29] »Die Camouflage der Camouflage« charakterisierte die Hamburger *taz* das Unternehmen Parlamentarischer Untersuchungsausschuß treffend.[30]

Kurze Zeit nach dem Diätenfall und sicher nicht unbeeinflußt von ihm erging am 4. 5. 1993 ein spektakuläres Urteil des Hamburgischen Verfassungsgerichts,[31] das die vorangehenden Wahlen zum Landesparlament wegen undemokratischer Praktiken der CDU bei Aufstellung ihrer Kandidaten für verfassungswidrig erklärte und Neuwahlen erforderlich machte. Das Urteil hatte – neben anderen – Markus Wegner erstritten. Bei den Neuwahlen 1993 übersprang die von ihm gegründete Statt-Partei, die Gründe für die Politikverdrossenheit abbauen wollte, auf Anhieb die Fünfprozentklausel, zog in die Hamburger Bürgerschaft ein und bildete mit Voscheraus SPD eine Regierungskoalition.

Die Überversorgung von Landesministern

Der Hamburger Versorgungsskandal hatte den Blick auf die finanziellen Bezüge und Versorgungen von Ministern in Deutschland insgesamt gelenkt. Eine Untersuchung ergab, daß es in anderen Bundesländern teilweise noch unhaltbarere Privilegien als in Hamburg gibt.[32] Das Saarland ragt besonders hervor, was angesichts der großen Haushaltsprobleme und der Kleinheit des Landes besonders prekär erscheint.[33] Dort kann ein Minister schon nach einem Amtstag die Höchstversorgung von 75 Prozent der Aktivenbezüge, also rund 13 000 DM monatlich, zahlbar ab dem 55. Lebensjahr, erwerben, wenn er nur vorher lang genug ($13\frac{1}{3}$ Jahre) im Parlament war. Das kommt daher, daß die ersten Amtsjahre doppelt zählen und vorangehende Parlamentsjahre wie Ministerjahre gerechnet werden. Für Bundesminister gibt es nichts dergleichen; sie benötigen dreiundzwanzig Amtsjahre, um eine volle Altersversorgung zu erwerben.

Die saarländische Regelung ist schon vor Jahren zustande gekommen, und zwar noch unter einer CDU-Regierung. Aber auch die seinerzeitige SPD-Opposition trägt Mitverantwortung, weil sie sich in keiner der drei Lesungen des Gesetzentwurfs im Parlament zu Wort meldete, von Kritik ganz zu schweigen. Gründe waren wohl die Verdoppelung der Zahlungen an die Fraktionen, die durch eine Änderung des Verteilungsmodus überwiegend der Opposition zugute kam, und die Erhöhung der Abgeordnetendiäten; beides mußte offenbar als eine Art politisches Schmiermittel zur Herstellung der »Einigkeit der Demokraten« herhalten. Der heutige Ministerpräsident und Bundesvorsitzende der SPD Lafontaine war damals Mitglied des zuständigen Parlamentsausschusses und stellvertretender Vorsitzender der SPD-Fraktion. Er hat, als die Angelegenheit durch ein Gutachten aus der Feder des Verfassers für den Bund der

Steuerzahler im Mai 1992 veröffentlicht wurde, zunächst – ganz ähnlich wie vor ihm die Hamburger – versucht, das Gesetz »ohne Einschränkung« zu verteidigen, die Kritiker persönlich zu beschimpfen und die Medien gar mit der Nazi-Presse auf eine Stufe zu stellen.[34]

Auch in allen anderen Ländern ist die Altersversorgung sehr viel üppiger als die für Bundesminister, obwohl die auch nicht gerade schlecht ist. Diese Landesprivilegien waren, wie in Hamburg, unter Ausschluß der Öffentlichkeit und in Kartellabsprachen mit der jeweiligen Opposition zustande gekommen, die dafür ihrerseits durch großzügige Erhöhungen der Abgeordnetendiäten und der Zahlungen an Fraktionen abgefunden wurde. Auch hier liegen die Probleme nicht in den offen ausgewiesenen Gehältern der Minister, sondern in den kleingedruckten, aber ökonomisch gewichtigen Zusatzleistungen, die einen Millionenwert haben können, in groteskem Mißverhältnis zu den normalen Aktivenbezügen stehen und durch eine Flucht aus der Öffentlichkeit gekennzeichnet sind. Neben den besonders gravierenden Auswüchsen der Altersversorgung und überzogenen Übergangsgeldern[35] sind hier zum Beispiel überhöhte Aufwandsentschädigungen zu nennen, die in Wahrheit ein steuerfreies Zusatzeinkommen darstellen. So erhalten bayerische Minister, wenn sie zugleich Abgeordnete sind, neben ihren steuerpflichtigen monatlichen Bezügen als Minister und dem halben Abgeordnetengehalt (von zusammen fast 27 000 DM) noch steuerfreie Kostenpauschalen von über 6000 DM monatlich zusätzlich. Solche Pauschalen sind verfassungsrechtlich aber allenfalls zulässig, wenn sie sich am amtsbedingten Aufwand orientieren. Das ist jedoch – angesichts der zusätzlich vorgehaltenen großzügigen sächlichen und personellen Amtsausstattungen – sicher nicht der Fall, wie sich auch daran zeigt, daß die steuerfreien Beträge bayerischer Minister höher sind als im Bund und rund viermal so hoch wie in Hessen und Niedersachsen.[36]

Inzwischen ist die Berechtigung der öffentlichen Kritik an der Überversorgung der Landesminister anerkannt. Das Saarland und sechs weitere Länder (Niedersachsen, Rheinland-Pfalz, Hessen, Bayern, Bremen und Mecklenburg-Vorpommern) haben ihre Ministergesetze geändert und die Altersversorgung dem Bundesministergesetz angepaßt.[37] Dies geschah allerdings ohne große Öffentlichkeit – wohl deshalb, weil durch die Gesetzesänderung die Berechtigung der Kritik, die zunächst vehement bestritten worden war, stillschweigend anerkannt wurde,[38] gleichwohl die Gesetze zumeist nur für die *Zukunft* geändert wurden, den *amtierenden* Ministern dagegen die Privilegien erhalten blieben. Dafür wird ein angeblich verfassungsrechtlich geschützter »Besitzstand« reklamiert, ein Argument, das einer Nachprüfung aber nicht standhält. Es gibt keine Verfassungssperre. Das bestätigt die Rechtsprechung des Bundesverfassungsgerichts.[39] Es scheint aber schwer zu sein, in eigener Sache auf Vorrechte zu verzichten, mögen sie sachlich noch so unberechtigt sein. Immerhin, unmöglich ist es nicht: Die 1987 eingeführten Versorgungsprivilegien für Hamburger Senatoren waren 1992 nicht nur für alle aktiven, sondern auch für die ehemaligen Senatoren und ihre Hinterbliebenen beseitigt worden. Ebenso wurden in Mecklenburg-Vorpommern die Privilegien auch den amtierenden und früheren Ministern genommen und dadurch ein bemerkenswertes Vorbild gesetzt.[40] In den anderen Bundesländern fehlt aber noch die Bereitschaft, ihre überzogene Ministerversorgung zumindest auf das Niveau des Bundesministergesetzes zurückzuführen.[41]

Diskussionsanstöße für andere Parlamente

Schon der hessische Diätenskandal hatte gezeigt, daß auch die Bezüge der Abgeordneten der anderen Parlamente umfassend diskutiert und auf den verfassungsrechtlichen und politischen

Prüfstand gestellt werden müssen. Die zahlreichen Gutachten und Kommissionsberichte, die der Hessenfall in den Jahren 1988 und 1989 ausgelöst hatte, bestätigten, daß auch das Abgeordnetenrecht der anderen Länder und des Bundes in zahlreichen Punkten verfassungswidrig ist und reformiert werden muß. In Schleswig-Holstein, das nach der Barschel-Pfeiffer-Affäre besonderen politischen Reinigungsbedarf empfand, wurde ein – gleichfalls durch den hessischen Diätenfall angestoßener – Reformprozeß schon recht früh abgeschlossen.[42] Ein von den Präsidenten der Landesparlamente in Auftrag gegebener Bericht der Landtagsdirektoren über die Konsequenzen des hessischen Diätenfalls für die anderen Parlamente unterstrich ebenfalls die Notwendigkeit einer Reform.[43] Dabei beschränkt die Diskussion sich inzwischen keineswegs mehr auf rein finanzielle Themen, sondern betrifft auch die Fragen, wie die Parlamentsarbeit besser organisiert werden könnte, vor allem, ob das Landtagsmandat auch bei verbesserter Organisation wirklich ein Vollzeitengagement verlangt und welchen Einfluß die Art des Wahlrechts und des Wahlverfahrens auf die Rekrutierung der Abgeordneten hat.[44]

Nach den Hamburger und saarländischen Diäten- und Versorgungsfällen gab es ab 1992 eine erneute »Kommissionsrunde«. Im Bund (»Kissel-Kommission«) und in den Ländern wurde eine Vielzahl weiterer Diätenkommissionen eingesetzt, die die Diäten ihrer jeweiligen Parlamente zu durchleuchten hatten.[45]

Entscheidung des Bundesverfassungsgerichts von 1987

Ein zusätzlicher Anlaß, die Abgeordnetenentschädigung im Bund und in den Ländern von Grund auf zu überprüfen, ergab sich aus einer Entscheidung des Bundesverfassungsgerichts von 1987. Darin rückte das Gericht ausdrücklich vom Diätenurteil von 1975 ab und stellte eine Verpflichtung des Gesetzgebers zur

Einführung einer Vollalimentation (selbst für den Bund[46]) in Abrede. Anders als beim Beamten, für dessen finanziellen Status das Alimentationsprinzip gelte, kenne das Verfassungsrecht für den Abgeordneten »keine Garantien dieser Art«. Denn er habe, wie das Gericht noch sehr viel eindringlicher als im Diätenurteil darlegt, einen völlig anderen verfahrensrechtlichen Status.[47]

Seufferts Minderheitsvotum wird zur Mehrheitsmeinung

Damit erhält die Kritik, die Walter Seuffert seinerzeit in seinem Minderheitsvotum am Diätenurteil geübt hatte, Relevanz und Aktualität. Seuffert hatte sich 1975 vehement gegen die Auffassung gewandt, die Parlamente seien verpflichtet, eine Vollalimentation einzuführen, weil es sonst »denjenigen Staaten, die (wie auch das Saarland) sich in der Lage sehen, die Beanspruchung der Mitglieder ihrer Parlamente so einzurichten, daß jedenfalls ansehnliche anderweitige Erwerbsmöglichkeiten offenblieben, geradezu verboten (würde), die Beanspruchung der Staatskasse durch die Diäten entsprechend zu beschränken«. Seuffert akzeptierte zwar, »daß ›Berufspolitiker‹ im Parlament möglich sein müssen und nicht diskriminiert sein dürfen«, Art 48 III GG verlange jedoch nicht, »daß der Berufspolitiker zu einer Institution des Grundgesetzes« werde. Es könne nicht gefordert werden, »daß das Mandat selbst eine volle Existenzgrundlage« gewähre.[48]

Das Urteil von 1987 zeigt, daß Seufferts frühere Minderheitsauffassung inzwischen zur Auffassung der Mehrheit des Senats geworden ist, zumindest was die fehlende Pflicht zur Einführung einer Vollalimentation anlangt.

Reaktion der Parlamente überfällig

Die Bedeutung der Entscheidung des Bundesverfassungsgerichts von 1987 ist bisher nur unzureichend zur Kenntnis genommen worden. Konsequenzen sind noch nicht gezogen. Es besteht derzeit also die paradoxe Situation, daß die Konsequenzen weder aus dem Diätenurteil von 1975 noch aus dem Urteil von 1987 gezogen wurden. Daß die Parlamente das letztere Urteil bisher nicht beachtet haben, liegt wohl auch daran, daß die Gewährung einer Vollalimentation »für die Parlamente sehr angenehm« war[49] und die in eigener Sache entscheidenden Parlamente keinen großen Drang verspüren, davon abzuweichen.

Ein verfassungsrechtlicher Zwang, nach dem Urteil von 1987 neue Wege zu gehen, könnte sich allerdings aus dem Landesverfassungsrecht ergeben. In einigen Ländern gibt es Vorschriften, die erkennbar nicht vom Grundsatz der Vollalimentation ausgehen. Diese wurden aufgrund des Diätenurteils bisher zumeist als von Art. 48 Abs. 3 GG »überlagert« angesehen. Das neue Urteil des Bundesverfassungsgerichts erlaubt es nun aber, diese Vorschriften in ihrem Geltungsbereich wieder zum Zuge kommen zu lassen.[50]

Das könnte erhebliche, ja beinahe »revolutionäre« Auswirkungen haben, zum Beispiel auch für Hessen. Nach Art. 98 Absatz 1 Hessische Verfassung erhalten die Mitglieder des Landtages lediglich »das Recht zur freien Fahrt auf allen in Hessen bestehenden staatlichen Verkehrseinrichtungen, ferner Erstattung der Reisekosten sowie Sitzungsgelder. Außerdem erhält der Präsident für die Dauer seines Amtes eine Aufwandsentschädigung.« Dieser Frage soll hier aber nicht weiter nachgegangen werden.

Reformbedarf im Bund und in den Ländern
(Überblick)

Die durch die Diäten- und Versorgungsskandale und das Urteil des Bundesverfassungsgerichts von 1987 ausgelöste Diskussion der verfassungsrechtlichen und politischen Anforderungen an die Abgeordnetenentschädigung hat Auswirkungen auch auf andere Länder und den Bund. Abgeordnete der Grünen der Landtage von Rheinland-Pfalz und Thüringen haben zudem bereits 1991 beim Bundesverfassungsgericht beantragt, die dortigen Diätengesetze zu überprüfen, ohne daß aber bisher eine Entscheidung des Gerichts ergangen wäre. Dringender Überprüfungsbedarf ergibt sich unter anderem in bezug auf

– das hohe Übergangsgeld, das zumeist auch dann gezahlt wird, wenn der ausscheidende Abgeordnete eine Übergangshilfe gar nicht benötigt.

– die großzügige Altersversorgung von 75 Prozent des Abgeordnetengehalts, die schon nach einem halben Arbeitsleben und ab dem 55. Lebensjahr gezahlt wird.

– die zusätzliche Entschädigung von Fraktionsvorsitzenden und anderen Funktionsträgern der Fraktionen oder des Parlaments, die Hessen, Rheinland-Pfalz, Schleswig-Holstein und drei neue Länder eingeführt haben, die es aber auch im Bund und in den anderen Ländern teilweise aus der – ebenfalls staatlich gespeisten – Fraktionskasse gibt.

– die (Nicht-)Anrechnungsvorschriften beim Zusammentreffen der Diäten mit anderen Bezügen, die häufig zu Doppelalimentationen aus der Staatskasse führen.

– die verschiedenen Formen von hohen pauschalierten Kostenerstattungen, die für viele Abgeordnete steuerfreie Zusatzeinkommen darstellen.

– die unkontrollierten Interessentenzahlungen und »Spenden«

an Abgeordnete, die leicht an Korruption grenzen und die Unabhängigkeit der Volksvertreter, deretwegen sie die Diäten erhalten, gefährden, und

- die hohen, den Abgeordneten von ihrer Partei abgepreßten Sonderbeiträge (»Parteisteuern«), in denen sich die Abhängigkeit der Abgeordneten widerspiegelt.

Daneben müssen Höhe und Struktur der Entschädigung in den Landesparlamenten auch vor dem Hintergrund der Frage: Teilzeit- oder Vollzeitmandat diskutiert werden.

14 Einkommen, Übergangsgeld, Beihilfe und Versorgung

Einkommen

Höhe des Einkommens

Die Höhe des Einkommens, das heißt der sogenannten Grundentschädigung, ist ganz unterschiedlich (siehe Tabelle 13, S. 218). Während zum Beispiel Nordrhein-Westfalen als besonders großes Bundesland seinen Abgeordneten »nur« ein Einkommen von 8370 DM monatlich gewährt, erhalten hessische Landtagsabgeordnete 11 266 DM;[51] das war bis zur Neuregelung des Bundesabgeordnetengesetzes Ende 1995[52] sogar mehr, als Bundestagsabgeordnete erhalten.

Die verfahrensrechtlichen Grundsätze für die Bemessung des Einkommens sind relativ vage. Art. 48 III 1 GG gibt dem Bundestagsabgeordneten einen Anspruch auf eine angemessene, seine Unabhängigkeit sichernde Entschädigung. Im Diätenurteil verstand das Bundesverfassungsgericht diese Formel als Anspruch auf eine »Vollalimentation«, die zugleich »der Bedeutung des Amtes unter Berücksichtigung der damit verbundenen Verantwortung und Belastung und des diesem Amt im Verfassungsgefüge zukommenden Ranges gerecht werden« müsse.[53] Sie müsse auch dem eine angemessene Lebensführung gestatten, der allein auf die Entschädigung angewiesen sei, also kein sonstiges berufliches Einkommen beziehe. Bei Festsetzung der Beträge gibt die Verfassung dem Gesetzgeber einen weiten Spielraum, der sich noch erweitert, wenn man mit dem Urteil des Bundesverfassungsgerichts vom 30. 9. 1987 davon ausgeht, der Gesetzgeber sei selbst bei Bundestagsabgeordneten verfassungsrechtlich nicht verpflichtet, eine Vollalimentation zu gewähren.[54]

Geltung auch für Landesparlamente?

Ob die für den Bundestag entwickelten Grundsätze auch für die Landesparlamente gelten, hat das Bundesverfassungsgericht im Diätenurteil offengelassen.[55] Einen verfassungsrechtlichen Anspruch von Landtagsabgeordneten auf Vollalimentation hat das Gericht jedenfalls nicht ausdrücklich bejaht. Es hat zwar für das Saarland festgestellt, daß der Landesgesetzgeber die Entschädigung tatsächlich als »Vollalimentation aus der Staatskasse« ausgestaltet hatte; ob dies zu Recht geschah oder nicht, ließ das Gericht offen.[56] Da die Entschädigung im Saarland (mit 3000 DM netto im Jahre 1975) nach Auffassung des Gerichts tatsächlich als »Vollalimentation« ausgestaltet war, mußten auch die überkommenen Privilegien (insbesondere das Steuer-, das Beamten- und das Lobbygeldprivileg) beseitigt werden. Das Gericht gelangte zu diesem Ergebnis dadurch, daß es »die aus Art. 48 III 1 GG entwickelten Grundsätze über Art. 28 I 1 GG« auch für saarländische Abgeordnete gelten ließ, weil die saarländische Verfassung keine eigenen Vorschriften über die Abgeordnetenentschädigung enthält. Dagegen ließ das Gericht die »Frage, wie sich dies auf die Interpretation von Landesverfassungsbestimmungen auswirkt, die eine Regelung über die Entschädigung von Landtagsabgeordneten enthalten«, wie dies in allen anderen Bundesländern der Fall ist, ausdrücklich dahingestellt.[57]

Gleichwohl wurde nach dem Diätenurteil des Bundesverfassungsgerichts häufig davon ausgegangen, Art. 48 III 1 GG verlange auch für die Landesparlamente die Gewährung einer Vollalimentation.[58] Die Entscheidung des Bundesverfassungsgerichts vom 30. 9. 1987 gibt Anlaß, diese Auffassung zu überprüfen.

Tabelle 13: Abgeordnetenentschädigung (steuerpflichtig) in Bund und Ländern[1]

Monatsbeträge in DM

Bund	11 300 (ab 1. 1. 1998: 12 875)[2]
Flächenstaaten	
Baden-Württemberg	7162 (ab 1. 6. 1996: 7900)
Bayern	9590
Hessen	11266
Niedersachsen	9700
Nordrhein-Westfalen	8370
Rheinland-Pfalz	8779
Saarland	7869
Schleswig-Holstein	7150
Stadtstaaten	
Berlin	5100
Bremen[3]	4457
Hamburg[4]	–
Neue Länder	
Brandenburg	6230
Mecklenburg-Vorpommern	6310
Sachsen	6753
Sachsen-Anhalt	6500
Thüringen	7371

Stand: Januar 1996; zu den Zulagen von Funktionsträgern siehe Tabelle 16, S. 262 f.; zur Aufwandsentschädigung unten Tabellen 17 und 18.

Anmerkungen

[1] Die steuerpflichtige Abgeordnetenentschädigung wird im Bund und in allen Ländern 12mal im Jahr gezahlt.

[2] Abgeordnetengesetz vom 18. 2. 1977, zuletzt geändert durch Gesetz vom 15. 12. 1995 (BGBl. I S. 1718). Durch diese Änderung wurde die bisherige Entschädigung von 10 366 DM rückwirkend zum 1. 10. 1995 auf 11 300 DM erhöht. Darüber hinaus sind drei weitere Erhöhungsstufen festgelegt: Die Entschädigung wird ab 1. 7. 1996 11 825 DM, ab 1. 4. 1997 12 350 DM und ab 1. 1. 1998 12 875 DM betragen (§ 11 I).

[3] In Bremen wird unter bestimmten Umständen zusätzlich der durch Sitzungen und Reisen entstehende Erwerbsausfall erstattet (§ 6).

[4] In Hamburg gilt unverändert die Regelung, wonach Abgeordneten kein steuerpflichtiges Gehalt gezahlt wird. Auf Antrag wird aber der Verdienstausfall erstattet (§ 4). (Reformvorstellungen in: Hoffmann-Riem [Hg.], Bericht der Enquête-Kommission »Parlamentsreform«, 1993).

Struktur des Einkommens

Dreizehnte Zahlung im Jahr

Eine dreizehnte Entschädigung im Jahr (»Weihnachtsentschädigung«) wurde in Hessen[59] mit der Neuregelung des Abgeordnetengesetzes im Jahre 1989 beseitigt, ebenso in Rheinland-Pfalz und Thüringen, so daß sie jetzt in keinem Land mehr gezahlt wird. Der Bundestag hatte von Anfang an von einer dreizehnten Zahlung abgesehen, weil man sie für unvereinbar mit dem Abgeordnetenstatus hielt.[60] Auch alle anderen bundesdeutschen Parlamente hatten sich daran gehalten, bis der Hessische Landtag 1981 in einer die Öffentlichkeit gezielt unterlaufenden Nacht-und-Nebel-Aktion die dreizehnte Entschädigung einführte.[61] Wäre sie öffentlich zur Diskussion gestellt worden, wie es ein ordentliches Gesetzgebungsverfahren verlangt, so wäre es – angesichts der entgegenstehenden Rechtsauffassung im Bund – kaum zu ihrer Einführung gekommen.

Wirtschaftlich läuft die dreizehnte Entschädigung auf eine Anhebung der Grundentschädigung um ein Zwölftel hinaus. Das eigentlich Problematische liegt im Verschleierungseffekt: Es ergeben sich optisch geringere Monatsbeträge, es sei denn, man legt die dreizehnte Entschädigung auf die zwölf Monatsbeträge um. Dann aber sollte man schon im Interesse der Klarheit auf die dreizehnte Entschädigung verzichten und eventuelle Erhöhungen offen durch Anhebung der zwölfmal jährlich gezahlten Entschädigung vornehmen. Auch die schleswig-holsteinische Kommission[62] und der hessische Präsidenten-Beirat[63] schlugen ausdrücklich nur zwölf Monatszahlungen vor.

Anhebung in mehreren Stufen

In Hessen hatte sich die Entschädigung zum 1. 1. 1989 von nominell 6300 auf 6600 DM erhöht. Dies war die letzte automatische Erhöhung aufgrund einer 1985 beschlossenen fünfstufigen Staffel. In Baden-Württemberg ist mit Gesetz vom 24. 7. 1995 eine Erhöhung der Entschädigung auf 7162 DM zum 1. 8. 1995 und gleichzeitig eine Erhöhung zum 1. 6. 1996 auf 7900 DM beschlossen worden. Im Bund ist Ende 1985 eine Staffel von vier Stufen – mit der letzten zum 1. 1. 1998 auf 12 875 DM – festgelegt worden.

Derartige gestufte Anhebungen sind nicht bedenkenfrei, auch nicht verfassungsrechtlich, weil das Bundesverfassungsgericht für jede einzelne Erhöhung der Diäten, bei der das Parlament in eigener Sache tätig wird, eine selbständige öffentlichkeitswirksame Entscheidung verlangt,[64] die hier gerade nicht vorliegt.[65] Mit Recht hat sich auch die schleswig-holsteinische Kommission[66] gegen jede Form von Staffeldiäten ausgesprochen.[67]

Ankoppelung an die allgemeine Einkommensentwicklung

Der Freistaat *Thüringen* hat als erster eine Indexregelung eingeführt, wonach die Entschädigung automatisch mit der allgemeinen Einkommensentwicklung steigt. Thüringen hat die Indexregelung in seiner Landesverfassung verankert, die am 16. Oktober 1994 durch Volksentscheid angenommen wurde. Nach Art. 54 Abs. 2 ThürVerf verändert die Höhe der Entschädigung »sich jährlich auf der Grundlage der jeweils letzten Festsetzung nach Maßgabe der allgemeinen Einkommens- und die der Aufwandsentschädigung nach Maßgabe der allgemeinen Preisentwicklung im Freistaat«. Auf dieser Grundlage wurde Anfang 1995 das thüringische Abgeordnetengesetz geändert[68] und zugleich eine Erhöhung der steuerpflichtigen Entschädigung um 43 Prozent (von 4900 auf 7007 DM)[69] und der steuerfreien Pauschalen um 12,7 Prozent vorgenommen.

Im *Bund* sollte die steuerpflichtige Entschädigung nach einem Gesetzentwurf der Bundestagsfraktionen der CDU/CSU und der SPD vom 28. Juni 1995[70] an die Jahresbezüge (also einschließlich des 13. Gehalts) eines Bundesrichters angebunden werden,[71] die nach Höhe und Struktur denen eines hohen Beamten völlig entsprechen. Dieser Entwurf scheiterte aber, als der Bundesrat der gleichzeitig vorgesehenen Änderung des Art. 48 GG[72] am 13. 10. 1995 seine Zustimmung versagte (siehe S. 348). In *Bayern* wurde mit Gesetz vom 23. 12. 1995[73] eine Erhöhung der steuerpflichtigen Entschädigung von bisher 8700 DM auf 9590 DM rückwirkend zum 1. 7. 1995 vorgenommen. Zugleich wurde eine Indexierung eingeführt, wonach die steuerpflichtige Entschädigung jeweils zum 1. Juli der Jahre 1996, 1997 und 1998 automatisch an die Einkommensentwicklung des Vorjahres, die steuerfreie Kostenpauschale an die Preisentwicklung der Lebenshaltung aller privaten Haushalte des Vorjahres angepaßt wird. Eine verfassungsrechtliche Verankerung gibt es in Bayern, anders als in Thüringen (und anders, als es im Bund vorgesehen war), nicht.

Eine derartige automatische Anbindung der steuerpflichtigen Entschädigung an die allgemeine Einkommensentwicklung[74] wirft Probleme unter mehreren Gesichtspunkten auf. Erstens orientiert sich die Indexierung in Thüringen und Bayern am Wachstum der Bruttobezüge von abhängig Tätigen. Diese Bruttobezüge enthalten aber auch die gesamten Sozialversicherungsbeiträge der Arbeitnehmer, obwohl *Abgeordnete* derartige Beiträge nicht oder nur zu einem sehr geringen Teil zu entrichten haben, weil sie ohne eigene Beiträge Anspruch auf staatsfinanzierte Alters-, Hinterbliebenen- und Invaliditätsrente haben und im Falle von Krankheit staatliche Beihilfe erhalten. Da die Beiträge zu den durch Umlage finanzierten Sozialversicherungen im Laufe der nächsten Jahre und Jahrzehnte – schon aufgrund der demographisch, aber etwa auch durch Frühverrentungen absehbaren Abnahme des Anteils der Aktiven und der Zunahme des Anteils der Alten – überproportional steigen werden, wird die Koppelung an das Wachstum der Bruttobezüge von Arbeitnehmern zwangsläufig dazu führen, daß das durchschnittliche *verfügbare* Einkommen der Abgeordneten, auf das es für das Niveau der Lebenshaltung ankommt, *schneller wächst* als das durchschnittliche verfügbare Einkommen der Arbeitnehmer. Derartige überproportionale Einkommenszuwächse für Abgeordnete sind aber ein offensichtlich sinnwidriges Ergebnis. Zweitens erhöht die Indexklausel nicht nur die Entschädigung selbst, sondern auch alle anderen an sie geknüpften Leistungen, besonders die ohnehin schon überzogene Altersversorgung für Abgeordnete (siehe S. 253 ff.) und auch dies überproportional, weil die Altersversorgung bei Abgeordneten auf das Bruttoeinkommen, bei Renten der Sozialversicherung dagegen nur auf das – neben der Lohnsteuer auch um die Versicherungsbeiträge geminderte – Nettoeinkommen bezogen ist. Sie errichtet damit – trotz der hier an sich besonders dringenden Reformnotwendigkeit – nicht nur praktisch eine Reformblockade, sondern verschärft das Problem der Überversorgung auch noch ständig. Sie schreibt sozusagen über die Hintertreppe die Strukturen fest, ohne daß darüber öffentlich diskutiert worden wäre, und bewirkt dadurch zugleich eine faktische Stabilisierung, ja sogar eine Verschärfung verfassungsrechtlich zumindest zweifelhafter Regelungen. Drittens sollte und müßte das Parlament jede Erhöhung der Entschädigung als politische Entscheidung vor dem Hintergrund der jeweils bestehenden wirtschaftlichen, sozialen und allgemeinen politischen Situation beurteilen, abwägen und politisch vertreten können, was durch eine Indexierung gerade verhindert wird.[75]

Die *verfassungsrechtliche* Beurteilung muß von den grundlegenden Ausführungen im Diätenurteil des Bundesverfassungsgerichts ausgehen. Das Gericht hat sich dazu an zwei Stellen geäußert. Die eine Stelle betraf eine Regelung, welche die Höhe der Entschädigung über einen komplizierten Schlüssel an die Beamtenbesoldung gekoppelt und dazu geführt hatte, daß Anhebungen der Beamtenbesoldung automatisch und ohne viel

Aufhebens eine Erhöhung auch der Entschädigung nach sich zogen. Das Gericht hat diese Koppelung für verfassungswidrig erklärt, weil die Entschädigung »nichts mit den Regelungen des Gehalts in den Besoldungsgesetzen zu tun« habe. Die Entschädigung vertrage »deshalb auch keine Annäherung an den herkömmlichen Aufbau eines Beamtengehaltes und keine Abhängigkeit von der Gehaltsregelung, etwa in der Weise, daß sie unmittelbar oder mittelbar in Vom-Hundert-Sätzen eines Beamtengehalts ausgedrückt« werde. Denn dies sei »kein bloß ›formaltechnisches Mittel‹ zur Bemessung der Höhe der Entschädigung, sondern der Intention nach dazu bestimmt, das Parlament der Notwendigkeit zu entheben, jede Veränderung in der Höhe der Entschädigung im Plenum zu diskutieren und vor den Augen der Öffentlichkeit darüber als einer selbständigen politischen Frage zu entscheiden«. Werte »man also die ›technische‹ Koppelung der Entschädigung an eine besoldungsrechtliche Regelung materialiter, so« führe »sie zur Abhängigkeit jeder Erhöhung der Entschädigung von einer entsprechenden Erhöhung der Besoldung. Genau dies aber ›widerstreite‹ der verfassungsrechtlich gebotenen *selbständigen* (und nicht in die ganz andere Entscheidung über die angemessene Besoldung der Beamten eingeschlossenen) Entscheidung des Parlaments über die Bestimmung dessen, was nach seiner Überzeugung ›eine angemessene, die Unabhängigkeit sichernde Entschädigung‹ sei«.[76]

Die andere Stelle im Diätenurteil bezog sich auf eine Regelung im saarländischen Abgeordnetengesetz, die das Parlamentspräsidium ermächtigte, bestimmte Teile der Diäten betragsmäßig festzulegen. Das Gericht hat diese Delegation der Entscheidungsbefugnis vom Parlament auf das Präsidium bemängelt, weil dadurch »für den Abgeordneten wesentliche Teile seiner finanziellen Ausstattung in einem Verfahren festgesetzt (würden), das sich der Kontrolle der Öffentlichkeit« entziehe. Dann folgen die berühmten Sätze:

»In einer parlamentarischen Demokratie läßt es sich nicht vermeiden, daß das Parlament in eigener Sache entscheidet, wenn es um die Festsetzung der Höhe und um die nähere Ausgestaltung der mit dem Abgeordnetenstatus verbundenen finanziellen Regelungen geht. Gerade in einem solchen Fall verlangt aber das demokratische und rechtsstaatliche Prinzip (Art. 20 GG), daß der gesamte Willensbildungsprozeß für den Bürger durchschaubar ist und das Ergebnis vor den Augen der Öffentlichkeit beschlossen wird. Denn dies ist die einzige wirksame Kontrolle. Die parlamentarische Demokratie basiert auf dem Vertrauen des Volkes; Vertrauen ohne Transparenz, die erlaubt zu verfolgen, was politisch geschieht, ist nicht möglich.«[77]

Diese Grundsätze werden offenbar von der Intention getragen, dem Parlament und seinen Mitgliedern solle bei Entscheidungen in eigener Sache die Flucht aus der für sie vielleicht unbequemen öffentlichen Diskussion über Art und Umfang der Entschädigung versperrt werden; denn die öffentliche Kontrolle stellt hier – neben der Verfassungsrechtsprechung selbst – in der Tat die einzige noch halbwegs wirksame Kontrolle dar. Worauf es deshalb ankommt, ist die Herstellung realer Öffentlichkeit, die die Entscheidung für die Öffentlichkeit merklich macht und möglichen Gegendruck und einen gewissen Zwang zur Begründung, insbesondere bei Ausweitung der Zahlungen, entstehen läßt.
Es ist klar, daß eine Anbindung an die Bezüge von Bundesrichtern, wie sie der Gesetzentwurf der CDU/CSU- und der SPD-Bundestagsfraktionen vom Juni 1995 für *Bundestagsabgeordnete* vorgesehen hatte, mit diesen Grundsätzen unvereinbar gewesen wäre. Deshalb sollte sie durch eine Änderung des Art. 48 GG flankiert werden.[78]
Verfassungsrechtlich problematisch erscheint auch die Indexierung der Entschädigung in *Thüringen*, die ohne Öffentlichkeit au-

tomatisch zu überproportionalen Steigerungen der verfügbaren Einkommen für Abgeordnete führt und die offensichtlich »der Intention nach dazu bestimmt (ist), das Parlament der Notwendigkeit zu entheben, jede Veränderung in der Höhe der Entschädigung im Plenum zu diskutieren und darüber als einer selbständigen politischen Frage zu entscheiden«. Das auf die Entscheidung über die Abgeordnetendiäten und ihre Erhöhung angewandte Rechtsstaats- und Demokratieprinzip verbietet eine »dynamische, für die Zukunft wirkende Regelung«[79] bzw. eine »auf Dauer angelegte Regelung der Abgeordnetenentschädigung«[80] und verlangt eine die *jeweilige Erhöhung* enthaltende gesonderte und selbständige Beratung im Parlament. Diese Anforderungen gelten nicht nur für den einfachen Gesetzgeber, sondern prinzipiell auch für den Verfassungsgeber. Auch der Thüringer Verfassungsgeber ist nach Art. 28 Abs. 1 Satz 1 Grundgesetz an die Grundsätze des demokratischen Rechtsstaats im Sinne des Grundgesetzes gebunden. »Zu den Essentialen des demokratischen Prinzips, das in Art. 28 Abs. 1 GG als ein für die verfassungsmäßige Ordnung in den Ländern wesentlicher Bestandteil gefordert wird«, gehören – so ausdrücklich das Bundesverfassungsgericht im Diätenurteil – auch die Grundsätze des Art. 48 Abs. 3 GG,[81] insbesondere das Erfordernis einer jeweils selbständigen und auf die konkrete Situation bezogenen *öffentlichkeitswirksamen* Regelung durch Gesetz (Art. 48 Abs. 3 Satz 3 GG). Eine Landesregelung, die dagegen verstößt, ist grundgesetzwidrig und damit nichtig (Art. 31 GG).[82] Im Falle Thüringens war die neue Verfassung einschließlich der Indexierungsvorschrift zwar durch Volksentscheid abgesegnet worden, auf der anderen Seite waren die Bürger bei der Abstimmung bewußt darüber im unklaren gelassen worden, daß die Verfassungsvorschrift nach der Vorstellung des nicht öffentlich verhandelnden Parlamentsausschusses und damit auch des Landtags insgesamt eine rückwirkende Erhöhung der Entschädigung um über 40 Prozent bedeutete.[83] Die PDS-Fraktion des Thüringer

Landtags hat im Herbst 1995 gegen das Gesetz Klage beim Thüringer Verfassungsgerichtshof erhoben.[84]

Verfassungsrechtlich anfechtbar ist auch die Indexierung im *bayerischen* Abgeordnetengesetz, die ohne verfassungsrechtliche Verankerung erfolgte. Auch sie führt ohne Öffentlichkeit zu automatischen überproportionalen Steigerungen der verfügbaren Einkommen der Abgeordneten und soll gleichfalls die verfassungsrechtlich gebotene selbständige politische Entscheidung des Plenums erübrigen.[85]

Alternativkonzepte

Die Gewährung einer »Alimentation« bzw. einer »Vollalimentation« ist sicher nicht die einzig mögliche Form der Entschädigung. Es gibt durchaus Alternativen, vor allem auf der Ebene der Landesparlamente (für die das Bundesverfassungsgericht mit seinem Urteil von 1987 die rechtliche Voraussetzung geschaffen hat). Ihre Durchführbarkeit hängt von der empirischen Vorfrage ab, ob das Mandat dem Abgeordneten noch die nötige Zeit läßt, daneben seinen Beruf auszuüben. Dies wiederum hängt wesentlich von der organisatorischen Ausgestaltung der Parlamentstätigkeit ab. Hier bestehen erhebliche Gestaltungsmöglichkeiten.

»Feierabendparlament«

Für Stadtstaaten zeigt das Beispiel Hamburg, daß die Tätigkeit sich nach Art eines »Feierabendparlaments« organisieren läßt.[86] Ähnlich wie in großen Städten wie München, Frankfurt oder Köln, wo die Stadträte noch ehrenamtlich tätig sind,[87] lassen sich auch die Parlamente in den Stadtstaaten durchaus so organisieren, daß neben dem Mandat noch ein Beruf ausgeübt werden kann. Dies schreibt die Verfassung Hamburgs auch ausdrücklich vor, was besonders bemerkenswert ist, weil hier staatliche *und kommunale* Aufgaben zusammenkommen.

Teilzeitparlament

In großen Flächenstaaten ist es nach verbreiteter Auffassung schwerer, einen Beruf neben dem Mandat fortzuführen, obwohl die zusätzlichen Gemeinde- und Kreisaufgaben, die die Parlamente der Stadtstaaten wesentlich belasten, wegfallen. Dies liegt vor allem an den längeren Reisewegen der Abgeordneten und teilweise an der Notwendigkeit, Wahlkreise zu betreuen.

Aber auch in den Flächenstaaten braucht die Tätigkeit in einem Landesparlament – angesichts seiner vergleichsweise geringen und weiter abnehmenden Aufgaben[88] – für die Mehrheit der Abgeordneten nicht notwendigerweise ein »Full-time-Job« zu sein, sondern kann durchaus auch als Teilzeittätigkeit ausgestaltet werden, insbesondere dann, wenn die Parlamentsarbeit organisatorisch gestrafft würde.

Nach dem hessischen Diätenskandal wurde – ausgehend von Initiativen des seinerzeitigen hessischen Ministerpräsidenten und CDU-Vorsitzenden Wallmann und des damaligen rheinland-pfälzischen CDU-Vorsitzenden Wilhelm – die Frage nach den Teilzeit- oder Vollzeitabgeordneten wieder verstärkt diskutiert. Die Befürworter des Teilzeitabgeordneten zielen dahin, eine repräsentativere Zusammensetzung der Parlamente zu erreichen und dadurch ihre zunehmende Bürger- und Basisferne zu bremsen. Es soll auch Personen, die Erfahrung im Erwerbsberuf haben, erleichtert werden, ein Mandat zu übernehmen und dabei ihren privaten Beruf (wenn auch vielleicht eingeschränkt) fortzuführen. Zugleich würde die Mobilität erhöht, weil Teilzeitabgeordnete nach Ende des Mandats geringere Übergangsprobleme zu haben pflegen, während Nur-Abgeordnete oft befürchten, beruflich und einkommensmäßig »in ein Loch zu fallen«, und sich, um das zu vermeiden, an die Beibehaltung des Mandats klammern.

Die Begriffe Teilzeit- und Vollzeitparlament sind allerdings insofern mißverständlich, als sie den Eindruck vermitteln, sie enthielten eine Richtschnur für sämtliche Abgeordneten. Dies ist nicht der Fall. Es geht um *typische* Zuordnungen. Auch im Teilzeitparlament kann und wird es einige vollberufliche Abgeordnete geben, etwa Fraktionsvorsitzende, ohne daß dadurch der Charakter als (typisches) Teilzeitparlament berührt würde.[89] Als Hauptfall gilt der Landtag von Baden-Württemberg,[90] obwohl sich auch hier die ursprünglichen Vorstellungen der dortigen CDU-Fraktion von einem Teilzeitabgeordneten nicht durchsetzen ließen und es zu einem Kompromiß kam:

> »In Stuttgart wollte vor über zehn Jahren die absolute Landtagsmehrheit der CDU zu einem Teilzeitparlament zurückkehren. Da sie jedoch mit dieser Vorstellung keine breite parlamentarische Mehrheit finden konnte, einigte sich die CDU schließlich mit der SPD auf eine Art ›Mischlösung‹, die unter anderem darin bestand, daß die Diäten in Übereinstimmung mit dem Urteil des Bundesverfassungsgerichts von 1975 derart hoch bemessen wurden, daß der Abgeordnete der Bedeutung seiner Aufgabe entsprechend allein davon leben kann, ohne daß ihm jedoch der Anreiz für eine berufliche Betätigung genommen wurde. Um dies zu ermöglichen, sind durch das Abgeordnetengesetz und die Geschäftsordnung Vorkehrungen getroffen worden, die eine Teilzeitarbeit neben dem Mandat erlauben.«[91]

Auch in anderen Landesparlamenten könnte das Abgeordnetenmandat jedenfalls im Wege einer durchgreifenden Parlamentsreform ohne weiteres zu einer (typischen) Teilzeittätigkeit gemacht werden.

Daß in den Landtagen ganz erhebliche Rationalisierungsreserven bestehen, wird von keiner Seite bestritten. Schon jetzt »ist der Teilzeitparlamentarier für Landtagsabgeordnete ohne Zusatzämter im Parlament möglich«.[92] Viele Abgeordnete üben neben dem Mandat auch tatsächlich ihren Beruf, wenn auch meist eingeschränkt, aus. Dies bestätigen auch die Regelungen, die es öffentlichen Bediensteten in mehreren Ländern erlauben, neben dem Mandat ihren Beruf noch auszuüben und daraus Diensteinkommen zu beziehen (siehe S. 238 f.). Darüber hinaus ließe sich die zeitliche Inanspruchnahme noch weiter mindern. Der frühere Bundestagspräsident Kai-Uwe von Hassel hat die Dinge mit einer Klarheit beim Namen genannt, wie sich das nur ein »elder statesman« leisten kann: »Wenn man Wichtiges von Unwichtigem trennt, seine Arbeit strafft, sie von viel Leerlauf befreit«, ließe sich »die zeitliche Inanspruchnahme in den Landtagen auf die Hälfte ... reduzieren«.[93] In Betracht kommt hier ein ganzer Fächer von Möglichkeiten, die sich dann letztlich in einer Kürzung der Sitzungsperioden und einer Verminderung der Sitzungstage widerspiegeln. Die CDU hat in Hessen im Jahre 1989 Vorschläge in diese Richtung gemacht.

Die Auswirkungen der Charakterisierung des Mandats als Teilzeit- oder Vollzeittätigkeit auf die Höhe der Entschädigung sind allerdings geringer, als man auf den ersten Blick vermuten mag, weil es auch im Teilzeitparlament stets Abgeordnete geben wird, die allein von der Entschädigung leben müssen. Das gilt jedenfalls so lange, wie man finanzielle Zuschläge mit dem Diätenurteil des Bundesverfassungsgerichts von 1975 grundsätzlich für nicht zulässig hält. Da das Gericht aber auch die zeitliche Belastung des (durchschnittlichen) Abgeordneten als ein Kriterium für die Bemessung der angemessenen Entschädigung anerkannt hat,[94] können sich auch nach dem Diätenurteil gewisse Auswirkungen auf die Bemessung der Entschädigung ergeben.[95] Dies gilt erst recht, wenn man das Urteil des Bundesverfassungsgerichts von 1987 zugrunde legt, weil dieses Urteil auch eine Differenzierung der Entschädigung erlauben dürfte.

Die Schlüsselentscheidung für oder gegen das Teilzeitparlament hängt jedoch nur eingeschränkt von der Belastung des Abgeordneten *im Parlament* ab. Die durch eine durchgreifende Parlamentsreform freigesetzte Zeit kommt nämlich nicht automatisch dem Erwerbsberuf des Abgeordneten zugute, sondern kann ebensosehr zu einer Ausweitung seiner politischen Aktivitäten, etwa in der Partei oder in Kommunalvertretungen, und zur Intensivierung von Bürgerkontakten führen. Ob die Anreize für den Beruf oder die Partei etc. stärker sind, dürfte wiederum wesentlich von der Bemessung und Struktur der Entschädigung abhängen. Ist die Entschädigung relativ niedrig, wird der Anreiz, sich um ein berufliches Zusatzeinkommen zu bemühen, eher durchschlagen.[96] Ist die Entschädigung dagegen hoch, wird der Abgeordnete eher dazu neigen, seine politische Stellung dadurch abzusichern, daß er seine Tätigkeit in der Partei verstärkt; denn diese ist für seine Wiederaufstellung als Parlamentskandidat bei den nächsten Wahlen schließlich entscheidend. Eine hohe Entschädigung verringert also den ökonomischen Zwang für den Abgeordneten, sich um einen außerparlamentarischen Beruf zu bemühen, und fördert umgekehrt das Bestreben, das einmal errungene (und ökonomisch attraktive) Mandat auch zu behalten. Deshalb steigt mit der Höhe der Entschädigung auch die Abhängigkeit von der Partei, weil von ihrer Nominierung in erster Linie die Erringung eines Mandats abhängt. Solches »Kleben am Mandat« kann durch die Struktur der Entschädigung, etwa durch die derzeitige Gestaltung der Altersversorgung, noch weiter verstärkt werden. Wer den Teilzeitparlamentarier, eine größere Offenheit und Durchlässigkeit bei der Rekrutierung der Abgeordneten und ein Mindestmaß von Selbständigkeit gegenüber der Partei wirklich will, muß die Entschädigung niedrig halten und die Altersversorgung so umgestalten, daß mobilitätshemmende Elemente beseitigt werden. (Zugleich wird er an der Pauschalierung des Mandatsaufwandes – im

Rahmen der engen verfassungsrechtlichen Grenzen – festhalten müssen. Pauschalen sind nicht nur »Prämien für Faule«. Sie können auch zum Einsparen von Aufwand und zur Beschränkung der Aktivitäten der Abgeordneten auf das Nötige erziehen.) Hier, in der Gestaltung der Diäten, liegt der strategische Punkt für alle Steuerungsversuche.

Daß man dagegen umgekehrt durch eine besonders hohe Entschädigung neue (gut verdienende) Bevölkerungsschichten für die Übernahme eines Mandats gewinnen könnte, ist ein aus naheliegenden Gründen immer wieder neu erzähltes politisches Märchen. Viel wichtiger ist es, die Parlamentsarbeit so durchgreifend zu rationalisieren und von dem von Insidern beklagten Leerlauf zu befreien, daß es den genannten Gruppen ermöglicht wird, neben ihrem (mit vielfachen Dispositions- und Gestaltungsmöglichkeiten versehenen und deshalb attraktiven) Beruf auch politisch noch tätig zu sein. Eine hohe Entschädigung brächte dagegen die Nur-Parlamentarier um so nachdrücklicher dazu, ihre Stellung durch rastlosen Arbeitseifer (bis hin zum »Aktionismus«) zur Vollzeittätigkeit aufzuwerten und sich daran zu klammern.

Welche Aufgaben des Abgeordneten dürfen bezahlt werden?
Im Hintergrund dieser Überlegungen (wenn auch selten ausgesprochen) steht die Grundfrage, ob die Diäten dazu bestimmt sind, im wesentlichen nur die Aufgaben des Abgeordneten im eigentlichen, engeren Sinne abzugelten oder auch die vielfältige sonstige politisch-gesellschaftliche Tätigkeit, die in mehr oder weniger mittelbarem Zusammenhang zu seiner Abgeordnetentätigkeit steht und vornehmlich der Absicherung seiner politischen Stellung dient.

Für die engere Auffassung spricht vieles, zunächst einmal der Umstand, daß die weiteren Tätigkeiten sich – im Unterschied zur engeren Parlamentsarbeit – kaum objektiv bestimmen lassen, so daß sie, je nach Auffassung der Abgeordneten, auch bei geringen Parlamentsaufgaben grenzenlos ausgeweitet werden können.[97] Würde man davon die Entschädigung, über die das Parlament in eigener Sache entscheidet, abhängig machen können, so würden leicht alle Dämme gebrochen.

Für die engere Auffassung spricht weiter, daß politisch-gesellschaftliche Aktivitäten auch von anderen regelmäßig ehrenamtlich und ohne Bezahlung ausgeübt werden. Was aber dem normalen Bürger, etwa als Orts- oder Kreisvorsitzendem einer Partei, recht ist, auch dann, wenn er Mitglied im Gemeinderat oder Kreistag ist, sollte auch dem Parlamentsabgeordneten billig sein. Dies ist eine Frage der Gerechtigkeit, wie der baden-württembergische Abgeordnete (und spätere Ministerpräsident) Lothar Späth treffend formuliert hat:

»Auch der Abgeordnete der Struktur, wie wir sie jetzt schaffen wollen, wird nicht ein Abgeordneter sein, der voll seiner Berufsaufgabe nachgehen kann, aber wir haben in den letzten Jahren immer die Möglichkeit geschaffen, daß Abgeordnete wenigstens teilweise im Beruf bleiben konnten. Nur – das muß ich dazusagen –, wenn man die Stunden des Abgeordneten zusammenzählt, wie das viele machen – die Abende, das Wochenende –, dann haben Sie immer einen Vollzeitparlamentarier. Ich behaupte allerdings: Wir sind doch alle nicht in die politische Arbeit gegangen in der Annahme, wir hätten dann noch ein freies Wochenende und den freien Abend. Was sollen wir denn zu unseren kommunalen Kollegen sagen? Ich kenne viele Kommunalpolitiker, die kaum eine Aufwandsentschädigung oder gar keine Aufwandsentschädigung bekommen und trotzdem jeden Abend und jedes Wochenende ihrer demokratischen Aufgabe nachgehen. Die wären erschüttert, wenn wir am Sonntag im Festzelt Bier trinken würden und dafür ähnlich wie die

Feuerwehr noch eine Bereitschaftsvergütung haben wollten. Den Teil streiche ich ab. Arbeit am Abend und am Wochenende ist politische Arbeit unabhängig vom Mandat, Einsatz, den jeder freiwillig macht und den er nicht vergütet bekommen kann.«[98]

In die gleiche Richtung gingen die Ausführung von Willi Geiger, der als Bundesverfassungsrichter maßgeblich am Diätenurteil des Bundesverfassungsgerichts mitgewirkt hatte:

»Natürlich läßt sich eine ganze Menge von Aufgaben im Abgeordnetenberuf und im Parlament entdecken, die ich, wenn ich 70 Stunden ausfüllen will, um sagen zu können, wie belastet ich mich fühle, anpacken und zeitraubend erledigen kann. Das ist nicht die Frage. ›Abgeordnetentätigkeit‹, die durch die Entschädigung honoriert wird, ist doch Tätigkeit im Parlament. Wir haben nun gesagt, der moderne Parlamentarier brauche auch die Verbindung zum Fußvolk draußen, er muß das auch pflegen. Aber nun aus Mangel an Gesetzgebungszuständigkeit ... den Schwerpunkt der Abgeordnetentätigkeit in die Hausgänge und die Wahlkreistätigkeit zu verlegen – das wäre natürlich eine Verkennung dessen, was nach Meinung des Bundesverfassungsgerichts Abgeordnetenaufgabe ist.«[99]

Es geht im übrigen nicht nur um Gerechtigkeit, sondern auch um Chancengleichheit und Offenheit des politischen Prozesses für neue Kräfte und Entwicklungen: Wird die Entschädigung dem Abgeordneten auch für seine parteipolitische Tätigkeit vor Ort gezahlt und dadurch seine ständige Präsenz in den Parteigremien finanziert, so erhält er einen innerparteilichen Wettbewerbsvorteil gegenüber potentiellen Konkurrenten, der sich etwa bei Aufstellung der Wahllisten durch die Partei auswirken kann. Diese Wettbewerbsverzerrung läuft dem Grundsatz der Offenheit des politischen Prozesses zuwider und begünstigt die Verkrustung und Verfestigung der etablierten Kräfte, die von den Reformern gerade kritisiert wird.

Zugleich liegt darin eine unzulässige verdeckte Parteienfinanzierung. Die Parteien, die für den Vollzeitparlamentarier auch in den Landtagen eintreten, zielten – so ein erfahrener hoher Politiker – in Wahrheit darauf ab, »ihn als den vom Landtag bezahlten Parteiarbeiter von Montag bis Freitag einspannen zu können«.[100]

Die Gefahr, daß aus der Staatskasse Parteitätigkeit finanziert wird und dadurch Wettbewerbsverzerrungen zugunsten der glücklichen Inhaber von Parlamentsmandaten entstehen, ergibt sich nicht nur bei der (für den Lebensunterhalt bestimmten) Entschädigung, sondern darüber hinaus auch und erst recht bei der Kostenerstattung. Soweit diese auch Parteiarbeit umfaßt, etwa bei der Erstattung von Reisekosten oder Mitarbeiterkosten, kommt es zu Bevorzugungen der Amtsinhaber. Diese erscheinen dann von vornherein zur Wahrnehmung von Führungsaufgaben in der Partei besonders prädestiniert, weil ihre Aufwendungen von Staats wegen abgedeckt werden und die Partei entlasten. Auch darin liegen eine Wettbewerbsverzerrung zu ihren Gunsten und eine dubiose indirekte Parteienfinanzierung.

Aus allem folgt: Die Tätigkeit des Abgeordneten in Partei und Kommunalparlamenten darf grundsätzlich nicht (oder doch nur beschränkt) bei der Bemessung der Entschädigung und der Kostenerstattung berücksichtigt werden. Auch der Berücksichtigung der sogenannten Wahlkreistätigkeit müssen enge Grenzen gezogen werden.

Begrenzt man die entschädigungsfähige Abgeordnetentätigkeit im wesentlichen auf den engeren Bereich im Parlament (und berücksichtigt sonstige politische Tätigkeit nur in engem Rahmen), so wäre es bei durchgreifenden Parlamentsreformen von der Sache her nicht unmöglich, das Mandat in den Landesparlamenten grundsätzlich wieder zu einem Amt zu machen, das neben dem Beruf ausgeübt werden könnte.

Die Möglichkeit, die Landtage so zu organisieren, daß das Mandat neben dem Beruf wahrgenommen werden kann, besitzt vor allem in denjenigen Ländern unmittelbare verfassungsrechtliche Bedeutung, in denen die Landesverfassungen ausdrücklich oder sinngemäß von einer nebenberuflichen Wahrnehmung ausgehen (außer Hamburg sind dies Bayern, Hessen und wohl auch Rheinland-Pfalz[101]). In diesen Ländern wäre vielleicht sogar eine verfassungsrechtliche Pflicht des Landesparlaments anzunehmen, die Parlamentstätigkeit so zu organisieren, daß sie auch von Berufstätigen wahrgenommen werden kann, weil sich nur dann die verfassungsrechtlich vorgeschriebene ehrenamtliche Ausgestaltung aufrechterhalten ließe, ohne daß die Freiheit des Mandats und die Gleichheit der Wählbarkeit gefährdet werden.

Daß die erforderliche Umorganisation der Parlamentsarbeit auch einen wesentlichen Beitrag zum Abbau der Politikerverdrossenheit leisten könnte, hat der frühere Präsident des Bundestags von Hassel unterstrichen, als er 1993 in einer Ansprache zu seinem 80. Geburtstag sozusagen sein politisches Vermächtnis zu Protokoll gab:

»Bei allem Respekt vor den Abgeordneten der Landtage, die sich zumeist ungemein engagieren, die Arbeit nicht scheuen: Man muß bereit sein, ernsthaft den Gründen für die Verdrossenheit nachzugehen, um daraus Konsequenzen zu ziehen. Und da ist unstrittig, daß ausnahmslos in allen Diskussionen, die ich verfolgte, Kandidaten und Kandidatinnen verlangt werden, die eine geregelte Berufsausbildung durchlaufen und erste Stationen im Beruf hinter sich haben. Nur der Beruf gibt die Sicherheit, nicht von der Politik, vom

Wahlkreis, vom Platz auf der Liste existentiell abhängig zu sein. Beruflich tüchtige Persönlichkeiten sind aber nicht bereit, ein Mandat zu übernehmen, wenn der Landtag sie im Übermaß in Anspruch nimmt. In den zuständigen Gremien muß radikal darüber nachgedacht werden, daß die Landtage ihre Abgeordneten nicht mehr jeden Tag in fast jeder Woche in Anspruch nehmen dürfen; sie müssen bereit sein, die zeitliche Inanspruchnahme durch das Parlament nennenswert zu reduzieren. Außerdem stelle ich die Frage: Warum ist man nicht bereit, ohne Murren auch Seiteneinsteiger zu akzeptieren? Qualifizierte Außenseiter könnten das Ansehen der sogenannten Hohen Häuser entscheidend heben. Aber gerade solche haben einfach nicht die Zeit, sich über die Orts- und Kreisverbandssprossen auf der Leiter zum Mandat hinaufzuziehen. Das hat nichts mit Arroganz zu tun, wie mancher vorschnell behauptet, sondern von der persönlichen Inanspruchnahme her können das nur Angehörige bestimmter Berufsgruppen mit geregelter 38-Stunden-Woche, und diese sind denn ja bekanntlich in den Parlamenten auch überrepräsentiert. Die Entwicklung der Reform unserer Landtage ist eine der Lebensfragen für unsere Demokratie. Ich beschwöre alle Verantwortlichen, sich dieser Frage anzunehmen, und ich appelliere besonders auch an die Vertreter der Wirtschaft, sich dazu zu äußern, denn ihr Interesse an guter Politik ist ein sehr vitales.«[102]

Auch die von Bundestagspräsidentin Süssmuth eingesetzte Kommission zur Überprüfung des Abgeordnetenrechts, die sogenannte Kissel-Kommission, hat die Frage gestellt, ob die Tätigkeit von Landtagsabgeordneten wirklich hauptberuflich erfolgen müsse oder nicht auch – wie in fast allen Staaten-Parlamenten der USA und in der Schweiz sogar im Bundesparlament (siehe S. 328 ff.) – nebenberuflich geschehen könne.[103]

Niemand, so hat ein kompetenter Beobachter mit Blick auf die finanziellen Selbstbewilligungen der Landesparlamente bemerkt, »trägt auf Dauer unbefangen und unbemerkt vom Steuerzahler einen zu groß geschneiderten Anzug«.[104] Noch in den sechziger Jahren hatten die Bezüge von Landtagsabgeordneten nur die Hälfte oder weniger der Bundestagsentschädigung betragen. Inzwischen haben sich ihre Bezüge an die ihrer Bundestagskollegen angenähert, sie zwischenzeitlich teilweise sogar überschritten. Das erscheint paradox; denn gleichzeitig haben die eigentlichen Aufgaben der Landesparlamente, besonders im Bereich der Gesetzgebung, immer mehr abgenommen. Daß Beanspruchung und Bezahlung der Abgeordneten dennoch so stark gewachsen sind, ist nur vor dem Hintergrund ihrer zunehmenden Überbürdung mit Parteiaufgaben zu verstehen. Die Aufwertung des Landtagsmandats zur Vollzeittätigkeit erfolgte nicht, weil die Tätigkeit *im Landtag* das wirklich verlangt, sondern um die Abgeordneten – mit dem schon erwähnten Wort von Hassels – als »vom Landtag bezahlte Parteiarbeiter von Montag bis Freitag einspannen zu können«.[105]

Vollalimentation – Teilalimentation

In engem Zusammenhang mit der Frage, ob das Landtagsmandat typischerweise die ganze Arbeitskraft des Abgeordneten verlangt, steht auch die Charakterisierung der Bezahlung als Voll- oder als Teilzeitalimentation. Einige Landesgesetzgeber haben Ende der siebziger Jahre nach dem Diätenurteil erklärtermaßen eine »Vollalimentation« festgesetzt (so Bayern, Hessen, Niedersachsen und Nordrhein-Westfalen). Andere Länder haben dagegen verbal nur eine »Teilalimentation« (Baden-Württemberg und ursprünglich auch Rheinland-Pfalz, das Saarland und Schleswig-Holstein) begründet, obwohl auch die von ihnen festgesetzten Einkommen der Höhe nach durchaus eine ange-

messene Vollalimentation darstellten und deshalb dem Diätenurteil genügten. (Die Stadtstaaten, besonders Hamburg, spielen
ohnehin eine Sonderrolle.) Daß die Charakterisierung des Einkommens als Voll- oder Teilalimentation in ihrer Auswirkung
auf die Höhe der Entschädigung nicht überschätzt werden darf,
zeigt bereits der geringe Unterschied zwischen der heutigen
»Vollalimentation« im Saarland und in Schleswig-Holstein und
der »Teilalimentation« in Baden-Württemberg (siehe Tabelle 13,
S. 218). Erheblich größer dürften die (vornehmlich politischen)
Auswirkungen auf die Höhe des Einkommens sein, wenn sich
die Erkenntnis durchsetzt, daß diejenigen Aktivitäten, die bei
anderen politisch Tätigen nicht entgolten, sondern ehrenamtlich verrichtet zu werden pflegen, auch bei Abgeordneten nicht
als Grundlage für die Bemessung des Einkommens in Betracht
kommen (dazu S. 231 ff.). Doch kommt in der Charakterisierung der Bezahlung als »Teilzeitalimentation« jedenfalls die
konzeptionelle Überzeugung zum Ausdruck, daß der Abgeordnete neben seinem Mandat seinen Beruf zumindest teilweise
noch ausüben kann.

Die Charakterisierung des Einkommens als »Teilalimentation«
diente in zwei Ländern (Baden-Württemberg und Bremen)
dazu, die Gewährung eines verfassungsrechtlich nicht unproble-
matischen sogenannten Ausgleichsbetrags für inkompatible Abgeordnete aus dem öffentlichen Dienst und besonders großzügige Anrechnungsvorschriften zu rechtfertigen.

Aktive öffentliche Bedienstete im Parlament

Neben Baden-Württemberg und den Stadtstaaten gehen auch
andere Bundesländer unübersehbar davon aus, daß das Abgeordnetenmandat kein »Full-time-Job« ist, sondern noch Zeit für
berufliche Tätigkeit läßt. Das zeigt sich in der Rechtsstellung
öffentlicher Bediensteter. In Baden-Württemberg, Berlin, Hamburg, Schleswig-Holstein, Mecklenburg-Vorpommern, Sachsen

und Sachsen-Anhalt ist nur ein Teil der Ämter im öffentlichen Dienst mit einem Mandat in der Volksvertretung unvereinbar, insbesondere solche in obersten Landesbehörden (vor allem Ministerien) sowie Richter und Staatsanwälte. Andere öffentliche Bedienstete können ihren Beruf ganz (Baden-Württemberg, Berlin und Sachsen) oder teilweise (Mecklenburg-Vorpommern, Sachsen-Anhalt und Schleswig-Holstein) aufrechterhalten, wenn sie in das Parlament ihres Landtags gewählt werden, und neben den Diäten weiterhin einen Teil ihres Diensteinkommens (meist 40 Prozent, in Berlin und Sachsen 50 Prozent, in Baden-Württemberg 60 Prozent) beziehen. Wenn es in diesen Ländern möglich ist, den Beruf neben dem Mandat zumindest teilweise noch aufrechtzuerhalten, ist nicht einzusehen, warum dies in anderen Bundesländern nicht ebenfalls möglich sein sollte.

Die Ausstrahlungswirkung überversorgter Parlamente

Wenn es zutrifft, daß die Landtage ihre Arbeit durchaus auch in zwei kürzeren Sitzungsperioden tun könnten – mit entsprechend geringeren Bezügen und insbesondere Versorgungen –, dann besteht eine Überdotierung mit möglicherweise weittragender Ausstrahlung. Wo sollen Parlamente, die sich selbst üppig bedienen, noch die Autorität hernehmen, um die nötigen Einschränkungen etwa bei der Versorgung der Beamten und öffentlichen Angestellten durchzusetzen – ohne daß es zu wachsender Unzufriedenheit kommt? »Die Treppe wird von oben gekehrt«, so mit Recht der rheinland-pfälzische Ministerpräsident Kurt Beck. Wer einen schlankeren Staat und eine schlankere Verwaltung durchsetzen will, muß in der Tat oben anfangen. Wenn die Parlamente die notwendigen Schritte nicht als erste bei sich selbst vornehmen, werden sie um so eher scheitern.

Auch Thomas Ellwein, der Konstanzer Verwaltungswissenschaftler und Verwaltungsreformer, hat in seinem Buch *Das Dilemma der Verwaltung* herausgestellt, eine Verschlankung der Verwaltung setze eine Verschlankung der Parlaments voraus.[106] Lean Management verlangt vorher »Lean Politics«.[107]

Die Schlüsselrolle des Wahlrechts

Die praktischen Chancen, die Entwicklung zurückzudrängen, mögen auf den ersten Blick allerdings gering wirken. Zu stark erscheinen die entgegenstehenden Eigeninteressen der Parteien und ihrer Abgeordneten. Als realistische Perspektive für eine Reform muß man deshalb wohl an einer ganz anderen Stelle ansetzen, nämlich am Wahlrecht zu den Landesparlamenten, das einer grundlegenden Änderung unterzogen werden müßte. Hier käme eine Ausdehnung des in süddeutschen Städten und Gemeinden bewährten Wahlrechts – mit Kumulieren und Panaschieren – auf die Landesparlamente in Betracht. Ein auf diese Weise personalisiertes Landtagswahlrecht würde die Chancen von Personen, die ihrer Partei alles verdanken, mindern und eher Kandidaten zum Zuge kommen lassen, die allgemeines Ansehen genießen und zumeist in Beruf und Gesellschaft erfolgreich sind. Solche Abgeordneten hätten aber kein Interesse daran, ihr Mandat um der Rechtfertigung einer »Vollalimentation« willen zu einer Vollzeittätigkeit auszubauen. Sie wären umgekehrt an einer Umorganisation interessiert, die ihnen einen möglichst ökonomischen Ablauf der Parlaments- und Mandatstätigkeit erlauben würde, weil sie bestrebt wären, daneben noch ihren Privatberuf einigermaßen ausüben zu können. Eine solche Umorganisation, die im bisherigen System, so notwendig sie auch ist, keine Chancen hat, würde bei einer Wahlrechtsänderung eher realisierbar. Das aber käme wiederum der Unabhängigkeit der Abgeordneten von ihrer Partei zugute. Sie wären wirtschaftlich nicht oder in geringerem Maße auf das Mandat angewiesen und würden es deshalb nicht mit allen Mitteln verteidigen müssen. Es ergäbe sich von selbst eine größere Mobilität, also in der Tendenz genau der Effekt, den andere Vorschläge mit einer rigiden zeitlichen Begrenzung der Mandatsdauer durch Änderung der Verfassung[108] oder der Parteistatuten erreichen wollen, aber ohne die Nachteile einer solch starren Regelung.

Allerdings ist kaum zu erwarten, daß die Parteien von sich aus derartige Reformen anstreben. Nach einem solchen Wahlrecht Gewählte wären unabhängiger von ihren Parteien und relativierten deren Macht. Derartige Änderungen müssen deshalb mit erheblichen machtpolitischen Widerständen rechnen. Es gibt aber – gerade in den Bundesländern – einen Weg, auch an den (von den Parteien beherrschten) Parlamenten vorbei, grundlegende Verbesserungen durchzusetzen, nämlich durch Volksbegehren und Volksentscheide. Mit ihnen können sogar die Landesverfassungen geändert werden.[109]

Echte Entschädigung statt Alimentation

Die Frage, ob das Konzept von der einheitlich hohen Alimentation für alle Abgeordneten, von dem das Bundesverfassungsgericht im Diätenurteil noch ausgegangen ist,[110] wirklich sinnvoll war, wurde bereits gestellt (siehe S. 211 ff.). Die Einheitsalimentation ist für Bezieher niedriger Einkommen anziehend, für Bezieher hoher Einkommen dagegen jedenfalls insoweit eher ein Hindernis, als sie aufgrund der Parlamentstätigkeit auf das bisherige Einkommen verzichten müssen. Das begünstigt eine Zusammensetzung der Parlamente, die kaum gewünscht sein kann, und führt dazu, daß das Gros der Abgeordneten, die erheblich mehr verdienen als in ihrem Beruf, am Mandat »klebt«. Soll die Vergütung für alle Einkommensschichten gleich attraktiv sein (wie dies dem Gedanken des gleichen passiven

Wahlrechts an sich entspricht), so müßte sie sich eigentlich an der bisherigen Höhe des Einkommens ausrichten (und je nach dem mandatsbedingten Einkommensausfall unterschiedliche Höhe haben können). Sie wäre dann nicht »Alimentation«, sondern echte »Entschädigung« und würde damit auch dem Wortlaut des Grundgesetzes und der Landesverfassungen wieder gerecht, wo ja ausdrücklich von »Entschädigung« die Rede ist. Zudem würde die Mobilität erhöht, weil das Kleben am Mandat aus wirtschaftlichen Gründen entfiele oder verringert würde. Dieses Verständnis war vor dem Diätenurteil von 1975 durchaus verbreitet und könnte durch das neue Urteil von 1987, das ein Abgehen vom Alimentationscharakter ausdrücklich erlaubt, in Zukunft wieder Gewicht erhalten.

Natürlich bedürfte die Wiederherstellung des Entschädigungscharakters der Abgeordnetenbezahlung einer sorgfältigen Ausarbeitung, bei der eine lupenreine Durchführung des Grundgedankens sicher nicht immer möglich wäre. Man kann jedes noch so richtige Prinzip zu Tode reiten.[111] So wäre es kaum akzeptabel, Höchstverdienern etwa aus Wirtschaft und Sport einen *vollen* Ausgleich zu geben, und für Bezieher niedriger Einkommen müßte wohl ein *Mindest*niveau der Entschädigung festgelegt werden. Doch das Hauptproblem bei der Realisierung dieses Vorschlags läge weniger in der Sache als in politischen Widerständen: Der Vorschlag dürfte bei den Abgeordneten selbst schon deshalb wenig Gegenliebe finden, weil die meisten als Abgeordnete sehr viel mehr verdienen als in ihrem Beruf.[112] Ein dahingehender Gesetzentwurf dürfte deshalb in den Parlamenten kaum eine Chance haben; möglich erschiene seine Durchsetzung aber im Wege des Volksbegehrens und Volksentscheids auf Landesebene.

Einheitslösung

Göttrik Wewer,[113] Martin Hirsch[114] und andere haben eine Einheitslösung vorgeschlagen. Der Abgeordnete erhält danach eine einheitliche, grundsätzlich steuerpflichtige Gesamtsumme, aus der er seinen Unterhalt *und seine mandatsbedingten Kosten* zu bestreiten hat. Letztere kann er (auf Nachweis) steuerlich absetzen, sie werden ihm aber nicht aus der Parlamentskasse erstattet. Dahingehende Empfehlungen haben die rheinland-pfälzische Diätenkommission Ende 1992 und die sächsische Diätenkommission Anfang 1993 unterbreitet, ohne daß die Landtage in Mainz und Dresden ihnen aber gefolgt wären. Zumindest in die gleiche Richtung ging auch Willi Geigers Vorschlag, die Aufwandsentschädigung sehr niedrig zu bemessen, so daß Mehraufwendungen bei vielen Abgeordneten teilweise aus dem Einkommen zu bestreiten wären.[115] Derartige Vorschläge hätten den politisch-psychologisch gar nicht hoch genug einzuschätzenden Vorzug, daß die Abgeordneten die von ihnen gemachten Steuergesetze selbst erleiden müßten. Zugleich bliebe der aus der Pauschalierung resultierende Effekt, daß einem übertriebenen Aktionismus entgegengewirkt würde, bestehen. Daß Abgeordnete mit höherem Gesamteinkommen bei der Absetzung von Aufwendungen als Werbungskosten mehr Steuern sparten, schlägt als Einwand nicht durch, denn dies ist allein die Kehrseite der Tatsache, daß sie aufgrund des Progressionseffekts der Einkommensteuer auch mehr Steuern zu zahlen haben.

Auch dieses Konzept setzt ein (vom Bundesverfassungsgericht seit 1987 zugelassenes) Abgehen vom Gedanken der gleichen Alimentation für alle Abgeordnete voraus. Denn je nach Aufwand bleibt dem Abgeordneten bei der Einheitslösung mehr oder weniger Einkommen für den Lebensunterhalt.[116]

Noch weitergehend könnte man es dem Abgeordneten auch

überlassen, seine Alters- und Krankenversorgung aus der entsprechend zu bemessenden Gesamtsumme zu finanzieren, wie dies auch Geiger offenbar vorschwebte und wie die Hassel-Kommission der CDU von Rheinland-Pfalz vorgeschlagen hatte[117] – ein an sich sinnvoller Vorschlag, der allerdings bei den Abgeordneten selbst kaum Unterstützung finden dürfte, würde doch seine Diskussion deutlich machen, welch gewaltigen wirtschaftlichen Wert ihre derzeitige überzogene staatsfinanzierte Altersversorgung hat (Näheres siehe S. 253 ff.). Dieses Konzept ließe sich mit dem soeben behandelten Übergang zur echten Entschädigung (siehe S. 241 f.) verbinden, indem die grundsätzlich einkommensabhängige Entschädigung um einen für alle gleichhohen Unkostenzuschlag erhöht würde. Realisierungschancen besitzen alle derartigen Vorschläge aber wohl allenfalls im Wege des Volksbegehrens und des Volksentscheids auf Landesebene.

Übergangsgeld

Abgeordnete, die aus dem Parlament ausscheiden, erhalten im Bund und in den Ländern ein sogenanntes Übergangsgeld: Die Entschädigung wird für eine gewisse Zeit weitergezahlt, deren Dauer sich danach richtet, wie lange der ausgeschiedene Abgeordnete vorher Mitglied des Parlaments war. Die Höchstdauer beträgt in vielen Flächenländern noch 24 Monate, andere Länder haben die Höchstdauer auf zwölf oder, wie der Bund, auf 18 Monate gesenkt (siehe Tabelle 14, S. 246 f.).

Das Übergangsgeld soll eine Start- und Anpassungshilfe sein. Sein Zweck besteht darin, es den ausgeschiedenen Abgeordneten zu erleichtern, wieder in ihren alten Beruf zurückzukehren oder sich eine neue berufliche Existenz aufzubauen und dabei den Lebensstandard der neuen wirtschaftlichen Situation anzupassen. Solange es noch keine Altersversorgung für Abgeordnete gab, mag das Übergangsgeld teilweise auch als Ersatz dafür fungiert haben. So wurde das Übergangsgeld für Bundestagsabgeordnete im Jahr 1961 massiv ausgeweitet,[118] als die Einführung der im gleichen Gesetzentwurf zunächst vorgesehenen Altersversorgung[119] scheiterte. Jedenfalls kann das Übergangsgeld diese Funktion heute nicht mehr haben. Dennoch wurde es bei Einführung der staatsfinanzierten Altersversorgung im Bund im Jahr 1968 nicht abgesenkt[120] und 1977 sogar noch weiter aufgestockt,[121] und zwar auf eine Laufzeit von maximal 36 Monaten, die nach 21 Jahren Mitgliedschaft im Bundestag erlangt werden.[122] Geht man von der Funktion des Übergangsgeldes als Start- und Anpassungshilfe aus, so lassen sich daraus drei Eckpunkte für eine angemessene Gestaltung ableiten:

– Die Zahlung eines Übergangsgeldes kommt wirklich nur für eine Übergangszeit in Betracht. Auch Willi Geiger war von der Zulässigkeit der Fortzahlung der Bezüge allenfalls für eine kurze Zeitspanne – er sprach von drei Monaten – ausgegangen.[123] Ein Jahr erscheint jedenfalls als äußerste zeitliche Grenze.[124]
– Wer ausreichend Erwerbseinkommen bezieht, bedarf keiner Anpassungshilfe. Anderweitiges Erwerbseinkommen, auch aus privater und erst recht aus halbstaatlicher Quelle, muß deshalb auf das Übergangsgeld angerechnet und dieses entsprechend gekürzt werden.
– Wer schon im Pensionsalter ist, kann keine berufliche Anpassungshilfe mehr beanspruchen. Nach Eintritt des Versorgungsfalles macht ein Übergangsgeld keinen Sinn mehr.

Diese Mindestanforderungen an eine angemessene Gestaltung des Übergangsgeldes haben sich inzwischen als maßgebliche Kriterien weitgehend durchgesetzt und entsprechen auch dem Stand fast aller der inzwischen so zahlreich ergangenen Kommis-

Tabelle 14: Übergangsgeld für Abgeordnete in Bund
Gesamtsumme in DM

Bund bzw. Land (in Klammern die einschlägige Vorschrift des jeweiligen Abgeordnetengesetzes)	Höhe der Entschädigung als Basis[1,2]	Übergangsgeld nach 1 Jahr Parlamentszugehörigkeit	Übergangsgeld nach 4 Jahren Parlamentszugehörigkeit
	1	2	3
Bund (§ 18 I)[3] künftige Abg.	(ab 1. 1. 1998) 12 875	12 875 (E×1)	51 500 (E×4)
ehemalige Abg.	10 366	31 098 (E×3)	72 562 (E×7)
Flächenstaaten			
Baden-Württemberg (§ 10 I)	7 162	21 486 (E×3)	42 972 (E×6)
Bayern (Art. 11 I)	9 590	28 770 (E×3)	57 540 (E×6)
Hessen (§ 9 I, II)	11 266	33 798 (E×3)	67 596 (E×6)
Niedersachsen (§ 16 I, III)	9 700	29 100 (E×3)	58 200 (E×6)
Nordrhein-Westfalen (§ 11 I)	8 370	25 110 (E×3)	50 220 (E×6)
Rheinland-Pfalz (§ 10 I)	8 779	26 337 (E×3)	52 674 (E×6)
Saarland (§ 10 I)	7 869	23 607 (E×3)	47 214 (E×6)
Schleswig-Holstein (§ 16 I)	7 150	21 450 (E×3)	85 800 (E×12)
Stadtstaaten			
Berlin (§ 10 I)	5 100	5 100 (E×1)	20 400 (E×4)
Bremen (§ 11 I)	4 457	4 457 (E×1)	17 828 (E×4)
Hamburg (§ 1 III 3)	1 920	5 760 (AE×3)	5 760 (AE×3)
Neue Länder			
Brandenburg (§ 10 I)	6 230	18 690 (E×3)	37 380 (E×6)
Mecklenburg-Vorpommern (§ 16 I)	6 310	18 930 (E×3)	37 360 (E×6)
Sachsen (§ 12 I)	6 753	20 259 (E×3)	40 518 (E×6)
Sachsen-Anhalt (§ 16 I)	6 500	19 500 (E×3)	39 000 (E×6)
Thüringen (§§ 11, 12)	7 371	22 113 (E×3)	44 226 (E×6)

Stand: Januar 1996.

Anmerkungen E = Entschädigung AE = Aufwandsentschädigung

[1] Ausgeschiedene Parlamentsmitglieder, die als Funktionsträger eine Funktions zulage erhalten haben (vgl. Tabelle 16), beziehen in Baden-Württemberg Bayern, Berlin, Niedersachsen, Nordrhein-Westfalen, Saarland und Sachsen ei um die Zulage erhöhtes Übergangsgeld, das in der Tabelle nicht ausgewiese ist. In den anderen Ländern gilt diese problematische Regelung (Näheres siehe S. 248 f.) nicht. Dort beziehen auch die Funktionsträger ein Übergangsgeld i Höhe der normalen Entschädigung.

[2] Der Auszahlungsbetrag mindert sich regelmäßig um ein Dreihundertfünfund sechzigstel als Beteiligung der Abgeordneten an den Kosten der Pflegeversiche rung.

Übergangsgeld nach 8 Jahren Parlamentszugehörigkeit	Übergangsgeld nach 12 Jahren Parlamentszugehörigkeit	Höchstbetrag des Übergangsgeldes	Dauer der Parlamentszugehörigkeit zur Erlangung des Höchstbetrages
4	5	6	7
103 000 (E x 8)	154 500 (E x 12)	231 750 (E x 18)	18 J.
145 124 (E x 14)	217 686 (E x 21)	373 176 (E x 36)	21 J.
71 620 (E x 10)	100 268 (E x 14)	171 888 (E x 24)	22 J.
95 900 (E x 10)	134 260 (E x 14)	172 620 (E x 18)	16 J.
112 660 (E x 10)	135 192 (E x 12)	135 192 (E x 12)	10 J.
97 000 (E x 10)	116 400 (E x 12)	116 400 (E x 12)	10 J.
83 700 (E x 10)	117 180 (E x 14)	200 880 (E x 24)	22 J.
87 790 (E x 10)	105 348 (E x 12)	105 348 (E x 12)	10 J.
78 690 (E x 10)	110 166 (E x 14)	188 856 (E x 24)	22 J.
171 600 (E x 24)	214 500 (E x 30)	214 500 (E x 30)	10 J.
61 200 (E x 12)	86 700 (E x 17)	91 800 (E x 18)	13 J.
35 656 (E x 8)	53 484 (E x 12)	53 484 (E x 12)	12 J.
5 760 (AE x 3)	5 760 (AE x 3)	5 760 (AE x 3)	1 J.
62 300 (E x 10)	87 220 (E x 14)	149 520 (E x 24)	22 J.
63 100 (E x 10)	88 340 (E x 14)	151 440 (E x 24)	22 J.
67 530 (E x 10)	94 542 (E x 14)	162 072 (E x 24)	22 J.
65 000 (E x 10)	91 000 (E x 14)	156 000 (E x 24)	22 J.
73 710 (E x 10)	88 452 (E x 12)	88 452 (E x 12)	10 J.

Für den Bund ist alternativ die Regelung für *künftige* Abgeordnete, die nach Inkrafttreten der Ende 1995 erlassenen Neuregelung in den Bundestag eintreten (obere Unterzeile), und für *ehemalige* Abgeordnete, die bei Inkrafttreten der Neuregelung bereits ausgeschieden sind (untere Unterzeile), zugrunde gelegt, wobei für künftige Abgeordnete die bereits beschlossene vierstufige Erhöhung der Bemessungsgrundlage auf 12 875 DM ab 1. 1. 1998 zugrundegelegt wird; vorher kann ein Übergangsgeldfall für künftige Abgeordnete ohnehin kaum auftreten. Für ehemalige Abgeordnete ist der Bemessungsbetrag auf 10 366 DM eingefroren. *Amtierende* Abgeordnete können zwischen beiden Systemen wählen. Näheres siehe S. 339.

sionsempfehlungen.[125] Sie haben auch verfassungsrechtliches
Gewicht, weil das Gebot der Angemessenheit (vergleiche Art. 48
III 1 GG und die entsprechenden landesverfassungsrechtlichen
Bestimmungen) für alle Teile der Entschädigung, auch das
Übergangsgeld, gilt.

Dementsprechend haben fünf Länder die *Höchstdauer* des Übergangsgeldes auf ein Jahr abgesenkt (Bremen, Hessen, Niedersachsen, Rheinland-Pfalz und Thüringen). Bei den anderen
Ländern (Tabelle 14, Spalte 6) besteht nach wie vor Reformbedarf. Im Bund wurde die Höchstdauer im Jahr 1995 von 36
auf 18 Monate herabgesetzt, jedenfalls für künftige Abgeordnete, die nach Inkrafttreten des Gesetzes in den Bundestag eintreten (Tabelle 14, oberste Zeile). Die Kissel-Kommission hatte
auch für den Bund eine Höchstdauer von nur zwölf Monaten
und einen monatlichen Betrag von nur 75 Prozent der Entschädigung vorgeschlagen.[126]

In sechs Ländern, drei alten (Schleswig-Holstein, Hessen und
Niedersachsen) und drei neuen (Mecklenburg-Vorpommern,
Sachsen-Anhalt und Thüringen), ist inzwischen die *volle Anrech-
nung* für alle beruflichen Einkommen, auch solche aus privater
Quelle, vorgesehen. In den anderen Ländern besteht noch
Reformbedarf. Auch im Bund wurde die Anrechnung von
Berufseinkommen auf das Übergangsgeld im Jahr 1995 einge-
führt, obligatorisch allerdings erst für künftige Abgeordnete, also
solche, die nach Inkrafttreten der Neuregelung in den Bundestag
eintreten.

Der Grundsatz, daß ein Übergangsgeld in den *Ruhestand* sinn-
widrig ist und deshalb nicht gewährt werden darf, wurde bisher
nur vereinzelt ins Werk gesetzt, etwa in Hessen und Thüringen,
wo es nur dann ein Übergangsgeld gibt, wenn kein Anspruch auf
Altersrente besteht. In anderen Ländern und im Bund besteht
entsprechender Reformbedarf.

Eine heikle Frage besteht schließlich darin, ob Präsidenten und

Vizepräsidenten und in einigen Ländern auch andere *Funktionsträger* des Parlaments, die zusätzlich zur Entschädigung hohe Zulagen erhalten (siehe Tabelle 16, S. 262 f.), nach dem Ausscheiden aus dem Parlament auch ein entsprechend *erhöhtes Übergangsgeld* bekommen, die Zulagen also auch ihr Übergangsgeld erhöhen. Dies macht aber schon deshalb keinen Sinn, weil die Zeit, für die Übergangsgeld gezahlt wird, nach der Dauer der Parlamentszugehörigkeit (nicht nach der Dauer der besonderen Funktion) gestaffelt ist. Daß ein Übergangsgeld auf die Funktionszulage keinen Sinn macht, sieht man auch daran, daß Funktionsträger auch dann kein Übergangsgeld in Höhe ihrer Zulage erhalten, wenn sie ihre Funktion und damit ihre Zulage verlieren, ohne aus dem Parlament auszuscheiden – und das mit vollem Recht. Im Bund und in den meisten Ländern wird deshalb an ausgeschiedene Funktionsträger kein erhöhtes Übergangsgeld gezahlt. Um so problematischer sind die Regelungen in den Ländern, wo eben dies dennoch geschieht: in Baden-Württemberg, Bayern, Berlin, Niedersachsen, Nordrhein-Westfalen, Saarland und Sachsen.[127]

Beihilfe

Abgeordnete (und Versorgungsempfänger) haben nach beamtenrechtlichen Grundsätzen Anspruch auf Beihilfe in Krankheits-, Geburts- und Todesfällen (für den Bund: § 27 I AbgG) oder Anspruch auf einen Zuschuß zu ihrer Krankenversicherung (§ 27 II, III AbgG). Verfassungsrechtlich geboten ist dies mit Sicherheit nicht. Der Rosenberg-Beirat hatte eine solche Regelung noch zurückgewiesen.[128]

Tabelle 15: Altersversorgung ehemaliger Abgeordneter

Monatsbeträge in DM

Bund bzw. Land (in Klammern die einschlägigen Vorschriften des jeweiligen Abgeordnetengesetzes)		Höhe der Entschädigung als Basis	Mindestrente		
			Voraussetzung (Dauer der Parlamentszugehörigkeit)	Prozent der E[1]	Betrag in DM
		1	2	3	4
Bund (§§ 19f.)[2]	künftige Abg.	12 875 (ab 1. 1. 1998)	8 J.[3,4]	24	3090
	ehem. Abg.	11 625 (ab 1. 1. 1998)	8 J.[3,4]	35	4069
Flächenstaaten					
Baden-Württemberg (§§ 11f.)		7 162	8 J.[3]	35	2507
Bayern (Art. 12f.)		9 590	8 J.[3,5]	35	3357
Hessen (§§ 10f.)		11 266	6 J.[6]	29	3267
Niedersachsen (§§ 18ff.)		9 700	8 J.[8]	25	2425
Nordrhein-Westfalen (§§ 12f.)		8 370	8 J.[3]	33	2762
Rheinland-Pfalz (§§ 11f.)		8 779	10 J.[3]	33	2897
Saarland (§§ 11f.)		7 869	8 J.[3]	35	2754
Schleswig-Holstein (§§ 17f.)		7 150	8 J.[3]	35	2503
Stadtstaaten					
Berlin (§§ 11f.)		5 100	7 J.[3]	45	2295
Bremen (§§ 12f.)		4 457	2 J.[3]	6	267
Hamburg (keine Altersversorgung)		–	–	–	–
Neue Länder					
Brandenburg (§§ 11f.)		6 230	8 J.[3,9]	33	2056
Mecklenburg-Vorpommern (§§ 17f.)		6 310	8 J.[10]	35	2209
Sachsen (§§ 13f.)		6 753	8 J.[3,9]	35	2364
Sachsen-Anhalt (§§ 17f.)		6 500	6 J.[9,11]	38,5	2503
Thüringen (§§ 12f.)		7 371	6 J.[9]	29	2138

Stand: Januar 1996.

Anmerkungen

[1] E = Entschädigung (zur Auswirkung der Funktionszulage auf die Altersversorgung von Funktionsträgern vgl. Tabelle 16 Anm. 2).

[2] Die Berechnungen für den Bund beruhen auf einer Entschädigungshöhe von 12 875 DM, die ab 1. 1. 1998 gezahlt wird (Gesetz zur Neuregelung der Rechtsstellung der Abgeordneten vom 15. 12. 1995, BGBl. S. 1718). Seit Inkrafttreten des Gesetzes am 16. 12. 1995 beträgt die Entschädigung rückwirkend zum 1. 10. 1995 11 300 DM, ab 1. 7. 1996 wird sie 11 825 DM, ab 1. 4. 1997 12 350 DM und ab 1. 1. 1998 12 875 DM betragen. Doch erhalten derartige Zahlungen erst *künftige* Abgeordnete, die nach Inkrafttreten des

	Mindestrente		Höchstrente		
Beginn der Zahlungen	Steigerungsrate pro Jahr in Prozent der E[1]	Voraussetzung (Dauer der Parlamentszugehörigkeit)	Prozent der E[1]	Betrag	Beginn der Zahlungen
5	6	7	8	9	10
65. Lj.	3	23 J.[3,4]	69	8384	55. Lj.
65. Lj.	4	18 J.[3,4]	75	8719	55. Lj.
60. Lj.	4	18 J.[3]	75	5372	55. Lj.
65. Lj.	4	18 J.[3,5]	75	7193	55. Lj.
55. Lj.	3	22 J.[6]	75	8450	55. Lj.
65. Lj.	3,5	23 J.[7]	75	7275	60. Lj.
60. Lj.	3,5	20 J.[3]	75	6278	55. Lj.
60. Lj.	3,5	20 J.[3]	68	5970	57. Lj.
60. Lj.	4	18 J.[3]	75	5902	55. Lj.
65. Lj.	4	18 J.[3]	75	5363	55. Lj.
63. Lj.	5	13 J.[3]	75	3825	55. Lj.[8]
63. Lj.	3	25 J.[3]	75	3343	59. Lj.
–	–	–	–	–	–
65. Lj.	3,5	20 J.[3]	75	4673	55. Lj.
60. Lj.	5	16 J.[6]	75	4733	55. Lj.
60. Lj.	4	18 J.[3]	75	5065	55. Lj.
55. Lj.	5	16 J.[3]	75	4875	55. Lj.
55. Lj.	3	22 J.[6]	75	5528	55. Lj.

Neuregelung in den Bundestag eintreten. Da ihre Versorgung frühestens im Jahre 2003 beginnt, werden sie in den Genuß aller vier jetzt schon gesetzlich festgelegten Erhöhungsstufen kommen; deshalb erscheint es sinnvoll, von 12 875 DM auszugehen (erste Zeile, obere Unterzeile). Für Mitglieder, die am Tag des Inkrafttretens des Gesetzes dem Bundestag angehören (amtierende Abgeordnete) und die für diese Regelung optieren, oder für *ehemalige* Mitglieder gelten die bisherigen Regelungen fort. Bemessungsbeträge für ihre Versorgung sind aber nur halb so rasch wachsende Beträge: ab 1. 10. 1995 10 825 DM, ab 1. 7. 1996 11 100 DM, ab 1. 4. 1997 11 375 DM und ab 1. 1. 1998

11 625 DM. Auch hier erscheint es, da die Steigerungsbeträge bereits beschlossen sind und die amtierenden Abgeordneten in aller Regel frühestens 1998 aus dem Bundestag ausscheiden, sinnvoll, bereits die Beträge ab 1998 einzusetzen (erste Zeile, untere Unterzeile).

3 Dabei zählt ein halbes Jahr (und ein Tag) als ein volles Jahr.

4 Eine Wahlperiode wird mit 4 Jahren angerechnet, soweit ihre Dauer über 2 Jahre hinausgeht.

5 Datumsmäßige Verschiebungen des Wahltags bleiben unberücksichtigt.

6 In Hessen, Mecklenburg-Vorpommern und Thüringen zählen nur volle Jahre.

7 In Niedersachsen zählt ein Rest von mehr als 182 Tagen als ein Jahr. Gehörte ein früherer Abgeordneter dem Landtag mehrmals mit Unterbrechungen an, so sind die Zeitabschnitte zusammenzurechnen.

8 Bei einer Mitgliedschaft zum Abgeordnetenhaus von 20 Jahren und mehr gibt es keine Altersgrenze.

9 Für Mitglieder der Landtage der ersten Wahlperiode gibt es Sonderregeln: In *Brandenburg* gibt es für Angehörige des 1. Landtags bei Erreichen des gesetzlichen Rentenalters nach 4 Jahren Parlamentszugehörigkeit eine Altersversorgung von 19% der Entschädigung. In *Sachsen* werden nach 3 Jahren im 1. Landtag 25% der Entschädigung als Altersversorgung ab dem 53. Lebensjahr erreicht. Die Abgeordneten in *Sachsen-Anhalt* erhalten nach der ersten Wahlperiode, die mindestens 3 Jahre gedauert haben muß, ab Vollendung des 55. Lebensjahres sogar eine Altersversorgung von 38,5% der Entschädigung. Die Abgeordneten des 1. *Thüringer* Landtages erhalten nach der ersten Wahlperiode mit einer Dauer von mindestens 3 Jahren und 6 Monaten eine Versorgung von 29% der Entschädigung ab dem 55. Lebensjahr.

10 Erforderlich ist eine Mitgliedschaft zum Landtag von zwei Wahlperioden oder von acht vollen Jahren.

11 Erforderlich sind grundsätzlich zwei Wahlperioden, die zusammen aber mindestens 6 Jahre gedauert haben müssen.

Versorgung

Altersversorgung

Bundestags- und Landtagsabgeordnete erhalten nach ihrem Ausscheiden aus dem Parlament lebenslängliche Altersversorgung, wenn sie dem Parlament mindestens zwei Legislaturperioden angehört haben (Tabelle 15, Spalte 2). Aufgrund dieser Mindestzeit erwerben sie bereits eine Versorgungsanwartschaft in Höhe von meist etwa einem Drittel ihrer steuerpflichtigen Entschädigung (Spalte 3), die mit jedem weiteren Jahr der Zugehörigkeit zum Parlament um einen bestimmten Prozentsatz (3 bis 5 Prozent der Entschädigung, siehe Spalte 6) steigt, bis (nach 13 bis 23 Parlamentsjahren, siehe Spalte 7) die Höchstversorgung von zumeist 75 Prozent der Entschädigung erreicht ist (Spalte 8). Die Rentenzahlungen beginnen bei einer Parlamentszeit von zwei Legislaturperioden mit einem Lebensalter des ehemaligen Abgeordneten von meist 60 Jahren (Spalte 5), das mit zunehmender Dauer der Parlamentszugehörigkeit regelmäßig auf 55 Jahre sinkt (Spalte 10).

In vier *neuen Ländern* (Brandenburg, Sachsen, Thüringen und Sachsen-Anhalt) besteht für die Abgeordneten der ersten Wahlperiode ein Versorgungsanspruch sogar bereits nach einer Wahlperiode.[129] In Mecklenburg-Vorpommern scheiterten entsprechende Pläne;[130] ebenso scheiterte im Herbst 1995 der Versuch, auch für Bundestagsabgeordnete aus den neuen Ländern eine Versorgung schon nach einer Wahlperiode einzuführen.

Im *Bund* wurde 1995 im übrigen eine Neuregelung getroffen (siehe Tabelle 15, oberste Zeile), die für *künftige* Abgeordnete, die nach Inkrafttreten des neuen Gesetzes in den Bundestag eintreten, die Mindestversorgung von bisher 35 auf 24 Prozent, den jährlichen Steigerungssatz von 4 auf 3 Prozent und die Höchstversorgung von 75 auf 69 Prozent absenkt, die nach 23 Parlamentsjahren (bisher 18 Jahre) erreicht wird. Zugleich steigt aber die Entschädigung als Bemessungsgrundlage für die Altersversorgung in vier Stufen auf 12 875 DM zum 1. 1. 1998. Für *ehemalige* Abgeordnete und für derzeit *amtierende* Abgeordnete, die dafür optieren, bleibt es bei den bisherigen Regelungen, die Bemessungsgrundlage steigt allerdings nur halb so schnell wie die Entschädigung, nämlich in der vierten Stufe auf 11 625 DM zum 1. 1. 1998 (Näheres siehe S. 339 f.).

Privilegienhäufung

Die Versorgungsregelungen für Bundes- und Landtagsabgeordnete sind sehr großzügig. Ihre besondere Großzügigkeit beruht auf der Kumulation mehrerer Vorzüge: Die Abgeordnetenversorgung geht zunächst einmal von den ohnehin günstigen Versorgungsregelungen für Beamte und Richter aus und legt deren Strukturmerkmale zugrunde:

1. die ausschließliche Staatsfinanzierung der Altersversorgung; bis 1976 mußten Bundestagsabgeordnete noch 25 Prozent ihrer Entschädigung als Beitrag zur Finanzierung ihrer Altersversorgung abführen;
2. die hohe Bemessung der Vollversorgung auf 75 Prozent des Aktivengehalts und
3. die Dynamisierung der Versorgung durch ihre unmittelbare Verknüpfung mit den Aktivenbezügen, die sie an deren Steigerungsraten voll teilhaben läßt.

Durch Verkürzung der Anwartschaftszeit und Senkung des Auszahlungsalters ist die Versorgungsregelung für Abgeordnete aber noch ungleich viel günstiger als die für Beamte:

4. Abgeordnete erlangen die Höchstversorgung von 75 Prozent schon nach etwa der Hälfte der Zeit; während Beamte und

254

Richter dafür 40 ruhegehaltsfähige Jahre benötigen, reichen für Abgeordnete 13 bis 23 Parlamentsjahre (Tabelle 15, Spalte 7).

5. Zudem beginnen die lebenslänglichen Zahlungen viel früher und laufen deshalb viel länger. Während Beamte und Richter grundsätzlich erst mit dem 65. (oder 63.) Lebensjahr versorgungsberechtigt werden, können Abgeordnete mit längeren Mandatszeiten Altersversorgung in fast allen Ländern schon ab dem 55. Lebensjahr beziehen (Spalte 10), und sogar die Mindestversorgung beginnt regelmäßig schon ab dem 60. Lebensjahr (Spalte 5).

6. Schließlich sind auch die Anrechnungsregelungen beim Zusammentreffen mehrerer Bezüge für Abgeordnete erheblich laxer. Während für Beamte und Richter, deren Versorgung mit anderen Ansprüchen aus öffentlichen Kassen zusammentrifft, eine strenge Anrechnung durchgreift, können ehemalige Abgeordnete aufgrund unzureichender Anrechnungsvorschriften in den Genuß von Mehrfachalimentationen kommen (siehe S. 266 ff.).

Die von den Parlamenten in eigener Sache erlassenen Abgeordnetengesetze bauen die ohnehin günstige Beamtenversorgung also dadurch zu veritablen Versorgungsprivilegen aus, daß die lebenslängliche Vollversorgung von 75 Prozent der Entschädigung bereits mit dem 55. Lebensjahr beginnt, sie also insgesamt rund zehn Jahre länger läuft, und der Anspruch darauf gleichwohl schon nach einem halben Arbeitsleben erlangt wird.

Die hohe, dynamisierte und schon früh beginnende Versorgung stellt einen enormen wirtschaftlichen Wert dar. Würden die Abgeordneten sich eine solche Versorgung aus eigenen Mitteln mit laufenden Beiträgen während ihrer Mandatszeit am privaten Versicherungsmarkt finanzieren, müßten sie – so rechnen uns Versicherungsmathematiker vor – dafür monatliche Prämien in einer Höhe aufbringen, die an den Wert des offen ausgewiesenen Abgeordneteneinkommens heranreicht. Diese Prämien müßten die Abgeordneten – angesichts der engen einkommensteuerlichen Grenzen für Vorsorgeaufwendungen – weitgehend aus versteuertem Einkommen zahlen. Der Erwerb der staatsfinanzierten Altersversorgung läuft wirtschaftlich gesehen also auf ein verschleiertes steuerfreies Zusatzeinkommen des Abgeordneten hinaus, dessen Höhe in einem grotesken Mißverhältnis zum offen ausgewiesenen eigentlichen Einkommen, der steuerpflichtigen Entschädigung, steht.

Verfassungsrechtlich zweifelhaft

Das Bundesverfassungsgericht hat im Diätenurteil von 1975 dem Grundgesetz einen Anspruch der Abgeordneten auf »Vollalimentation« nur »während der Dauer ihrer Zugehörigkeit zum Parlament« entnommen. In seinem Urteil von 1987 hat es den Anspruch auf Vollalimentation sogar wieder zurückgenommen und betont, es gebe für den Abgeordneten – anders als für den Beamten – keine Garantie »einer dauernden Vollalimentation – auch für den Versorgungsfall«.[131] Eine Altersversorgung für Abgeordnete ist verfassungsrechtlich also nicht geboten. Ihre Einführung gilt gleichwohl grundsätzlich als zulässig, sie muß allerdings, wie das Gericht schon 1972 geäußert hat, »begrenzt« bleiben.[132] Das Gericht hat in seiner Entscheidung von 1987 den vorübergehenden Charakter des Mandats betont: Das Mandat stelle für den Abgeordneten »in der Regel einen atypischen Abschnitt außerhalb seiner bisherigen und künftigen beruflichen Laufbahn« dar, der seinen Beruf nur »vorübergehend« unterbreche. »Die mittlere Zugehörigkeit der Abgeordneten zum Deutschen Bundestag« betrage »knapp zehn Jahre«. Nicht selten gehe »der Abgeordnete seinem Beruf auch neben dem Mandat – wenngleich unvermeidlich in nurmehr eingeschränktem Umfang – nach, soweit dem nicht Inkompatibilitäten im

Wege stehen«.[133] Der Abgeordnete muß sich also von Verfassungs wegen auch darauf einstellen, daß sein Mandat nur einen begrenzten Teil des Arbeitslebens dauert, und daraus auch Konsequenzen für die Bemessung der Altersversorgung ziehen. Die verfassungsrechtliche Begrenzung der Altersversorgung dürfte dann dahingehend zu verstehen sein, daß es unverhältnismäßig wäre, die Altersversorgung so großzügig zu bemessen, daß der Abgeordnete sie während des Mandats bereits voll oder zu einem weit überproportionalen Teil erwürbe, obwohl doch das ganze Berufsleben, innerhalb dessen das Abgeordnetenmandat typischerweise nur einen relativ kurzen Abschnitt ausmacht, dafür zur Verfügung steht. Ähnliche Bedenken bestehen gegen das Vorziehen des Versorgungsbeginns auf das 55. Lebensjahr. Die verfassungsrechtlichen Bedenken liegen nicht nur in einem »unangemessenen Zuhoch«,[134] sondern auch in der Verschleierung des enormen wirtschaftlichen Gewichts der Altersversorgung. Insofern ist Willi Geigers Hinweis zu beachten, derartige Abgeordnetenpensionen würden »dem demokratischen Gebot der Transparenz der Verhältnisse, die nach der Auffassung des Gerichts die Grundlage für das Vertrauen des Bürgers zu den Regierenden« bilde, nicht gerecht.[135]

Nötige Reformen

Selbst unter Politikern wird inzwischen eingeräumt, daß sie *überversorgt* sind.[136] Die Zurückführung der Altersversorgung für Parlamentarier auf Normalmaß erhält insofern zusätzliche Dringlichkeit, als die Renten der allgemeinen Sozialversicherung und die Beamtenpensionen aufgrund der *Altersstruktur der Bevölkerung* immer schwieriger zu finanzieren sind. Die nötige Reformfähigkeit können sich die Parlamente aber nur erhalten, wenn sie sich nicht selbst übermäßig privilegieren.

(Mindest-)Reformschritte bei der Abgeordnetenversorgung müssen in vier Richtungen gehen: Die Höchstversorgung muß abgesenkt, der Beginn der Rentenzahlungen muß auf das normale Pensions- und Rentenalter verlagert, die jährlichen Steigerungssätze müssen vermindert und Doppelalimentationen ausgeschlossen werden.

Ein Versorgungssatz von 75 Prozent von hohen Aktiveneinkommen erscheint immer problematischer. 60 Prozent, wie die Kissel-Kommission vorgeschlagen hatte, dürften das äußerste sein. Das bestätigt auch ein Blick auf die Wirtschaft, mit deren Einkommen Politiker sich sonst gern vergleichen: Dort erhalten Führungskräfte regelmäßig nur einen sehr viel geringeren Teil als 75 Prozent ihrer Aktivenbezüge als Altersversorgung. Die Altersversorgung pflegt in der Wirtschaft nur auf einen *Teil* der Aktivenbezüge, nämlich die festen, nicht auch die erfolgsabhängigen Einkommensbestandteile, bezogen zu sein und macht nach 20- bis 25jähriger Vorstandstätigkeit zudem im Durchschnitt nur 50 bis 60 Prozent des festen Grundgehalts aus.[137] Nach Angaben von Heinz Evers, leitendem Mitarbeiter einer Unternehmensberatungsfirma, Verfasser der Kienbaum-Vergütungsstudie und Mitglied der Kissel-Kommission, beträgt der Versorgungssatz, bezogen auf die gesamten Aktivenbezüge, regelmäßig nur etwa 35 bis 40 Prozent.[138]

Zugleich muß das Bezugsalter erhöht und müssen die jährlichen Steigerungssätze auf höchstens 2 Prozent der Aktivenbezüge gesenkt werden. Der hohe Sockel der Abgeordnetenversorgung von meist einem Drittel der Entschädigung nach zwei Legislaturperioden und die jährlichen Steigerungsraten von 3 bis 5 Prozent der Entschädigung je weiterem Jahr liegen weit über denen von Beamten (1,875 Prozent) und Versicherten der gesetzlichen Rentenversicherung (1,5 Prozent). Dementsprechend schlägt zum Beispiel die Kommission der Landtagsdirektoren vor, die Anwartschaftszeiten so zu strecken, daß der Abgeordnete nicht bereits in einem halben, sondern erst in einem vollen Arbeitsleben Anspruch auf volle Altersversorgung erwirbt, und zu diesem

Zweck den Sockel zu beseitigen und den jährlichen Steigerungs-satz auf unter 2 Prozent zu senken.[139] Auch die Diätenkommission von Baden-Württemberg empfiehlt, die Altersversorgung mit einem linearen Steigerungssatz von 2 Prozent pro Mandatsjahr wachsen zu lassen (ohne Sockel, Höchstsatz von 60 Prozent der Entschädigung nach 30 Mandatsjahren, Beginn der Zahlung nicht früher als gesetzliche Rentenversicherung bzw. Beamtenversorgung).[140] Die Diätenkommission Rheinland-Pfalz schlägt ebenfalls vor, die Altersversorgung mit einem linearen Steigerungssatz von 2 Prozent der Entschädigung pro Jahr zu bemessen (ohne Sockel, Höchstsatz von 75 Prozent nach 37,5 Mandatsjahren, Beginn mit vollendetem 60. Lebensjahr).[141]

Eine sinnvolle Alternative zum bisherigen System der staatsfinanzierten Versorgung bestünde im übrigen darin, die Grundentschädigung so zu bemessen, daß jeder Abgeordnete in der Lage wäre, sich daraus selbst eine angemessene Versorgung pro rata temporis zu finanzieren, also entsprechend dem begrenzten Teil seines Arbeitslebens, in dem er ein Mandat ausübt (siehe S. 243 f.).[142] Eine solche Regelung hätte zugleich den Vorteil, daß die Mobilität erhöht würde, weil der Abgeordnete nicht mehr aus wirtschaftlichen Gründen bis zur Erreichung des Anspruchs auf Altersversorgung am Mandat »kleben« müßte.

Bei der Altersversorgung besteht also im Bund und in den Ländern nach wie vor erheblicher Überprüfungs- und Reformbedarf.

Invalidenversorgung

Erleidet ein Abgeordneter oder ein ehemaliger Abgeordneter ohne eigenes grobes Verschulden Gesundheitsschäden, die ihm die weitere Ausübung seines Mandats nicht mehr erlauben, so hat er Anspruch auf Altersversorgung (für den Bund: § 22 AbgG).

Sterbegeld

Stirbt ein Abgeordneter (unter bestimmten Voraussetzungen auch ein ehemaliger Abgeordneter), so erhalten seine Hinterbliebenen Sterbegeld regelmäßig in Höhe der zweifachen Entschädigung.

Nachdem das Sterbegeld für Sozialrentner durch die Blümsche Gesundheitsreform in der Sozialversicherung zunächst hatte abgeschafft werden sollen und dann nach einem Sturm der öffentlichen Entrüstung zwar beibehalten, aber drastisch gekürzt worden war, gab es auch um das Sterbegeld von Abgeordneten eine Diskussion. In Berlin und Hessen wurde es daraufhin 1988 bzw. 1989 abgeschafft, im Bund, in Bayern, Baden-Württemberg, Nordrhein-Westfalen und dem Saarland wurde dagegen nur die Bezeichnung »Sterbegeld« abgeschafft und dieses in ein »Überbrückungsgeld (für Hinterbliebene)« umgewandelt; so lautet auch die Bezeichnung in Brandenburg und Mecklenburg-Vorpommern.[143] Unberücksichtigt blieb dabei, daß die Hinterbliebenen beim Tode beihilfeberechtigter Abgeordneter ohnehin Beihilfeansprüche haben.

Hinterbliebenenversorgung

Die Hinterbliebenenversorgung umfaßt die Versorgung des überlebenden Ehegatten und der Abkömmlinge eines Abgeordneten oder ehemaligen Abgeordneten. Voraussetzung ist – ohne Rücksicht auf das Lebensalter des Verstorbenen – lediglich, daß er die Mindestdauer, die zur Erreichung einer Altersentschädigung erforderlich ist, Mitglied im Parlament war. Der überlebende Ehegatte erhält 60 Prozent, Abkömmlinge erhalten als Vollwaisen 20 Prozent, als Halbwaisen 12 Prozent (in Mecklenburg-Vorpommern und Sachsen-Anhalt 13 Prozent) der Altersentschädigung, die der Verstorbene erhalten hat bzw. erhalten

hätte. Die Höhe ist also abhängig von der Dauer der Parlaments-
mitgliedschaft des Abgeordneten oder des ehemaligen Abgeordneten, wobei Hinterbliebene von Bundestagsabgeordneten mindestens so gestellt werden, als wäre der Verstorbene 13 Jahre im
Parlament gewesen (§ 25 AbgG); bei Hinterbliebenen von
Landtagsabgeordneten wird regelmäßig zumindest die Mindest-
altersentschädigung zugrunde gelegt, in Niedersachsen muß der
verstorbene Abgeordnete dem Landtag tatsächlich acht Jahre
angehört haben.

Zusätzliche Entschädigung für Funktionsträger?

Ist das Diätenurteil überholt?

Das Bundesverfassungsgericht ging im Diätenurteil von 1975
davon aus, alle Abgeordneten hätten aufgrund des strengen
Gleichheitssatzes Anspruch auf eine gleich hohe steuerpflichtige
Entschädigung – unabhängig davon, ob die Inanspruchnahme
durch die parlamentarische Tätigkeit größer oder geringer sei
oder ob der individuelle finanzielle Aufwand verschieden hoch
sei.[144] Ausnahmen wurden nur für den Parlamentspräsidenten
und seine Stellvertreter anerkannt, deren Entschädigung dadurch mitbestimmt werde, »daß sie an der Spitze eines obersten
Verfassungsorgans stehen«.[145] An diese Grundsätze, die das
Bundesverfassungsgericht seinerzeit auch in die Leitsätze aufgenommen hatte, hatten sich zunächst alle Parlamente gehalten.
(Einen Überblick über die erhöhten Entschädigungen der Parlamentspräsidenten und Vizepräsidenten geben Spalten 2 und 3
der Tabelle 16.)
Das Bundesverfassungsgericht hat in der Literatur Widerspruch
gefunden: Fraktionsvorsitzende und andere Träger besonderer
parlamentarischer Funktionen hätten viel mehr zu tun als

Tabelle 16: Zusätzliche Entschädigung für Abgeordnetengesetzen
Steuerpflichtige Gesamtbezüge[1], also einschließlich der Monatsbeträge in DM

	Entschädigung als Basis	Präsident	Vizepräsident
	1	2	3
Bund	11 300	22 600 (= 200%)	16 950 (= 150%)
Flächenstaaten			
Baden-Württemberg	7 162	14 324 (= 200%)	10 743 (= 150%)
Bayern	9 590	19 180 (= 200%)	14 385 (= 150%)
Hessen	11 266	16 899 (= 150%)	14 083 (= 125%)
Niedersachsen	9 700	19 400 (= 200%)	14 550 (= 150%)
Nordrhein-Westfalen	8 370	16 740 (= 200%)	12 555 (= 150%)
Rheinland-Pfalz	8 779	17 558 (= 200%)	13 169 (= 150%)
Saarland	7 869	15 738 (= 200%)	11 804 (= 150%)
Schleswig-Holstein[3]	7 150	13 850 (= 194%)	10 500 (= 147%)
Stadtstaaten			
Berlin	5 100	10 200 (= 200%)	7 650 (= 150%)
Bremen	4 457	13 371 (= 300%)	8 914 (= 200%)
Hamburg keine steuerpflichtige Entschädigung		–	–
Neue Länder			
Brandenburg	6 230	12 460 (= 200%)	9 345 (= 150%)
Mecklenburg-Vorpommern	6 310	12 620 (= 200%)	9 465 (= 150%)
Sachsen	6 753	13 506 (= 200%)	10 130 (= 150%)
Sachsen-Anhalt	6 500	13 000 (= 200%)	9 750 (= 150%)
Thüringen	7 371	14 742 (= 200%)	12 531 (= 170%)

Stand: Januar 1996.

Anmerkungen

[1] Die Ziffern in Klammern bezeichnen die Gesamtbezüge in Prozent der in Spalte 1 genannten allgemeinen Abgeordnetenentschädigung.

[2] Im Bund und in den meisten Ländern wirkt sich der Bezug der zusätzlichen Entschädigung – entsprechend seiner Dauer – erhöhend auf die Altersversorgung der Abgeordneten aus. In Bremen gilt das nur für den Präsidenten. In de

Fraktionsvorsitzende	parlamentarische Fraktionsgeschäftsführer	stellvertretende Fraktionsvorsitzende	Ausschußvorsitzende	Vorsitzende der Fraktionsarbeitskreise
4	5	6	7	8
–	–	–	–	–
–	–	–	–	–
–	–	–	–	–
16 899 (= 150%)	–	–	–	–
–	–	–	–	–
–	–	–	–	–
17 558 (= 200%)	–	–	–	–
15 738 (= 200%)	–	–	–	–
15 525 (= 217%)	12 175 (= 170%)	9 160 (= 128%)	8 490 (= 119%)	8 490 (= 119%)
–	–	–	–	–
–	–	–	–	–
–	–	–	–	–
12 620 (= 200%)	11 043 (= 175%)	8 203 (= 130%)	8 203 (= 130%)	7 888 (= 125%)
–	–	–	–	–
13 000 (= 200%)	10 400 (= 160%)	8 450 (= 130%)	7 800 (= 120%)	7 800 (= 120%)
14 742 (= 200%)	12 531 (= 170%)	10 319 (= 140%)	10 319 (= 140%)	–

Ländern Hessen, Schleswig-Holstein, Mecklenburg-Vorpommern, Sachsen-Anhalt und Thüringen wirkt sich die zusätzliche Entschädigung dagegen nicht auf die Höhe der Altersversorgung der Funktionsträger aus.

Die Berechnungsgrundlage der zusätzlichen Entschädigung ist ausnahmsweise abweichend von der allgemeinen Abgeordnetenentschädigung (= 7150 DM) gesetzlich auf 6700 DM festgesetzt.

»normale« Abgeordnete, so daß es ihnen – im Unterschied zu diesen – unmöglich oder jedenfalls sehr viel schwerer möglich sei, ihren Beruf auch nur teilweise aufrechtzuerhalten und aus dieser Quelle etwas zu ihren Diäten hinzuzuverdienen.[146] Im Laufe der Zeit haben immer mehr Länder – inzwischen sieben – Zulagen für weitere Funktionsträger eingeführt (Tabelle 16, Spalten 4 bis 8).

Nachdem das hessische Februar-Gesetz 1988, das für Fraktionsvorsitzende erstmals eine steuerpflichtige Zusatzentschädigung vorgesehen hatte,[147] wieder aufgehoben worden war, führten die Landtage Hessen und Rheinland-Pfalz im Herbst 1989 Zusatzentschädigungen für die Fraktionsvorsitzenden ein.[148] Später folgte das Saarland. Das schleswig-holsteinische Abgeordnetengesetz von 1990 sieht darüber hinaus Zusatzentschädigungen für ein ganzes Bündel von Funktionsträgern vor: Neben den Vorsitzenden der Fraktionen erhalten auch ihre Stellvertreter, ferner die parlamentarischen Geschäftsführer und die Arbeitskreisvorsitzenden der Fraktionen eine Zulage sowie die Vorsitzenden der Ausschüsse des Landtags und ein Abgeordneter der dänischen Minderheit (jeweils mit unterschiedlichen Sätzen), wobei die Zahl der stellvertretenden Fraktionsvorsitzenden, der parlamentarischen Geschäftsführer und der Arbeitskreisvorsitzenden der Fraktionen, die Zulagen erhalten können, begrenzt worden ist, um einer zulagenbedingten weiteren Inflation der Fraktionsämter vorzubeugen. Drei neue Länder (Mecklenburg-Vorpommern, Sachsen-Anhalt und Thüringen) haben die schleswigholsteinische Vielfalt der Zulagen in ihre Abgeordnetengesetze übernommen.

Im Bund und in denjenigen Ländern, in denen das Abgeordnetengesetz nur Zulagen für den Parlamentspräsidenten und seine Stellvertreter vorsieht, erhalten Fraktionsvorsitzende und andere Funktionsinhaber der Fraktionen häufig eine Zusatzsaläer aus der Fraktionskasse.[149] (Derartige Zahlungen sind nach den – allerdings zum Teil unvollständigen – Finanzberichten der Fraktionen, soweit sie bisher vorliegen [siehe S. 162], besonders ausgeprägt bei Fraktionen der Union, während es bei den Fraktionen der Grünen anscheinend keine solchen Zahlungen gibt.) Solche Leistungen aus der Fraktionskasse erscheinen erst recht problematisch: Sie sind nicht durch Gesetz geregelt und entziehen sich der öffentlichen Kontrolle, obwohl die Fraktionen Teile des Staates sind[150] und sich fast ausschließlich aus den Staatshaushalten finanzieren. Meist ist nicht einmal nachträglich aus den Rechenschaftsberichten der Fraktionen zu ersehen, in welcher Höhe die einzelnen Funktionsträger Zulagen erhalten haben. Eine Ausnahme macht einmal mehr Niedersachsen, wo die »Höhe der Vergütung für die Wahrnehmung der einzelnen Funktionen« angegeben werden muß (§ 33a II Nr. 2a des Niedersächsischen Abgeordnetengesetzes).

Diese Regelungen bedürfen noch der weiteren Diskussion. Dabei ist einerseits zu berücksichtigen, daß das Diätenurteil in sich durchaus konsequent ist: Wenn die Unterschiede in Belastung und Leistung keine Rolle spielen, weil der Abgeordnete keine Leistung schuldet,[151] darf auch die höhere zeitliche Belastung des Fraktionsvorsitzenden oder anderer Funktionsträger finanziell nicht abgegolten werden. Auch die Zusatzentschädigung für den Präsidenten und die Vizepräsidenten hatte das Gericht nicht mit der erhöhten Belastung, sondern mit der Stellung an der Spitze des Verfassungsorgans Parlament begründet. Im übrigen ist zu befürchten, daß bei grundsätzlicher Zulassung von Funktionszulagen leicht eine inflationäre Entwicklung mit immer neuen Zulagen und immer höheren Sätzen droht. Die Landtagsdirektoren haben sich denn auch gegen die Einführung von Zusatzentschädigungen für Fraktionsvorsitzende (und erst recht für andere Funktionsträger) ausgesprochen.[152] Im übrigen müßte die Einführung von Funktionszulagen Rückwirkungen auf die Höhe der Grundentschädigung haben; sie müßte gesenkt werden. Denn sie war, als die Entschädigung noch für alle gleich hoch sein sollte, höher angesetzt, weil sie auch für Funktionsträger noch angemessen sein mußte.

Andererseits sind verfassungsgerichtliche Urteile durchaus nicht unabänderlich. Ginge man – vor allem in den Ländern – von der »Vollalimentation« ab, um eine Teilzeittätigkeit zu fördern, wie es das Urteil von 1987 ermöglicht, so könnte es einen guten Sinn bekommen, Zusatzentschädigungen für Träger besonderer Funktionen im Parlament zu gewähren. In jedem Fall müssen bei Einführung von Funktionszulagen nach dem Abgeordnetengesetz die bisherigen Zahlungen aus der Fraktionskasse in Zukunft unterbleiben, wozu in der Praxis allerdings keine Gewähr besteht.[153]

Fraglich ist, ob die Funktionszulagen (auch soweit ihre Zulässigkeit anerkannt ist wie bei Parlamentspräsidenten und -vizepräsidenten) auch auf die Versorgung durchschlagen und diese entsprechend erhöhen dürfen. Der hessische Beirat hat diese Frage auch für die Parlamentspräsidenten und ihre Stellvertreter verneint.[154] Das ist konsequent; auch die aus der *Fraktions*kasse (also indirekt aus öffentlichen Mitteln) gewährten Zulagen dürften in aller Regel nicht »ruhegehaltsfähig« sein. Im Bund und in den meisten Ländern (alle außer Hessen, Schleswig-Holstein, Mecklenburg-Vorpommern, Sachsen-Anhalt und Thüringen) führen die in den Abgeordnetengesetzen vorgesehenen Zulagen derzeit aber dennoch zu höheren Versorgungen. Auch hier besteht also Überprüfungsbedarf.

Doppelbezüge aus der Staatskasse?

Das Gericht ging im Diätenurteil ausdrücklich davon aus, beim Zusammentreffen der Abgeordnetenentschädigung oder der Versorgung mit anderen Bezügen aus öffentlichen Kassen müsse eine Anrechnung entsprechend den Grundsätzen des Beamtenrechts vorgenommen werden.[155] Gleichwohl wurden in die Abgeordnetengesetze des Bundes und der Länder sehr viel großzügigere Regelungen hineingeschrieben und damit weitere Privilegien[156] für Abgeordnete begründet. Die bestehenden Bestimmungen erlauben es den Abgeordneten, neben den Diäten noch andere Einnahmen aus öffentlichen Kassen ganz oder zu einem wesentlichen Teil zu behalten, sie erlauben also Doppelalimentationen.

So erhalten zum Beispiel Minister und parlamentarische Staatssekretäre, die gleichzeitig ein Abgeordnetenmandat innehaben, im Bund und in fünf Ländern neben ihrem Ministergehalt noch mindestens 50 Prozent ihrer Abgeordnetenentschädigung (Bayern, Berlin, Nordrhein-Westfalen, Brandenburg und Sachsen), in Baden-Württemberg 70 Prozent, obwohl sie neben dem Ministeramt kaum noch etwas für das Mandat tun können. Vorbildlich ist wiederum Niedersachsen, wo Minister neben ihrem Amtsgehalt überhaupt keine Abgeordnetenentschädigung erhalten. (Noch besser sind allerdings die Regelungen in Bremen und Hamburg, wo strenge Unvereinbarkeit [Inkompatibilität] von Amt und Mandat gilt, die Mitglieder des Senats dem Parlament also nicht angehören dürfen.) In Hessen, Mecklenburg-Vorpommern, Sachsen-Anhalt, dem Saarland und Schleswig-Holstein bekommen Minister 25 Prozent, in Rheinland-Pfalz mindestens 30 Prozent und in Thüringen 35 Prozent der Abgeordnetenentschädigung.

Viel zu günstige (Nicht-)Anrechnungsregeln gibt es auch beim Zusammentreffen etwa von Abgeordnetenentschädigung und Minister- oder Senatorenpension. Im Bund und in den meisten Ländern können die Abgeordneten neben ihrer Entschädigung noch mindestens die Hälfte der Ministerpension beziehen, in Baden-Württemberg beginnt die hälftige Anrechnung erst bei 150 Prozent, im Saarland bei 140 Prozent der Entschädigung. So erhalten derzeit die Präsidentin und drei Vizepräsidenten des

Bundestages neben ihrer doppelten oder eineinhalbfachen Entschädigung noch einen großen Teil ihrer Altersversorgung als ehemalige Bundes- oder Landesminister oder Hamburger Bürgermeister; an Weihnachten erhielten sie zusätzlich die dreizehnte Versorgung aus diesem Amt, und diese völlig ungekürzt (was schon gar nicht mehr zu rechtfertigen ist, seitdem die Bundestagsdiäten sich an den Jahresbezügen von Bundesrichtern unter Einschluß von deren 13. Gehalt orientieren: § 11 Abs. 1 Satz 1 AbgG in der Fassung vom Dezember 1995 [siehe S. 349]); bei einem Vizepräsidenten summierten sich die monatlichen Zahlungen an Weihnachten auf über 39 000 DM.

Vorbildlich ist dagegen die Regelung in Niedersachsen, wo eine volle Verrechnung stattfindet, also nur die höhere von beiden Zahlungen gewährt wird. In Hessen und Thüringen sind die Amtsbezüge des Ministers die Obergrenze für die Summe beider Zahlungen.

Die Doppelalimentationen setzen sich fort, wenn die Begünstigten auch als Abgeordnete in den Ruhestand treten und dann zwei (oder mehr) Pensionen erhalten. Auch hier greifen meist viel zu großzügige (Nicht-)Anrechnungsvorschriften nur unzureichend. Zum Teil fehlt es auch völlig an Anrechnungsvorschriften. Wird zum Beispiel ein ehemaliger Bundes- oder Landesminister in das saarländische oder das sächsische Parlament gewählt, erhält er die Abgeordnetenentschädigung und zusätzlich – bei Vorliegen der Voraussetzungen – seine ungekürzte Ministerpension.

Verfassungswidrig

Mit den verfassungsrechtlichen Anforderungen sind viele dieser Regelungen nicht in Einklang zu bringen. Das Bundesverfassungsgericht hat im Diätenurteil von 1975 darauf hingewiesen, es fehle »an jedem sachlich zureichenden Grund«, solche Fälle anders als nach den *beamtenrechtlichen Anrechnungsgrundsätzen* zu behandeln »und die Abgeordneten zu privilegieren ... Das wäre unvereinbar mit dem Gleichheitssatz.«[157] In seiner Entscheidung von 1987 hat das Gericht zwar einerseits die Unterschiede zwischen Abgeordneten- und Beamtenstatus betont, andererseits aber auch hervorgehoben: Wenn der Bundesgesetzgeber die Abgeordnetenentschädigung und -versorgung tatsächlich nach dem Alimentationsprinzip bemessen habe, sei »es wenig folgerichtig, bei einem Zusammentreffen von Abgeordnetenentschädigung und -versorgung mit Bezügen aus anderen öffentlichen Kassen von deren Anrechnung abzusehen«.[158]

Mit diesen Anforderungen stehen die äußerst großzügigen Bestimmungen im Bund und in den meisten Ländern nicht in Einklang.[159] Hier ist in der Tat »eine allgemeine bundesweite Tendenz« zu beobachten, entgegen den verfassungsrechtlichen Grundsätzen eine Doppelalimentation »teilweise doch zu erreichen«.[160]

Die Anrechnungsregelungen sollten so geändert werden, daß beim Zusammentreffen mehrerer Bezüge grundsätzlich nur die jeweils höchsten Bezüge zu zahlen sind, wobei beim Zusammentreffen von zwei Versorgungsbezügen eine Anrechnung erst oberhalb eines bestimmten Prozentsatzes der Aktivenbezüge einsetzen sollte.[161]

Anrechnung von Fraktions- und Parteibezügen

Die Anrechnung muß auch auf Bezüge erstreckt werden, die *Fraktionen* gewähren. Das Bundesverfassungsgericht hat keinen Zweifel gelassen, daß Fraktionen Teile der organisierten Staatlichkeit sind.[162] Nur deshalb dürfen sie in vollem Umfang aus der Staatskasse finanziert werden. Fraktionsmittel sind Staatsmittel. Daraus ergibt sich die Notwendigkeit, die von den Fraktionen gewährten Gehälter und Versorgungsleistungen in die Anrechnungsbestimmungen einzubeziehen.[163] Das muß unabhängig davon gelten, in welcher Rechtsform die Gehälter gezahlt werden. Auch wenn die Zahlungen auf einem privatrechtlichen Vertrag beruhen, handelt es sich materiell um öffentliche Mittel. Solange sie nicht in die Anrechnung einbezogen werden, ergibt sich die Möglichkeit der Gehalts- und der Pensionskumulierung aus öffentlichen Mitteln. Ein Beispiel: Wenn jemand nacheinander Oberbürgermeister einer Stadt, Vorstandsmitglied der privatrechtlich organisierten Stadtwerke, Fraktionsvorsitzender in einem Landesparlament und darauf Fraktionsvorsitzender im Bundestag gewesen wäre und in allen vier Funktionen großzügige Versorgungszusagen erhielte, in den drei letztgenannten Funktionen aufgrund privatrechtlicher Vereinbarungen, könnte er diese – mangels gesetzlicher Einbeziehung in die Anrechnungsregelung – unbegrenzt kumulieren, obwohl es sich in allen Fällen materiell um öffentliche Mittel handelt. Bei Besoldung aus öffentlichen Mitteln aber gilt der Grundsatz, daß eine volle Alimentation nur einmal gewährt wird und überschießende Beträge im Wege der Anrechnung zu kürzen sind.

Darüber hinaus ist zu erwägen, ob nicht auch Einkommen und Versorgungen, die die politischen *Parteien* leisten, in die Anrechnung einbezogen werden sollten. Immerhin werden die Parteien inzwischen zu bis zu zwei Dritteln direkt oder indirekt aus öffentlichen Mitteln finanziert (siehe S. 123 ff.). Ist es zum Beispiel noch zu rechtfertigen, daß der Generalsekretär einer Partei neben den Bezügen aus dieser Position die Höchstversorgung aus einem früheren Bundestagsmandat ungekürzt erhält? Auch hinsichtlich der Anrechnungsbestimmungen besteht danach dringender Reformbedarf.

15 Kostenpauschalen als verdecktes steuerfreies Zusatzeinkommen

Die Abgeordneten des Bundestags und der Landesparlamente erhalten neben der für den Lebensunterhalt bestimmten »Grundentschädigung«, dem Beihilfeanspruch und den Anwartschaften auf Übergangsgeld und Versorgung Erstattung des mandatsbedingten Aufwandes, also eine Art Spesensatz, der aus Sach-, Dienst- und Geldleistungen besteht. Zu den Sachleistungen gehören meist die Bereitstellung eines eingerichteten Büros am Sitz des Parlaments, die Benutzung der Dienstfahrzeuge und der Fernmeldeeinrichtungen des Parlaments;[164] zu den Dienstleistungen gehört die unentgeltliche Benutzung staatlicher Verkehrsmittel.[165] Hinsichtlich der Geldleistungen bestehen erhebliche Unterschiede zwischen den Parlamenten. Einen Gesamtüberblick gibt Tabelle 17 (S. 278–283).[166]

Mißbrauchsanfälligkeit von Pauschalen

Während die für den Lebensunterhalt des Abgeordneten bestimmte Entschädigung nach dem Diätenurteil für alle gleich hoch sein und versteuert werden muß (§ 22 Ziffer 4 Einkommensteuergesetz), bleibt der Kostenersatz, der entsprechend dem unterschiedlichen Aufwand der Abgeordneten unterschiedlich hoch sein kann, steuerfrei; dies gilt auch bei pauschaler Festlegung.

Ein lukrativer Automatismus

Für die Steuerfreiheit sorgt eine unscheinbare, aber für die Abgeordneten außerordentlich effektive Bestimmung im Einkommensteuergesetz (§ 3 Ziffer 12 Satz 1), wonach alles, was in den Abgeordnetengesetzen und Haushaltsplänen als »Aufwandsentschädigung« bezeichnet wird, automatisch steuerfrei bleibt, ohne Rücksicht auf den tatsächlich entstandenen Aufwand. Dem Finanzamt ist es dann verboten, vom Abgeordneten noch Nachweise über die Höhe des tatsächlichen Aufwandes zu verlangen. Dies führt dazu, daß bayerische Abgeordnete 56 532 DM und Bundestagsabgeordnete 73 704 DM jährlich als steuerfreie Zahlungen (neben ihrem versteuerten Einkommen) erhalten, nur weil diese Beträge vom Gesetzgeber als »Aufwandsentschädigung« etikettiert sind. Das Finanzamt muß das selbst dann akzeptieren, wenn die Beträge den tatsächlichen Aufwand offensichtlich weit übersteigen.

Diese Regelung ist um so problematischer, als die Abgeordneten selbst darüber entscheiden, welche Beträge als »Aufwandsentschädigung« bezeichnet werden und damit steuerfrei bleiben. Denn Gesetze und Haushaltspläne werden von den Abgeordneten im Parlament beschlossen, die, wenn es um ihre »Aufwandsentschädigung« geht, *in eigener Sache* entscheiden. Es liegt auf der Hand, daß es dabei zu Mißbräuchen kommen kann. Die Versuchung ist groß, sich durch überhöhte Festsetzung der Pauschale ein zusätzliches, nicht als solches erkennbares Einkommen zu verschaffen, das auch noch steuerfrei ist.

Grenzen der Verfassung

Die Verfassung zieht allerdings Grenzen, um Mißbräuchen zu wehren: Erstattungsfähig ist nach der Verfassung nur der wirklich entstandene, sachlich angemessene und begründete, besondere mit dem Mandat verbundene Aufwand.[167] Die Verfassung ist unmittelbar geltendes Recht; an sie sind auch die Parlamente als Gesetzgeber gebunden (Art. 20 III GG). Eine Pauschalierung ist jedoch nicht von vornherein ausgeschlossen; sie muß aber in Orientierung am tatsächlich angefallenen erstattungsfähigen Aufwand erfolgen. »Es kommt also«, wie das Bundesverfassungsgericht im Diätenurteil hervorgehoben hat,[168] »nicht darauf an, ob eine Einnahme nach dem Steuergesetz formal als steuerfreie Aufwandsentschädigung anzusehen ist; die einkommensteuerliche Regelung wäre ihrerseits verfassungswidrig, wenn sie Abgeordneten in größerem Umfang als dargelegt steuerfreie Entschädigungen einräumte«.

Pauschalen, die nicht am tatsächlich angefallenen erstattungsfähigen Aufwand orientiert sind, sind nicht mehr »angemessen« und verstoßen gegen Art. 48 III 1 GG – bei Regelungen der Länder i. V. m. Art. 28 I 1 GG – und gegen Art. 3 GG. Die Verfassungswidrigkeit der Aufwandspauschale kann auf zwei Gesichtspunkten beruhen:

- der *mangelnden Differenzierung* entsprechend dem unterschiedlichen Aufwand der verschiedenen Abgeordnetengruppen (Verstoß gegen den strengen Gleichheitssatz),[169]
- der *Überhöhung* der Pauschale (Verstoß gegen das Angemessenheitsgebot des Art. 48 III 1 GG – bei Landesregelung – i. V. m. Art. 28 I 1 GG).[170]

Darlegungslasten des Parlaments

Unabhängig vom Inhalt der Regelungen stellt das Verfassungsrecht auch *verfahrensmäßige Anforderungen*, das heißt Anforderungen an die Vorgehensweise: Verfassungswidrig ist es auch, wenn die Pauschale ohne verläßliche Grundlagen über die tatsächliche Höhe des anfallenden Mandatsaufwandes festgesetzt wird.[171] Diese Feststellung ist besonders wichtig, weil ein Außenstehender und damit auch die Öffentlichkeit, der die Schlüsselstellung bei der Kontrolle zukommt, nicht zuverlässig beurteilen kann, welche erstattungsfähigen Mandatsaufwendungen tatsächlich anfallen, und ohne solche konkreten Nachweise den bloßen Behauptungen der Betroffenen ausgeliefert wäre.

Die Situation ist ähnlich wie bei zivilrechtlichen *Unterhaltsklagen* etwa von Ehegatten der Abgeordneten.[172] Auch hier wollen die in Anspruch genommenen Abgeordneten bei der Bemessung des Unterhalts regelmäßig nur die Grundentschädigung zugrunde gelegt haben; Aufwandspauschalen sollen dagegen unberücksichtigt bleiben, weil sie kraft der in eigener Sache getroffenen steuergesetzlichen Unterstellung angeblich nur den Mandatsaufwand decken. Die Zivilgerichte sind dem aber mit Recht nicht gefolgt: Auch Kostenpauschalen seien insoweit Einkommen, als sie die tatsächlichen Kosten übersteigen. Es sei »Sache des Unterhaltspflichtigen, den tatsächlichen Anfall solcher Mehraufwendungen konkret darzulegen und gegebenenfalls zu beweisen, wenn sie von den Einkünften in Abzug gebracht werden sollen«.[173] Den Abgeordneten treffe eine »Darlegungslast«.[174]

Das gleiche muß aber auch bei der parlaments- und steuerrechtlichen Festsetzung der Kostenpauschale gelten: Das Parlament muß konkret darlegen, welche Aufwendungen tatsächlich anfallen.[175] Dies hat die neuere Diskussion bestätigt. Auch die mit der Frage befaßten Gutachten und Kommissionen gehen davon aus. So schreibt zum Beispiel die schleswig-holsteinische Kommission: »Eine verfassungsrechtlich einwandfreie Regelung setzt jedoch verläßliche Informationen über die tatsächliche Höhe des mandatsbedingten Aufwandes voraus, die entweder in gesicherten Erfahrungswerten oder in Erhebungen bei einer repräsentativen Zahl von Abgeordneten liegen könne.«[176]

Wegen der Entscheidung der Begünstigten in eigener Sache und der daraus resultierenden Mißbrauchsgefahr einerseits und der

Bedeutung der Angelegenheit für die Demokratie andererseits gelten bei Festsetzung der Unkostenpauschalen (wie der Abgeordnetenentschädigung generell) strenge Kontrollmaßstäbe, nicht etwa nur ein bloßes Willkürverbot.[177]

Ohne Kläger kein Richter

Was aber nützen alle verfassungsrechtlichen Grenzen, wenn die in eigener Sache entscheidenden Gesetzgeber sich nicht daran halten und es nicht zu Entscheidungen des Bundesverfassungsgerichts kommt, weil die Antragsbefugten selbst die Begünstigten sind? Die Parlamente haben pauschale Kostenerstattungen eingeführt, die teilweise offensichtlich überhöht waren, und sich so verdeckte steuerfreie Zusatzeinkommen von zum Teil erheblichem Umfang geschaffen. Zwar ließ Willi Geiger, ein Mitverfasser des Diätenurteils, in einem Vortrag vor der Deutschen Vereinigung für Parlamentsfragen am 2. Mai 1978 keinen Zweifel an der »Verfassungswidrigkeit der gegenwärtigen Regelung der Aufwandsentschädigung«.[178] Auch das Gericht selbst versuchte, in einer Entscheidung vom 20. Juni 1978 zu retten, was noch zu retten war, und unterstrich die engen verfassungsrechtlichen Grenzen für steuerfreie Pauschalen. Mangels Antragsbefugnis des in diesem Verfahren klagenden Bürgers (des pensionierten Oberlandesrichters Speckmann) kam es aber zu keiner Sachentscheidung,[179] so daß der Bremsversuch des Gerichts folgenlos blieb. Auch in einem weiteren Verfahren, das der Stuttgarter Landtagsabgeordnete Enderlein in Karlsruhe angestrengt hatte, erging wegen Unzulässigkeit des Antrags zum Bundesverfassungsgericht (zuständig wäre der Stuttgarter Staatsgerichtshof gewesen) keine Sachentscheidung,[180] so daß die Abgeordneten im Bund und in den Ländern sich vor der Rechtsprechung weitgehend sicher fühlen konnten. Das galt um so mehr, als ein Urteil des Bayerischen Verfassungsgerichtshofs vom 15. 12. 1982 die Kostenpauschale bayerischer

Landtagsabgeordneter von damals 3800 DM monatlich sogar verfassungsrechtlich absegnete. Das geschah allerdings mit der grotesk-unhaltbaren Begründung, die Konkurrenz unter den Abgeordneten werde quasi automatisch dazu führen, daß sie ihre Kostenpauschale auch ausschöpften, eine Begründung, die auf einen Freibrief hinauslief, weil sie geeignet war, Kostenpauschalen praktisch in beliebiger Höhe zu rechtfertigen.[181]

Zivilgerichte bringen es an den Tag

Lästig mußte den Parlamenten allerdings die erwähnte Zivilrechtsprechung erscheinen, die in Unterhaltsprozessen wiederholt festgestellt hatte, daß die Kostenpauschalen von Abgeordneten den Mandatsaufwand überstiegen und daß die überhöhten Teile dem (für die Unterhaltsverpflichtung zugrunde zu legenden) Einkommen zuzuschlagen seien.[182] Denn was dem Unterhaltsrecht recht war, mußte eigentlich dem Parlaments- und Steuerrecht billig sein. Der Bundestag reagierte denn auch prompt, aber nicht etwa mit einer Senkung der überhöhten verfassungswidrigen Kostenpauschale, sondern mit dem Versuch, die Rechtsprechung des Bundesgerichtshofs durch eine gesetzliche Änderung des Unterhaltsrechts zu unterlaufen: Kostenpauschalen von Bundestags- und Landtagsabgeordneten sollten durch Änderung des Abgeordnetengesetzes nicht mehr zum Einkommen des Unterhaltspflichtigen gerechnet werden dürfen. Auf diese Weise sollte die bisherige Privilegierung der Abgeordneten kurzerhand durch eine unterhaltsrechtliche Privilegierung ergänzt werden. Dieser handstreichartige Gesetzentwurf von drei Bundestagsfraktionen aus dem Jahre 1986[183] scheiterte jedoch, als die SPD-Fraktion, durch Interventionen hellhörig geworden, ihre Bereitschaft zurückzog, an dieser neuerlichen gesetzlichen Privilegierung von Abgeordneten noch mitzuwirken.[184] Die steuer- und parlamentsrechtliche Privilegierung der Kostenpauschalen besteht jedoch weiterhin.

Kritik von Kommissionen

Lästig mußte es auch sein, daß mehrere nach dem hessischen Diätenfall von den Parlamenten selbst eingesetzte Kommissionen die steuerfreien Kostenerstattungen offen als überhöht kritisierten oder jedenfalls einen Übergang zur Einzelabrechnung empfahlen (wie etwa die Kissel-Kommission für den Bund und die bayerische sowie die rheinland-pfälzische Diätenkommission). Auch dies glauben die Parlamente aber offenbar aussitzen zu können. Denn Konsequenzen wurden bisher nicht gezogen oder auch nur angekündigt. In dieser Lage kommt der öffentlichen Kontrolle als »einzig wirksamer Kontrolle«[185] die Schlüsselrolle zu.

Betrachtet man die Bestimmungen etwas genauer, so kann man bei der Kostenerstattung bundesdeutscher Abgeordneter *zwei Systeme* unterschieden:

- Parlamente, die ihren Mitgliedern eine Einheitspauschale bewilligt haben, die alles abgilt (siehe S. 277 ff.),
- und Parlamente, die neben einer Teil-Pauschale Fahrtkosten, Verpflegungs- und Übernachtungsaufwand gesondert abgelten (siehe S. 285 ff.).

Einheitspauschalen (Bund, Bayern, Berlin) ...

Der Bund, Bayern und Berlin gewähren ihren Abgeordneten einen Einheitsbetrag, der auch Reise-, Verpflegungs- und Übernachtungskosten pauschal abdecken soll.[186] Wie Tabelle 17 zeigt, hat die Einheitspauschale folgenden Umfang:

Bund	6142 DM	
Bayern	4711 DM	
Berlin	1460 DM	*(Forts. S. 286)*

Tabelle 17: Aufwandsentschädigung (steuerfrei) in Bun[

Monatsbeträge in DM, soweit nicht anders vermerkt*

	Einheitspauschale[1]	Allgemeine Unkostenpauschale	Fahrtkostenerstattung
	1	2	3
Bund[2]	6142[3] (4607[4])	–	–
Baden-Württemberg	–	1829	515–1287[7] (257[4])
Bayern	4711 (3533[4])	–	–
Hessen	–	900	0,52/km[11]
Niedersachsen	–	1870 (500[9])	0,52/km (0[16])
Nordrhein-Westfalen	–	2191	757–1484[7] (0[4])
Rheinland-Pfalz	–	1950	0–1071[7] (0[4])
Saarland	–	1853	150–250[21] (0[4])
Schleswig-Holstein	–	1600 (1200[9])	92/370[22] zusätzlich 220–1265[7] oder 0,52/km (0[4])
Berlin	1460	–	–
Bremen	–	769	35 pro Tag[23]
Hamburg	–	1920[26]	150
Brandenburg	–	1706	330–2310[27] (0[4])
Mecklenburg-Vorpommern	–	1920 (1440[9])	0,52/km (0[4])
Sachsen	–	2160	0,52/km
Sachsen-Anhalt	–	1800 (360[9])	216–1290[7] (0[4])
Thüringen	–	1839[31]	345–1437[7,31] (0[4])

* Hinzu kommen unentgeltliche Sachleistungen wie in der Regel Arbeitszimme[
  Benutzung des Telefons und der sonstigen Kommunikationsmittel im Parla[
  ment, Benutzung von Verkehrsmitteln.
Stand: Januar 1996.

Anmerkungen
1 Umfassende Pauschale.
2 § 12 Abgeordnetengesetz vom 18. 2. 1977 (BGBl. I S. 297), zuletzt geänder[
  durch das »Gesetz zur Neuordnung der Rechtsstellung der Abgeordneten« von
  15. 12. 1995 (BGBl. I S. 1718).
3 Die Kostenpauschale wird zum 1. Januar eines jeden Jahres der Entwicklun[
  der allgemeinen Lebenshaltungsausgaben aller privaten Haushalte im vorve[
  gangenen Kalenderjahr automatisch angepaßt.
4 Soweit ein Dienstwagen zur ausschließlichen Verfügung steht.
5 Nach Maßgabe des »Haushaltsgesetzes«. Dazu Näheres siehe S. 181.
6 Aufwendungen für die Beschäftigung von Mitarbeitern je Abgeordneten (vg[
  auch Tabellen 11 und 12):

Tagegeld	Übernachtungsgeld	Aufwendungen für die Beschäftigung von Mitarbeitern
4	5	6
–	–	bis 168 624 p. a.[5,6]
693[8] (347[9])	39 pro Übernachtung[10]	bis 3/4 BAT VIb[6]
–	–	bis 5077 (= BAT VIb)[5,6]
pro Tag[12] 29/39[13]	33 pro Übernachtung[12,14,15]	bis 1/2 BAT VIb[6]
pro Tag 30/45[17] (0[16])	39 pro Übernachtung[18] (0[16])	bis 1/2 BAT VIb[6]
527	ja[19]	bis 4726[6]
550 (275[8])	ja[20]	bis ca. 1/2 BAT VIb[6]
pro Tag 50	–	–
pro Tag 40	ja[20]	bis 1285[6]
–	–	–[6]
30/60[24] 35/70[25]	–	bis 500[6]
40 pro Sitzung	–	bis 1/2 BAT IIa[6]
476	ja[28]	bis BAT-Ost IIa[5,6]
pro Tag 40	39 pro Übernachtung[18]	bis BAT-Ost VIb[6]
1200[29]	33 pro Übernachtung[30]	bis 3376[5,6]
pro Tag 40–60[7]	39 pro Übernachtung[18]	bis BAT-Ost VIb[6]
575[31]	28 pro Übernachtung[32]	bis BAT-Ost Vb[6]

Bund:

§ 12 III AbgG gibt einen Anspruch dem Grunde nach gegen Nachweis; der genaue Betrag ergibt sich nur aus dem Haushaltsplan: Für 1996 bis 168 624 DM p. a. zuzüglich Nebenleistungen. Laut Haushaltsplan steigt dieser Höchstbetrag ab 1996 entsprechend den durchschnittlichen Steigerungen der BAT-Tarife.

Baden-Württemberg:

Pauschal 480 DM oder auf Nachweis bis maximal 75% der Bruttovergütung BAT VI b (6. Lebensaltersstufe, Ortszuschlag Tarifklasse II, Stufe 3) monatlich. Nebenleistungen werden nach Maßgabe besonderer Ausführungsbestimmungen erstattet (§ 6 IV AbgG); weder im Abgeordnetengesetz noch im Haushaltsplan ist ein genauer Betrag genannt, aus dem Haushaltsplan ergibt sich nur eine Gesamtsumme.

Bayern:
Art. 6 VII AbgG gibt einen Anspruch dem Grunde nach; der genaue Betrag bis 5077 DM monatlich (in Anlehnung an BAT VIb) und die Bezugsgröße ergeben sich nur aus dem Haushaltsplan.

Hessen:
Auf Nachweis die Kosten bis zur Hälfte der Bruttovergütung BAT VIb (Endstufe, Ortszuschlag Stufe 4) monatlich (§ 6 I Nr. 4 AbgG); weder im Abgeordnetengesetz noch im Haushaltsplan ist ein genauer Betrag genannt, aus dem Haushaltsplan ergibt sich nur eine Gesamtsumme.

Niedersachsen:
Nachgewiesene Kosten bis zu einem Höchstbetrag in Höhe der Hälfte der Bruttovergütung BAT VIb (unter Berücksichtigung von Nebenleistungen) monatlich (§ 7 II AbgG); weder im Abgeordnetengesetz noch im Haushaltsplan ist ein genauer Betrag genannt, aus dem Haushaltsplan ergibt sich nur eine Gesamtsumme.

Nordrhein-Westfalen:
Bis 4726 DM monatlich zuzügl. Nebenleistungen; der Betrag ist im Abgeordnetengesetz (§ 6 VI AbgG) genannt.

Rheinland-Pfalz:
Auf Nachweis bis zu dem Betrag, den ein Angestellter des Landes bei einer Arbeitszeit von wöchentlich 18 Stunden in Vergütungsgruppe BAT VIb (zuzügl. Nebenleistungen) erhält, monatlich (§ 6 III AbgG); weder im Abgeordnetengesetz noch im Haushaltsplan ist ein genauer Betrag genannt, aus dem Haushaltsplan ergibt sich nur eine Gesamtsumme.

Schleswig-Holstein:
Auf Nachweis bis zu 1285 DM monatlich; der Betrag ist im Abgeordnetengesetz (§ 9 III AbgG) genannt.

Berlin:
In § 7 Abs. 4 AbgG findet sich zwar die Bestimmung: »Aufwendungen für die Beschäftigung von Mitarbeitern werden nach Maßgabe des Haushaltsgesetzes ersetzt.« Im Haushaltsgesetz findet sich bisher aller-

dings keine Bestimmung, und auch in die Haushaltpläne wurden entsprechende Mittel bislang nicht eingestellt.

Bremen:
Kann-Bestimmung dem Grunde nach in § 47 AbgG; laut Richtlinie bis zu 500 DM pro Abgeordneten monatlich auf Nachweis für Unterhalt von Büro und Anstellung von Mitarbeitern; weder im Abgeordnetengesetz noch im Haushaltsplan ist ein genauer Betrag genannt, aus dem Haushaltsplan ergibt sich nur eine Gesamtsumme (1995: 620 000 DM).

Hamburg:
Bis zur Höhe der Hälfte des monatlichen Gehalts eines Angestellten nach BAT IIa auf Nachweis oder eine Pauschale von 500 DM pro Monat, angepaßt entsprechend dem Anstieg der Lebenshaltungskosten (§ 2 Abs. 1 und 3 Gesetz über die Aufwandsentschädigungen an die Abgeordneten der Bürgerschaft); weder im Abgeordnetengesetz noch im Haushaltsplan ist der genaue Betrag genannt (auch nicht der Pauschale), aus dem Haushaltsplan ergibt sich nur eine Gesamtsumme.

Brandenburg:
In § 6 V Nr. 1 AbgG findet sich nur ein Anspruch dem Grunde nach. Der genaue Betrag ergibt sich nur aus dem Haushaltsplan: auf Nachweis bis zur Höhe der Bruttovergütung BAT-Ost IIa monatlich (6. Lebensaltersstufe, Ortszuschlag nach Tarifklasse Ib, Stufe 3, zuzügl. Nebenleistungen); Erstattungshöchstbetrag je Mitarbeiter 4836 DM.

Mecklenburg-Vorpommern:
Auf Nachweis die Kosten bis zur Höhe der Bruttovergütung BAT-Ost VIb monatlich (35 Jahre, verheiratet, 2 Kinder). Personalnebenkosten werden zusätzlich in Ansatz gebracht (§ 9 II AbgG); weder im Abgeordnetengesetz noch im Haushaltsplan ist ein genauer Betrag genannt, aus dem Haushaltsplan ergibt sich nur eine Gesamtsumme.

Sachsen:
§ 6 IV AbgG gibt einen Anspruch dem Grunde nach; der Betrag (auf Nachweis bis zur Höhe von 3376 DM zuzügl. Nebenleistungen je Abgeordneten monatlich) ergibt sich nur aus dem Haushaltsplan.

Sachsen-Anhalt:
Auf Nachweis die Kosten bis zur Höhe der Bruttovergütung BAT-Ost VIb monatlich (6. Lebensaltersstufe, Ortszuschlag nach Tarifklasse II,

Stufe 3) zuzüglich den entsprechenden Nebenleistungen (§ 8 II AbgG); weder im Abgeordnetengesetz noch im Haushaltsplan ist ein genauer Betrag genannt, aus dem Haushaltsplan ergibt sich nur eine Gesamtsumme.

Thüringen:
Auf Nachweis die Kosten bis zur Höhe der Bruttovergütung BAT-Ost Vb monatlich (10. Lebensaltersstufe, Ortszuschlag nach Tarifklasse Ic, Stufe 3) zuzüglich den entsprechenden Nebenleistungen (§ 7 AbgG); weder im Abgeordnetengesetz noch im Haushaltsplan ist ein genauer Betrag genannt, aus dem Haushaltsplan ergibt sich nur eine Gesamtsumme.

[7] Pauschale, gestaffelt nach der Entfernung zwischen Wohnort und Sitz des Landtags.

[8] Mitglieder des Petitionsausschusses erhalten eine Tagegeldpauschale von 987 DM monatlich; Mitglieder von Untersuchungsausschüssen erhalten während der Dauer der Untersuchung eine um 150 DM erhöhte Tagegeldpauschale.

[9] Geminderter Betrag für Abgeordnete, die Amtsbezüge beziehen.

[10] Auf Nachweis werden angemessene Mehrkosten erstattet.

[11] Dieser Satz erhöht sich auf den Betrag, der als höchste Wegstreckenentschädigung für die Benutzung anerkannt privateigener Kraftfahrzeuge durch Beamte des Landes festgesetzt wird.

[12] Tagegeld und Übernachtungsgeld werden in sinngemäßer Anwendung des Hess. Reisekostengesetzes (HRKG) in der jeweils geltenden Fassung nach Reisekostenstufe I gezahlt.

[13] Tagegeld für einen Zeitraum von nicht mehr als einem vollen Kalendertag/für einen Zeitraum von mehreren Tagen je voller Kalendertag. Bei einer Dauer unter 12 Stunden wird der Betrag entsprechend § 9 III HRKG gemindert.

[14] Nachgewiesene Mehrkosten werden erstattet. Ohne weitere Begründung werden außerdem nachgewiesene Kosten bei Übernachtungen außerhalb Hessens erstattet.

[15] Einem Mitglied des Landtags, das außerhalb Wiesbadens wohnt und in einer gemieteten oder eigenen Wohnung in Wiesbaden übernachtet, kann ein Pauschbetrag von 75 DM je Übernachtung im Monat ersetzt werden; höchstens jedoch 10 Übernachtungen im Monat.

[16] Mitglieder der Landesregierung erhalten keine Reisekostenentschädigung.

[17] Tagegeld bei einem Tag/bei mehrtägigen Reisen.

[18] Nachgewiesene Mehrkosten werden bis zu einem Höchstbetrag erstattet.

[19] Durch Tagegeldpauschale abgedeckt, zusätzlich werden Kosten für notwendige Übernachtungen bei Sitzungen außerhalb des Sitzes des Landtages erstattet.

[20] In Höhe der nachgewiesenen Kosten (ohne Höchstbetrag).

[21] Gestaffelt nach Entfernung des Wohnsitzes vom Sitz des Parlaments. Zusätzlich werden monatlich 16 Fahren vom Wohnort zum Landtag und zurück mit 0,52 DM pro gefahrenem Kilometer erstattet.

[22] Für Fahrten in einem städtischen/ländlichen Wahlkreis.

[23] Nur bei Fahrten von Bremerhaven zur Sitzung in Bremen und umgekehrt; das Reisetagegeld wird beim Sitzungsgeld angerechnet.

[24] Je nach Sitzungsdauer/Dauer der Anwesenheit.

[25] Bei Sitzung außerhalb des Wohnortes des Abgeordneten; je nach Sitzungsdauer/Dauer der Anwesenheit.

[26] Hinzu kommt auf Antrag und Nachweis ein Bürokostenzuschuß von 700 DM.

[27] Beim Wohnort am Sitz des Landtages. Bei einer Entfernung des Wohnortes vom Sitz des Landtages bis 30 km weitere 330 DM. Für jeweils weitere 30 km erfolgt eine Erhöhung um 330 DM. Bei einer Entfernung von über 150 km ergibt sich eine Summe von 2310 DM.

[28] Bei sitzungsbedingten Übernachtungen werden die über einen Sockelbetrag hinausgehenden tatsächlichen Kosten erstattet.

[29] Einem Mitglied des Landtages, dem ein landeseigener Dienstwagen zur Verfügung steht, wird die Tagegeld- und Fahrtkostenpauschale um 400 DM gekürzt; einem Mitglied des Landtages, das Amtsbezüge als Staatsminister oder Staatssekretär bezieht, wird sie um 50 Prozent gekürzt. Beide Kürzungen erfolgen gegebenenfalls nebeneinander.

[30] Übernachtungsgeld in Höhe des Höchstsatzes nach dem Landesreisekostengesetz oder auf Nachweis die tatsächlichen Kosten bis zu einem Höchstsatz.

[31] Diese Beträge verändern sich jährlich automatisch entsprechend der Entwicklung der Lebenshaltungskosten aller Arbeitnehmerhaushalte in Thüringen.

[32] Abgeordnete erhalten bei mandatsbedingten, nicht durch eine Reise im Auftrag einer Fraktion veranlaßten Übernachtungen außerhalb ihres Wohnsitzes ein Übernachtungsgeld nach § 9 des Thüringer Reisekostengesetzes. Unvermeidbare Mehrkosten werden auf Nachweis erstattet.

Auch Hessen war bis Ende der achtziger Jahre mit Einschränkungen dieser Gruppe zuzurechnen: Hier wurde je nach der Entfernung des Wohnorts von Wiesbaden differenziert (3500, 4000 oder 4500 DM) und zusätzlich ein pauschales Übernachtungsgeld von 80 DM gewährt.

... sind verfassungswidrig ...

Derartige Einheitspauschalen sind verfassungsrechtlich nicht zu halten. Darin stimmten von Anfang an beinahe alle Kommentatoren überein.[187] Willi Geiger geißelte sie als auffällig krasse Privilegierung.[188] Auch das Bundesverfassungsgericht hat in einer für die Entscheidung des Falles an sich nicht erforderlichen Nebenbemerkung unübersehbar mit dem Zaunpfahl gewunken.[189] Die Diskussion im Anschluß an den Hessenfall hat diese Kritik bestätigt.[190] Der hessische Präsidenten-Beirat formulierte bei aller diplomatischen Zurückhaltung seine Bedenken im Hinblick auf die Pauschale von Bundestagsabgeordneten (damals rund 65 000 DM jährlich) recht unmißverständlich: »Es gibt auch hier Anhaltspunkte dafür, daß sich die Pauschalierung nicht eng genug an den ›wirklich entstandenen, sachlich angemessenen, mit dem Mandat verbundenen besonderen Aufwand‹ orientiert.«[191]

... aus mehreren Gründen

Die Verfassungswidrigkeit der Einheitspauschalen ergibt sich aus mehreren Gründen:

(a) Es fehlt an der Differenzierung zwischen den verschiedenen Gruppen von Abgeordneten mit typisch unterschiedlichem Aufwand: Abgeordnete, die am Sitz des Parlaments oder in der Nähe wohnen, erhalten die gleiche Zahlung wie andere, für die Übernachtungskosten und möglicherweise hohe

Pkw-Kosten anfallen.[192] Wahlkreisabgeordnete erhalten die gleiche Zahlung wie Listenabgeordnete; Abgeordnete, die an ihrem Wohnort ein Büro unterhalten, die gleiche wie andere. Dies führt dazu, daß für Abgeordnete mit geringem Aufwand die Pauschale ein hohes steuerfreies Zusatzeinkommen darstellt. Das widerspricht dem Diätenurteil, wonach alle Abgeordneten ein gleich hohes Einkommen erhalten müssen[193] und Differenzierungen allenfalls aus besonderen zwingenden Gründen und dann nur in engen Grenzen zulässig sind.[194] Auch wenn Pauschalierungen nicht von vornherein verboten sind, dürfen sie doch[195] keine große Spannweite von Abgeordnetengruppen mit ganz unterschiedlichen Mandatsaufwendungen umfassen. Eben dies ist aber bei den genannten Einheitspauschalen der Fall.[196]

(b) Es spricht immer noch vieles dafür, daß die Pauschalen im Bund und in Bayern überhöht sind,[197] wenn sie auch langsamer ansteigen als die Geldentwertung.

(c) Jedenfalls sind Ermittlungen über die tatsächlichen Aufwendungen der Abgeordneten als Grundlage für die Bemessung der Pauschalen (wie sie auch der Rosenberg-Beirat seinerzeit für Bundestagsabgeordnete gefordert hatte) nicht durchgeführt oder jedenfalls nicht publiziert worden.[198]

Teil-Pauschalen (plus Abgeltung der Reisekosten) …

Die meisten Landesparlamente geben ihren Mitgliedern neben der Abgeltung von Fahrt-, Verpflegungs- und Übernachtungskosten eine Teil-Pauschale. Diese beträgt laut Tabelle 17:

Baden-Württemberg	1829 DM
Brandenburg	1706 DM

Bremen	769 DM
Hessen	900 DM
Mecklenburg-Vorpommern	1920 DM
Niedersachsen	1870 DM
Nordrhein-Westfalen	2191 DM
Rheinland-Pfalz	1950 DM
Saarland	1853 DM
Sachsen	2160 DM
Sachsen-Anhalt	1800 DM
Schleswig-Holstein	1600 DM
Thüringen	1839 DM
Hamburg	(1920 DM)

Die Teil-Pauschale bewegt sich also, wenn man einmal von den Stadtstaaten absieht, zwischen 900 DM monatlich in Hessen und 2191 DM in Nordrhein-Westfalen.

... sind überhöht

In der jüngeren Diskussion besteht Einigkeit, daß diese Pauschalen, zu deren Untermauerung empirische Daten, soweit ersichtlich, niemals vorgelegt wurden, regelmäßig überhöht sind:[199] Der hessische Beirat sah es als »offenkundig« an, daß nicht nur in den früheren hessischen Pauschalen (siehe S. 284), sondern auch in den Unkostenpauschalen anderer Länder »Einkommensanteile« enthalten sind.[200] Die schleswig-holsteinische Kommission geht davon aus, daß die dort damals noch gewährte Pauschale von 1800 DM (neben der außer dem Gehalt noch Fahrtkostenerstattung, Tagegeld und Übernachtungsgeld gewährt wurden) »erheblich herabzusetzen sein wird«.[201] Sie begründet dies unter anderem damit, »ein erheblicher Teil« der allgemeinen Unkostenpauschale, der »nach einer groben Schätzung der Kommission 1000 DM« betrage,[202] sei »seinem Wesen nach zu versteuerndes Einkommen«.[203] Im übrigen regt die Kommission mangels genauer Informationen über den durchschnittlichen Mandatsaufwand schleswig-holsteinischer Abgeordneter an, »die Präsidentin des Schleswig-Holsteinischen Landtages möge die erforderlichen Informationen zur Höhe des tatsächlichen mandatsbedingten Aufwandes in diesem Bereich ermitteln und die allgemeine Unkostenpauschale entsprechend einem durchschnittlichen Wert festsetzen«.[204] Dies ist ausweislich der öffentlich zugänglichen Materialien nicht erfolgt.[205]

Solange solche Informationen nicht vorliegen, wird man davon auszugehen haben, daß jedenfalls eine höhere Teil-Pauschale als 900 DM monatlich nicht mehr als angemessen angesehen werden kann.[206] Dies entspricht unter Berücksichtigung der Kostensteigerung etwa der Pauschale von 800 DM, die der hessische Beirat seinerzeit vorgeschlagen hatte.[207] Der Betrag von 800 DM war im Hinblick darauf bemessen, daß er auch die Kosten der *Wahlkreisbetreuung* mit umfassen sollte,[208] so daß dafür nicht zusätzlich zum Beispiel noch Kilometergelder sollten abgerechnet werden können.

Damit steht die Neuregelung des *Hessischen Abgeordnetengesetzes* in Widerspruch. Nach § 6 I Nr. 5 soll die inzwischen auf 900 DM erhöhte Pauschale lediglich abgelten: »Büromaterial, Fachliteratur, Zeitungen, Porto und Telefon« außerhalb des Landtags – im Landtag telefoniert der Abgeordnete kostenlos –, nicht also auch die Wahlkreisbetreuung, ohne daß diese wesentliche Abweichung von den Vorschlägen des Beirats aber begründet worden wäre.[209]

Auch die Neuregelung des *Schleswig-Holsteinischen Abgeordnetengesetzes*, die neben einer Teil-Pauschale von 1600 DM noch Kostenerstattung für Fahrten im Wahlkreis gewährt,[210] erscheint deshalb problematisch. Immerhin blieb die Pauschale seitdem eingefroren. Als *Ergebnis* ist festzuhalten: Hinsichtlich der allgemeinen Pauschalen besteht in allen hier genannten Ländern Überprüfungs- und Korrekturbedarf.

Kostenpauschalen von Inhabern besonderer Ämter

Privilegien für Minister und parlamentarische Staatssekretäre

Abgeordnete, die gleichzeitig ein Amt als Minister oder parlamentarischer Staatssekretär innehaben[211] (und daraus auch eine Dienstaufwandsentschädigung beziehen), erhalten gleichwohl auch als Abgeordnete noch eine – allerdings meist gekürzte – Kostenpauschale. Hier fallen schon auf den ersten Blick die großen Unterschiede auf: Während in Niedersachsen Minister-Abgeordnete in vorbildlicher Weise insgesamt nur 500 DM erhalten, bezieht der gleiche Personenkreis in Bayern 3533 DM und im Bund 4607 DM an Unkostenpauschale (Tabelle 17). Bereits diese gewaltigen Unterschiede signalisieren grobe Ungereimtheiten. Warum sollte ein bayerischer Minister als Abgeordneter siebenmal so hohe Aufwendungen haben wie ein niedersächsischer?

In Ländern mit *Teil-Unkostenpauschale* (und gesonderter Erstattung der Fahrt-, Verpflegungs- und Übernachtungskosten) muß die ohnehin erheblich zu kürzende Teil-Pauschale (siehe S. 286 f.) für die genannten Amtsträger zusätzlich gekürzt werden. Konkret: Die maximal auf 900 DM zu bemessende Teil-Pauschale muß für Minister-Abgeordnete noch weiter gekürzt werden.[212]

In Baden-Württemberg, Hessen, Nordrhein-Westfalen, Rheinland-Pfalz und im Saarland sowie in den neuen Ländern Brandenburg, Sachsen und Thüringen erhalten Minister-Abgeordnete die ohnehin überhöhten Teil-Kostenpauschalen *ungekürzt*. Das ist verfassungsrechtlich schon gar nicht haltbar.

Auch erscheint es kaum haltbar, dem genannten Personenkreis trotz Dienstwagen *Fahrtkostenerstattung* zu gewähren. Während in Baden-Württemberg die Reisekostenpauschale dann zumindest gekürzt wird, werden in Hessen, Bremen, Hamburg und in

Sachsen das Kilometergeld bzw. die Fahrtkostenpauschale sogar ungekürzt gezahlt. In den übrigen Ländern ist dagegen die Erstattung von Fahrtkosten mit Recht ausgeschlossen.

Die Berechtigung von Tagegeldern oder *Tagegeldpauschalen* nach den Abgeordnetengesetzen ist für den genannten Personenkreis ebenfalls zweifelhaft. Die schleswig-holsteinische Kommission weist darauf hin, Minister müßten »als Amtsinhaber ohnehin ganz überwiegend am Sitz der Landesregierung, der gleichzeitig Sitz des Landtags ist, tätig sein«.[213] Die Kommission spricht sich deshalb gegen jede Art von Tagegeld oder Tagegeldpauschale für diesen Personenkreis aus, was im übrigen auch geltendes Recht in Niedersachsen ist. Überprüfungsbedürftig sind deshalb die Regelungen in Baden-Württemberg und Rheinland-Pfalz, wo Minister-Abgeordnete die *halbe Tagegeldpauschale* nach dem Abgeordnetengesetz erhalten. Erst recht nicht haltbar sind die Regelungen in Hessen, Nordrhein-Westfalen, Schleswig-Holstein, im Saarland und in den fünf neuen Ländern; dort ist *keinerlei Kürzung* vorgesehen, so daß Minister-Abgeordnete das volle Abgeordnetentagegeld bzw. die volle Tagegeldpauschale erhalten.

Überprüfungsbedürftig erscheint aus entsprechenden Gründen auch die Gewährung von *Übernachtungsgeld* nach dem Abgeordnetengesetz an diesen Personenkreis. In Niedersachsen ist sie denn auch ausgeschlossen.

Besonders hohe Kostenpauschalen erhalten Minister-Abgeordnete in Parlamenten mit *Einheitspauschalen*. Im Bund und in Bayern werden die Einheitspauschalen für Minister-Abgeordnete um 25 Prozent gekürzt, es verbleiben also 75 Prozent der Pauschale. (Gleiches galt bis zur Neuregelung des Abgeordnetengesetzes in Hessen.) Das sind:

Bund	4607 DM
Bayern	3533 DM
(nachrichtlich: Hessen [AbgG 1988]	3500 bis 4500 DM)

Tabelle 18: Zusätzliche Kostenpauschale (steuerfrei) für Funktionsträger in Bund und Ländern
Monatsbeträge in DM

	Präsident des Bundes- bzw. Landtages	Vizepräsident des Bundes- bzw. Landtages	Fraktionsvorsitzender	stellv. Fraktionsvorsitzender	Ausschußvorsitzender	stellv. Ausschußvorsitzender
Bund (§ 12 VI)	2000	600	–	–	–	–
Flächenstaaten						
Baden-Württemberg (§ 6 VI)	1504	752	1253	–	628[1]	(628[2])
Bayern (Art. 6 VI)	2110	1057	–	–	996	748
Hessen	–	–	–	–	–	–
Niedersachsen (§ 7 I 2)	500	100	–	–	200[3]	–
Nordrhein-Westfalen (§ 6 V)	2426	895	–	–	–	–
Rheinland-Pfalz (§ 6 V)	800	400	800	–	450[4]	–
Saarland (§ 6 IV)	741	463	741	–	556	–
Schleswig-Holstein	–	–	–	–	–	–
Stadtstaaten						
Berlin (§ 7 III)	1460	730	–	–	–	–
Bremen	–	–	–	–	–	–
Hamburg (§ 1 I 2, 3)	3840	1920	3840	1920	–	–
Neue Bundesländer						
Brandenburg (§ 6 IV)	1110	555	–	–	–	–
Mecklenburg-Vorpommern	–	–	–	–	–	–
Sachsen (§ 6 VI)	900	450[5]	600	–	450	(450[2])
Sachsen-Anhalt	–	–	–	–	–	–
Thüringen	–	–	–	–	–	–

Stand: Januar 1996.

Anmerkungen

[1] Dieser Betrag erhöht sich für den Vorsitzenden des Petitionsausschusses um 200 DM zur Abgeltung der amtsbedingten zusätzlichen Telefonkosten.

[2] Diesen Betrag erhält nur der stellvertretende Vorsitzende des Petitionsausschusses.

[3] Diesen Betrag erhalten auch die Vorsitzenden der Unterausschüsse, der Untersuchungsausschüsse, der Enquête-Kommission und der Sonderausschüsse.

[4] Ausschußvorsitzende sind auch die Vorsitzenden der den Ausschüssen

Derart hohe Pauschalen erscheinen angesichts der tatsächlich höchst eingeschränkten Aktivitäten, die ein Minister noch als Abgeordneter ausübt, und der Ausstattung und Kostenerstattungsmöglichkeiten, über die er in seiner Eigenschaft als Minister verfügt, vollends nicht zu rechtfertigen.[214] In Berlin ist keinerlei Kürzung der Pauschale vorgesehen. Hier erhalten auch die Senatoren-Abgeordneten die volle Einheitspauschale von 1460 DM, was ebenfalls nicht zu rechtfertigen ist.

Präsidenten, Fraktions- und Ausschußvorsitzende werden privilegiert

Im Bund und in fast allen Ländern erhalten Präsidenten, Vizepräsidenten, teils auch Fraktions- und Ausschußvorsitzende zusätzliche steuerfreie Kostenpauschalen (siehe Tabelle 18, S. 290). Auch hier signalisieren bereits die großen Unterschiede Ungereimtheiten, die sie verfassungsrechtlich zweifelhaft machen.[215] Derartige Ämter bringen zwar zusätzliche Arbeit mit sich und verlangen mehr Zeit. Es ist jedoch verfassungsrechtlich untersagt, dafür eine erhöhte (steuerfreie) Kostenpauschale zu gewähren.[216] Daß nennenswerte zusätzliche Kosten entstehen (die allein kompensiert werden dürften), ist angesichts der besonderen sonstigen Ausstattungen der genannten Funktionsträger nicht anzunehmen.[217] Die schleswig-holsteinische Kommission[218] und der hessische Beirat[219] traten deshalb für die Streichung derartiger Kostenpauschalen ein,[220] wie sie denn auch

vergleichbaren Kommissionen und der Vorsitzende der Rechnungsprüfungskommission. Die Vorsitzenden des Wahlprüfungsausschusses, der Untersuchungsausschüsse, der Enquête-Kommissionen und der Rechnungsprüfungskommission erhalten die Aufwandsentschädigung für die Dauer der jeweiligen Verfahren.
5 Die anderen Mitglieder des Präsidiums erhalten 300 DM.

1989 in Hessen und 1990 in Schleswig-Holstein und in Bremen vorgenommen wurde. Auch Mecklenburg-Vorpommern, Sachsen-Anhalt und Thüringen kennen solche Kostenpauschalen nicht.
In den anderen Ländern und im Bund besteht Reformbedarf.

16 Abgeordnetenkorruption, »Spenden« und sonstige Zahlungen von Interessenten

Rechtsordnung und Erwartungen des Volkes stimmen in ihren grundsätzlichen Anforderungen an die Volksvertreter weitgehend überein. Abgeordnete haben dem Gemeinwohl zu dienen und dürfen die große ihnen anvertraute Macht nicht zum eigenen Nutzen mißbrauchen. Sie erhalten ihre Bezahlung aus der Staatskasse gerade zu dem Zweck, ihre Unabhängigkeit zu sichern und sich nicht in die Abhängigkeit von Geldgebern zu begeben. Das Grundgesetz gibt Bundestagsabgeordneten ausdrücklich einen Rechtsanspruch auf eine »angemessene, ihre *Unabhängigkeit* sichernde Entschädigung« (Artikel 48 GG) und verweist sie gleichzeitig darauf, daß sie »Vertreter des ganzen Volkes« und »nur ihrem Gewissen unterworfen« sind (Artikel 38 GG). Dementsprechend wurde als Argument für die Anhebung der Entschädigung auf das Niveau einer angemessenen Vollalimentation im Bund und in fast allen Ländern und auch für die starken Erhöhungen der jüngsten Zeit wesentlich die Sicherung der Unabhängigkeit der Abgeordneten angeführt (Näheres siehe S. 336).

Die Bindung der Abgeordneten an das Gemeinwohl ist kein Überbleibsel aus »verfassungsrechtlicher Steinzeit«, sondern unverzichtbare Basis für das Funktionieren unserer Demokratie. Würde auf das Gemeinwohlgebot verzichtet, so gäben wir den Staatsgedanken selbst preis. Die Bürger müssen sicher sein, daß die Politiker die ihnen anvertraute Macht nur für das Gemeinwohl einsetzen, nicht für ihre eigenen persönlichen Interessen.

Dieses Vertrauen, von dem die Demokratie lebt,[221] wird besonders nachhaltig geschädigt, wenn Politiker finanzielle Leistungen von privaten Interessenten annehmen. Denn so entsteht der Eindruck mangelnder Unabhängigkeit. Unabhängigkeit aber ist Voraussetzung für gemeinwohlbezogenes Handeln.

Diese Anforderungen lassen sich auch nicht mit dem Hinweis auf sinkende allgemeine Moralmaßstäbe lockern. Otto Normalverbraucher ist keine staatliche Macht über andere anvertraut. Ihn trifft die gesteigerte Verantwortung nicht, die Politiker in staatlichen Ämtern tragen; darin liegt der Unterschied. Es mag fraglich sein, ob die Maßstäbe für das Verhalten normaler Menschen so absinken dürfen, wie dies im Zeichen verbreiteter Permissivität teilweise beobachtet wird. Die Gesellschaft scheint es bisweilen nicht mehr so genau zu nehmen, und Delikte wie Versicherungsbetrug, Steuerhinterziehung, Arbeitslosengeldbetrug, Korruption scheinen zuzunehmen. Sicher aber ist, daß deshalb nicht auch die Maßstäbe für Politiker gesenkt werden dürfen, soll der Staat nicht auf Dauer kaputtgehen. In Rede steht also weniger eine Frage der Moral als der Staatsraison. Politiker sind zwar keine besseren Menschen; die frühere Hoffnung, im Parlament würden sich die »Besten der Nation« zusammenfinden, hat sich als wenig realistisch erwiesen. Aber die Ansprüche an sie sind höher und müssen – im Interesse der Funktionsfähigkeit des Staates – auch höher sein. Die öffentliche Meinung hat hier ein Wächteramt. Der Umstand, daß in den vergangenen Jahren so viele Politiker wegen finanzieller Affären ihren Hut nehmen mußten, scheint im Grunde ein Zeichen für die Geltungs- und Durchsetzungskraft der genannten Prinzipien und damit auch für die Lebens- und Funktionsfähigkeit unserer Demokratie zu sein.

Darüber hinaus haben Politiker eine Vorbildfunktion. Würde die Öffentlichkeit bei ihnen eine Instrumentalisierung des Amtes für eigene Interessen akzeptieren, müßte dies eine geradezu zersetzende Wirkung auf Pflichtgefühl und Gemeinwohlorientierung aller anderen Staatsbediensteten bis hin zum »kleinen Beamten« und darüber hinaus auch auf alle Staatsbürger und Steuerzahler haben.

Strafbarkeit von Abgeordnetenkorruption als bloß symbolische Gesetzgebung

Deswegen ist es auch so sehr bedenklich, daß die Korruption von Abgeordneten lange überhaupt nicht unter Strafe stand und das 1994 erlassene Gesetz auch nur eine Alibimaßnahme darstellt, weil nur Zuwendungen, die für bestimmte Abstimmungen im Parlament gewährt werden (die in der Praxis kaum je nachweisbar sein dürften), nicht aber die finanzielle Einflußnahme auf andere Aktivitäten der Abgeordneten unter Strafe gestellt wurden. Der neue eingeführte § 108e Strafgesetzbuch (Abgeordnetenbestechung) lautet:[222]

(1) Wer es unternimmt, für eine Wahl oder Abstimmung im Europäischen Parlament oder in einer Volksvertretung des Bundes, der Länder, Gemeinden oder Gemeindeverbände eine Stimme zu kaufen oder zu verkaufen, wird mit Freiheitsstrafe bis zu fünf Jahren oder mit Geldstrafe bestraft.

(2) Neben einer Freiheitsstrafe von mindestens sechs Monaten wegen einer Straftat nach Absatz 1 kann das Gericht die Fähigkeit, Rechte aus öffentlichen Wahlen zu erlangen, und das Recht, in öffentlichen Angelegenheiten zu wählen oder zu stimmen, aberkennen.

Dieser Tatbestand bezieht sich nur auf *künftige* Stimmabgaben,[223] erfaßt also – anders als der Tatbestand der Bestechlichkeit für normale Amtsträger (§ 332 Strafgesetzbuch) – nicht auch Belohnungen für früheres Abstimmungsverhalten. Der Tatbestand erfaßt auch nicht Abstimmungen in *Fraktionen* oder *Parteien*,[224] obwohl diese das Abstimmungsverhalten im Parlament vielfach faktisch vorbestimmen, ebensowenig das Verhalten des Abgeordneten bei den (den Abstimmungen vorausgehenden) *Beratungen* in den Ausschüssen und im Plenum der Volksvertretungen. Erforderlich ist überdies eine *konkrete Unrechtsvereinbarung*, die Stimme bei einer Abstimmung in der Volksvertretung zu mißbrauchen, die die dauerhafte, etwa durch Scheinberater- oder Scheinarbeitsverträge begründete Nähe zu den Interessen des Financiers ebensowenig erfaßt wie die allgemeine, nicht auf konkrete Abstimmungen bezogene »Pflege der politischen Landschaft« durch Bargeldcouverts, »Testfahrten« oder Urlaubsaufenthalte ohne konkrete Gegenleistung.[225]

Daß der neue Paragraph in der Praxis nie zur Anwendung kommen wird, ist in der Fachliteratur unbestritten.[226] Ein sachkundiger Kommentator bewertet die neue Vorschrift so: »Zwar hat der Gesetzgeber die Abgeordnetenbestechung unter Strafe gestellt, den Bereich des Strafbaren dabei aber so eng gefaßt, daß wohl niemals ein Abgeordneter oder Lobbyist nach dieser Vorschrift bestraft werden wird. Die Norm bleibt weitgehend ohne instrumentelle Wirkungen, reduziert sich auf ein symbolisches Fanal, das wirksamen Rechtsgüterschutz (Verhinderung von politischer Korruption) eher erschwert als fördert.«[227]

Dabei waren hohe Erwartungen an das neue Gesetz geknüpft worden. Es sollte einen »Beitrag zur politischen Hygiene« leisten und sogar »das Reinheitsgebot für Bier auf Abgeordnete übertragen«.[228] Derartige Effekte werden – angesichts der totalen Wirkungslosigkeit der Vorschrift – in Wahrheit aber nur vorgetäuscht. Dem Bürger muß der Erlaß einer solchen Vorschrift, die das Privileg der Straflosigkeit von Abgeordnetenkorruption nur scheinbar beseitigt, als Fortsetzung des Übels erscheinen, das er bekämpft sehen möchte: »Als politische Kosmetik, große Worte, hinter denen das Kungeln und Mauscheln weitergehen kann«.[229] Ein scheinbarer Schutz vor Abgeordnetenkorruption erscheint schlimmer als gar keiner, weil er täuscht und enttäuscht und den politischen Druck, wirksame Vorkehrungen zu treffen, eher mindert.[230] Solche Vorkehrungen zum Schutz der Abgeordneten gegen Beeinflussung durch finanzstarke Interessenten sind aber unverzichtbar, wenn man es mit der Unabhängigkeit der Abgeordneten ernst meint. Das Bundesverfassungsgericht hat dies im Diätenurteil von 1975 mit Recht betont und den Gesetzgeber als verpflichtet angesehen, die erforderlichen Vorkehrungen zu treffen. Angesichts des reinen Symbolcharakters der neuen Strafrechtsvorschrift müßte der Schutz der Unabhängigkeit von Abgeordneten zumindest durch entsprechende parlamentsgesetzliche Vorkehrungen erfolgen. Doch auch daran fehlt es bisher. Dies ist auch deshalb besonders mißlich, weil die Chance für den späteren Erlaß einer *wirksamen* Strafvorschrift voraussetzt, daß die Parlamente durch eindeutige und möglichst umfassende parlamentarische Verhaltensregeln für ihre Mitglieder klarstellen, was erlaubt und was verboten ist. An die grobe Verletzung dieser Vorschriften könnte dann die Strafbarkeit anknüpfen.[231]

»Verhaltensregeln« als Alibi

Nach den sogenannten Verhaltensregeln, die der Bundestag[232] sich 1972 nach dem »Fall Geldner« gegeben und die er 1986 nach dem »Fall Barzel« geändert hat, ist es einem Bundestagsabgeordneten zwar untersagt, »Spenden, die erkennbar in Erwartung eines bestimmten wirtschaftlichen oder politischen Vorteils gewährt werden«, also Bestechungsgelder oder, wie man scham-

haft auch sagt: »finale Spenden« anzunehmen.[233] Wirksame
Sanktionen zur Durchsetzung dieses Verbots fehlen aber. Da es
bereits an der erforderlichen Konkretisierung, was eigentlich
genau verboten ist, mangelt, besteht schon hinsichtlich des
Verbotsinhalts ein »Vakuum«.[234] Es gibt keine Instanz, die
unparteilich feststellen könnte, ob die Regel verletzt ist. Dies
überprüfen im Einzelfall weder Polizei noch Staatsanwaltschaft,
noch Gericht (weil die Verletzung nicht unter Strafe steht). Der
Abgeordnete selbst aber ist in eigener Sache ein schlechter
Richter. Wer behauptet, mit derart unkontrollierbaren Regeln
könne etwas gegen Korruption ausgerichtet werden, ist naiv
oder Partei. Die »Verhaltensregeln« (die es außer im Saarland
mittlerweile in allen Landesparlamenten gibt) sind kaum mehr
als eine Alibimaßnahme.

Die fortdauernde Zulassung von »Spenden« an Abgeordnete

Im übrigen gelten Zuwendungen an Abgeordnete von privater
Seite grundsätzlich als zulässig, und zwar in unbeschränkter
Höhe.[235] Gleichwohl werden auch »nicht-finale« Zuwendungen, die die politische Praxis verniedlichend als »Spenden«
bezeichnet, meist in Erwartung allgemein bevorzugter Behandlung geben (von Brauchitsch: »zur Pflege der Bonner Landschaft«) und können die Abgeordneten beeinflussen, indem sie
sie dankbar stimmen oder auf eine Fortsetzung des »Spenden«flusses hoffen lassen. Wie verbreitet solche Zuwendungen
sind, wissen wir spätestens seit dem Flick-Skandal.[236] Presseveröffentlichungen über die Praxis großer Wirtschaftszweige, etwa
der Pharmaindustrie oder der Versicherungswirtschaft,[237] und
wissenschaftliche Spezialuntersuchungen[238] haben das Bild ab-
gerundet. Der jetzige Bundesminister für Arbeit und Sozialord-

nung Norbert Blüm wird sicher nicht der einzige sein, zu dessen »eisernen Prinzipien« es gehört, keine Personenspenden anzunehmen, wie er in einem Brief an einen Möchtegernspender schrieb;[239] doch ist diese Haltung keinesfalls mehr selbstverständlich.

»Frankfurt ist überall«

Wo aber Geldzuwendungen an Abgeordnete in großem Stil einreißen, da besteht – unabhängig von der Nachweisbarkeit im Einzelfall – Korruptionsverdacht. Darauf hat Theodor Eschenburg schon früh hingewiesen.[240] Es geht um eine massive, schwelende, sich gelegentlich in Skandalen manifestierende Gefährdung unserer politischen Kultur – mit immanenten Ausdehnungstendenzen. Wenn Abgeordnete auf Bundes- und Landesebene mit üppigen Geldgeschenken »geschmiert« werden können, wenn dies (außerhalb des lächerlich engen Straftatbestandes) kein strafbares Unrecht ist, wer will dann noch einsehen, daß dies bei Gemeinderäten und der Verwaltung insgesamt so ganz anders gewertet werden muß? Die Zulässigkeit von Spenden an Abgeordnete schafft ungute Signale auch für andere Bereiche; von Otto Normalverbraucher kann man schwerlich erwarten, daß ihm in dieser Hinsicht die Unterscheidung zwischen staatlichen Parlamenten, Gemeindevertretungen und Verwaltung insgesamt einleuchtet. So drängt sich die Frage förmlich auf, ob der Bundestag und die Landtage nicht durch übergroße Permissivität gegenüber ihren eigenen Mitgliedern Mitverantwortung für die zunehmenden Korruptionsskandale in Berlin, Frankfurt und anderwärts tragen – »Frankfurt ist überall«.

Schleichendes Gift für die Gesetzestreue der Verwaltung und Bürger

Kann es eigentlich – das wäre die provokative Frage – dem Verwaltungsbeamten noch angesonnen werden, auf der peinlichen Befolgung von Gesetzen im Kleinen zu beharren, die von Abgeordneten, die im Großen korrumpiert werden dürfen, erlassen worden sind? Kann vom Bürger noch verlangt werden, solche Gesetze strikt zu befolgen, ehe die offensichtlichen Defizite auf Parlamentsebene behoben sind? Was mußte »der kleine Mann« für einen Eindruck gewinnen, als vor einigen Jahren im Prozeß gegen von Brauchitsch, Graf Lambsdorff und Friedrichs zutage trat, daß im Auftrag Flicks massenweise Bargeld in Kuverts an höchste politische Bannerträger überreicht worden war, ohne daß diese als Abgeordnete dafür belangt werden konnten? Mußte sich bei ihm nicht zwangsläufig der Eindruck festsetzen, dann bräuchte auch er, sei es im Amt, sei es als gesetzesunterworfener Staatsbürger, es nicht mehr so genau zu nehmen? Hier bestehen sozialpsychologische Zusammenhänge, die von der grundsätzlichen Zulässigkeit von Spenden an Abgeordnete hin zu den sich häufenden Korruptionsfällen in den Amtsstuben der Behörden und den zunehmenden Regelverletzungen der Bürger laufen und deren grundlegende Bedeutung für das öffentliche Bewußtsein lange vernachlässigt wurde.

Rainer Magulski

Der Fall des Leiters der Kriminalpolizei Konstanz Rainer Magulski[241] dürfte nur die Spitze eines Eisbergs sein. Magulski quittierte unter ausdrücklichem Hinweis auf den Flick-Skandal und das Fehlen wirksamer rechtlicher Regelungen gegen Abgeordnetenkorruption den öffentlichen Dienst, weil er, wie er in einer Petition an den Bundestag schrieb, nicht mehr »Erfüllungsgehilfe eines Gesetzgebers« sein könne, der sein »Vertrauen« verloren habe. Mögen nur wenige wie Magulski bereit sein, um ihrer rechtsstaatlich-demokratischen Überzeugung willen ihre berufliche Existenz aufs Spiel zu setzen, so bleibt doch die Feststellung, daß die unangemessene Großzügigkeit der Parlamente gegenüber sich selbst unerhörte Auswirkungen auf die innere Einstellung der Verwaltung (und der Bürger) zu Staat und Recht haben kann.

Mangelhafte Publizität

Solche »Spenden« müßten, wenn sie schon nicht verboten werden, den Wählern zumindest *offengelegt* werden. Auch daran fehlte es in der Bundesrepublik lange völlig. Die »Verhaltensregeln« bringen nicht etwa eine Durchleuchtung von Geldzuwendungen an Abgeordnete, sondern sie legalisieren ihre Abdunkelung vollends. Denn danach brauchen »Spenden«, die Abgeordnete erhalten, grundsätzlich nicht veröffentlicht zu werden.[242] (Über Zuwendungen, die dem Abgeordneten »für seine politische Tätigkeit zur Verfügung gestellt werden«, hat er lediglich »gesondert Rechnung zu führen«, »Spenden« über 10 000 DM im Kalenderjahr muß er bloß bundestagsintern der Bundestagspräsidentin anzeigen.[243] Das sind Vorschriften, die natürlich keine Öffentlichkeit schaffen und zudem leicht zu umgehen sind.[244])

Wie kraß dieses Privileg ist, wird daran deutlich, daß sogar Spenden an *Parteien* ab einer bestimmten Höhe (bis 1988 20 000 DM, ab 1989 40 000 und seit 1992 wieder 20 000 DM[245]) mit dem Namen des Spenders von Verfassungs wegen[246] veröffentlicht werden müssen, damit der Wähler sieht, wer finanziell hinter den Parteien steht,[247] ein Gebot, dem das Bundesverfassungsgericht »zentrale Bedeutung« für das Funktionieren der Demokratie beigemessen hat.[248] Die Möglichkeit, einzelne *Abgeordnete* zu beeinflussen, und damit die Notwendigkeit einer Publizierung von Direktspenden an Abgeordnete ist aber eigentlich viel größer und tritt schon bei viel geringeren Spenden auf. Damit drängt sich publizitätsscheuen Spendern die Umgehung geradezu auf (Näheres siehe S. 51 ff.).

Da das Parlament sich in eigener Sache als unfähig erwiesen hat, eine Veröffentlichungspflicht durchzusetzen, um zumindest allzu groben und offensichtlichen Umgehungsversuchen vorzubeugen, ist das Bundesverfassungsgericht einmal mehr an seine Stelle getreten. Das Urteil vom 9. 4. 1992 hat die Publizitätsgrenze für Spenden an Parteien wieder auf 20 000 Mark herabgesetzt und die Publizitätspflicht auch auf Direktspenden an Abgeordnete erstreckt, allerdings nur auf Spenden ab 20 000 DM an einzelne Abgeordnete.[249] Es liegt auf der Hand, daß damit die Problematik nicht entschärft ist.

Steuerliche Privilegierung

Bemerkenswert ist auch die steuerliche Behandlung. »Spenden« an Abgeordnete kann der Geber zwar nicht als Sonderausgaben und regelmäßig nicht als Betriebsausgaben steuerlich absetzen. Sie unterliegen beim Abgeordneten aber grundsätzlich nicht der Einkommensteuer, weil sie nicht unter die sieben Einkunftsarten des Einkommensteuergesetzes fallen, sondern lediglich der *Schenkungssteuer.* Das gilt auch, wenn die »Spende« für Wahlkampfzwecke gewährt wird, denn dann bleiben dem Abgeordneten »im Umfang der Zuwendung eigene Aufwendungen erspart.«[250] Bei einer »Spende« von 50 000 DM sind das bei einem Freibetrag von 3000 DM und einem Steuersatz von 20 Prozent 9400 DM,[251] also nur ein gutes Drittel von dem, was die Einkommensteuer ausmachen könnte. Abgeordnete, die »Spenden« annehmen, werden gegenüber normalen Einkommensbeziehern also auch noch steuerlich begünstigt, obwohl solche »Spenden« auch dann oft das private Einkommen erhöhen, wenn sie für die Abgeordnetentätigkeit bestimmt sind. Denn für die Abgeordnetentätigkeit stehen dem Abgeordneten ohnehin steuerfreie Pauschalbeträge und spezielle Fonds für die Beschäftigung von Mitarbeitern aus der Staatskasse zur Verfügung. So erhält ein Bundestagsabgeordneter neben seinem Einkommen von 135 600 DM eine Kostenpauschale von rund 74 000 DM und für die Beschäftigung von Mitarbeitern zusätzlich einen Bruttobetrag von bis zu 235 000 DM jährlich.

Beschwichtigungsversuche

Von interessierter Seite wird gelegentlich beschwichtigt: »Spenden« an Abgeordnete seien in einer pluralistischen Gesellschaft gar nicht schlimm. Das Beharren auf der Unabhängigkeit der Abgeordneten und ihrem Schutz vor Beeinflussung durch interessierte Finanziers sei Ausdruck eines »frühkonstitutionellen Rigorismus«[252] oder eines übertriebenen »Purismus«.[253] Wenn Art. 38 I 2 GG bestimmt: Die Abgeordneten sind »Vertreter des ganzen Volkes, an Aufträge und Weisungen nicht gebunden und nur ihrem Gewissen unterworfen«, so garantiere diese Vorschrift auch die Freiheit, sich in die Abhängigkeit von Geldgebern zu begeben, sofern der Abgeordnete nur glaube, dies mit seinem Gewissen vereinbaren zu können.[254]

Laufende Zahlungen von Interessenten

Deshalb sei es auch zulässig, wenn die Bezüge von Angestellten eines interessierten Unternehmens oder Verbandes, die in ein Parlament gewählt werden, neben den Abgeordnetenbezügen

»aus Kulanz« weiterlaufen oder Abgeordnete sogenannte Beraterverträge mit Interessenten abschließen, auch wenn dadurch die Gefahr finanzieller Einflußnahme auf den Abgeordneten entstehe. In dieser Weise hatte der Bundestag sich 1975 im Diätenverfahren vor dem Bundesverfassungsgericht in der Tat eingelassen.[255] Die Freiheit des Abgeordneten wird hier kurzerhand umgedeutet zur Freiheit, sich von Interessenten bezahlen zu lassen. Diese Perversion des Grundsatzes des freien Mandats erinnert ungut an das Umbiegen von Verfassungsnormen in ihr Gegenteil, das wir aus Diktaturen kennen, und ist mit dem Grundgesetz unvereinbar. Das Grundgesetz gibt den Abgeordneten einen »Anspruch auf eine angemessene, ihre Unabhängigkeit sichernde Entschädigung« aus der Staatskasse (Art. 48 III 1 GG), gerade um zu verhindern, daß sie ihren politischen Einfluß zu Geld machen. Das Bundesverfassungsgericht hat denn auch im Diätenurteil von 1975 klargestellt, daß Zahlungen von Interessenten an Abgeordnete verfassungswidrig sind, und den Gesetzgeber für verpflichtet erachtet, gesetzliche Vorkehrungen dagegen zu treffen.[256] Dieses Gebot ist bisher vom Bundestag und von fast allen Landesparlamenten nicht beachtet worden.[257] (Die Abgeordneten Mann und Conradi haben dies mit vollem Recht am 10. 12. 1986 im Bundestag moniert.[258]) Nach wie vor können Abgeordnete von ihren bisherigen Arbeitgebern weiterbezahlt werden, nicht für die nach dem Vertrag geschuldete Arbeit, sondern zur Nutzung des parlamentarischen Einflusses des Abgeordneten[259] (Ausnahmen nur: Niedersachsen und Bremen[260]).

§ 27 III und IV des Abgeordnetengesetzes Niedersachsen lautet:

»(3) Abgeordneten dürfen mit Rücksicht auf ihr Mandat keine anderen als die in diesem Gesetz vorgesehenen Zuwendungen gemacht werden. Insbesondere darf einem Abgeordneten eine Vergütung aus einem Dienst- oder Werkverhältnis nur gewährt werden, soweit sie dem Wert einer vom Abgeordneten tatsächlich erbrachten und mit seinem Mandat nicht zusammenhängenden Tätigkeit entspricht. Besondere Dienste, die der Abgeordnete seiner Fraktion leistet, dürfen vergütet werden.

(4) Wer eine ... nach Absatz 3 verbotene Zuwendung empfängt, hat sie oder, falls dies nicht möglich ist, ihren Wert an das Land abzuführen. Der Präsident des Landtages macht den Anspruch geltend.«[261]

Die meisten *anderen Länder* und der Bund bleiben dahinter noch weit zurück.[262] Eine bloße Aufnahme des Leitsatzes des Bundesverfassungsgerichts in die Geschäftsordnung des Parlaments (oder eine Anlage zur Geschäftsordnung) reicht nicht aus, schon deshalb, weil die Geschäftsordnung kein Gesetz ist. Auch schafft die bloße Wiederholung des vom Bundesverfassungsgericht formulierten Grundsatzes noch keine wirksamen Vorkehrungen gegen seine Verletzung.

Im übrigen werden solche Zahlungen kunstvoll vor den Blicken der Öffentlichkeit oder sonstiger möglicher Kontrollinstanzen abgeschirmt. Die Anzeigepflichten, die der Abgeordnete nach den »Verhaltensregeln« gegenüber der Bundestagspräsidentin hat, lassen die nötigen Feststellungen nicht zu. Abgeordnete brauchen ihr bisheriges Einkommen der Bundestagspräsidentin nicht anzuzeigen, und Rechtsanwälte und andere beratende Berufe fallen ohnehin aus der Anzeigepflicht heraus, so daß die Präsidentin von vornherein keine Anhaltspunkte für die Ermittlung von unzulässigen Interessentenzahlungen erhält.[263] So wird die Existenz solcher Zahlungen »abgedunkelt« – die gleiche Vorgehensweise wie bei der Abdunkelung von »Spenden«.

Handlungsbedarf auch hier

Es geht nicht um ein Internum der Parlamente, sondern um eine Schlüsselfrage für die Legitimation unseres parlamentarischen Systems insgesamt. Es ist höchste Zeit, daß die nötigen Vorkehrungen endlich getroffen werden. Bisher sind die halbherzigen Versuche der Mehrheit, zu einer befriedigenden Regelung zu kommen, immer wieder am ganzherzigen Widerstand von Betroffenen gescheitert. Zustande kam schließlich nur eine zahnlose Alibivorschrift gegen Abgeordnetenbestechung. Auch wenn »die übergroße Mehrheit dieses Hauses nicht käuflich ist«, wie der Abgeordnete Conradi im Bundestag sicher mit Recht gesagt hat, so ist ihm auch darin nachdrücklich zuzustimmen, daß die beharrliche Verhinderungsstrategie »dem Ansehen des Parlaments und dem Ansehen der Republik« schweren Schaden zufügt.[264]

Auch in anderen Fällen hat das Bundesverfassungsgericht den Gesetzgeber für verpflichtet erachtet, wichtige Rechtsgüter unter wirksamen strafrechtlichen Schutz zu stellen.[265] Gleiches muß auch hier gelten. Art. 38 Absatz 3 und Art. 48 Absatz 3 Satz 3 des Grundgesetzes verpflichten den Gesetzgeber, die nötigen Vorkehrungen zum Schutz der Unabhängigkeit der Abgeordneten zu treffen.[266]

Das *Minimum* für die längst überfällige Regelung wäre:

- aktive und passive Abgeordnetenbestechung muß wirksam unter Strafe gestellt werden.[267]
- laufende Interessentenzahlungen an Abgeordnete sind durch Erlaß der erforderlichen gesetzlichen Regelung zu verbieten,[268] den Abgeordneten ist eine schriftliche Versicherung abzuverlangen, daß sie keine verbotenen Bezüge erhalten, und es sind spürbare Sanktionen bei Verstößen vorzusehen,[269]

- »Spenden« an Abgeordnete sind zu verbieten, wie dies kürzlich auch die Parteienfinanzierungskommission empfohlen hat,[270] und auch hier sind bei Verstößen wirksame Sanktionen vorzusehen.[271]

Demgegenüber hat die von Bundestagspräsidentin Süssmuth im Benehmen mit dem Ältestenrat eingesetzte Kommission in ihren im Juni 1993 vorgelegten Empfehlungen zwar vorgeschlagen, die Entschädigung für Abgeordnete im Interesse ihrer Unabhängigkeit auf 14 000 Mark anzuheben, es aber gleichzeitig versäumt, Vorschläge zu machen, wie Zahlungen der genannten Art zu unterbinden sind, die die Unabhängigkeit der Abgeordneten höchst massiv beeinträchtigen können. Die Kommission lehnte einen Straftatbestand der Abgeordnetenbestechung, ein Spendenverbot und ein Verbot laufender Interessentenzahlungen ab. Das geschah in wenigen Sätzen, ohne auf die Problematik wirklich einzugehen.[272] Zugrunde lag die oben zurückgewiesene Vorstellung, die die Freiheit des Abgeordneten von der subjektiven Belastbarkeit seines Gewissens, äußerstenfalls auch von seiner Gewissenlosigkeit abhängig macht. Auch bei der enormen Erhöhung der Entschädigung für Bundestagsabgeordnete Ende 1995 war die Eingrenzung von »Spenden« an Abgeordnete kein Thema.

Bei Ministern gelten die vorstehenden Grundsätze erst recht. Sie üben ein Amt auch im strafrechtlichen Sinne aus und unterliegen deshalb – anders als Abgeordnete – den strafrechtlichen Korruptionsvorschriften für öffentliche Bedienstete. Auch die öffentliche Kritik spielt hier eine wichtige Rolle. Dies zeigen die Skandale und Rücktritte von Ministern in jüngerer Zeit.

Es ist deshalb eine merkwürdige Verkehrung der Verantwortung, wenn immer mehr Politiker versuchen, die Schuld für zunehmende Skandale den Medien zuzuschieben, so etwa, wenn Lafontaine von »Schweinejournalismus« spricht und die Kritik der Presse an von ihm mit zu verantwortenden Skandalen sogar mit dem Vorgehen der Nazipresse eines Goebbels vergleicht.[273] Im Gegenteil, es bestehen bei öffentlichen Auseinandersetzungen immer noch einige rechtliche Privilegien zugunsten der Politiker, die eigentlich längst beseitigt gehörten. So kann ein Politiker gegen jede ihn beeinträchtigende falsche Behauptung gerichtlich vorgehen, durch Gegendarstellung, zivilrechtliche Unterlassungs- und Schadensersatzklagen oder, bei Beleidigung oder übler Nachrede, auch auf strafrechtlichem Wege. Abgeordnete aber genießen ihrerseits Schutz gegen gerichtliche Verfolgung. Sie können für ihre Äußerungen im Parlament nicht belangt werden, auch wenn sie aus der Sicherheit der gerichtlichen Unangreifbarkeit heraus ihre Kritiker beleidigen und mit Schmähungen überziehen. Dafür gibt es leider viele Beispiele.[274] Das längst überholte Privileg der sogenannten Indemnität beseitigt die Waffengleichheit bei gerichtlichen Auseinandersetzungen zwischen Politikern und ihren Kritikern, so berechtigt die Kritik auch sein mag.

Die Anlässe, deretwegen Minister den Hut nehmen mußten, waren allerdings bisweilen gering im Vergleich zu anderen Mißbräuchen der staatlichen Macht zum eigenen Vorteil, die ungesühnt blieben. Die hessische Frauenministerin Heide Pfarr mußte wegen 50 000 Mark Umzugs- und Einrichtungskosten zurücktreten. In ihrer nur kurzen Amtszeit hat sie jedoch eine lebenslängliche Rente von vielen tausend Mark monatlich erworben – eine schwerverständliche Regelung für alle, die vierzig oder fünfzig Berufsjahre benötigen, um ihre Altersversorgung zu erwerben. Der wirtschaftliche Wert solcher Rentenansprüche beläuft sich leicht auf einen Millionenbetrag und steht in grobem Mißverhältnis zur Leistung. Dennoch sind die für solche Gesetze Verantwortlichen bisher nicht zur Rechenschaft gezogen worden.

Fazit also: Es ist richtig, daß wir in Sachen des Staates, der von

Zwangsbeiträgen der Steuerzahler und vom staatspolitischen Vertrauen der Bürger lebt, strenge Maßstäbe anlegen. Dies ist für die Überlebensfähigkeit und Stärke einer auf Gemeinschaft angewiesenen Demokratie sogar unerläßlich. Aber wir dürfen uns nicht darauf beschränken, diese Maßstäbe nur auf einzelne, im Rampenlicht der Öffentlichkeit stehende Politiker anzuwenden, sondern müssen sie zum Beispiel auch auf offensichtlich mißbräuchliche Gesetze, mit denen Kungeleien der politischen Klasse nur vordergründig legalisiert erscheinen, erstrecken. Wir dürfen insoweit dem verständlichen Trend der Medien nach Personalisierung und Hervorhebung von Einzelfällen nicht vollständig nachgeben.

»Gläserne Abgeordnete«?

Seit Jahren wird in periodischen Abständen immer wieder der Vorschlag diskutiert, das Einkommen von Abgeordneten zu veröffentlichen. Das gilt besonders auch für diejenigen Teile des Einkommens, die aus privater und öffentlicher Quelle zu den Diäten hinzukommen. Doch reicht dieser Vorschlag nicht aus, weil bestimmte Einkunftsarten nicht nur publiziert, sondern von vornherein verboten werden müßten. Dazu gehören alle Zahlungen, die Abgeordnete quasi als Preis für den Verkauf ihres politischen Einflusses im Parlament, in der Partei und der Fraktion erhalten, also Einkünfte, die die Unabhängigkeit beeinträchtigen können: sogenannte Direktspenden an Abgeordnete, das heißt Spenden, die nicht als »Durchlaufspenden« an die Partei weitergeleitet werden, sondern beim Abgeordneten verbleiben, und Zahlungen aus Scheinberaterverträgen und Scheinanstellungsverträgen mit Interessenten, für die der Abgeordnete nicht die nach dem Wortlaut des Vertrages an sich geschuldeten Dienste leistet, sondern dem zahlenden Unternehmen oder

Verband seinen politischen Einfluß zur Verfügung stellt (siehe S. 303 ff.). Dazu gehören auch Doppelalimentationen, die Abgeordnete in sehr viel größerem Umfang etwa als Beamte, für die strenge Anrechnungsbestimmungen gelten, beziehen können (siehe S. 266 ff.). Immerhin, solange derartige Zahlungen nicht unterbunden werden, könnte durch ihre Veröffentlichung Druck auf ihre Eindämmung entstehen.

Andererseits sollte der Abgeordnete die Möglichkeit behalten, seinen Beruf neben seinem Mandat zumindest teilweise noch auszuüben. Derartige Tätigkeiten sind rechtlich unproblematisch; es steht dem Abgeordneten frei, neben seinem Mandat noch einem Erwerbsberuf nachzugehen.[275] Das ist besonders in den Landesparlamenten, teilweise aber auch noch für Bundestagsabgeordnete durchaus nicht unmöglich und, in Grenzen, parlamentspolitisch auch durchaus erwünscht, weil es die Abhängigkeit des Abgeordneten von seiner Partei minderte und weil es dadurch beruflich erfolgreichen Seiteneinsteigern erleichtert würde, ein Mandat zu übernehmen. Werden echte berufliche Einnahmen aber veröffentlicht, dürfte die Gefahr nicht von der Hand zu weisen sein, daß beide Arten von Einkommen, die problematischen unabhängigkeitsbeeinträchtigenden oder die Steuerzahler ungebührlich belastenden *und* die in Grenzen erwünschten beruflichen, in einen Topf geworfen werden, zumal die Öffentlichkeit etwa den Scheinvertragscharakter von Zahlungen von Interessenten nicht immer erkennen wird, schon weil man dafür auch wissen muß, ob der Abgeordnete die vertraglich geschuldete Leistung auch wirklich erbringt. Die Herstellung von Transparenz könnte also die Tendenz zum Nur-Abgeordneten noch fördern.

Gleichwohl dürften diese Bedenken insgesamt geringer zu gewichten sein als die positiven Auswirkungen, die aus der Transparenz des Abgeordneteneinkommens zu erwarten wären. Bei der Forderung nach »gläsernen Abgeordneten« geht es um das in der Demokratie so wichtige Vertrauen der Bürger in die Unabhängigkeit der Volksvertreter, die die Gesetze beschließen, denen wir alle unterworfen sind, und die die öffentlichen Haushalte verabschieden, die wir alle mit unseren Abgaben finanzieren. Darin liegt auch der Unterschied zu anderen Einkommensbeziehern. Der Forderung nach »gläsernen Abgeordneten« kann also nicht mit dem Hinweis auf andere Gruppen von Einkommensbeziehern, deren Einkünfte auch in Zukunft nicht zur Veröffentlichung anstehen, widersprochen werden.

Auf Initiative der Bundestagsabgeordneten Conradi und Gansel wurde zuletzt im Herbst 1995 ein Gesetzentwurf vorgelegt;[276] eine große Zahl von Abgeordneten, besonders der SPD und der Grünen, schlossen sich dem Antrag an, ohne daß der Gesetzentwurf aber schließlich eine Mehrheit im Bundestag fand. Der Entwurf war allerdings unvollständig, und zwar gerade an der wichtigsten Stelle. Er erfaßte die Direktspenden an Abgeordnete, also mit die problematischste Einnahmeart, nämlich nicht. Er sah nur die Veröffentlichung der Einkunftsarten des § 2 Einkommensteuergesetz vor. Spenden unterliegen aber der Einkommensteuer nicht, sondern nur der Schenkungsteuer (siehe S. 302 f.). Das war mehr als nur ein Schönheitsfehler und stellte den Gesetzentwurf in ein schillerndes Licht. Der Gedanke vom »gläsernen Abgeordneten« setzt natürlich voraus, daß vor allem die problematischen Einnahmearten auch wirklich erfaßt werden. Ja, man könnte die Frage stellen, ob Transparenz nicht auf die wirklich problematischen Zahlungen beschränkt werden sollte.[277]

17 »Parteisteuern«

Verheimlichte Größenordnungen

Abgeordnete aller Ebenen müssen – über ihre normalen Mitgliedsbeiträge hinaus – *Sonderbeiträge* an ihre Partei leisten (sogenannte Parteisteuern). Dies geschieht zumeist aufgrund von Satzungsbestimmungen oder Parteitagsbeschlüssen. Bis 1983 wiesen die Rechenschaftsberichte der Parteien »Parteisteuern« gesondert aus (§ 24 II Ziff. 2 PartG a. F.), so daß ihr Umfang offenbar wurde. Die im Bundestag vertretenen Parteien erhielten danach im Jahre 1983 39,1 Millionen DM. (Das war ein gutes Viertel der Mitgliedsbeiträge.) 1968 waren es noch 8,2 Millionen DM gewesen (siehe Tabelle 3 auf S. 120 ff.).

Seit 1984 werden die »Parteisteuern« nicht mehr gesondert öffentlich ausgewiesen, sondern ununterscheidbar in den Rubriken »Mitgliedsbeiträge und andere regelmäßige Beiträge« bzw. »Spenden« der Parteien versteckt. Dies ist mit Art. 21 I 4 GG nicht vereinbar, der zwingend die öffentliche Berichterstattung der Parteien über die Herkunft ihrer Mittel vorschreibt; dazu gehört eine Aufgliederung in die Haupteinnahmequellen.[278]

Das heutige Volumen der »Parteisteuern« dürfte fast 70 Millionen DM betragen (siehe Tabelle 3). Den Löwenanteil davon bringen die vielen tausend ehrenamtlich tätigen Mitglieder kommunaler Volksvertretungen auf, deren Diäten zwar sehr viel niedriger sind als die von Bundestags- und Landtagsabgeordneten, die diese an Zahl aber um so mehr überflügeln. Teilweise sind die Gesamteinnahmen der Parteien aus »Parteisteuern«

sogar höher als die aus Mitgliedsbeiträgen, so zum Beispiel im CDU-Landesverband Berlin laut seinem Etat für 1996.

Neben den »Parteisteuern« hatten Abgeordnete früher auch erhebliche Beiträge zur Finanzierung ihrer *Fraktionen* zu leisten. Mit der massiven Ausweitung der Steuervergünstigungen für Zuwendungen an Parteien (nicht aber an Fraktionen) seit 1984 erfolgte aber eine Umleitung der Zuwendungen hin zu den Parteien, während die Fraktionen sich über den von öffentlicher Kontrolle praktisch ungehinderten Zugriff auf die Staatskasse schadlos halten konnten. Beiträge der Fraktionsmitglieder spielen deshalb heute nur noch eine geringe Rolle für die Fraktionsfinanzierung.

Die Höhe der »Parteisteuern« der einzelnen Abgeordneten ist unterschiedlich. Als Regel gilt, daß unter den etablierten Parteien die SPD höhere Sonderbeiträge zu erheben pflegt als die Union und die FDP. Die Sonderbeiträge von Bundestagsabgeordneten an die verschiedenen Gliederungen ihrer Partei und an ihre Fraktion bewegten sich 1975 zwischen 650 DM und 1400 DM monatlich.[279] Nach einer neueren Umfrage betrugen die Zahlungen der Bundestagsabgeordneten an Partei und Fraktion im Jahre 1988 durchschnittlich 1160 DM, aufgeschlüsselt nach Fraktionen für Abgeordnete der Union durchschnittlich 920 DM, für Abgeordnete der FDP durchschnittlich knapp 1000 DM und für Abgeordnete der SPD durchschnittlich knapp 1500 DM monatlich, wovon der bei weitem größte Teil auf die Partei, ein kleinerer Teil auf die Fraktion entfiel.[280] Dabei sind die Abgeordneten der PDS und der Grünen, die besonders hohe »Parteisteuern« zu entrichten haben, noch nicht berücksichtigt. Ursprünglich mußten die Abgeordneten der Grünen sogar den größten Teil ihrer Diäten abgeben: Von der steuerpflichtigen Entschädigung sollte ihnen nur ein Betrag belassen werden, der einem Facharbeiterlohn entsprach (2100 DM netto plus 500 DM netto für jede zu unterhaltende Person), sowie von der steuerfreien Aufwandspauschale nur ein Betrag von 1700 DM. Der überwiegende Teil war an die Partei für Initiativen und Projekte des Ökofonds zu spenden. Nach den Beschlüssen der Bundesversammlung der Grünen vom November 1993 haben zum Beispiel Bundestagsabgeordnete 15 Prozent ihrer steuerpflichtigen Entschädigung und mindestens 1000 DM monatlich aus ihrer Kostenpauschale allein an die Bundespartei abzuführen.

Verfassungswidriger Zwangscharakter

Die Versuche der Parteischatzmeister, »Parteisteuern« damit zu rechtfertigen, sie seien ein Ausgleich für Leistungen, die die Partei und die Fraktion erbrächten und die auch den Abgeordneten zugute kämen, greifen heute nicht mehr, weil die Parteien und die Fraktionen für diese Zwecke hohe staatliche Zuschüsse erhalten (siehe Teile II und III in diesem Buch). Die »Parteisteuern« wurden eingeführt, als es noch keine Staatszuschüsse gab. Nach Einführung der staatlichen Parteien- und Fraktionsfinanzierung und der hohen steuerlichen Förderung der Parteien haben »Parteisteuern« ihre Berechtigung verloren; abgeschafft wurden sie gleichwohl nicht, sondern zusätzlich kassiert – »Geld stinkt nicht«.

Die verfassungsrechtliche Beurteilung solcher »Parteisteuern« muß von der Feststellung des Bundesverfassungsgerichts im Diätenurteil von 1975 ausgehen, daß die Abgeordnetenentschädigung nicht »einer Mitfinanzierung der Fraktion oder politischen Parteien oder der Beteiligung an Wahlkosten« dienen darf.[281] Welche verfassungsrechtlichen Konsequenzen sich daraus ergeben, ist zwar umstritten geblieben.[282] Teilweise wird behauptet, die Sonderbeiträge seien ebenso unproblematisch wie sonstige satzungsmäßige Zahlungen, die Abgeordnete an irgendwelche beliebigen Vereinen leisten, in die sie freiwillig eingetreten sind und aus denen sie jederzeit wieder austreten können.[283] Diese Betrachtungsweise übersieht aber, daß Abgeordnete auf ihre Partei faktisch angewiesen sind, insbesondere wenn es um die Kandidatenaufstellung bei Neuwahlen geht. Sonderbeiträge an Parteien erfolgen nur scheinbar freiwillig; in Wahrheit kann sich ihnen kein Abgeordneter entziehen, ohne seine politische Karriere und seine parlamentarische Arbeitsmöglichkeit zu gefährden. Deshalb hat sich auch der Begriff »Parteisteuern« eingebürgert. Sie stellen de facto eine finanzielle Hypothek dar, die auf dem Abgeordnetenstatus lastet und die Mittel verringert, welche dem Abgeordneten für diejenigen Zwecke verbleiben, denen die Entschädigung allein dienen soll: der Alimentation des Abgeordneten und seiner Familie und der Abdeckung des mandatsbedingten Aufwandes.

Die Auferlegung solcher mit dem Mandat verbundenen Quasisteuern widerspricht Art. 48 III 1 GG. Dieser soll den Abgeordneten »eine angemessene ihre Unabhängigkeit sichernde Entschädigung« verschaffen, um möglichen Abhängigkeiten der Abgeordneten, nicht zuletzt von ihrer eigenen Partei, wenigstens in wirtschaftlich-finanzieller Hinsicht entgegenzuwirken. Diesem Sinn des Art. 48 III 1 GG läuft es zuwider, wenn die Parteien – in Ausnutzung der faktischen Abhängigkeit der Abgeordneten von ihnen – Sonderbeiträge festsetzen, die die verbleibende Entschädigung verringern, dadurch deren Zweckerfüllung beeinträchtigen und auf diese Weise die finanzielle Grundlage der verfassungsrechtlich postulierten Unabhängigkeit verringern. »Parteisteuern« der Abgeordneten sind deshalb mit jener Verfassungsvorschrift nicht vereinbar. Der Gesetzgeber ist von Verfassungs wegen verpflichtet, einzugreifen und die Abgeordneten wirksam vor derartigen Ämterabgaben zu schützen.[284] Es handelt sich um eine ähnliche Aufgabe wie etwa im Arbeitsrecht, wo es darum geht, den Arbeitnehmer vor der Übermacht des Arbeitgebers zu schützen, notfalls auch vor scheinbar freiwillig, faktisch aber unter Zwang abgeschlossenen ihn benachteiligenden »Vereinbarungen«.

Derartige von den Abgeordneten erhobene Quasisteuern erscheinen nicht weniger problematisch, wenn man davon ausgeht, die Abführungspflicht an die Partei veranlasse die Abgeordneten von vornherein dazu, höhere Diäten festzusetzen. In der Tat spricht alles dafür, daß die Parteisteuern stillschweigend mit auf der Rechnung stehen, wenn die Parlamente in eigener Sache festlegen, wie hoch die angemessene Entschädigung sein soll. Unter Politikwissenschaftlern gilt eine solche Vorwegnahme der Abgaben durch höhere Festsetzung der Entschädigung oder der Aufwandsentschädigung als offenes Geheimnis. »Man kann fraglos davon ausgehen, daß Politiker bei Festlegung ihrer Diäten und sonstigen Bezüge in der Regel die an die Parteiagenturen abzuführenden Beträge von vornherein einkalkulieren.«[285] Eine solche »systematische Überzahlung der parlamentarischen Mandatsträger zugunsten bestimmter Parteikassen«[286] kann die Quasisteuern allerdings nicht rechtfertigen, sondern macht sie zu einer verschleierten und unzulässigen staatlichen Partei- und Fraktionsfinanzierung.[287] Wir haben die Parteisteuern deshalb in Tabelle 3 unter der indirekten Staatsfinanzierung aufgeführt.

Auch die Parteienfinanzierungskommission 1993 geht davon aus, daß derartige von den Abgeordneten erzwungene Zahlungen verfassungswidrig sind: »Der Zwang muß beseitigt werden, weil er auf die Diäten zielt, die einzig und allein der Entschädigung des Abgeordneten dienen und seine Unabhängigkeit gewährleisten sollen, nicht aber für Zwecke der Parteienfinanzierung bestimmt sind. Deshalb sind alle derartigen Zahlungsverpflichtungen allgemeiner oder besonderer Art durch Satzung, Parteitags- oder Fraktionsbeschlüsse, Vereinbarung oder individuelle Zusage unzulässig; entsprechende Regelungen in den Partei- oder Fraktionssatzungen müssen entfallen.«[288] Ähnlich war bereits die Parteienfinanzierungskommission 1983 davon ausgegangen, daß

»Parteisteuern« »durch kaum ausweichbaren Druck« erzwungen würden, »eine verschleierte Form der öffentlichen Parteienfinanzierung« und insgesamt »verfassungswidrig« seien.[289] Sind »Parteisteuern« Staatsfinanzierung, muß im übrigen auch überprüft werden, ob sie nicht auch bei Berechnung der absoluten und der relativen Obergrenze als solche behandelt werden müssen (siehe S. 91 mit Anm. 142). Angesichts ihrer Verfassungswidrigkeit gehören sie zwar gänzlich abgeschafft. Die Einbeziehung in die Obergrenzen könnte aber ein Mittel dafür sein.

Staatliche Prämierung verfassungswidriger »Parteisteuern« – ein Widerspruch in sich

Angesichts der allgemein anerkannten Problematik der Parteisteuern, ja ihrer Verfassungswidrigkeit, ist es um so weniger zu verstehen und zu rechtfertigen, daß sie auch noch zweifach staatlich gefördert werden: durch die steuerliche Begünstigung der »Parteisteuern« beim Abgeordneten und die zusätzliche staatliche Subventionierung bei der Partei.

Nehmen wir zum Beispiel einen verheirateten Volksvertreter, der monatlich 400 Mark als Sonderleistung an seine Partei zahlt. Nach Abzug des Steuervorteils kostet ihn das netto etwa 200 Mark. Die Partei kassiert aber am Ende das Dreifache, weil die 400-Mark-Zuwendung zusätzlich einen 50prozentigen Staatszuschuß von 200 Mark auslöst.[250] Daß die »Parteisteuern« als ohnehin höchst problematische verschleierte Form der Staatsfinanzierung auch noch staatlich gefördert und damit zur Basis von weiterer Staatsfinanzierung werden, grenzt ans Groteske. Und Ausdruck der Verwurzelung der Partei in der Gesellschaft, die durch die staatliche Parteienfinanzierung allein gefördert werden soll (siehe S. 92 f.), sind »Parteisteuern« – angesichts ihres Zwangscharakters – ohnehin nicht. Die zweifache staatliche Förderung erschwert es zugleich, etwas Wirksames gegen die »Parteisteuern« zu unternehmen, weil sie der Illegalität zu widersprechen scheint und weil auf die Abgeordneten mit dem Hinweis, sie trügen kraft Steuervergünstigung nur die Hälfte und man dürfe auch den zu ihrer Zahlung hinzu kommenden Staatszuschuß nicht verfallen lassen, zusätzlicher Druck ausgeübt werden kann. Im übrigen setzen »Parteisteuern« das Verhältnis des Abgeordneten zu seiner Partei in ein schiefes Licht, »symbolisieren die fehlende Unabhängigkeit« des Abgeordneten,[291] erwecken den Eindruck, er müsse sich der Partei für seine Aufstellung als Kandidat – auch finanziell – erkenntlich zeigen, fördern deshalb eher den Typ des »Parteisoldaten«, der in der Tat seiner Partei alles verdankt und sich deshalb von ihr völlig abhängig weiß, und erschweren es, »Quereinsteiger« zu gewinnen, auf deren »Blutzufuhr« die Parteien so sehr angewiesen sind. »Parteisteuern« sind damit Ausdruck der Abschottungs- und Verkrustungstendenzen der Parteien gegenüber der Gesellschaft, stehen der an sich erforderlichen Öffnung entgegen und gehören damit, wie der Historiker Arnulf Baring resümiert hat, »zu den Mißständen, die die Parteien heute so unleidlich machen«.[292]

Darüber hinaus hatte die Existenz der »Parteisteuern« auch unheilvolle Auswirkungen auf die Festlegung der steuerlichen Begünstigungsgrenzen. Zuwendungen an Parteien dürfen nach dem Urteil des Bundesverfassungsgerichts von 1992 nur bis zu einem Betrag steuerlich gefördert werden, den ein durchschnittlicher Einkommensbezieher noch ausschöpfen kann. Dies sollte verhindern, daß die Bezieher hoher Einkommen und die von ihnen vornehmlich unterstützten Parteien gleichheitswidrig bevorzugt würden. Danach hätte die Obergrenze der steuerlichen Förderung nicht über 2000 DM (bei zusammenveranlagten Ehegatten 4000 DM) jährlich liegen dürfen (Näheres siehe S. 72 ff.). Daß die Parteischatzmeister eine – verfassungswidrige – Verdreifachung dieser Grenze durchsetzten und ins Parteiengesetz schreiben ließen, wurde im wesentlichen damit begründet, die für die Parteien ins Gewicht fallenden »Parteisteuern«, die im übrigen auch die Schatzmeister als Abgeordnete selbst zu zahlen haben, sollten möglichst in die Förderung einbezogen sein.

Gegenmaßnahmen

Wenn die Steuerbegünstigung von »Parteisteuern« und ihre zusätzliche staatliche Bezuschussung beseitigt würden, würde der Abbau der »Parteisteuern« sicher erleichtert. In die gleiche Richtung würde es wirken, wenn es gelänge, auch die Überhöhung der Diäten, besonders der steuerfreien Kostenpauschalen, abzubauen. Umgekehrt würde die Bekämpfung der »Parteisteuern« den Abbau der Überhöhung der Diäten erleichtern. Zusätzlich ist es erforderlich, ein ausdrückliches Verbot von »Parteisteuern« gesetzlich festzulegen. Einen dahingehenden Versuch hat bisher allein der Gesetzgeber in Niedersachsen unternommen. § 27 II Abgeordnetengesetz Niedersachsen lautet:

> »Abgeordnete dürfen niemandem Zuwendungen mit Rücksicht auf ihr Mandat machen.«

Zusätzlich wäre eine schriftliche Erklärung zu verlangen, in der jeder Abgeordnete versichert, daß er keine verbotenen Zuwendungen zahlt.

18 Signale in die falsche Richtung

In den vorangegangenen Abschnitten wurde die Entschädigung der Abgeordneten systematisch erörtert, und es wurden dabei auch die vielen Schwachstellen herausgestellt. In diesem Abschnitt sollen nun abschließend noch Entwicklungen skizziert werden, die, besonders vom Hessischen Landtag ausgehend, Signale in die falsche Richtung gesetzt haben und setzen.

Landesparlamente gerieren sich als Bundestag

Das Bundesverfassungsgericht hatte im Diätenurteil die Frage unentschieden gelassen, ob die von ihm entwickelten Grundsätze nur für Bundestagsabgeordnete oder auch für Landtagsabgeordnete gelten, besonders, ob auch in den Landesparlamenten eine »Vollalimentation« zu gewähren sei. Offen blieb ausdrücklich auch, welche Auswirkungen das Diätenurteil auf landesverfassungsrechtliche Vorschriften habe, die eindeutig vom nebenamtlichen Landtagsabgeordneten ausgehen, wie in Bayern, Hessen, Hamburg und wohl auch Rheinland-Pfalz (Bremen hat seine Verfassung inzwischen geändert). Die Landesparlamente nutzten das Fehlen scharf konturierter verfassungsrechtlicher Schranken, um auch auf Landesebene das Füllhorn der vom Verfassungsgericht nicht ausdrücklich versperrten Möglichkeiten bis zur Neige zu leeren und sich auch immer wieder nachzuschenken. Die Landesparlamente, jedenfalls die der Flächenstaaten, qualifizieren das Mandat zunehmend als »Vollzeittätigkeit«, obwohl es in den Landesparlamenten schon jetzt oft nur eine Teilzeitbeschäftigung ist, neben der viele Abgeordnete ihren Beruf weiterführen, und diese Möglichkeit bei einer durchgreifenden Straffung der Parlamentsarbeit noch erweitert werden könnte (siehe S. 227 ff.). Sie gerieren sich als eine Art Bundestag in den Ländern und bewilligten sich den ganzen Strauß der teilweise schon auf Bundesebene verfassungsrechtlich anfechtbaren Leistungen, beispielsweise:

– übermäßige Übergangsgelder, die in Höhe der Entschädigung noch bis zu zwei oder zweieinhalb[293] Jahren nach dem Ausscheiden der Abgeordneten aus dem Parlament weiterlaufen und selbst dann anfallen, wenn der Abgeordnete ein ausreichendes Einkommen aus privater Berufstätigkeit bezieht. Einige Länder haben hier inzwischen mit den nötigen Reformen begonnen (siehe S. 244 ff. und Tabelle 14);
– eine überzogene staatsfinanzierte Altersversorgung, die schon nach einem halben Arbeitsleben voll »erdient« ist, mit dem vollendeten 55. Lebensjahr zu laufen beginnt und deren ökonomischer Gegenwert zusammen mit der ebenfalls staatlich finanzierten Hinterbliebenen-, Invaliden- und Krankenversorgung an den Wert der aktiven Entschädigung heranreichen kann (siehe S. 255 f. und Tabelle 15). Bedenkt man, daß der Abgeordnete auch in dieser Hälfte seines Arbeitslebens oft nur einer Teilbeschäftigung im Landesparlament nachgeht, so kann man auch zugespitzt formulieren: Landtagsabgeordnete sind die einzige Gruppe, die für ein Viertel ihrer Lebensarbeitszeit eine volle Versorgung aus der Staatskasse beziehen.
– Laxe (Nicht-)Anrechnungsvorschriften bei mehrfachen Bezügen aus der Staatskasse, die Doppelalimentationen erlauben (Näheres, auch zu den Reformansätzen, siehe S. 266 ff.);
– steuerfreie Kostenpauschalen von teilweise gewaltiger Höhe.

– Zugleich fehlen auch in den Landesparlamenten wirksame Vorkehrungen gegen Interessentenzahlungen und Spenden aller Art und gegen »Parteisteuern«.

Die öffentlich vorgetragene Verwunderung Willi Geigers über die »merkwürdige Perspektive« der Landesparlamente, die zu diesen Regelungen führte, und die »unerfindliche Selbstverständlichkeit, mit der die Landtage davon ausgehen, die Tätigkeit ihrer Mitglieder sei als ›Full-time-Job‹ zu qualifizieren«,[294] vermochte die Entwicklung nicht mehr zu korrigieren. Ihr Ergebnis ist, daß die Abgeordneten sich einen mehrfach privilegierten finanziellen Status verschafft haben, wie ihn keine andere Berufsgruppe besitzt. Inwieweit die Leistungen gegen die Verfassung (in der Interpretation des Bundesverfassungsgerichts) verstoßen, wurde bereits im einzelnen dargelegt. Auch gewisse Korrekturen einiger Parlamente in den letzten Jahren gehen meist nicht an den Kern der Probleme und berühren das Gesamturteil nicht.

In einer Entscheidung von 1987 signalisiert das Bundesverfassungsgericht in einer umfangreichen Nebenbemerkung, daß es in Zukunft vom Diätenurteil abweichen möchte und der Abgeordnete keinen Anspruch habe, nach dem Alimentationsprinzip versorgt zu werden, nicht im Bundestag und natürlich erst recht nicht in den Landesparlamenten. Praktische Konsequenzen, etwa für die Versorgung der Abgeordneten,[295] hat aber auch daraus bisher kein Parlament gezogen.

Der hessische Gipfel

Das seit 1. 11. 1989 geltende Hessische Abgeordnetengesetz bildet einen entscheidenden Eckpunkt dieser Entwicklung. Der Hessische Landtag hat die steuerpflichtige Entschädigung und damit auch die Versorgung seiner Mitglieder nach oben explodieren lassen, indem er die »Vollalimentation« der Abgeordneten während der Mandatszeit auf 10 200 DM monatlich festsetzte (Anfang 1996: 11 266 DM); das war weit mehr, als andere Landesparlamentarier und sogar mehr als Bundestagsabgeordnete erhielten. Auch die staatsfinanzierte Versorgung wurde auf ein einmalig hohes, alle anderen deutschen Parlamente in den Schatten stellendes Niveau gebracht (an dem auch eine gewisse Absenkung der Steigerungssätze nichts ändern konnte). Der Abgeordnete erwarb schon nach sechs Jahren einen Anspruch auf eine Altersversorgung von fast 3000 DM monatlich,[296] die bereits mit dem 55. Lebensjahr zu laufen begann (im Bundestag erst mit dem 65. Lebensjahr). Die volle Altersversorgung von damals 7650 DM monatlich hatte der Abgeordnete nach 22 Parlamentsjahren erdient – und das alles für ein Landtagsmandat, von dem viele, auch Ministerpräsident Wallmann, Ministerpräsident Späth und der rheinland-pfälzische CDU-Vorsitzende Wilhelm sagen, es ließe sich von den Aufgaben her auch als Halbtagsbeschäftigung organisieren (wie dies etwa in den Staatenparlamenten der USA auch fast durchweg der Fall ist). Wie Willi Geiger diese Entwicklung beurteilt hätte, ist klar. Er hatte schon 1978 betont, daß das Bundesverfassungsgericht im Diätenurteil »mit Selbstverständlichkeit« davon ausgegangen war, »daß zwischen der Höhe der Entschädigung und der übrigen Ausstattung des Bundestagsabgeordneten und eines Landtagsabgeordneten ein deutlicher Unterschied zu machen« sei. Die »steuerpflichtige Entschädigung in den größten Ländern« habe »mindestens 2000 DM unter der eines Bundestagsabgeordneten zu liegen«, und die staatsfinanzierte Pension sei als verschleiertes Zusatzeinkommen ein mit dem Diätenurteil des Bundesverfassungsgerichts unvereinbarer »Mißbrauch«.[297] Erinnert sei in diesem Zusammenhang auch an den couragierten Appell des niedersächsischen Landtagsdirektors an die Landesparlamente, der Steuerzahler werde einen zu groß geschneiderten finanziellen Anzug nicht auf Dauer tolerieren (siehe S. 237).

Die Begründung des Unbegründbaren

Es lohnt sich, einmal zu verfolgen, wie der Hessische Landtag dennoch versucht hat, das Unbegründbare zu begründen. Denn hier liegt geradezu ein Lehrstück vor, welche Wege ein in eigener Sache entscheidendes Parlament findet, um seine Interessen durchzusetzen.

Der Landtag berief sich zur Begründung der monatlichen Entschädigung von 10 200 DM und der daran anknüpfenden Versorgung auf einen vom neuen Landtagspräsidenten Hans-Peter Möller berufenen, mit handverlesenen Mitgliedern besetzten Beirat, der die gewünschten Empfehlungen unterbreitet hatte. Die Mitglieder waren hohe Funktionsträger und Verbandsvorsitzende, die fast alle aus Hessen kamen und damit in ihren verschiedenen amtlichen und außeramtlichen Obliegenheiten vom Wohlwollen des Landtags und der mitbetroffenen Landesregierung nicht völlig unabhängig waren. Es handelte sich zudem um »durchweg gutverdienende Persönlichkeiten«, wie Dieter Meng in der Frankfurter Rundschau anmerkte, so daß das Ergebnis »von vornherein gesichert« schien.[298] Der Bericht des Beirats wurde so sehr zur Grundlage des Diätenberichts des Landtagspräsidenten und des Gesetzentwurfs der vier Landtagsfraktionen, daß diese auf eine eigene schriftliche Begründung verzichteten. Zwischen der ersten und der zweiten Lesung des Gesetzentwurfs stellte sich allerdings heraus, daß der Beirat sich bei Ableitung seiner Empfehlungen grob verrechnet hatte und auch die Begründung insgesamt innerlich nicht stimmig war. Denn von der Begründung des Beirats für die vorgeschlagene monatliche Entschädigung von 10 200 DM führte kein logischer Weg zu der zusätzlich vorgeschlagenen Einführung einer staatsfinanzierten Alters-, Hinterbliebenen-, Invaliden- und Krankenversorgung. Der Beirat hatte sich bei seinem Vorschlag am Einkommen der Mitglieder freier Berufe (Ärzte, Rechtsanwälte, Steuerberater, Architekten etc.) orientiert, die in Hessen im statistischen Durchschnitt exakt 10 200 DM im Monat verdienten (Stichjahr 1987). Freiberufler müssen aus diesem Bruttoverdienst von 10 200 DM aber ihre gesamte Versorgung für Alter, Invalidität, Krankheit und Hinterbliebene *selbst* finanzieren. Diese Gesichtspunkte hatte der Beirat bei der Empfehlung, für Abgeordnete eine *staats*finanzierte Versorgung einzuführen, schlicht »vernachlässigt« und Äpfel mit Birnen verglichen; ein Mangel, der angesichts der gewaltigen Höhe des unsichtbaren steuerfreien Einkommens, den der Erwerb der staatsfinanzierten Versorgungsanwartschaft darstellt, sachlich unerklärlich ist und den Beirat und seine Arbeit insgesamt in ein schillerndes Licht setzt.

Der Beirat stützte seinen 10 200-DM-Vorschlag weiter auf die Hochrechnung eines vom Bundesverfassungsgericht 1975 im Diätenurteil genannten (und als »Vollalimentation« bezeichneten) Betrages von 3000 DM netto. Dabei unterliefen dem Beirat aber ebenfalls schwere methodische Fehler. Er rechnete die 3000 DM netto mit unzutreffenden Indizes auf das Jahr 1989 hoch und gelangte dadurch zu einem überhöhten Betrag. Ferner schlug er bei der Umrechnung von netto in brutto nicht nur Steuern, sondern auch Sozialversicherungsabgaben hinzu, obwohl es um die Ermittlung des angemessenen Einkommens von Abgeordneten geht, die keine oder nur sehr niedrige Sozialversicherungsabgaben zahlen (sondern Ansprüche auf staatliche Versorgung und Beihilfe ohne eigene Beiträge haben). Die fehlerhaften Rechnungen führten zu einer Überhöhung des vom Beirat ermittelten Ergebnisses um ca. 2400 DM monatlich.

Die offensichtlichen Mängel machten die Empfehlungen des Beirats untauglich, weiterhin als Grundlage für den hessischen Gesetzentwurf zu dienen. Darüber waren sich denn auch alle Sachverständigen einig, nachdem der Verfasser und der Bund der Steuerzahler die genannten (und andere) Mängel des Beiratsberichts in einer Anhörung des Hessischen Landtags am 31. August 1989 zwischen der ersten und zweiten Lesung des Gesetzentwurfs offengelegt hatten.

Damit war der erste höchst aufwendige Anlauf des Landtags, die maßlose Ausweitung von Entschädigung und Versorgung mittels einer vorgeschobenen Kommission zu begründen, gescheitert. Statt nun aber – entsprechend der Logik des Gedankengangs des Beirats – auf die zusätzlich zu der hohen Entschädigung gewährte Versorgung zu verzichten (oder es bei einem geringeren Entschädigungsniveau zu belassen), hielt der Landtag an den Ergebnissen des Beirats (Gewährung der erhöhten Entschädigung *und Versorgung*) dennoch fest und suchte lediglich, die fehlerhafte Begründung des Beirats durch eine neue, »eigenständige« zu ersetzen. Diese »Begründung«, die der Abgeordnete (und spätere Landtagspräsident und Landesminister) Starzacher als Vorsitzender der zuständigen Landtagskommission in der zweiten Lesung des Gesetzentwurfs auf einer halben Seite des Landtagsprotokolls unternahm, war in Wahrheit aber nur eine Scheinbegründung, die an den eigentlich relevanten Fragen vorbeiging und zudem in sich widerspruchsvoll und unvollständig war. Der eigentliche Dollpunkt, die üppige staatsfinanzierte Versorgung, die der Beirat vorgeschlagen hatte, aber eben nicht schlüssig begründen konnte, wurde von Starzacher überhaupt nicht mehr erwähnt, aber gleichwohl beibehalten. Beim Vergleich alt – neu wurde die stark erhöhte steuerpflichtige Entschädigung gegen die stark gesenkte Kostenpauschale aufgerechnet, obwohl nur die erstere Bemessungsgrundlage für die Altersversorgung ist, und die in Zukunft mögliche Einzelerstattung von Kosten wurde überhaupt nicht erwähnt.[299] So drängt sich der Schluß auf, daß die Anhebung der Entschädigung mit der gleichzeitigen Versorgung in Wahrheit gar nicht begründbar war.

Macht schafft Willkür – wenn die öffentliche Kontrolle erlahmt

Damit ergab sich eine groteske Situation: Eine rasche Reform, wenn vielleicht auch nicht zum 1. 10. 1988, wie ursprünglich vom Vorsitzenden der zuständigen Landtagskommission Starzacher angekündigt, sondern etwa zum Jahresende 1988, war nicht zustande gekommen; die Reform war vielmehr um fast ein Jahr verschoben worden (in dem die Abgeordneten noch all ihre verfassungswidrigen Privilegien weiterbezogen und selbst neue geschehen ließen, nämlich die verfassungswidrige automatische Anhebung der Grundentschädigung zum 1. 1. 1989). Dies geschah mit der *Begründung*, man wolle alles sorgfältig durch einen Beirat untersuchen lassen. Diese Vorgehensweise hatte der neue Landtagspräsident Hans-Peter Möller konzipiert und zu verantworten. Am Ende stellte sich heraus, daß der Beirat so mangelhaft gearbeitet hatte, daß sein Bericht untauglich war, um als Begründung für das Gesetz herangezogen werden zu können. Gleichwohl hielt man an den Ergebnissen des Beirats fest, weil sie genau das darstellten, was der Landtag seit Rückkehr aus der Sommerpause 1988 gewollt hatte: den finanziellen Status aufrechterhalten oder gar noch erhöhen, mochte er ihn auch durch Anhäufung verfassungswidriger Privilegien erschlichen haben. Der Beirat hatte damit die ihm vom Landtag zugedachte Funktion voll erfüllt und die Grundentschädigung und die daran anknüpfenden Leistungen in einer Höhe salonfähig gemacht, die vorher kaum jemand vorzuschlagen gewagt hätte. Diese Funktion konnte der Beirat trotz der Mängel seines Berichts, ja geradezu *wegen* dieser Mängel erfüllen. Denn sie ermöglichten es dem Beirat erst, auf den Betrag von 10 200 DM (plus Versorgung) überhaupt zu kommen. Die Aufklärung über die Mängel des Kommissionsberichts in der Anhörung am 31. August 1989 kam zu spät, als daß eine von der kaum noch überschaubaren

Diskussion ermüdete Öffentlichkeit[300] sie noch registriert hätte. Dieser Effekt war den Beteiligten auch durchaus bewußt.[301] Die Empfehlungen der Kommission behielten ihr Eigengewicht, obwohl ihre Argumentation unhaltbar war und deshalb offiziell nicht mehr zur Begründung des Gesetzes herangezogen werden durfte.

Sockelpauschale und Einzelabrechnung der Kosten in Hessen

Zugleich unternahm der hessische Landtag aber auch ein interessantes und weiterführendes Experiment. Erstmals in einem deutschen Parlament wurde nämlich von den pauschalierten Erstattungen abgegangen, eine monatliche Sockelpauschale von 800 DM (Anfang 1996: 900 DM) eingeführt und den Abgeordneten eine Einzelabrechnung jedenfalls ihrer Fahrtkosten zugemutet. Wenn hier auch zu kritisieren ist, daß beim Kilometergeld höhere Beträge angesetzt werden als bei Nicht-Abgeordneten,[302] so ist doch bemerkenswert, daß die durchschnittlichen Abrechnungsbeträge erheblich unter der Summe der früheren Pauschalierung bleiben.

Zum Vergleich: Abgeordnetenentschädigung in amerikanischen Staatenparlamenten und in der Schweiz

Um die Maßstäbe für die Bemessung der Entschädigung in den Landesparlamenten zurechtzurücken, sollte auch ein Blick über die Grenzen geworfen werden. Der älteste Bundesstaat (neben der Schweiz) sind die Vereinigten Staaten von Amerika. Es lohnt sich, das Entschädigungsniveau in den Parlamenten der 51 amerikanischen Staaten einmal zu betrachten.[303] Dort ist die

328

Parlamentssession häufig noch begrenzt. Meist bestehen echte nebenberufliche Bürgerparlamente mit begrenzter finanzieller Entschädigung, obwohl sich einige Staatenparlamente in den letzten Jahrzehnten in Richtung Berufsparlament entwickelt haben. So erhielten die Abgeordneten im Jahre 1994 in vier Fünfteln aller Staaten ein Monatsgehalt von weniger als 2500 Dollar. Auch die Altersversorgung fällt, soweit es sie in amerikanischen Staaten überhaupt gibt, regelmäßig erheblich bescheidener aus als in den deutschen Ländern: Sie ist überwiegend in das Versorgungssystem des öffentlichen Dienstes integriert und wird aus eigenen Beiträgen der Abgeordneten mitfinanziert. Aber auch in denjenigen Staaten, wo die Bezahlung am höchsten ist, ist das Niveau deutlich niedriger als in vergleichbaren deutschen Landesparlamenten, obwohl die Gesetzgebungskompetenzen der amerikanischen Staaten umfassender sind. Ein Abgeordneter *Kaliforniens*, des größten amerikanischen Staates mit fast 28 Millionen Einwohnern, erhielt im Jahre 1994 4375 Dollar Monatsgehalt. Bei einem Dollarkurs von etwa 1,50 DM[304] sind das 6563 DM monatlich. Die Altersversorgung wurde 1990 durch Volksentscheid beseitigt. In *New York*, dem zweitgrößten amerikanischen Staat mit fast 18 Millionen Einwohnern, erhielten die Abgeordneten mit 4792 Dollar (=7188 DM) das höchste Monatseinkommen aller amerikanischen Staaten und nach mindestens zehn Jahren Parlamentszeit eine Altersversorgung in Höhe von 1,66 Prozent des Gehalts pro Abgeordnetenjahr, wobei die Altersversorgung von den Abgeordneten mit eigenen Beiträgen mitfinanziert wird. Betrachtet man auch die Masse der amerikanischen Staatenparlamente, die nicht zur Spitzengruppe gehören und ein sehr viel niedrigeres Diäten- und Versorgungsniveau aufweisen, so wird das Zurückbleiben hinter dem finanziellen Niveau der bundesdeutschen Landesparlamentarier noch deutlicher.

In der *Schweiz* ist sogar die Bezahlung auf *Bundes*ebene sehr viel bescheidener als bei uns auf Landesebene, obwohl das Schweizer Bundesparlament sehr viel weitergehende Kompetenzen besitzt.[305] Als Grundentschädigung erhalten die Mitglieder des Nationalrates 18 000 Franken steuerpflichtige Jahresentschädigung und ein Sitzungsgeld für Plenar- und Kommissionssitzungen von 300 Franken pro Tag. Hinzu kommen eine steuerfreie allgemeine Kostenpauschale von 12 000 Franken jährlich sowie Mahlzeiten- und gegebenenfalls Übernachtungsentschädigungen. Insgesamt beziehen die Mitglieder des Nationalrats im Durchschnitt ungefähr 75 000 Franken pro Jahr, wovon etwas mehr als die Hälfte steuerpflichtig, der Rest steuerfrei ist. Ständeräte werden teilweise von den Kantonen entschädigt. Insgesamt entspricht ihr Parlamentariereinkommen ungefähr jenem der Nationalräte. Eine Parlamentsreform, die die Bezahlung merklich erhöhen sollte, wurde im September 1992 in einer Volksabstimmung verworfen. Geplant waren damals eine Grundentschädigung von 50 000 Franken, ein Tagegeld von 400 Franken pro Sitzungstag, eine jährliche Infrastrukturentschädigung von 24 000 Franken und 30 000 Franken für einen persönlichen Mitarbeiter. Im Parlament selbst abgelehnt wurde in der Herbstsession 1995 schließlich auch das Projekt, langjährigen Mitgliedern der Bundesversammlung ein monatliches Ruhegehalt von bis zu 2000 oder eine einmalige Abfindung in der Höhe von 262 000 Franken auszuzahlen.[306]

19 Das neue Abgeordnetengesetz des Bundes

Die Diäten der Landesparlamente haben in der jüngeren Vergangenheit ganz erheblich zugenommen. Dadurch verkleinerte sich der Vorsprung der Bundestagsdiäten. Während die Diäten der meisten Landtage in den sechziger und siebziger Jahren noch 40 oder 50 Prozent der Diäten von Bundestagsabgeordneten betragen hatten, näherten sie sich in jüngerer Zeit in einigen Ländern immer mehr den Bundestagsdiäten an. Hessische Landtagsabgeordnete hatten im Jahre 1995 mit 10 970 DM sogar eine höhere Entschädigung als Bundestagsabgeordnete (10 377 DM). Doch weist gerade die hessische Regelung, wie beschrieben, einen schweren Geburtsfehler auf: Der hessische Landtag hatte sich 1989 zur Begründung eines riesigen Niveausprungs (auf damals 10 200 DM) an das Durchschnittseinkommen von Freiberuflern gehalten, dabei aber unerwähnt gelassen, daß Freiberufler aus diesem Bruttoverdienst noch ihre gesamte Versorgung für Alter, Invalidität, Krankheit und Hinterbliebene selbst finanzieren müssen, während Abgeordnete diese Leistungen praktisch ohne eigene Beiträge aus der Staatskasse finanziert bekommen (Näheres siehe S. 253 ff.). Das indiziert bereits, daß die Entschädigung im hessischen Landtag überhöht ist, ganz abgesehen von der Frage, ob die Tätigkeit in einem Landesparlament generell als hauptberuflich ausgestaltet werden sollte (siehe S. 227 ff.). Um wieder eine sinnvolle Relation zwischen den Diäten des Bundestags und bestimmter Landesparlamente herzustellen und ein Hochschaukeln von Bund und Ländern zu vermeiden, hätte es an sich nahegelegen, überzogene Regelungen in den Ländern zurückzuführen. Statt dessen wurde nach längeren Vorbereitungen[307] der alte Abstand dadurch wiederhergestellt, daß die Entschädigung von Bundestagsabgeordneten massiv erhöht wurde. Dies gelang allerdings erst im zweiten Anlauf, nachdem zunächst ein erster coupartiger Anlauf gescheitert war. Verbunden wurde die Erhöhung mit Geschäftsordnungsbeschlüssen zur »Parlamentsreform« (wie das auch bei früheren Diätenerhöhungen in der Geschichte der Bundesrepublik geschehen war) und mit Absichtserklärungen zu einer späteren Verkleinerung des Bundestages von 672 Abgeordneten auf »unter 600«; zum letzteren Punkt soll eine Kommission (wiederum unter dem Vorsitz von Bundestagsvizepräsident Klose) 1997 ihre Vorschläge vorlegen.

Gescheiterter Coup

Diätenerhöhung um über 50 Prozent

Ein gemeinsamer Gesetzentwurf der beiden großen Regierungs- und Oppositionsfraktionen, der CDU/CSU und der SPD, vom 28. 6. 1995[308] sah vor, daß die steuerpflichtige Entschädigung von Bundestagsabgeordneten in sechs jährlichen Erhöhungsstufen auf das Niveau der Jahresbezüge von Richtern an einem obersten Bundesgericht der Besoldungsgruppe R 6 (unter Einschluß der im Gesetzentwurf genannten Zulagen, insbesondere auch der »Ministerialzulage« und des 13. Gehalts) angehoben werden sollte. Die Jahresbezüge von Bundesrichtern der Besoldungsgruppe R 6 hatten, umgerechnet auf zwölf Monatsbeträge, bereits Anfang des Jahres 1995, auf den die erste Erhöhung zurückwirken sollte, 13 789 DM betragen; das waren 133 Prozent der Entschädigung von damals 10 366 DM.[309] Die Erhöhung der Abgeordnetenentschädigung auf das Niveau der Richterbezüge hätte also in jedem Fall eine Erhöhung um etwa ein Drittel bedeutet: Selbst dann, wenn die Besoldung von Bundes-

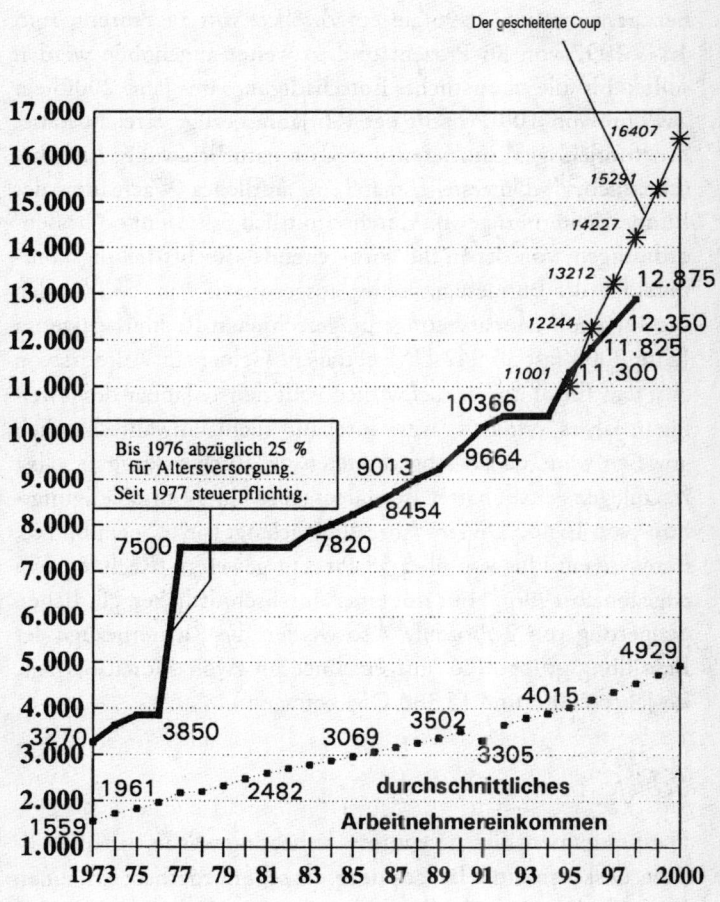

Schaubild 6: Entschädigung von Bundestagsabgeordneten 1973–1998
Monatsbeträge in DM

Der gescheiterte Coup

Bis 1976 abzüglich 25 % für Altersversorgung. Seit 1977 steuerpflichtig.

16407
15291
14227
13212
12244
11001

12.875
12.350
11.825
11.300

10366
9664
9013
8454
7820
7500
3850
3270

4929
4015
3502
3069
3305
2482
1961
1559

durchschnittliches Arbeitnehmereinkommen

1973 75 77 79 81 83 85 87 89 91 93 95 97 2000

333

richtern fünf Jahre lang völlig eingefroren worden wäre, wäre die Entschädigung von Bundestagsabgeordneten auf 13 789 DM im Jahre 2000 gestiegen. Die Anhebung sollte technisch auf die Weise erfolgen, daß die monatliche Entschädigung rückwirkend zum 1. 1. 1995 auf ein Zwölftel von 80 Prozent der R 6-Jahresbezüge, zum 1. 1. 1996 auf ein Zwölftel von 84 Prozent, zum 1. 1. 1997 von 88 Prozent und so weiter angehoben werden sollte, bis die monatliche Entschädigung im Jahr 2000 ein Zwölftel von 100 Prozent der R 6-Jahresbezüge erreicht hätte. Ein fünfjähriges Einfrieren war aber natürlich völlig unwahrscheinlich.[310] Unterstellt man ein jährliches Wachstum der Bundesrichterbezüge von durchschnittlich 3 Prozent – Größenordnungen, von denen die vorbereitende »Rechtsstellungskommission« des Bundestages selbst ausgegangen war –, so werden die auf zwölf Monatsbeträge umgerechneten Richterbezüge im Jahre 2000 fast 15 942 DM betragen. Geht man weiter davon aus, daß Erhöhungen rückwirkend auf den 1. Januar des jeweiligen Jahres erfolgen, was durchaus nicht unwahrscheinlich gewesen wäre, da die Abgeordneten die Rückwirkung ja selbst festzulegen gehabt hätten, so wäre man zu einer Entschädigungshöhe von 16 407 DM im Jahre 2000 gelangt (siehe Schaubild 6); das wäre ein Plus von über 58 Prozent gewesen. (Rechnet man dagegen ab 1996[311] nur mit einer durchschnittlichen jährlichen Steigerung von 2 Prozent,[312] so werden die Richterbezüge der Besoldungsgruppe R 6, umgerechnet auf zwölf Monatsbeträge, im Jahre 2000 rund 15 300 DM betragen.)

Schiefe Argumente

Hauptargument für die enorme Anhebung war in der öffentlichen Diskussion die Behauptung, sie sei erforderlich, um einen Rückstand der Entschädigung von Bundestagsabgeordneten gegenüber der allgemeinen Einkommensentwicklung wettzumachen, es gehe also nur um eine »Diätenanpassung«, ein Begriff, der später zum »Unwort des Jahres 1995« erklärt wurde. (Dagegen wurde die Wiederherstellung des Abstandes zu der Entschädigung der Landtagsabgeordneten öffentlich kaum als Argument genannt.) Ein vor allem durch sieben »Nullrunden« (von 1978 bis 1982 und 1993 und 1994) bedingter Rückstand ließ sich jedoch nur errechnen, wenn man, wie die Vertreter des Bundestags es taten, 1977 zum Basisjahr wählte. Nahm man dagegen das Jahr 1976 (oder ein beliebiges Jahr vorher) zum Ausgangsjahr für den Vergleich, so ergab sich kein Rückstand, sondern ein erheblicher Vorsprung. Das zeigt auch der Vergleich mit der Entwicklung durchschnittlicher Arbeitnehmereinkommen (untere Kurve in Schaubild 6).[313] Der Grund für diesen eklatanten Unterschied ist einfach: Von 1976 auf 1977 wurden die für den Unterhalt bestimmten Diäten von Bundestagsabgeordneten praktisch verdoppelt. Zwar war die Entschädigung ab 1977 zu versteuern, zugleich fiel aber der vorher zu entrichtende Eigenbeitrag des Abgeordneten zur Finanzierung seiner Altersrente in Höhe von 25 Prozent der Entschädigung weg. Die von allen Seiten als zu üppig kritisierte Verdoppelung der Entschädigung im Jahre 1977, die auch erheblich über die Vorschläge einer eigens dafür eingesetzten Kommission hinausging, war sicher ein wesentlicher Grund dafür, daß die Entschädigung in den folgenden Jahren zunächst nicht weiter angehoben wurde. Hinzu gesellte sich ein schlechtes verfassungsrechtliches Gewissen: Zu der Entschädigung von damals 7500 DM kamen wirtschaftlich wertvolle, wenn auch schwer durchschaubare sonstige Ansprüche (steuerfreie Kostenpauschale, Übergangsgeld und Altersversorgung) und weiterhin zulässige oder jedenfalls nicht unterbundene faktische Einnahmen (»Spenden« und Lobbygeldzahlungen aus Wirtschaft und Verbänden). Es bestand aber Übereinstimmung unter Verfassungsrechtlern und Publizisten, daß diese »Nebenbezüge« jedenfalls überzogen, wahrscheinlich sogar verfassungswidrig waren, und man erwartete alsbald ein weiteres Diätenurteil (zu dem es dann aber aus verfahrensrechtlichen Hindernissen nicht kam) – alles Faktoren, die den Bundestag seinerzeit nachhaltig zur Zurückhaltung gemahnten.[314] Zur parallelen Situation in Bayern, wo der Landtag im Frühjahr 1995 ebenfalls mit der Behauptung eines Rückstandes die Diäten um 27 Prozent erhöhen wollte, meinte die dortige Diätenkommission ebenso kühl wie treffend, es sei »kein Grund dafür ersichtlich, die unterbliebene Erhöhung jetzt – nach mehr als zehn Jahren – in der beabsichtigten Weise für die Zukunft aufzuholen«.[315]

Zweifelhaft blieb auch ein weiteres Argument für die Erhöhung: die angebliche Stärkung der Unabhängigkeit der Abgeordneten. Unabhängigkeit von der *Partei* kann damit nicht gemeint sein, denn angesichts des Monopols der Partei bei der Mandatsvergabe nimmt mit der Höhe der Entschädigung die Abhängigkeit von der Partei eher zu (siehe S. 230). Ein Lehrer zum Beispiel wird sich um so mehr auf seine Partei angewiesen fühlen, je höher die Entschädigung und je größer damit der Abstand vom Lehrergehalt ist und desto größer deshalb im Falle der Nichtwiedernominierung der finanzielle Absturz wäre.

Unabhängigkeit von potentiellen Interessenten aus *Wirtschaft und Verbänden* kann mit der durch die Diätenerhöhung angestrebten Unabhängigkeit eigentlich ebensowenig gemeint sein. Sonst hätte der Bundestag etwas Wirksames gegen Interessentenzahlungen aller Art unternommen und »Spenden« nicht weiterhin unbegrenzt zugelassen, sie nicht von der Einkommensteuer freigestellt und – abgesehen von der vom Bundesverfassungsgericht 1992 erzwungenen Publizität von Spenden ab 20 000 DM – nicht einmal eine Veröffentlichung vorgesehen (siehe S. 301 f. und 309 ff.).

Auch das dritte Standardargument für eine Diätenerhöhung,

nämlich Parlamentsmandate für erfolgreiche und gutverdienende Persönlichkeiten aus Wirtschaft, Verwaltung, freien Berufen, Wissenschaft und Kultur attraktiv zu machen, übersieht grundlegende Gesichtspunkte der praktischen Vernunft.[316] Einmal wird die Entschädigung aus öffentlichen Mitteln ohnehin niemals so hoch sein können, daß die Bezieher sehr hoher Einkommen, etwa Vorstandsmitglieder oder Geschäftsführer von Großunternehmen, Chefärzte, Angehörige freier Berufe, Künstler, Berufssportler und Angehörige der Unterhaltungsbranche, im Falle der Übernahme eines Mandats keinen empfindlichen Einkommensverlust hinnehmen müßten. Zum anderen werden derartige Personenkreise ein Mandat ohnehin meist nicht anstreben. Eine Tätigkeit im Parlament ist gerade für viele gestaltungsorientierte Persönlichkeiten auch bei höheren Bezügen meist wenig attraktiv, weil »normale« Abgeordnete von wichtigen politischen Entscheidungen häufig ausgeschlossen sind, liegen diese doch oft in der Hand eines kleinen Kreises von »Vorentscheidern« der Regierung, der Fraktions- und Parteispitzen und des Bundesrats. Abschreckend wirkt auch, daß eine aussichtsreiche Kandidatur meist eine gewisse parteiinterne Hausmacht voraussetzt, die in aller Regel erst in jahrelanger »Ochsentour« erlangt werden kann. Potentielle Seiteneinsteiger werden sich einer solchen Ochsentour – auch bei höheren Diäten – meist nicht aussetzen. Aber selbst wenn sie wollten, sind die Chancen geringer als gemeinhin erwartet. Der parteiinterne Kampf um die Nominierung als Bundestagskandidat dürfte – gerade als Folge massiver Erhöhungen der Entschädigung – noch viel gnadenloser werden als bisher, und bei diesem Kampf haben diejenigen, die seit langem in der Lage sind, ihre Parteibasis zu »pflegen«, einen für Seiteneinsteiger meist unaufholbaren Vorsprung.

Es zeigt sich also: Die Unabhängigkeit der Abgeordneten wird durch ganz andere Faktoren als zu geringe Diäten massiv bedroht. Durch Diätenerhöhungen wird die Bedrohung eher noch verstärkt. Sie kommen in Wahrheit ganz überwiegend denen zugute, die sich ohnehin für ein Leben von der Politik entschieden haben.[317] Damit erweist sich aber die in verschiedenen Varianten vorgetragene These, je höher die Abgeordnetendiäten seien, desto besser sei dies für das Gemeinwohl, als eine typische Interessentenbehauptung. Hier agieren Bundestagsabgeordnete in der Tat als Interessengruppe in eigener Sache.

Im übrigen mußte die geplante Anbindung der Entschädigung von Abgeordneten an die Bezüge von Richtern auch deshalb schief und unangemessen erscheinen,

- weil Abgeordnete ohne Nebentätigkeitsgenehmigung rechtlich unbeschränkt dazuverdienen dürfen, Richter nicht,
- weil Abgeordnete praktisch ungestraft »Spenden« von Interessenten und Zahlungen aus Scheinberaterverträgen und Scheinarbeitsverträgen entgegennehmen können[318] – Zuwendungen, deretwegen Richter wegen Korruption verfolgt würden – und diese Zahlungen nicht einmal publiziert werden müssen (siehe S. 293 ff.),
- weil aktive und ehemalige Abgeordnete in vielen Fällen (unzureichend gekürzte) Doppelzahlungen aus öffentlichen Kassen entgegennehmen können, während strenge Anrechnungsvorschriften dies für Richter verhindern (siehe S. 266 ff.).

Die Bundestagsfraktion Bündnis 90/Die Grünen hat denn auch vorgeschlagen, die Entschädigung lediglich auf 10 729 DM zu erhöhen.[319] Die FDP-Fraktion wollte die Entschädigung zum 1. 7. 1995 auf 11 200 DM und zum 1. 7. 1996 auf 12 000 DM festlegen.[320]

Übergangsgeld

Das Übergangsgeld, das Abgeordnete nach dem Ausscheiden aus dem Parlament erhalten, wurde – nach der gescheiterten *und* der später inkraftgesetzten Neuregelung, die insofern weitgehend übereinstimmen – eingedämmt, wenn die Eindämmung auch hinter den Empfehlungen der Kissel-Kommission zurückblieb.[321] Für jede Legislaturperiode gibt es noch vier Monate Übergangsgeld (bisher sieben), seine Höchstlaufzeit wurde von bisher 36 Monaten auf 18 Monate gesenkt, und auch Berufseinkommen aus privater Quelle, das bisher nicht verrechnet wurde, wird nunmehr angerechnet. Gleichzeitig steigt aber der Monatsbetrag des Übergangsgeldes entsprechend der vorgesehenen Anhebung der Entschädigung. Diese Regelung gilt allerdings nur für künftige Abgeordnete, die nach Inkrafttreten der Neuregelung erstmals in den Bundestag gewählt werden. Ehemalige Abgeordnete, die bei Inkrafttreten der Neuregelung bereits aus dem Bundestag ausgeschieden waren, werden dagegen weiterhin nach dem bisherigen System bei auf 10 366 DM eingefrorener Entschädigungshöhe behandelt. Amtierende Abgeordnete haben die Wahl, können also die für sie günstigere von beiden Regelungen in Anspruch nehmen.

Altersrente

Bei der Altersversorgung gibt es – nach der gescheiterten *und* der später inkraftgesetzten Neuregelung – ebenfalls zwei unterschiedliche Systeme: eines für künftige Abgeordnete und eines für ehemalige Abgeordnete. Eine dritte Gruppe bilden wieder die amtierenden Abgeordneten; sie können zwischen beiden Systemen wählen, also das für sie günstigere in Anspruch nehmen. Viel günstiger aber ist regelmäßig die für ehemalige Abgeordnete vorgesehene Regelung:

1. *Künftige Abgeordnete:* Für künftige Abgeordnete wurden die Prozentsätze für die Berechnung der Altersrente gesenkt (§§ 20 ff. AbgG in der Neufassung des Gesetzes): Nach acht Jahren im Bundestag erhält der Abgeordnete einen Anspruch auf 24 Prozent der erhöhten Entschädigung (nicht wie bisher 35 Prozent der derzeitigen Entschädigung) und für jedes weitere Jahr im Bundestag 3 Prozent der Entschädigung (bisher 4 Prozent), so daß die Höchstversorgung von 69 Prozent der Entschädigung (bisher 75 Prozent) nach 23 Jahren (bisher nach 18 Jahren) erreicht wird, auszuzahlen wie bisher ab vollendetem 55. Lebensjahr.[322]

2. *Ehemalige Abgeordnete:* Für ehemalige Abgeordnete blieben die bisherigen hohen Prozentsätze für die Berechnung der Altersversorgung unverändert erhalten,[323] gleichzeitig aber wurden die Bemessungsbeträge beträchtlich angehoben, wenn auch nicht so stark wie die Entschädigung selbst. Nach dem ursprünglichen, gescheiterten Gesetzentwurf wären die Bemessungsbeträge wiederum auf die Bezüge von Bundesrichtern bezogen und selbst dann um knapp 17 Prozent, also um etwa ein Sechstel, gestiegen, wenn die Bezüge von Bundesrichtern bis zum Jahr 2000 eingefroren worden wären. Hinzu gekommen wären noch die üblichen jährlichen Steigerungen. Geht man wieder von einer durchschnittlichen Steigerung der Richterbezüge um jährlich 3 Prozent aus,[324] so hätte sich bis 2000 eine Erhöhung der Rente um insgesamt fast 40 Prozent ergeben (siehe die oberste Linie in Schaubild 7). Bei einer Steigerung der Richterbezüge von jährlich 2 Prozent ab 1996[325] hätte sich immer noch eine Steigerung der Renten um fast 30 Prozent ergeben.

Die enorme Steigerung der Altersrente für ehemalige und amtierende Abgeordnete, die weit über die zu erwartenden Erhöhungen etwa der Sozialversicherungsrenten hinausgegan-

Schaubild 7: Altersrente von ehemaligen und amtierenden Bundestagsabgeordneten 1994–1998
Monatsbeträge in DM

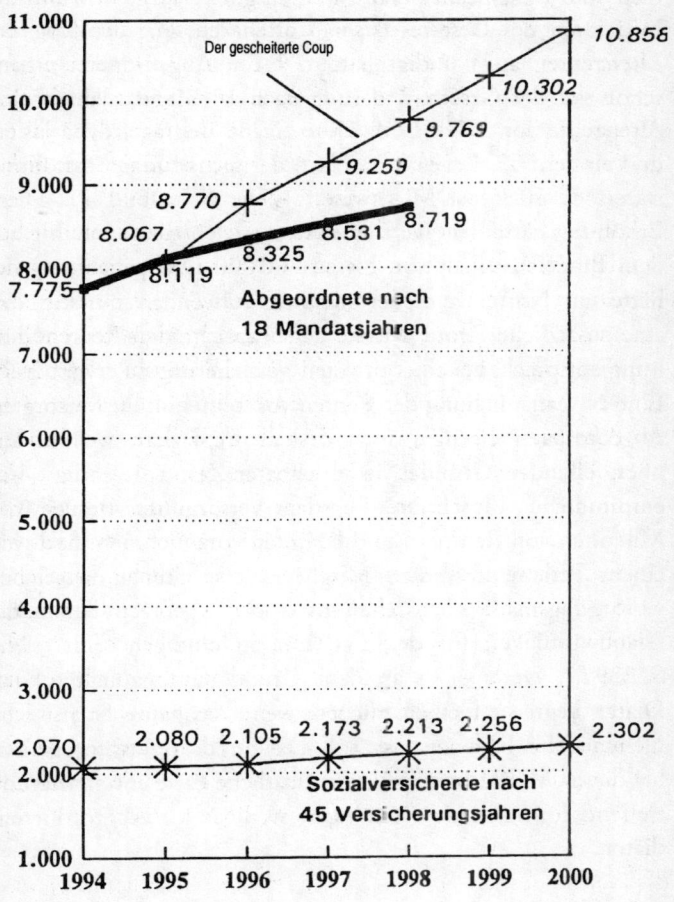

gen wäre (siehe die unterste Linie in Schaubild 7), die sich im selben Zeitraum voraussichtlich um 11 Prozent erhöht hätte,[326] erschien deshalb so skandalös, weil Abgeordnete nach allgemeiner Auffassung schon jetzt überversorgt sind (Scharping: »Politiker sind zu schlecht bezahlt und zu gut versorgt.«[327]) und die Initiatoren des Gesetzes deshalb öffentlich eine Senkung der Altersrenten angekündigt hatten.[328] Ein Abgeordneter erhielt schon vor der Gesetzesänderung nach 18 Mandatsjahren eine Altersrente von 7775 DM, ohne eigene Beiträge, dynamisiert und ab dem 55. Lebensjahr. Nach der sechsstufigen Erhöhung wären es 10858 DM gewesen (siehe Schaubild 7). Diese Erhöhung hätte den Wert einer steuerfreien Einmalprämie aus dem Bundeshaushalt von bis zu 700000 DM gehabt; so viel hätte ein Normalverdiener nämlich aufwenden müssen, um eine zusätzliche Rente, wie sie der beabsichtigten Rentenerhöhung entsprach, bei einer privaten Versicherung zu erwerben.[329] Eine Niveauanhebung der Renten von ohnehin überversorgten Abgeordneten erschien auch deshalb deplaziert, weil es aus übergreifenden Gründen in absehbarer Zeit notwendig wird, empfindliche Einschnitte bei den Versorgungssystemen der Millionen von Rentnern und Beamten vorzunehmen, und weil einem Parlament, dessen Mitglieder erst einmal das eigene versorgungsmäßige Schäfchen ins Trockene gebracht haben, die Glaubwürdigkeit für derartige Einschränkungen fehlt (siehe S. 239 f.). Deshalb ist an dem Grundsatz festzuhalten, daß Diäten begrenzt bleiben müssen, wenn das ganze Staatswesen nicht aus den Fugen geraten soll. Das Bundesverfassungsgericht hat diese Gefahr in bezug auf die staatliche Parteienfinanzierung treffend formuliert; sie gilt nicht weniger für Abgeordnetendiäten:

»Gewönne der Bürger den Eindruck, die Parteien ›bedienten‹ sich aus der Staatskasse, so führte dies notwendig zu einer

Verminderung ihres Ansehens und würde letztlich ihre Fähigkeit beeinträchtigen, die ihnen von der Verfassung zugewiesenen Aufgaben zu erfüllen.«[330]

Ermächtigung zu weiterer Erhöhung

Überdies war noch eine Änderung des Grundgesetzes vorgesehen.[331] Der neue Artikel 48 des Grundgesetzes hätte den Bundestag ermächtigt, die Bezüge in Zukunft noch stärker zu erhöhen. Die Klausel sah vor, daß die Diäten sich nach den Bezügen eines »Richters an einem obersten Bundesgericht« bestimmen; da es jedoch verschiedene Kategorien solcher Richter gibt, »weitere Richter«, »Vorsitzende Richter« und »Präsidenten«,[332] die nach unterschiedlichen Besoldungsstufen bezahlt werden (R 6, R 8 und R 10), hätte die geplante Verfassungsänderung dem Parlament die selbst geschaffene Legitimation geliefert, später das Abgeordnetengesetz abermals zu ändern und dabei auch an höheren Stufen Maß zu nehmen.[333] Die höchste Stufe liegt noch 6000 DM höher als die im Abgeordnetengesetz vorgesehene Besoldungsgruppe R 6. Wohin die Diätenreise hätte gehen können, hatte die Bundestagspräsidentin durchblicken lassen: Bundestagsabgeordnete sollten, so hatte sie bei der ersten Lesung des Gesetzentwurfs gesagt, soviel verdienen wie die höchsten Beamten, die sie kontrollieren.[334] Das ist der Staatssekretär, der umgerechnet auf zwölf Monatsbeträge, über 21 000 DM verdient.

Camouflage

Die Initiatoren der Bonner Diätenpläne scheuten das Tageslicht so sehr, daß sie ein völlig unleserliches Gesetz ausheckten. Das Gesetz nannte keine Beträge mehr, nur noch Prozentsätze, die auf schwer zugängliche Begriffe aus dem Besoldungs- und Versorgungsrecht des öffentlichen Dienstes bezogen waren. Der Verfasser benötigte Wochen und unzählige Rückfragen bei der Parlamentsverwaltung, um sich ein zuverlässiges Bild über den Inhalt des Gesetzes zu verschaffen.[335] Das Gesetz wurde kurz vor Beginn der Sommerpause eingebracht und in erster Lesung behandelt[336] und kurz nach dem Ende der Sommerpause vom Bundestag verabschiedet.[337] Zudem hatten die Initiatoren des Gesetzes die ganze Bonner Journalistenschaft in die Irre geführt. Bundestagspräsidentin Süssmuth und Vizepräsident Klose hatten Mitte Juni 1995 eine Vorlage öffentlich präsentiert, die noch konkrete Beträge genannt und nur eine vierstufige Erhöhung auf 13 809 DM ab 1. 1. 1998 und entsprechend niedrigere Altersrenten und Übergangsgelder vorgesehen hatte.[338] Die dann zwei Wochen später in den Bundestag eingebrachte Gesetzesvorlage war aber eine ganz andere – ohne daß dies zunächst jemand Außenstehendes gemerkt hätte. Die sechsstufige Erhöhung schlug besonders auf die Altersrente durch und hätte zu den schon erwähnten hohen Steigerungsraten vor allem für ehemalige und amtierende Abgeordnete geführt; auf die Camouflierung gerade dieses Umstandes verwendete man größte Anstrengungen. Selbst höchste Amtsträger des Bundestags schreckten in ihrem Bestreben, den wahren Sachverhalt zu verschleiern, nicht vor unsinnigen Zahlentricks zurück. So rechnete die Bundestagspräsidentin öffentlich vor, die Mindestaltersrente für künftige Abgeordnete werde im Jahre 1995 um 27 Prozent niedriger sein als nach bisherigem Recht.[339] Dabei war aber nur die erste der beschlossenen sechs Erhöhungen der Entschädigung als Bemessungsgrundlage berücksichtigt, so daß der gleichzeitig von 35 auf 24 abgesenkte Prozentsatz für die Berechnung der Mindestentschädigung voll durchschlug. Verschwiegen wurde dabei, daß künftige Abgeordnete, weil sie wenigstens acht Jahre zum Erwerb eines Anspruchs benötigen, frühestens im Jahre 2003 eine Rente hätten erwerben können und sich dann notwendigerweise alle sechs im Gesetzentwurf vorgesehenen Erhöhungen der Bemessungsgrundlage auf die Renten ausgewirkt hätten. Dann hätte sich kein Minus, sondern ein Plus ergeben. Ähnlich irreführende Rechnungen präsentierte die Bundestagspräsidentin für die Renten ehemaliger und amtierender Abgeordneter. So ließ sie in einer Pressemitteilung vom 25. September 1995 verlauten, die Altersentschädigung von amtierenden Mitgliedern des Bundestags, die ihm acht Jahre angehören, steige im Jahre 1995 nach dem neuen Gesetz nur um 3,76 Prozent. Dieser Prozentsatz schien zu signalisieren, es handele sich lediglich um eine »normale« Routineanhebung im Umfang der allgemeinen Einkommensentwicklung, was in Wahrheit aber gerade nicht der Fall war. *Zusätzlich* zu den normalen Routineanhebungen, an denen die Altersrenten ehemaliger und amtierender Abgeordneter ebenfalls voll teilhaben sollten, hatten die Abgeordneten sich eine sechsstufige Anhebung des *Niveaus* ihrer Renten um insgesamt 17 Prozent bewilligt, die die Bundestagspräsidentin durch Beschränkung des Blicks auf das Jahr 1995 aber ausgeblendet hatte.

Die beabsichtigte sechsstufige Erhöhung hätte auch den vielbeschworenen Zusammenhang mit der Verkleinerung des Bundestages gelöst. Warum hätten die Abgeordneten, wenn es 1997 konkret wird und die »Verkleinerungskommission« ihre Vorschläge vorlegt, sich noch zu einer Verkleinerung durchringen sollen, wenn sie die sechsstufige Steigerung ihrer Bezüge schon 1995 beschlossen hätten, es sei denn, man wollte durch erneute Gesetzesänderung noch über die R 6-Bezüge hinausgehen?

Absegnung durch Grundgesetzänderung

Das Vorhaben widersprach der Rechtsprechung des Verfassungsgerichts. Das Grundgesetz verlangt Transparenz, wenn das Parlament über seine eigenen Bezüge entscheidet. Denn Öffentlichkeit ist hier – neben dem Gericht selbst – die einzige wirksame Kontrolle. Beträge müssen ausdrücklich im Gesetz genannt werden; eine Koppelung an die Bezüge von Beamten oder Richtern, die es ermöglicht, die Diäten geräuschlos und ohne viel Aufhebens zu erhöhen, ist unzulässig,[340] und es ist auch verfassungswidrig, über bestimmte Teile der Diäten nicht öffentlich tagende Gremien wie den Haushaltsausschuß entscheiden zu lassen, wie dies hinsichtlich der Erhöhung der Kostenpauschale vorgesehen war.[341]

Doch statt sich an die Verfassung zu halten, wollen die Abgeordneten zum ersten Mal in der Geschichte der Bundesrepublik im eigenen Interesse Hand an das Grundgesetz legen; das Vorhaben sollte durch die schon erwähnte Änderung des Grundgesetzes verfassungsrechtlich abgesichert werden.[342] Wäre das gelungen, hätte es wahrscheinlich kein Halten mehr gegeben. Die Landesparlamente wären rasch auf dem Bonner Weg gefolgt; einige Fraktionsvorsitzende kündigten dies bereits im Herbst 1995 an. Zu verführerisch ist es, in eigener Sache die Diäten und Versorgungen hochzupuschen, dies vor der Öffentlichkeit abzudunkeln und beides durch eine Verfassungsänderung abzusegnen. Und wer hätte die Politiker dann noch daran gehindert, künftig auch in Sachen Parteienfinanzierung die Verfassung auszuhebeln und etwa die absolute Obergrenze zu beseitigen, die das Bundesverfassungsgericht entwickelt hat (siehe S. 90), oder verfassungswidrige Parteibuchwirtschaft im öffentlichen Dienst zu legalisieren? Wäre das Tabu, daß große Diätenkoalitionen ihre fraktionsübergreifenden Zwei-Drittel-Mehrheiten nicht dazu mißbrauchen dürfen, die ihnen gesetzten Verfassungsgrenzen zu beseitigen, erst einmal gebrochen gewesen, wäre die Gefahr eines neuen Absolutismus, eines Absolutismus der politischen Klasse, ganz konkret geworden.

Zwar enthält das Grundgesetz auch für den verfassungsändernden Gesetzgeber unübersteigbare Grenzen. Artikel 79 Absatz 3 verbietet es in jedem Fall, die Grundsätze der Demokratie und der gegenseitigen Kontrolle der Staatsorgane auszuschalten. Genau das aber hätte gedroht. Die moderne Übersetzung des berüchtigten Wortes Ludwigs XIV., des absolutistischen Sonnenkönigs, »L'état c'est moi«, hätte dann aus dem Munde der heutigen politischen Klasse lauten können: »Der Staat sind wir!«[343] Doch wer hätte solch verfassungswidriges Verfassungsrecht[344] vor das Bundesverfassungsgericht bringen können? Dazu befugt sind weder der einfache Bürger noch ein Verband wie der Bund der Steuerzahler, sondern nur Regierungen und Bundestagsabgeordnete. Das ist paradox: Wer klagewillig ist, ist nicht befugt, und wer klagebefugt ist, ist nicht willig. So ist die politische Klasse gegen Interventionen der Bürger auch prozessual weitgehend abgeschirmt.

Öffentliche Kontrolle

Um so wichtiger war es, daß die öffentliche Kontrolle das monströse Vorhaben schon im Vorfeld verhindern konnte. Deshalb machte der Bund der Steuerzahler den vom Verfasser ermittelten Inhalt des Gesetzes seit Anfang September publik. Presse, Rundfunk und Fernsehen berichteten ausführlich und brachten zum Teil umfassende kritische Analysen, 86 deutsche Staatsrechtslehrer appellierten in einer bisher einmaligen Aktion an den Bundesrat, der Grundgesetzänderung seine Zustimmung zu verweigern.[345] Aus dem vorher eher halbherzigen Widerstand der kleinen Bundestagsfraktionen (Grüne, FDP und PDS) wurde ein Aufstand der Parteibasis, besonders in der SPD, an dem die Ministerpräsidenten der Länder, die überwiegend Landesvorsitzende dieser Partei sind, nicht vorbeigehen konnten. Auch daß das Fernsehmagazin *Monitor* dann am 5. Oktober über das geplante Diätengesetz informierte und darlegte, daß Hans-Ulrich Klose, der der vorbereitenden »Rechtsstellungskommission«

vorgesessen hatte, nach Inkrafttreten des neuen Gesetzes im Monat Dezember zusammen mit seiner Versorgung als früherer Bürgermeister von Hamburg rund 40 000 DM erhalten würde, zeigte Wirkung. Tags darauf ging SPD-Vorsitzender Scharping vor die Presse, erklärte die Kritik für »teilweise berechtigt« und zog die Zustimmung seiner Fraktion zurück. Das Vorhaben scheiterte schließlich am 13. Oktober 1995 im Bundesrat.[346] Nur die beiden allein regierenden Ministerpräsidenten der Union, Stoiber und Biedenkopf, stimmten dem Vorhaben noch zu.

Neuregelung

Inhalt des neuen Abgeordnetengesetzes

Sechs Wochen später unterbreiteten Süssmuth/Klose nach fraktionsübergreifenden Absprachen einen neuen Entwurf vom 28. 11. 1995,[347] der dann rasch Gesetz wurde.[348] Den Mannheimer Parteitag der SPD von Mitte November hatte man vorher passieren lassen, um nicht eine Diskussion der Basis oder gar einen Parteitagsbeschluß der SPD zu provozieren, die das Vorhaben noch hätten aufhalten können. Nach dem neuen Gesetz wird die Entschädigung in vier Stufen auf 12 875 DM zum 1. 1. 1998 steigen (siehe Schaubild 6, S. 333). Das ist ein Plus von rund 24 Prozent, aber dennoch erheblich weniger als ursprünglich vorgesehen. Die Beträge sind im Gesetz genannt, auf die Grundgesetzänderung wurde verzichtet. (Die Frage, ob eine Erhöhung in vier Stufen mit der vom Bundesverfassungsgericht verlangten selbständigen Entscheidung über jede Erhöhung vereinbar ist [siehe S. 220 ff.] wurde hingegen nicht gestellt und schon gar nicht beantwortet.) Die erste Erhöhung wirkte nicht auf den 1. 1. 1995, sondern »nur« auf den 1. 10. 1995 zurück. Die weiteren drei Erhöhungen folgen im Abstand von jeweils 9 Monaten. Die geringere Erhöhung der Entschädigung schlägt auch auf das Übergangsgeld für künftige Abgeordnete durch; für ehemalige Abgeordnete bleibt der Betrag, wie schon nach dem ersten Änderungsgesetz vorgesehen, auf 10 366 DM eingefroren. Amtierende Abgeordnete haben wieder die Wahl. Auch die *Altersrente* für ehemalige und damit auch für amtierende Abgeordnete wächst erst einmal erheblich langsamer als nach dem gescheiterten Gesetz vorgesehen war, nämlich bis 1998 um ca. 12 Prozent (siehe Schaubild 7, S. 341); angesichts der Überversorgung wäre aber auch ein Einfrieren in Betracht gekommen. Und die Altersrente für künftige Abgeordnete fällt nun – nach jetzigem Gesetzesstand – wirklich. Auf das Ziel, die Entschädigung später einmal an die Gehälter von Bundesrichtern anzulehnen, was bei Beibehaltung der Gesetzesstruktur auch zu einer starken Anhebung des Übergangsgeldes und der Altersversorgung führen würde, hat man allerdings noch immer nicht verzichtet.[349]

Fortbestehen von Privilegien

Skeptisch machte wieder die Eile, mit der das neue Gesetz noch vor Weihnachten durchgepaukt wurde. Sie trug auch dazu bei, daß weitere fortbestehende Privilegien kaum mehr diskutiert wurden:

- Die – auch verfassungsrechtlich fragwürdige – Möglichkeit, Doppelbezüge aus öffentlichen Kassen zu erhalten (siehe S. 266 ff.), wurde nicht angegangen.
- Die steuerfreie Kostenpauschale für Bundestagsabgeordnete wurde entgegen Empfehlungen der Kissel-Kommission[350] (siehe auch S. 277) erhalten und sogar dynamisiert.[351] Sie

beträgt inzwischen ca. 74 000 DM pro Jahr. Diese Dynamisierung der Kostenpauschale für Abgeordnete, die jüngst auch in Thüringen und in Bayern eingeführt wurde, ist deshalb besonders anstößig, weil die meisten *steuerlichen* Pauschalen, Freibeträge und Grenzen für Otto Normalverbraucher seit Jahren nicht mehr angehoben wurden und zudem die steuerliche Geltendmachung von Werbungskosten und Betriebsausgaben seit Anfang 1996 auch noch empfindlich eingeschränkt wurde.

– Abgeordnete können weiterhin sogenannte Spenden von Interessenten in unbegrenzter Höhe entgegennehmen, und gegen Scheinberater- und Scheinarbeitsverträge wird nichts Wirksames unternommen, obwohl die Abgeordneten damit in den Dunstkreis der Korruption geraten (siehe S. 293 ff.).

Schlüsselfunktion des Entscheidungsverfahrens

Besonders problematisch ist das nunmehr vorgesehene gesetzgeberische Verfahren zur weiteren Erhöhung der Entschädigung und der Versorgung. Nach § 30 AbgG soll der Bundestag künftig stets am Anfang einer Wahlperiode die Erhöhung für die folgenden Jahre der ganzen Periode festlegen.[352] Der bayerische Landtag hat sich angehängt und eine Woche später eine entsprechende Regelung in Kraft gesetzt,[353] und es ist zu befürchten, daß auch andere Länder folgen, wenn nicht wirksam gegengesteuert wird. Auf diese Weise entscheiden die Abgeordneten im Bund und in Bayern in Zukunft unmittelbar in eigener Sache und dies, bevor sie überhaupt etwas geleistet haben. Zugleich sind die Wahlen noch so weit weg, daß von daher kaum eine Kontrolle zu erwarten ist. In diesem Verfahren, das – auch wegen der beabsichtigten weiteren Niveauanhebung – besonders kritische Beachtung verdient, liegt eine Pervertierung einer 1992 in den USA eingeführten Verfahrensweise.

Der amerikanische Kongreß kann aufgrund einer neuen Verfassungsvorschrift Diätenerhöhungen immer nur mit Wirkung für die künftige Wahlperiode beschließen.[354] Das schafft Distanz der Abgeordneten zu ihrer Entscheidung und Kontrolle durch die Wähler aufgrund der dazwischenliegenden Wahlen.[355] Hildegard Krüger hatte ein derartiges Verfahren als Ausweg schon 1964 für die Bundesrepublik vorgeschlagen und sogar ein verfassungsrechtliches Gebot zu einer solchen Verfahrensweise zur Diskussion gestellt,[356] eine Anregung, die damals allerdings noch keine Gefolgschaft fand.[357] Inzwischen aber haben die Probleme von Entscheidungen des Parlaments in eigener Sache eine völlig neue verfassungsrechtliche Dimension gewonnen.[358] Der Gegenstand der Entscheidung wurde praktisch ausgetauscht und damit ihr Gewicht völlig verändert. Ging es ursprünglich nur um eine »Aufwandsentschädigung«, so ist daraus inzwischen eine »Vollalimentation« mit Überversorgung und erheblicher personeller Ausstattung geworden. Das hat dazu geführt, daß die Schlüsselfunktion eines adäquaten Verfahrens der Entscheidungsbildung immer deutlicher geworden ist. Diese Veränderungen haben den großen Parteienrechtler Wilhelm Henke dazu veranlaßt, Entscheidungen des Parlaments in eigener Sache – vor allem wegen Verstoßes gegen elementare Grundsätze des Rechtsstaatsprinzips – ebenfalls als verfassungswidrig anzusehen.[359] Seine Bedenken gelten in noch stärkerem Maße für das nun in § 30 AbgG vorgesehene Verfahren, das die Entscheidungen der öffentlichen Kontrolle noch weiter entzieht. Henkes Ausweg, statt dessen eine unabhängige Kommission mit Entscheidungsbefugnissen einzuschalten, ist allerdings aus verfassungsrechtlichen und verfassungspolitischen Gründen auf allgemeine Ablehnung gestoßen.[360] Um so mehr aber dürfte – jedenfalls solange unmittelbare Entscheidungen des Volkes nicht in Betracht kommen[361] – das amerikanische Modell eine überzeugende verfassungsrechtliche Minimallösung sein.[362]

V. Zusammenfassung und Auswertung der bisherigen Erfahrungen

20 Strukturierung des Befundes

Die in den vorangehenden Kapiteln zusammengestellte, aufbereitete und analysierte Entwicklungsgeschichte der verschiedenen Erscheinungsformen der Parteienfinanzierung in Deutschland bestätigt die in der Einleitung formulierten 19 Thesen direkt oder indirekt durch zahlreiche Einzelbeispiele. Dies soll im folgenden noch einmal zusammenfassend dargelegt und dabei sollen auch die Möglichkeiten eines therapeutischen Gegenhaltens erörtert werden.

Fehlen von veröffentlichungsfähigen Begründungen

Die wichtige Rolle der Eigeninteressen der Akteure an Macht und Geld (These 1) hat sich in diesem Buch bestätigt. Sie bieten zum Beispiel eine Erklärung für die Beobachtung, daß so häufig *Begründungen* für die Ausweitung der staatlichen Politikfinanzierung, auch wenn diese in großen Schritten erfolgt, *fehlen*. Auf die Fragen, warum beispielsweise die jährlichen Staatszuschüsse an die Parteien aus dem Bundeshaushalt sich im Jahre 1962 vervierfacht haben, warum der Chancenausgleich sich nicht nur auf Spenden bezog, sondern zusätzlich noch ein sogenannter Beitragsausgleich durchgeführt wurde, obwohl bei Beiträgen regelmäßig gar nichts auszugleichen ist, warum die Zuschüsse an die Bundestagsfraktionen 1970 mehr als verdoppelt und die Zahlungen an die Fraktionen des bayerischen Landtags 1987 um 44 Prozent aufgestockt wurden – auf diese und auf ähnliche Fragen ist in den öffentlich zugänglichen Materialien keine

Antwort zu finden. Dafür drängt sich die Erklärung auf, daß die Akteure sich in einem Dilemma befinden: Ihre an Eigeninteresse, Macht und Geld orientierte eigentliche Motivation kann in der Öffentlichkeit nicht auf Zustimmung hoffen und wird deshalb nicht erwähnt. Eine auf die Interessen der Allgemeinheit bezogene Begründung, die vor den Augen der Öffentlichkeit bestehen könnte, fehlt hingegen.

Undemokratischer Einfluß des großen Geldes

Die Gefahr von Einflüssen des Geldes auf die Politik (These 2) wird ausgeblendet. Spenden an Abgeordnete sind nach wie vor in unbegrenztem Umfang zulässig und brauchen nicht einmal der Einkommensteuer (vielmehr lediglich der meist viel niedrigeren Schenkungsteuer) unterworfen zu werden. Der Tatbestand der Abgeordnetenkorruption ist so eng gefaßt, daß er voraussichtlich niemals zur Anwendung kommen wird. Scheinberater- und Scheinarbeitsverträge von Abgeordneten mit finanzkräftigen, an der Einflußnahme auf die Politik interessierten Financiers werden – im Widerspruch zum Diätenurteil des Bundesverfassungsgerichts – nicht gesetzlich unterbunden. Besonders problematische Quellen der Parteienfinanzierung werden – im Widerspruch zum Publikationsgebot des Art. 21 I 4 GG – nicht veröffentlicht.

Zweifelhafte Argumente für die Staatsfinanzierung

Gleichwohl und im Gegensatz zum laxen Verständnis selbst der verfassungsrechtlichen Unabhängigkeitsgebote durch die auch hier in eigener Sache (nicht) entscheidende Politik hat man keine Bedenken, sich zur Einführung oder Ausweitung von staatlicher Finanzierung immer wieder mit Nachdruck darauf zu berufen, sie diene der Unabhängigkeit der Politik von finanziellen Einflüssen des großen Geldes. Wenn dieses Argument – und andere zweifelhafte Argumente (These 3) – auch in bestimmten Fällen durchaus bis zu einem gewissen Grad zu tragen vermag, so wird es doch oft auch mißbraucht und durch abweichendes tatsächliches Verhalten diskreditiert. So wurde schon in den fünfziger Jahren die Staatsfinanzierung der Parteien mit ihrer Unabhängigkeit begründet, ohne daß man aber bereit war, gleichzeitig auch das Publikationsgebot zu erfüllen. Später wurden Großspenden an Parteien sogar noch durch hohe Steuerbegünstigung staatlich gefördert. Auch Diätenerhöhungen pflegen regelmäßig mit der Sicherung der Unabhängigkeit der Abgeordneten begründet zu werden, obwohl durch sie die Abhängigkeit von der Partei meist noch vertieft wird.

Von der Benachteiligung außerparlamentarischer Konkurrenten zum parteipolitischen »closed shop«

Die Neigung der im Parlament Vertretenen, ihre Konkurrenten zu diskriminieren und sich so einen Vorteil im politischen Wettbewerb zu verschaffen (These 4), hat das Bundesverfassungsgericht veranlaßt, den Gleichheitssatz hier besonders streng zu handhaben und auf die staatliche Politikfinanzierung anzuwenden. Die Durchsetzung des Gebots der Chancengleichheit machte zahlreiche Urteile des Bundesverfassungsgerichts erforderlich, die hier noch einmal zusammenfassend aufgelistet seien: Die 1955 eingeführte Steuervergünstigung von Spenden und Beiträgen galt nur für Parteien, die in den Parlamenten vertreten waren, schloß also Parteien, die bei Wahlen weniger als 5 Prozent der Stimmen erreicht hatten, aus (verfassungswidrig:

Urteil von 1957); die direkten Zahlungen, die seit 1959 aus dem Bundeshaushalt geleistet wurden, waren auf Bundestagsparteien beschränkt, schlossen also wiederum kleinere Parteien aus (verfassungswidrig: Urteil von 1966). Das im Parteiengesetz von 1967 auf 2,5 Prozent der Wählerstimmen abgesenkte Quorum war aus ähnlichen Gründen verfassungswidrig (Urteil von 1968, das ein Quorum von 0,5 Prozent vorschrieb), ebenso die Regelung, daß parteifreie Bewerber um ein Bundestagsmandat keine Wahlkampfkostenerstattung erhielten (Urteil von 1976), und der Ausschluß von Parteien mit weniger als 2 Prozent der Wählerstimmen vom seinerzeitigen Sockelbetrag; auch die 1983 stark ausgeweitete Steuerbegünstigung von Spenden und Beiträgen war auf Parteien beschränkt, kommunale Wählergemeinschaften blieben ausgeschlossen (verfassungswidrig: Urteil von 1988).

Andere Benachteiligungen der außerparlamentarischen Konkurrenz bestehen mangels wirksamer Unterbindung bislang fort, so der Ausschluß des kommunalen Bereichs von der neuerdings bestehenden staatlichen Teilfinanzierung, wodurch kommunale Wählergemeinschaften und neu aufkommende Herausfordererparteien benachteiligt werden; das immer stärkere Gewicht der Faktoren »Beiträge« und »Spenden« und das immer schwächere Gewicht des Faktors »Wählerstimmen« für die Verteilung der Staatsmittel unter die Parteien, das die Parteien *in* den Parlamenten erheblich begünstigt; die Finanzierung durch sogenannte Parteisteuern von Abgeordneten, die naturgemäß nur solche Parteien erheben können, die Abgeordnete in den Volksvertretungen haben; die Fortgewährung der Entschädigung und der Kostenpauschalen an Abgeordnete auch in der Wahlkampfzeit, während andere Bewerber um ein Mandat keinen Anspruch auf Fortzahlung der Bezüge gegen Staat oder private Arbeitgeber haben und nicht einmal ihre Wahlkampfaufwendungen als Werbungskosten steuerlich absetzen können;[1] die großzügige

Bemessung der Bezahlung von Landtagsabgeordneten, die es diesen erlaubt, große Teile ihres Zeitbudgets für ihre Partei einzusetzen; die üppige »Alters«-Versorgung von Politikern (Ministern, Abgeordneten, politischen Beamten) vor Erreichen der üblichen Altersgrenzen, die sie für Führungsämter in den Parteien abkömmlich macht – alles Ressourcen, über die nicht in den Parlamenten vertretene Parteien nicht verfügen können; der Einsatz der stark angewachsenen Zahl von staatsfinanzierten Mitarbeitern der Abgeordneten im Wahlkampf oder für sonstige Parteizwecke und der Einsatz der explosionsartig hochgeschossenen Mittel von Fraktionen und Parteistiftungen für parteinützliche Öffentlichkeitsarbeit oder andere Parteibelange – alles wiederum Ressourcen, die nur den Parteien *in* den Parlamenten zur Verfügung stehen, was andere benachteiligt und die Offenheit des politischen Wettbewerbs aufs schwerste beeinträchtigt –, und zwar immer stärker, je höher der Pegel jener Formen der Staatsfinanzierung steigt. Die 0,5-Prozent-Klausel soll sicherstellen, daß an der staatlichen Parteienfinanzierung alle ernsthaften politischen Parteien teilhaben. Zu den kostenlosen Wahlwerbespots der öffentlich-rechtlichen Rundfunkanstalten werden bewußt alle Parteien zugelassen – auch die kleinen unter 5 Prozent –, um Chancengleichheit und Offenheit zu praktizieren. Doch werden diese Vorkehrungen in den vorstehend geschilderten Bereichen zunehmend unterlaufen. Die daraus resultierende Gefahr eines parteipolitischen closed shop kann kaum überschätzt werden, weil mit der Beeinträchtigung des Wettbewerbs die Fähigkeit des Systems, neuen politischen Bedürfnissen gerecht zu werden und auf neue Herausforderungen zu antworten, gemindert wird.[2] Wie im Bereich der Wirtschaft setzt auch in der Politik die Funktionsfähigkeit des Systems voraus, daß es für neue Wettbewerber offengehalten wird und sei es nur, damit die Etablierten durch *mögliche* Konkurrenz von Herausfordererparteien auf Trab gehalten werden. Entfällt dieser Druck oder wird er gemindert, weil die Etablierten sich mit Hilfe der immer mehr anschwellenden Staatsfinanzierung ein solches Übergewicht verschaffen, daß mögliche Newcomer von vornherein chancenlos sind, dann sind Flexibilität und Anpassungsfähigkeit der Demokratie an neue Lagen in Gefahr. Begrenzungen wie die »absolute Obergrenze« können entgegenwirken, weil sie das finanzielle »Aufrüstungspotential« der etablierten Parteien in Grenzen halten. Doch was nützt es, wenn nur die Staatsfinanzierung von Parteien im engeren Sinne beschränkt wird und andere Formen der Politikfinanzierung, die funktionale Äquivalente darstellen, davon ausgenommen bleiben und dadurch zu Umgehungen geradezu herausgefordert wird?

Teilweise wurde auch die parlamentarische Opposition diskriminiert, so zum Beispiel die SPD durch die mit dem Einkommen steigende steuerliche Begünstigung von Zuwendungen durch die Steuergesetze von 1955 (verfassungswidrig: Urteil von 1958) oder die Grünen durch die Beschränkung der staatlichen Zuwendungen an die Stiftungen der anderen vier Bundestagsparteien (Gebot, auch eine zu gründende Stiftung der Grünen zu bedenken, durch Urteil von 1986) oder nunmehr die PDS durch Vorenthaltung der Stiftungsfinanzierung. Derartige Fälle nahmen aber in dem Maße ab, in dem die Bundestagsparteien dazu übergingen, die Regelungen untereinander ausdrücklich abzusprechen und damit auch die Opposition, zumindest die größere Oppositionspartei, einzubinden.

Charakteristische Asymmetrie

Charakteristisch ist die Einseitigkeit und Asymmetrie des Vorgehens: Einerseits schöpfen die in eigener Sache entscheidenden Begünstigten die verfassungsrechtlichen Möglichkeiten der Selbstfinanzierung bereitwillig aus und gehen nicht selten noch darüber hinaus; andererseits lösen sie die verfassungsrechtlichen Auflagen und Begrenzungen nur höchst zögerlich und bruchstückhaft ein.

Leichtigkeit der Bewilligung von Geld in eigener Sache

Wenn es um die Erhöhung oder Absicherung des Geldzuflusses an die etablierten Parteien und ihre Fraktionen und Stiftungen geht, wird unverzüglich gehandelt, und es werden Leistungen in großem Umfang und mit hohen Steigerungsraten bewilligt (These 5). Beispiele sind die Einführung der staatlichen Parteienfinanzierung 1959 und ihre rasche Steigerung bis 1966, als das Bundesverfassungsgericht die Notbremse zog; das Umlenken der Zuschüsse für die politische Bildungsarbeit auf die parteinahen Stiftungen (als »Globalzuschüsse«) im Jahre 1967 und ihre rasche Zunahme, nachdem das Gericht 1966 ihre Gewährung an Parteien verboten hatte. Auch das raketengleiche Hochschießen der Gelder für Parteistiftungen insgesamt (mehr als Vervierzigfachung seit 1966) ist in diesem Zusammenhang zu nennen. Ebenso gehört hierher die rasante Ausdehnung der steuerlichen Begünstigung von Parteispenden und -beiträgen samt ihren (die Leistungen aus der Staatskasse noch stärker ausweitenden) Folgeregelungen (»Chancenausgleich« und »Sokkelbetrag«), bis das Bundesverfassungsgericht 1992 Grenzen zog, die aber auch wieder nicht eingehalten wurden. Bezeichnend ist, daß die direkte staatliche Parteienfinanzierung anfangs mit der Begründung zugelassen wurde, man müsse ein Gegengewicht gegen den Einfluß des großen Geldes schaffen (und dementsprechend Spenden untersagen), daß am Ende der Entwicklung dann aber nicht nur eine hohe direkte Staatsfinanzierung der Parteien stand, sondern auch Spenden unbegrenzt zulässig und in einigem Umfang steuerlich begünstigt blieben. Beispiele aus dem Bereich der Abgeordnetenentschädigung sind die bereitwillige Einführung einer Vollalimentation samt großzügiger Altersversorgung auch für Landtagsabgeordnete, überzogene Kostenpauschalen und die rasante Steigerung der Kostenerstattung für Mitarbeiter.

Staatsnähe begünstigt Bürgerferne

Ein Immer-Mehr an selbstbewilligten Staatsleistungen gefährdet nicht nur die Legitimation der Begünstigten in den Augen der Bürger und die Chancengleichheit und Offenheit des politischen Wettbewerbs, sondern begünstigt auch das Abheben der politischen Klasse von der Basis (These 6). Die Warnungen, die weitblickende Beobachter vor fast 50 Jahren bei Einführung der Staatsfinanzierung in der Bundesrepublik vor den demotivierenden Effekten aussprachen, die entstehen, wenn die Führungsgruppen der Parteien nicht länger auf die finanziellen Beiträge und ehrenamtlichen Leistungen der Bürger angewiesen sind, scheinen sich bestätigt zu haben. Je umfangreicher die Staatsleistungen werden, desto mehr verschieben sich im allgemeinen die innerparteilichen Gewichte hin zu den Führungsgruppen und weg von der Basis. Bei der Finanzierung der Parteien im engeren Sinne ist diese Gefahr erkannt. Das Bundesverfassungsgericht versucht ihr (a) dadurch entgegenzuwirken, daß die Staatsfinanzierung nicht mehr als die Hälfte der Gesamteinnahmen der Parteien im engeren Sinne ausmachen darf und die andere Hälfte aus privaten Quellen kommen muß (»relative Obergrenze«), ferner (b) dadurch, daß die Verteilung der Staatsmittel sich nach Kriterien zu richten hat, die die Nähe und Verwurzelung der Parteien bei Bürgern, Mitgliedern und Sympathisanten widerspiegeln (Wählerstimmen, Mitgliedsbeiträge und kleinere

Spenden), und dadurch, daß die Zuwendungen auch bei den Gebern steuerlich begünstigt sind. (c) Auf diese Weise wird auch die grundgesetzlich vorgeschriebene demokratische innerparteiliche Willensbildung (Art. 21 I 3 GG) effektuiert. Dieses Konzept überzeugt im Ergebnis, wenn auch seine juristische Begründung mit dem Grundsatz der »Staatsfreiheit« etwas mißverständlich erscheint. Es geht vielmehr um Staats*ferne* oder noch zutreffender: um *Bürgernähe*. Die finanziellen Vorkehrungen sollen die Parteien am »goldenen Zügel« des Geldes zu Bürgernähe veranlassen, also sozusagen in die Arme der Bürger »zwingen«. Doch gelten die genannten Vorkehrungen nach den bisher bestehenden Gesetzen nur für die Parteien im engeren Sinne. Alle anderen Formen der direkten Staatsfinanzierung der Politik (insbesondere der Fraktionen, Parteistiftungen und Abgeordneten samt Mitarbeitern), die vornehmlich die Führungsgruppen und ihre Apparate stärken und in den vergangenen Jahrzehnten nach oben geschossen sind, werden nicht erfaßt. Hier fehlen all die Vorkehrungen zur Sicherung der Bürger- und Basisnähe sowie der innerparteilichen Demokratie, die es bei den Parteien im engeren Sinne inzwischen gibt, so daß jene Grundsätze in dem Maße unbeachtet bleiben, in dem sich die faktischen Gewichte von der Parteienfinanzierung im engeren Sinne wegbewegen und hin zu den Ersatzformen der Parteienfinanzierung verschieben (These 18).

Rückwirkungen auf die Rekrutierung des politischen Führungspersonals

Die explosionsartige Ausweitung der staatlichen Politikfinanzierung hat ihrerseits Rückwirkungen auf den Auswahlprozeß des politischen Personals, der in der Hand der Parteien monopolisiert ist (These 7). Die Wähler besitzen praktisch keinen Einfluß auf die Auswahl der Kandidaten bei Parlamentswahlen, sie können sich nur für das von den Parteien auf starren Listen präsentierte Personal en bloc und in der vorgegebenen Reihenfolge entscheiden, deren parteiinterne Aufstellung die eigentliche Entscheidung enthält, wer ins Parlament kommt. Und innerhalb der Parteien liegt die wahlentscheidende Nominierung faktisch in der Hand sehr kleiner Zirkel. Dies war zwar in der Bundesrepublik tendenziell schon immer so, hat aber durch die enorme Anhebung des Niveaus der Politikfinanzierung und die Professionalisierung eine neue, für das ganze System immer gefährlicher werdende Dimension bekommen. Profis gehen beim Kampf um Geld und Positionen nun mal kompromißlos vor. Die ohnehin bestehenden Abschottungstendenzen im Kreis der innerparteilichen »Vorentscheider« werden verstärkt, weil eine Öffnung nicht nur den Verlust von politischem Einfluß, sondern auch von Einkommen, ja von wirtschaftlichen Existenzen bedeutet. Vollalimentierte Abgeordnete sind zudem wirtschaftlich abkömmlich gestellt und können vor Ort ihre Wiedernominierung mit ganzer Kraft sichern. Sie können dazu in immer größerem Umfang auch staatsfinanzierte Mitarbeiter und Fraktionsmittel einsetzen und dadurch ihre parteiinterne Stellung fast unangreifbar machen. Begabte Newcomer werden als potentielle Konkurrenten um die lukrativen Positionen eher abgewehrt und durch die staatlich finanzierte Übermacht ihrer etablierten Konkurrenten auch eher abgeschreckt. Und daß sie vielleicht mehr Wähler für die Partei anziehen könnten, tritt in der Nutzenabwägung von Profis gegenüber der Sicherung der eigenen parteiinternen Nominierung leicht zurück. Die üppige Staatsfinanzierung erlaubt auch in der Opposition ein gutes Leben. In diesem Zusammenhang sei an die Ermittlungen von Heino Kaack erinnert, wonach sich fast alle Landtagsabgeordneten mit der Übernahme eines Mandats finanziell verbessern,[3] und an die Feststellung Michael Th. Grevens, daß es »zu den wirklichen

Tabus unserer Gesellschaft gehört, *wie gut man von* der Politik leben kann«.[4] Das Ergebnis dieser strukturellen Veränderung ist das Gegenteil von Offenheit der Personalrekrutierung.

Damit aber droht ein Teufelskreis. Denn die Mängel bei der Auswahl des politischen Personals sind ihrerseits zentrale Ursachen für Unzufriedenheit und die vielgenannte Politik(er)verdrossenheit. Nicht nur die Selbstbewilligung von Privilegien ist das Problem, sondern auch die Selbstbedienung bei Ämtern und Posten. Das Unbehagen hängt wesentlich damit zusammen, daß die Auswahlmechanismen für die Besetzung von Spitzenämtern in der Bundesrepublik nicht mehr stimmen und darüber hinaus die Berechtigung vieler Ämter überhaupt zweifelhaft ist. Der Wähler hat praktisch keinen Einfluß.[5] Das Vertrauen in die parteiinternen Auswahlmechanismen aber ist dahin. Spätestens seit den Enthüllungen der überparteilichen Hamburger DemO (»Demokratische Offenheit«) und von Erwin und Ute Scheuch ist offenbar, in welchem Ausmaß hier kleine Cliquen klüngeln.[6] Das Urteil des Hamburger Verfassungsgerichts von 1993 hat die Skepsis bestätigt. Wer aber ein Amt nicht verdient, der verdient auch die daran geknüpfte Besoldung nicht, wie hoch oder niedrig sie sein mag. Im Versagen der politischen Parteien, eine ihrer wichtigsten Aufgaben, die Heranziehung des politischen Führungspersonals, noch befriedigend zu erfüllen, liegt zum guten Teil der Nährboden für das öffentliche Unbehagen an der Politikerbesoldung und der Parteienfinanzierung generell.

Ein Gegenmodell, das zeigt, daß es – zumindest in der Tendenz – auch anders gehen könnte, ist die Direktwahl der Bürgermeister und Landräte, wie sie in Süddeutschland seit langem praktiziert wird und in den letzten Jahren auch in fast allen anderen Ländern eingeführt worden ist. Auch die Wahl der Stadt- und Gemeinderäte in Süddeutschland mit der Möglichkeit des Kumulierens und Panaschierens von Stimmen gibt den Bürgern unmittelbaren Einfluß auf die Auswahl ihrer Vertreter.

Hier werden die Gewählten wirklich vom Vertrauen der Mehrheit getragen und verdienen deshalb in ihren Augen auch, was sie verdienen. Gerade das Thema Politikfinanzierung lenkt den Blick also auf die zentrale Bedeutung einer befriedigenden Auswahl der Politiker.[7]

Politikversagen bei Schaffung nötiger Begrenzungen

Geht es dagegen um die Erfüllung verfassungsrechtlich oder auch nur politisch gebotener Auflagen und Begrenzungen, befällt die Parlamente eine oft Jahrzehnte in Anspruch nehmende Lethargie und Unwilligkeit, und wenn sie schließlich tätig werden, geschieht dies regelmäßig nur halbherzig und bruchstückhaft, so als ob intern passiver Widerstand am Werke sei (These 8). Beispiele sind die Verzögerung des Erlasses des Parteiengesetzes (und damit der verfassungsrechtlich gebotenen Publikation der Einnahmen der Parteien), das erst nach 18 Jahren zustande kam, nachdem das Bundesverfassungsgericht davon den Fortbestand der staatlichen Zuschüsse (in der Form der Wahlkampfkostenerstattung) abhängig gemacht hatte; die immer noch bruchstückhafte Erfüllung des Publikationsgebots des Art. 21 I 4 GG: Gerade die problematischsten Einnahmen (aus Krediten und »Parteisteuern«) werden nicht genannt; die Unbekümmertheit gegenüber Umgehungsmöglichkeiten vor allem durch Direktspenden an Abgeordnete, denen erst das Bundesverfassungsgericht 1992 einen Riegel vorzuschieben versuchte; das jahrzehntelange Fehlen eines Straftatbestandes der Abgeordnetenbestechung, der nunmehrige Erlaß des offensichtlich unwirksamen § 108e Strafgesetzbuch und das Fehlen sonstiger gesetzlicher Vorkehrungen gegen Interessentenzahlungen an Abgeordnete; das Unterlaufen des verfassungsrechtlichen Gebots, die Diäten zu besteuern, durch Festsetzung großzügiger steuerfreier Pauschalen, einer üppigen staatsfinanzierten Versorgung, deren wirtschaftlicher Wert häufig an den der eigentlichen Entschädigung heranreicht (siehe S. 255 f.), und durch die Einkommensteuerfreiheit der Direktspenden an Abgeordnete (siehe S. 302 f.). Besonders kraß ist das Regelungs- und Ordnungsdefizit bei der Stiftungsfinanzierung. Sämtliche für die Parteien und ihre Finanzen geltenden Regelungen, so lückenhaft und ergänzungsbedürftig sie auch sein mögen, wurden auf Stiftungen bisher nicht erstreckt, auch nicht das Gebot der Publizität und der gesetzlichen Regelung, ebensowenig die Obergrenzen. Und auch die jüngst erlassenen Fraktionsgesetze enthalten große und verfassungswidrige Lücken, ja schlimmer noch, sie haben Ermächtigungen gesetzlich festgeschrieben, die verfassungswidrigen Aktionen der Fraktionen, etwa Parteipropaganda vor Wahlen, auch noch den Anstrich von Legalität geben. Entsprechendes gilt für die Abgeordnetenmitarbeiter, die enorm an Gewicht gewonnen haben.

Ordnung und Kontrolle der Politikfinanzierung als vordringliche Staatsaufgabe

All dies zeigt: Bei der Finanzierung der Politik in der Bundesrepublik liegt die vordringliche Aufgabe des Staates nicht in der Sicherung ausreichender Mittel. So wie der Entscheidungsmechanismus konstruiert ist, tun sich staatliche Quellen für Leistungen an Abgeordnete, Parteien, Fraktionen und Stiftungen sozusagen von selbst auf. Die eigentliche Aufgabe liegt vielmehr in der Kontrolle und Disziplinierung der Politikfinanzierung durch Schaffung einer angemessenen rechtlichen Ordnung. Im Vordergrund steht das *Kontroll- und Ordnungsproblem*. Hier muß primär angesetzt werden, wenn man zu angemessenen

Entscheidungsverfahren, Resultaten und Strukturen kommen will. Dies zeigt sich besonders bei den Stiftungen, bei denen die überaus üppig sprudelnden staatlichen Geldquellen mit dem völligen Fehlen jeglicher disziplinierenden rechtlichen Ordnung korrespondieren, aber auch bei den Fraktionen und Abgeordnetenmitarbeitern. Hier, bei der Konzeption einer die Eigeninteressen disziplinierenden Ordnung, trifft auch die *Wissenschaft* eine besondere Verantwortung, andernfalls »würde sie, an keinen Ordnungsvorstellungen orientiert, zur Dienerin der Macht«.[8]

Kartell der Etablierten

Bei der staatlichen Politikfinanzierung neigen die Parteien dazu, sich untereinander abzusprechen. Der Wähler kann dann mit dem Stimmzettel keine Kontrolle mehr ausüben. Er kann nicht mehr zwischen verschiedenen Möglichkeiten »auswählen«, weil die Parteien bei ihrer eigenen Staatsfinanzierung regelmäßig eine Art »Kartell der Etablierten« bilden und dadurch den Wähler im Ergebnis entmachten (These 9). Was von den Betroffenen selbst als »Einigkeit der Demokraten« dargestellt wird, ist in Wahrheit eine höchst undemokratische Vorgehensweise, weil das Volk als eigentlicher Souverän ausgeschaltet wird. Daß *wirtschaftliche* Kartelle die Konsumenten entmachten und ihre Ausbeutung ermöglichen, ist heute in Theorie und Praxis anerkannt[9] und der Grund dafür, daß Kartelle in unserer Wirtschaftsordnung grundsätzlich verboten sind.[10] *Politische* Kartellabsprachen der Parteien bei der Regelung ihrer Staatsfinanzierung sind aber noch viel schlimmer, weil sie die Wähler entmachten und die Ausbeutung der Steuerzahler ermöglichen. Um die Dimension dieses Problems zu erfassen, sei ein Blick auf kommunistische Monopolparteien geworfen. Wir pflegen die traditionelle Einparteienherrschaft kommunistischer Provenienz nachhaltig zu verdammen – und das mit vollem Recht. Der Bürger, der sich einer Monopolpartei gegenübersieht, hat keine Wahl und damit keinen Einfluß auf die politische Entwicklung und kann sich auch gegen offensichtliche Fehlentwicklungen und Mißstände nicht mit dem Stimmzettel zur Wehr setzen. Eine partiell ähnliche Situation besteht aber auch in der Bundesrepublik hinsichtlich der Politikfinanzierung, weil der Bürger sich insoweit regelmäßig einem Kollektivmonopol der etablierten Parteien gegenübersieht. Diese Feststellungen erscheinen heute besonders wichtig, weil es das erklärte Ziel der Überwindung des diktatorischen Regimes der DDR war, die Einparteienherrschaft zu beenden und die Konkurrenz der Parteien einzuführen. In Wahrheit verhalten sich unsere Parteien nun aber dort, wo sie durch Blockbildungen in Sachen Politikfinanzierung die Konkurrenz ausschalten und dem Wähler aufgrund einer Kartellabsprache als Kollektivmonopol entgegentreten, partiell selbst wie die mit Recht verdammten Einheitsparteien östlichen Musters.

Zu Anfang der bundesdeutschen Parteienfinanzierungsgeschichte hatten die Kartellierungstendenzen sich noch nicht ausgeprägt. Erhöhungen waren damals noch auf den Widerspruch der SPD gestoßen, so die Einführung der Steuerbegünstigung von Spenden im Jahre 1955 und die Ausweitung der Staatsfinanzierung der Parteien aus dem Bundeshaushalt in den Jahren 1962 und 1964. Später war es damit aber vorbei. Die Neuregelungen der Parteienfinanzierung 1983 und 1988[11] beschlossen die etablierten Parteien einschließlich der SPD gemeinsam. Und beim neuen hessischen Abgeordnetengesetz von 1989 stimmten in der ersten Lesung sogar die Grünen mit den anderen Fraktionen; selbst bei dem gescheiterten bayerischen Diätencoup vom Frühjahr 1995 waren sich CSU, SPD und Grüne zunächst einig. Beim Bonner Diätencoup von 1995 hatte sich die grüne Vizepräsidentin des Bundestags, die Theologin Antje Vollmer, sogar massiv für das Vorhaben engagiert und sich an die Spitze einer Diffamierungskampagne gegen die Warner gesetzt. Auch die rasante Erhöhung der Zuwendungen an Fraktionen und Stiftungen erfolgte regelmäßig unter Zustimmung (fast) aller Fraktionen.[12]

Absprachen auf größtem gemeinsamem Nenner

Das Kontrollproblem verschärft sich noch dadurch, daß die Einbeziehung aller Parlamentsparteien in die Absprachen einer Art kollusiven Zusammenwirkens auf Kosten der Allgemeinheit Vorschub leistet (These 10). Hier haben sich inzwischen gewisse Rituale eingespielt, die für die gewaltigen Steigerungen der öffentlichen Mittel mit ursächlich sind. Wenn zum Beispiel eine Fraktion unter Geldmangel leidet, etwa weil sie sich nach Wahlniederlagen verkleinert und damit ihre staatlichen Zuschüsse zurückgehen, pflegen die Zuwendungen für sie erhöht zu werden. Dies geschieht aber nicht etwa auf Kosten der anderen Fraktionen. Vielmehr pflegen dann *alle* Gruppierungen mehr Geld zu erhalten, auch diejenigen, die dies gar nicht nötig haben. Es gibt zwei informelle Konventionen, die Aufschaukelungseffekte begründen und die man wie folgt zusammenfassen kann: (1) Was eine Gruppierung einmal an finanziellen Leistungen erlangt hat, wird als »Besitzstand« betrachtet, von dem Abstriche nicht mehr geduldet werden. Das gilt für absolute Beträge, aber auch für Quoten. (2) Wer dringend mehr braucht, pflegt dies auch zu bekommen – allerdings nur unter der Voraussetzung, daß alle anderen aufgrund der festen Quoten ebenfalls mehr erhalten, auch wenn bei ihnen kein Bedarf besteht. Angesichts der leichten Anzapfbarkeit der unerschöpflich scheinenden staatlichen Ressourcen pflegen die Parteien sich so »auf den größten gemeinsamen Nenner«, »ein maximales Anspruchsniveau« und »den höchsten Ausstattungsstandard« zu einigen.[13] Um die allseitige Zustimmung, die die Aufrechterhaltung des Kartells voraussetzt, nicht zu gefährden, sollen alle gewinnen und keiner verlieren. Das mangelnde Vertretensein der Allgemeinheit programmiert Kompromisse zu ihren Lasten. Die fehlende Kontrolle führt zusammen mit den Eigenheiten des Absprachemodus zu um so ungenierterem Zugriff. Dadurch kommt es dann zu den absurdesten Steigerungsraten. Beispiele dafür sind in allen Bereichen der Politikfinanzierung zuhauf zu finden.

Ein Beispiel war die Einführung der grotesken Überversorgung von Landesministern in Hamburg, im Saarland, in Rheinland-Pfalz und in anderen Bundesländern, bei der die Opposition dadurch zum schweigenden Verbündeten gemacht und damit auch die Öffentlichkeit unterlaufen wurde, daß finanzielle »Kompensationen« in Form von stark erhöhten Fraktionszuschüssen mit Oppositionsbonus und massiv ausgeweiteter Abgeordnetenentschädigung gegeben wurden. Ein ähnlicher Aufschaukelungsmechanismus war bei der Neuregelung der Parteienfinanzierung im Dezember 1983 am Werk. Die hochverschuldete (Parteizentrale der) SPD wünschte die Anhebung der Wahlkampfkostenpauschale, die Unionsparteien und die FDP traten für die Anhebung der Steuerbegünstigung für Spenden und Beiträge ein, die die SPD zunächst noch abgelehnt hatte. Der »Kompromiß«, auf den sich beide Seiten einigten – nur die Grünen stimmten dagegen und beantragten Überprüfung durch das Bundesverfassungsgericht –, erfolgte wieder auf dem größten gemeinsamen Nenner: Die Kostenpauschale wurde rückwirkend für die Bundestagswahl vom März 1983 von 3,50 DM auf 4,50 DM und ab dem Jahre 1984 auf 5 DM pro Wahlberechtigten erhöht. Zugleich wurde aber auch die Steuerbegünstigung von Zuwendungen an Parteien (einschließlich der Zuwendungen von juristischen Personen) nach oben katapultiert und diese Kröte der SPD durch zusätzliche

Einführung der 50prozentigen Steuerbegünstigung von Klein-spenden und des sogenannten Chancenausgleichs schmackhaft gemacht.

Ähnlich war es bei der Neuregelung der Parteienfinanzierung im Dezember 1988:[14] Der Umgestaltung des Chancenausgleichs, bei dem vor allem die SPD zu kurz gekommen war, stimmten die Unionsparteien nur gegen Beibehaltung des abwegigen Beitragsausgleichs (der vornehmlich ihnen zugute kam) zu. (In der Verdoppelung der Gesamtsumme des Chancenausgleichs zu Lasten der Staatskasse waren sich ohnehin beide Seiten einig.) Zugleich setzten die Unionsparteien zusammen mit der FDP eine Verdoppelung der Publikationsgrenze auf 40 000 DM durch, wodurch Spenden bis zu dieser Höhe auch ohne Publika-tion steuerlich begünstigt wurden.[15] Die FDP und die Grünen, zu deren Lasten die Umgestaltung des Chancenausgleichs ging, sollten weiter durch eine für sie besonders günstige Übergangs-regelung für die Jahre 1989 und 1990 und durch die zusätzliche Einführung des sogenannten Sockelbetrages, der gleichwohl auch den anderen Parteien zugute kam, eingebunden werden. (Die Grünen verweigerten dennoch ihre Zustimmung und beantragten Überprüfung des Gesetzes durch das Bundesverfas-sungsgericht, das die Regelungen 1992 aufhob.)

Wenn auch manches aufgrund öffentlichen Protestes und verfas-sungsgerichtlicher Urteile wieder zurückgenommen werden mußte, so blieb doch vieles andere unbehelligt. Die Folge ist ein Hochschaukeln der verschiedenen Komponenten der staatli-chen Politikfinanzierung ohne Rücksicht auf ihre sachliche Notwendigkeit und ihre inhaltliche Angemessenheit.

Unbegrenzte Finanzierungswünsche ...

Die Finanzierungs*wünsche* von Parteien, Stiftungen und Abgeordneten sind letztlich unbegrenzt. Darin liegt an sich nichts Besonders. Daß die Bedürfnisse der Menschen nach materiellen Gütern regelmäßig größer sind als die ökonomischen Mittel zu ihrer Befriedigung und diese deshalb regelmäßig »knapp« sind, lernt der Student der Volkswirtschaftslehre bereits im ersten Semester. Und auch der für Organisationen typische »Finanzhunger«, der aus sich selbst heraus nicht zu begrenzen ist, ist der Verwaltungssoziologie bestens vertraut.[16] Im Bereich der Politikfinanzierung kommt die besondere Wettbewerbslage hinzu, die jede Partei in Konkurrenz um die Stimmen der Wähler zu möglichst großen finanziellen Anstrengungen zu veranlassen pflegt.[17]

Diese massiven Triebkräfte, die auf eine ständige Erhöhung der Ausgaben (und Einnahmen) drängen,[18] sind aber nicht eigentlich das Besondere der Politikfinanzierung, wenn sie hier auch besonders ausgeprägt sein mögen. Solche Tendenzen bestehen vielmehr grundsätzlich überall, wo Menschen und Organisationen am Werk sind.

... ohne Gegengewicht ...

Das Besondere der staatlichen Politikfinanzierung liegt weniger in der Existenz solcher Ausdehnungstendenzen als darin, daß diese Tendenzen sich aufgrund der Entscheidungsmacht der Begünstigten selbst so relativ ungebremst durchsetzen können, weil und solange es an wirksamen Gegengewichten fehlt. Bei Entscheidungen in eigener Sache, Ausschaltung des Parteienwettbewerbs, Abdunklung vor der Öffentlichkeit und Nichteingreifen der Verfassungskontrolle kommt es zu einer ungehemmten Aufschaukelung jener Ausdehnungstendenzen, die sich beispielsweise in den phantastischen Wachstumsraten niederschlägt, die man bei der Staatsfinanzierung von Fraktionen, Stiftungen und Abgeordnetenmitarbeitern beobachten konnte. Es wäre deshalb auch schiere Illusion anzunehmen, es gäbe eine Sättigungsgrenze des »Bedarfs« an staatlicher Politikfinanzierung, mag das erreichte Niveau auch noch so hoch sein. Die in den letzten drei Jahrzehnten enorm gewachsenen öffentlichen Mittel (siehe S. 186 ff.) werden also allenfalls einmal vorübergehend zurückgehen, wie 1993 die Fraktions- und Stiftungsmittel aufgrund des Berichts der Parteienfinanzierungskommission. Im übrigen müssen die Wachstumsraten der Vergangenheit, soweit es wirksamer Gegengewichte mangelt, voraussichtlich auch in die Zukunft hinein fortgeschrieben werden. Es droht eine Explosion der staatlichen Politikfinanzierung in Dimensionen hinein, die heute noch völlig unvorstellbar erscheinen, wenn nichts Wirkungsvolles dagegen geschieht und etwa die absolute Obergrenze für die staatliche Parteienfinanzierung nicht auch auf die anderen so stark gewachsenen Bereiche erstreckt wird.

... wirken wie ein suchtbildendes Rauschgift

Die rasche Vermehrung der Staatszuwendungen, die die Begünstigten nur kurzfristig zufriedenstellen, sie wenig später aber nur nach neuen Erhöhungen rufen lassen, hat einige Autoren veranlaßt, die zunehmende Angewiesenheit auf Staatsmittel als eine Art »Sucht« zu bezeichnen, der die Parteien, Fraktionen etc. wie einem Rauschgift erlägen und die zu ihrer Befriedigung immer größere Dosen verlange.[19] Dieser Vergleich, der die hohen Zuwachsraten der Staatsfinanzierung erklären soll, gibt sicher ein effektvolles, sachlich aber etwas schiefes Bild, weil er die eigentliche Ursache für das Anwachsen verdeckt. Diese liegt nicht in subjektiv-krankhafter Motivation wie bei Suchtkran ken. Nicht der unbegrenzte Bedarf an Geld, der keinesfalls auf Parteien, Fraktionen, Stiftungen und Abgeordnete beschränkt ist (vielmehr eine allgemeine Erscheinung bei Organisationen und Individuen darstellt), ist das Außergewöhnliche und damit die wesentliche Ursache für die Explosion der Staatsfinanzierung der Politik, sondern das ungleichgewichtige Entscheidungsverfahren, das es erst ermöglicht, den Finanzierungswünschen unbegrenzt nachzugeben.

Die »bahnbrechende« Rolle der Verschuldung der Parteizentralen

Die Erfahrung zeigt auch, daß es in der Vergangenheit immer wieder die Verschuldung der Parteien war, die massiven Erhöhungen der Staatsfinanzierung die Bahn brach. Die Verschuldung der zentralen Geschäftsstellen der Parteien mit insgesamt über 100 Millionen DM[20] war ein wesentlicher Grund für die Erhöhung der staatlichen Parteienfinanzierung im Jahre 1983. Die hohe Verschuldung besonders der Parteizentrale der SPD, auf die über 50 Millionen DM entfielen, machte sie auf eine Erhöhung der Staatsmittel angewiesen und damit erpreßbar für die von Union und FDP gleichzeitig gewünschte massive Anhebung der Steuerbegünstigung von Spenden und Beiträgen.[21] Ähnlich war es bei dem Änderungsgesetz vom Dezember 1988: Die hohe Verschuldung, diesmal besonders der Parteizentrale der CDU, war eine wesentliche Triebkraft für die Anhebung der staatlichen Parteienfinanzierung und die Verdoppelung der Publikationsgrenze im Dezember 1988.[22] Soweit die Kreditaufnahme den Parteien erlaubt bleibt, bleibt die ständige Gefahr bestehen, daß die Ausgaben im Wettkampf der Parteien um Wählerstimmen immer wieder hochgetrieben werden und durch zunehmende Verschuldung unhaltbare Situationen entstehen. Zwar hat die »absolute Obergrenze« für die staatliche Parteienfinanzierung die Möglichkeiten der Parteien, sich in eigener Sache mehr Geld zu verschaffen, erschwert. Doch ist zum einen auch die Obergrenze nicht völlig unverrückbar, sondern steht unter dem zweifachen Vorbehalt der Preissteigerungen und geänderten Verhältnisse. Zum anderen kann eine starke Verschuldung von Parteien auch sonst prekäre Situationen schaffen und zum Beispiel der Verlagerung von Aufgaben auf Hilfsorganisationen der Parteien Vorschub leisten.

Ein Konstruktionsfehler der Verfassung und seine Folgen

Die bisherigen Ausführungen machen eines deutlich: Das Parlament, das bisher immer als Einrichtung zur Kontrolle anderer Gewalten verstanden wurde, bedarf nunmehr selbst der Kontrolle (These 11). Die klassische Frage nach der Kontrolle der Kontrolleure stellt sich in neuem Gewand und mit besonderer Schärfe. Zugespitzt formuliert: Bei Entscheidungen des Parlaments in eigener Sache stimmt die übliche Vermutung, daß die Ergebnisse des parlamentarischen Prozesses ausgewogen und tendenziell richtig seien, nicht mehr. Vielmehr haben die Erfahrungen mit der Politikfinanzierung gezeigt, daß man umgekehrt mit tendenzieller Einseitigkeit und Unrichtigkeit rechnen muß (These 12). Diese Feststellung ist von großer Brisanz. Sie geht an den Nerv des parlamentarischen Staats- und Rechtsverständnisses. Dem Parlament ist seine gottähnliche Macht, Interessen in Recht zu verwandeln und zu bestimmen, was als Gesetz verbindlich gelten und wer wieviel Staatsgeld erhalten soll, ja unter anderem deshalb gegeben, weil man darauf vertraut, daß es als volksgewähltes Repräsentationsorgan typischerweise ausgewogen und gerecht entscheidet und seine Macht nicht mißbraucht.

Dieses Vertrauen aber ist bei Entscheidungen in eigener Sache dahin; damit droht höchste Gefahr für die Legitimation der Parteien und des von ihnen beherrschten Staates (These 13). Der Konstruktionsfehler kann zum Einfallstor schwerer Fehlentwicklungen werden. Zur Absicherung dieser Achillesferse des parlamentarischen Systems, zur Kontrolle des Kontrolleurs Parlament, kommt in der Demokratie neben dem Bundesverfassungsgericht letztlich nur diejenige Kraft in Betracht, von der das Parlament (wie auch alle anderen Gewalten) seine Legitimation ableitet: das Volk in seinen verschiedenen verfassungstheoretischen Aggregatzuständen. Gegen Übermacht und Machtmißbrauch der politischen Parteien gibt es letztlich nur ein wirksames Gegengewicht: die Aktivierung des Volkes selbst (These 19). Diese grundlegende Erkenntnis darf bei aller Detaildiskussion nicht aus dem Blick geraten. Eine solche Aktivierung kann vor allem über die Einführung oder die Nutzung bereits bestehender direktdemokratischer Institutionen der Sachentscheidung, über eine volksnahe Gestaltung des Wahlrechts oder – in abgeschwächterer Form – auch über das »plébiscite de tous les jours« der öffentlichen Meinung erfolgen. Wir behandeln im folgenden zunächst die dritte Möglichkeit, werden zum Schluß aber auch einen Blick auf die ersten beiden werfen.

Solange direktdemokratische Möglichkeiten fehlen, bleiben als Instanzen zur Kontrolle des Parlaments vornehmlich die Öffentlichkeit (These 14) und die Verfassungsrechtsprechung (These 16). Die Wirksamkeit dieser Kontrollen war in der Vergangenheit allerdings beschränkt.

21 Öffentlichkeitskontrolle?

Anforderungen an Öffentlichkeit

Öffentlichkeit bei Entscheidungen des Parlaments in eigener Sache verlangt mindestens fünferlei:[23]

- Festlegung der staatlichen Zuwendungen durch spezielles Gesetz,
- Einhaltung der Mindestanforderungen an das Gesetzgebungsverfahren (Fristen, öffentliche Begründung),
- Öffentlichkeitsberatung durch unabhängige Sachverständige,
- Öffentlichkeit der Herkunft der Einnahmen, der Mittelverwendung und des Vermögens (einschließlich der Schulden),
- Öffentlichkeitskontrolle durch Rechnungshöfe.

Schwächung der öffentlichen Kontrolle

Diese Anforderungen an Öffentlichkeit werden in der Praxis allerdings nur widerwillig eingehalten. Ihre Durchsetzung trifft auf den Widerstand der in eigener Sache Entscheidenden, also derjenigen, gegen die die öffentliche Kontrolle sich richtet. Die Geschichte der staatlichen Politikfinanzierung ist die Geschichte der Ausschaltung oder Schwächung der Öffentlichkeit (These 15).

Entscheidung durch Gesetz

Haushaltsverfahren schafft keine Publizität

Ein beliebter Weg, die Öffentlichkeit auszuschalten, besteht darin, die staatlichen Zuwendungen nicht in einem speziellen Leistungsgesetz festzulegen, sondern lediglich im Haushaltsplan zu bewilligen, weil die Angaben im Haushaltsplan praktisch niemand wahrnimmt. Selbst bei gewaltigen Steigerungen wird das Parlament nicht zur Begründung und Rechtfertigung gezwungen. Das begünstigt rasante Steigerungsraten, wie vier Beispiele zeigen:

- die Finanzierung der Parteien aus dem Bundeshaushalt, die von 1959 bis 1964 von fünf auf 38 Millionen DM hochschoß,
- die Explosion der Leistungen an die Fraktionen aus dem Bundeshaushalt, die sich seit 1966 verzweiunddreißigfacht haben,
- die Subventionen der Parteistiftungen aus dem Bundeshaushalt, die im gleichen Zeitraum noch steiler hochgeschnellt sind, und
- die Erstattungen für Mitarbeiter von Abgeordneten, die ähnlich schnell nach oben geschossen sind.

Die Öffentlichkeit wird um so mehr ausgeschlossen, als sich bei derartigen Staatsleistungen eine Art *Geheimverfahren* eingespielt hat. Die beabsichtigten Erhöhungen werden erst in der letzten Sitzung des nicht öffentlich verhandelnden Haushaltsausschusses kurz vor Beginn der zweiten und dritten Lesung im Plenum in den Entwurf des Haushaltsplans eingestellt. Davon kann die Öffentlichkeit vor der endgültigen Verabschiedung in aller Regel gar nicht mehr Kenntnis nehmen. Damit entfallen der Druck,

Erhöhungen öffentlich zu rechtfertigen, und die aus solchem Rechtfertigungsdruck resultierende Mäßigung.

Aus der Diagnose folgt die Therapie. Zahlungen an Parteien, Fraktionen, Parteistiftungen und Abgeordnete müssen in vollem Umfang durch Gesetz geregelt werden, um ein Mindestmaß an öffentlicher Kontrolle zu ermöglichen. Dieses Verfassungsgebot, das vor allem auch für die konkreten Beträge der staatlichen Zahlungen gilt, ist bei den Stiftungen, den Abgeordnetenmitarbeitern und regelmäßig auch bei den Fraktionen noch unerfüllt.

Anforderungen an das Gesetzgebungsverfahren

Allerdings ist die Regelung durch besonderes Gesetz noch keinesfalls eine Garantie für Mäßigung. Die Regelung durch Gesetz ist – in der Sprache der Logik – nur eine notwendige, noch keine hinreichende Bedingung. Auch sie kann unwirksam gemacht werden. Dazu bedarf es nach aller Erfahrung jedoch besonderer »Tricks«. Um die öffentliche Kontrolle zu überlisten oder ihren Widerstand zu unterlaufen, gibt es, wie wir aus Erfahrung wissen, verschiedene Techniken:

- Das Gesetz wird sehr rasch durchgezogen, so daß eine rechtzeitige Überprüfung kaum möglich ist.
- Es werden irreführende Angaben im Gesetzgebungsverfahren gemacht oder die erforderlichen tatsächlichen Erhebungen nicht angestellt.
- Ein ähnlicher Effekt läßt sich erzielen, wenn das Gesetz so kompliziert und undurchschaubar ist, daß Inhalt und Auswirkungen sich nicht mehr überblicken und kritisieren lassen.
- Eine weitere, im Falle des Gelingens besonders durchschlagende Methode besteht schließlich in der Instrumentalisierung von Sachverständigenkommissionen.

Blitzgesetzgebung

Die öffentliche Kontrolle wird um so schwieriger, je schneller das Gesetzgebungsverfahren durchgezogen wird. Bei Entscheidungen in eigener Sache geschieht dies vielfach unter Nichteinhaltung oder Suspendierung der in der Geschäftsordnung des Parlaments an sich vorgesehenen Fristen und sonstigen Anforderungen, gerade um der öffentlichen Kritik keine Angriffsflächen zu bieten. Statt dessen sollten umgekehrt die Fristen verlängert und die sonstigen verfahrensmäßigen Anforderungen verschärft werden, so daß eine Überrumpelung der Öffentlichkeit erschwert wird.[24] Bislang wird die Wirksamkeit derartiger Anforderungen allerdings oft auch dadurch ausgehebelt, daß die Parlamente beschließen, davon im Einzelfall abzuweichen. Bei Entscheidungen des Parlaments in eigener Sache erhält die Beachtung jener Regelvorschriften aber besonderes Gewicht. Öffentlichkeit ist Voraussetzung für die Kontrolle der Parlamente. Es kann deshalb nicht im Belieben der zu Kontrollierenden selbst stehen, die Öffentlichkeitskontrolle durch Außerkraftsetzen der Verfahrensvorschriften zu unterbinden oder zu beschränken und dadurch unwirksam zu machen. Reale Öffentlichkeit liegt im öffentlichen Interesse, über das das Parlament nicht aus Eigeninteressen hinweggehen darf.

Der Grundsatz, daß Parlamente bei Entscheidungen in eigener Sache nicht befugt sind, von den genannten Ausnahmevorschriften Gebrauch zu machen, dürfte bereits aus dem geltenden Verfassungsrecht abzuleiten sein. Die Bestimmungen der Geschäftsordnung sind verfassungskonform auszulegen.[25] Gleichwohl würde es der Rechtsklarheit dienen (und zugleich ein Zeichen setzen), wenn die Parlamente eine dahingehende Bestimmung ausdrücklich in die Geschäftsordnung aufnähmen.

Die Bedenken und Einwände verdichten sich noch, wenn krasse

Verletzungen vorliegen, etwa der Gesetzentwurf zu Beginn der ersten Lesung im Parlament noch nicht an die Abgeordneten verteilt ist oder gar der Eindruck entsteht, die Verteilung der Drucksache sei verzögert worden, um besonders heikle Teile des Entwurfs vor der Öffentlichkeit (und vielleicht auch vor dem Gewissen manches Abgeordneten) zu verbergen, und diese Vermutung sich dadurch verstärkt, daß auch der Parlamentspräsident als Berichterstatter die Dollpunkte des Gesetzes nicht erwähnt, geschweige denn begründet. So zum Beispiel geschehen bei der Änderung des hessischen Abgeordnetengesetzes im Jahr 1981 und des Hamburger Senatsgesetzes im Jahr 1987. Damit ist schon der Übergang zu gezielter Irreführung der Öffentlichkeit vollzogen.[26]

Irreführende Angaben im Gesetzgebungsverfahren

Mit irreführenden Angaben im Gesetzgebungsverfahren wurde in Hessen bei Erhöhungen der Abgeordnetenentschädigung wiederholt operiert. Hier wurde geradezu eine Vorgehensweise »kultiviert«, die darauf hinauslief, der Öffentlichkeit nicht zu sagen, worum es bei dem jeweiligen Gesetzesvorhaben ging, die maßgeblichen Kriterien nicht zu nennen, verfassungsrechtliche Risiken unerwähnt zu lassen und Vergleiche etwa mit den Parallelregelungen in anderen Ländern nicht oder unzutreffend anzustellen. Der Öffentlichkeit wurde gezielt Sand in die Augen gestreut. Drastische Beispiele sind die Änderungsgesetze zum hessischen Abgeordnetengesetz von 1981 und vom Februar 1988, ebenso der Erlaß des neuen hessischen Abgeordnetengesetzes vom 18. Oktober 1989. Auch das Änderungsgesetz 1987 in Hamburg, die Coups bei Erlaß vieler Ministerversorgungsregelungen (zum Beispiel im Saarland und in Rheinland-Pfalz), die Versuche von Diätencoups 1991 in Hamburg und 1995 in Bonn, die Änderung des Parteiengesetzes von 1988 durch den Bundestag, die den »Chancenausgleich« umstrukturierte und den »Sockelbetrag« einführte, gehören hierher.

Aus der Diagnose folgt auch hier die Therapie. Es geht darum, Mindestanforderungen für die Gesetzgebung in eigener Sache durchzusetzen. Das Gesetz muß korrekt öffentlich und schriftlich begründet werden.[27] Angesichts der Umkehrung der typischen Richtigkeitsvermutung parlamentarischer Entscheidungen in ihr Gegenteil bei Entscheidungen des Parlaments in eigener Sache (These 12) müssen gesteigerte Anforderungen an die Begründung von Gesetzen gestellt werden. Dazu gehört vor allem, daß der Gesetzgeber das gesamte Entscheidungsmaterial heranzieht, die relevanten Argumente öffentlich darlegt und seine Wertungen offenlegt.

Auch wenn man annimmt, daß diese Anforderungen bei Entscheidungen des Parlaments in eigener Sache von Verfassungs wegen gelten, so heißt dies freilich noch nicht unbedingt, daß Verstöße dagegen auch das Gesetz selbst verfassungswidrig machen. Allerdings: Wenn es überhaupt irgendwo berechtigt ist, aus mangelhaftem Verfahren Konsequenzen für die Gültigkeit des Gesetzes zu ziehen, dann dürfte dies hier der Fall sein. Zumindest in krassen Fällen ist davon auszugehen, daß die schweren Verfahrensfehler auf die Gültigkeit des Gesetzes durchschlagen. Riskiert das Parlament in solchen Fällen die Ungültigkeit des Gesetzes (und möglichst auch die Rückzahlung der auf verfassungswidriger Grundlage gezahlten Gelder[28]), hat es ein gesteigertes Interesse, die Regeln penibel einzuhalten.

Sonderfall: Kostenpauschalen für Abgeordnete

Ein Sonderfall gesteigerter Darlegungs- und Beweislast des Gesetzgebers ist die Festsetzung von steuerfreien Kostenpauschalen für Abgeordnete. Diese müssen sich verfassungsrechtlich am Aufwand orientieren. Der Gesetzgeber muß deshalb den erstattungsfähigen Aufwand, der den Abgeordneten (bzw. bestimmten Gruppen von ihnen) tatsächlich entsteht, exakt ermitteln und öffentlich darlegen. Es ist nicht Sache etwaiger Kritiker, darzulegen, daß die Pauschale überhöht sei oder einen zu großen Streubereich umfasse; die Darlegungs- und Beweislast trägt vielmehr der Gesetzgeber, der die Pauschalen für die Abgeordneten festsetzt. Die Situation ist ähnlich wie bei der Ermittlung zivilrechtlicher Unterhaltsansprüche. Die Rechtsprechung rechnet hier auch die Kostenpauschalen der Abgeordneten grundsätzlich zum Einkommen und betont mit vollem Recht, es sei Sache des Abgeordneten, den tatsächlichen Anfall mandatsbedingter Mehraufwendungen »konkret darzulegen und ggfs. zu beweisen«, wenn sie von den Einkünften in Abzug gebracht werden sollen.[29] Gleiches gilt auch für die steuer- und parlamentsrechtliche Behandlung von Pauschalen. Hier muß das Parlament im einzelnen darlegen und nachweisen, daß die Pauschalen den Aufwendungen entsprechen. Das ist bisher aber kaum jemals irgendwo geschehen.

Besonders kraß hatte der Hessische Landtag seine Darlegungs- und Beweislast verletzt. Die Berechtigung der früheren hohen Kostenpauschalen hessischer Landtagsabgeordneter ist während der dreizehn Jahre (1976 bis 1989), in denen die Mitglieder sie mit gewissen zwischenzeitlichen Änderungen und Erhöhungen bezogen, nie nachgewiesen worden. Ebensowenig hat der Landtag aber ihre Überhöhung eingeräumt oder gar deren Ausmaß nachgewiesen. Er hat im Gegenteil immer wieder betont, die Kostenpauschalen seien adäquat. Gleichwohl hat der Landtag dann 1989 die Erhöhung der monatlichen Entschädigung von 7150 DM auf 10 200 DM und die gleichzeitige Erhöhung der Altersversorgung mit dem Abbau der überhöhten Kostenpauschale und des darin enthaltenen verdeckten Einkommens begründet. Aber auch hier hat der Landtag sich auf vage Andeutungen beschränkt und mitnichten dargelegt oder gar nachgewiesen, um wieviel die Kostenpauschale wirklich überhöht war.

Auch die Berechtigung der inzwischen indexierten Kostenpauschalen für Bundestagsabgeordnete von derzeit 6142 DM monatlich und für bayerische Landtagsabgeordnete, die auch während der Parlamentsferien und im Urlaub gezahlt werden, wurde niemals nachgewiesen.

Instrumentalisierung von Sachverständigenkommissionen und Sachverständigenhearings

Die Einhaltung bestimmter Mindestregeln des Gesetzgebungsverfahrens reicht allerdings immer noch nicht aus. Hinzu kommen sollte eine sorgfältige vorherige Berichterstattung. Der Präsident des Parlaments ist damit im allgemeinen überfordert. Er versteht sich bei finanziellen Entscheidungen des Parlaments in eigener Sache oft als Sachwalter der gemeinsamen Interessen der Abgeordneten und damit als Partei. Sinnvoller erscheint es, dafür eine Kommission unabhängiger Sachverständiger einzusetzen. Es muß allerdings verhindert werden, daß die Kommission einseitig, etwa mit parteinahen oder gar parteihörigen Mitgliedern, besetzt wird, da es sonst leicht zu Gefälligkeitsberichten kommt. Ebenso gefährlich für die Unabhängigkeit ist es, wenn die Kommission von betroffenen Insidern durchsetzt wird und mangels eigener Sachkunde deren Informationsvorsprung und interessentengeprägtem Vorverständnis unmittelbar ausgesetzt ist.

Wenn es dem Parlament gelingt, Kommissionen für seine Zwecke zu instrumentalisieren, ohne daß die Öffentlichkeit das Spiel durchschaut, können Erhöhungen um so leichter vorgenommen und Privilegien beibehalten werden, weil die Betroffenen sich dann hinter der Autorität der Kommission verstecken können. So wurden große Schübe bei der Parteienfinanzierung und der

Abgeordnetenentschädigung durch Kommissionen vorbereitet, die von den Parteien sozusagen kolonisiert worden waren:

Eine *Parteienfinanzierungskommission*, deren Mitglieder zwar formal vom Bundespräsidenten bestellt, tatsächlich aber von den Parteien ausgewählt worden waren, unterbreitete 1983 unter anderem den Vorschlag zu der gigantischen – im internationalen Vergleich einmaligen – Ausdehnung der steuerlichen Begünstigung von Spenden und Beiträgen und zur Einführung des »Chancenausgleichs«, ferner zu einer massiven Anhebung der staatlichen »Wahlkampfkostenerstattung«. Dieser Vorschlag wurde vom Parlament – unter Einfügung noch weiterer Vergünstigungen und Nichtbeachtung einiger von der Kommission empfohlener Einschränkungen – sogleich realisiert. Das Gesetz wurde zwar 1986 und 1988 vom Bundesverfassungsgericht wegen Verstoßes gegen den Gleichheitssatz in Teilbereichen für verfassungwidrig erklärt. Auch der »Chancenausgleich« mußte 1988 geändert werden, weil er, wie sich inzwischen herausgestellt hatte, einen schweren Systemfehler aufwies. Zudem zeigte sich, daß das Gesetz den mit ihm verfolgten Hauptzweck, Umgehungen überflüssig zu machen, nicht erfüllen konnte. Gleichwohl blieb die Substanz des Gesetzes und damit die enorme steuerliche Begünstigung von Parteizuwendungen zunächst aufrechterhalten, bis das Bundesverfassungsgericht sie 1992 für verfassungswidrig erklärte.

Ein zweites Beispiel ist die Einsetzung eines *Diätenbeirats* durch den Präsidenten des Hessischen Landtags Hans-Peter Möller im November 1988. Der sechs Monate später vorgelegte Bericht des Beirats enthielt die Empfehlung, Entschädigung und Versorgung in Hessen auf ein in der Bundesrepublik einmalig hohes Niveau zu heben, und wurde vom Landtag – unter Einfügung einiger zusätzlicher, über die Vorschläge des Beirats noch hinausgehender Vergünstigungen – im Oktober 1989 zum Gesetz gemacht. Die Begründung der vorgeschlagenen Entschädigung von 10 200 DM monatlich und der daran anknüpfenden Versorgung erwies sich als nicht haltbar; auch ein Vergleich mit dem Entschädigungs- und Versorgungsniveau anderer Parlamente war versäumt worden. Als sich dies in einer Anhörung zwischen der ersten und der zweiten Lesung des Gesetzentwurfs im Landtag herausstellte, verlor der Gesetzentwurf der Fraktionen, der sich vorher ganz auf den Bericht des Beirats gestützt und auf eine eigene Begründung verzichtet hatte, seine Grundlage. Dies mußte zwar auch der Landtag ausdrücklich einräumen. Er hielt gleichwohl an dem Ergebnis des Beirats fest. Der Beirat hatte seine politische Wirkung getan – trotz der Mängel seines Berichts oder gerade wegen dieser Mängel. Denn diese hatten erst Empfehlungen ermöglicht, wie sie die Abgeordneten nach eigenen Aussagen selbst niemals vorzuschlagen gewagt hätten.

Hier zeigt sich: Bei Entscheidungen des Parlaments in eigener Sache wird die Allgemeinheit doppelt wehrlos und öffentliche Kritik praktisch zur Unwirksamkeit verurteilt, wenn es den Betroffenen gelingt, eine Kommission für ihre Anliegen einzuspannen. In beiden geschilderten Fällen stellten sich zwar schwere Mängel der Kommissionsberichte heraus. Mit den Kommissionen im Rücken gelang es den Betroffenen gleichwohl, die Empfehlungen durchzudrücken. Derartige Berichte von geneigten Kommissionen schirmen die in eigener Sache entscheidenden Parlamente nicht nur gegen Kritik der Öffentlichkeit weitgehend ab, sondern machen sie, wenn sie nicht allzu offensichtliche Fehler enthalten, auch gegen die verfassungsgerichtliche Kontrolle resistenter. Hier wird deutlich, wie wissenschaftliche Politikberatung diskreditiert werden kann, wenn die nötigen institutionellen Vorkehrungen nicht getroffen werden und Auswahl der Kommissionsmitglieder sowie Auftrag und Verfahren der Kommission ins Belieben der Betroffenen gestellt bleiben.

Der Hessische Landtag hatte gezeigt, wie man mit einer mit wohlklingenden Funktionsträgern höchster Einkommenskategorien besetzten Kommission selbst dann die vom Parlament in eigener Sache gewünschten Regelungen erreichen kann, wenn der Bericht grob fehlerhaft ist. Von diesem Muster hat sich anscheinend auch der Deutsche Bundestag leiten lassen. Seine Präsidentin berief »unabhängige Persönlichkeiten«, die sie bei der Überprüfung »der materiellen Regeln und Bestimmungen« für *Bundestagsabgeordnete* beraten sollten, von vornherein nicht als unabhängiges Gremium, sondern unter Vorsitz der Bundestagspräsidentin und Beteiligung der Vizepräsidenten und Fraktionsgeschäftsführer. Entsprechend einseitig war der Bericht vom 15. 6. 1990. Er schlug eine Erhöhung der Entschädigung um mindestens 3000 DM monatlich vor, die auch auf die Versorgung durchschlüge, ohne auch nur einen der zahlreichen und in diesem Buch ausführlich behandelten verfassungsrechtlichen Schwachpunkte des finanziellen Status der Bundestagsabgeordneten anzugehen, die die Kissel-Kommission dann in ihrem Bericht von 1993 zum Teil behandelte.

Dieses Beispiel illustriert einmal mehr die Gefahr der Politikberatung durch sogenannte unabhängige Persönlichkeiten. Sie führt durchaus nicht immer zu einer Rationalisierung der Diskussion. Zwar bleibt der Gedanke einer sorgfältigen öffentlichen Berichterstattung durch unabhängige Sachverständige relevant. Die Frage, wie sie gesichert werden kann, droht bei Entscheidungen in eigener Sache jedoch selbst zum Problem zu werden.

Es gibt allerdings auch Gegenbeispiele, etwa die *Weyer-Kommission*, die 1978 ausgewogene Empfehlungen für die Entschädigung der Mitglieder des Landtags Nordrhein-Westfalen entwickelte,[30] oder die Diätenkommission in *Rheinland-Pfalz*, die sich gleichfalls nicht vom Landtag einspannen ließ. Dann besteht allerdings die umgekehrte Gefahr: Je unabhängiger eine Kommission und je rücksichtsloser ihr Bericht, desto größer ist die Gefahr, daß das in eigener Sache entscheidende Parlament die Empfehlungen ignoriert. So wandte sich die rheinland-pfälzische Kommission gegen die Einführung einer dreizehnten Entschädigung und die stufenweise Anhebung der Entschädigung, konnte diese zweifelhaften Gestaltungsformen gleichwohl nicht verhindern, so daß ihr nur die Demission blieb. Dies nahm der rheinland-pfälzische Landtag zum Anlaß, durch Gesetzesänderung die unbequeme Kommission als Einrichtung überhaupt abzuschaffen.[31] Mit weitgehender Nichtbeachtung wurden auch die Vorschläge einer späteren rheinland-pfälzischen Diätenkommission gestraft, die ihren Bericht Ende 1992 vorgelegt und unter anderem Einzelabrechnung der Mandatskosten (siehe S. 277) und eine lineare Altersversorgung von 2 Prozent der Entschädigung pro Abgeordnetenjahr (siehe S. 258 f.) vorgeschlagen hatte. Ignoriert wurden auch die Berichte einer Diätenkommission in Sachsen-Anhalt, die vor allem die Einschränkung der dort besonders hohen Altersversorgung vorgeschlagen hatte. Als der Landtag im Gegenteil die zum Erwerb der Versorgung erforderliche Mandatsdauer auch noch halbierte und die Entschädigung über die Vorschläge der Kommission hinaus erhöhte, traten im Juli 1992 der Kommissionsvorsitzende Schröder, Präsident des Landesrechnungshofs, und im April 1993 die Landesvorsitzende des Bundes der Steuerzahler, Elschner, aus der Kommission aus. Als eine sächsische Diätenkommission unter Vorsitz des Präsidenten des Landesrechnungshofs Wienrich Ende 1994 ebenso unbotmäßige Vorschläge unterbreitete, wurde – wie einige Jahre vorher in Rheinland-Pfalz – die ganze Einrichtung durch Änderung des Abgeordnetengesetzes beseitigt.[32] Ebenso unerwünscht waren ganz ähnliche Vorschläge zur Streckung der Altersentschädigung, die eine von den Landtagspräsidenten eingesetzte Kommission der Landtagsdirektoren schon 1989 unterbreitet hatte und die deshalb zunächst unter Verschluß gehalten worden waren. Nicht beachtet wurden auch wesentliche Vorschläge der Parteienfinanzierungskommission von 1993 (siehe S. 97) und der Kissel-Kommission vom gleichen Jahr (siehe

S. 332 mit Anm. 307), ebenso der bayerischen Diätenkommission vom 5. 5. 1995, die eine Kostenerstattung auf Einzelnachweis empfohlen und sich gegen die Indexierung ausgesprochen hatte. Gegen den willkürlichen Umgang mit Kommissionsberichten hilft allenfalls eine wache Öffentlichkeit.

Wie die bisherigen Erfahrungen zeigen, kommt es im übrigen wesentlich darauf an, wer Auftrag und Verfahren solcher Kommissionen festlegt und besonders die Mitglieder auswählt. Bei Festlegung und Auswahl durch die Betroffenen selbst besteht jedenfalls die Gefahr, daß die Kommissionen mit genehmen Personen besetzt werden oder auf andere Weise zu sehr in den Sog der Wünsche und Erwartungen der Betroffenen geraten.

Ohnehin sind solche Kommissionen leicht versucht, den Wünschen der Politik zu nahe zu kommen, weil sie wissen, daß das in eigener Sache entscheidende Parlament das letzte Wort hat, und dieses Wissen leicht schon auf ihre Entscheidungsbildung vorauswirkt.

Auch Sachverständigenhearings kann man, wenn man es darauf anlegt, zu Akklamationsinstitutionen umfunktionieren. Ein Beispiel war das Hearing im Oktober 1993 zur Neuregelung der Parteienfinanzierung (siehe S. 109 f.).

Pflicht des Gesetzgebers zum Eingreifen bei »Spenden« und Interessentenzahlungen an Abgeordnete

Die umfassendsten Anforderungen an das Gesetzgebungsverfahren nützen allerdings nichts, wenn jegliche Regelung unterbleibt, es also zu einem Gesetzgebungsverfahren gar nicht kommt. Das Fehlen wirksamer Vorschriften gegen Abgeordnetenbestechung, »Spenden« und sonstige Zahlungen von Interessenten an Abgeordnete konfrontiert uns mit dem Problem gesetzgeberischen *Unterlassens*. Hier drückt das in eigener Sache entscheidende Parlament beide Augen zu und will von den

Mißständen nichts sehen, um keine Regelungen dagegen treffen zu müssen oder sich mit rein symbolischem So-tun-als-ob begnügen zu können, wie beim Erlaß des § 108e Strafgesetzbuch. Der Gesetzgeber hat hier nicht nur die Pflicht, die Lage zu ermitteln und ungeschönt darzustellen, sondern auch die nötigen Regelungen zu treffen, um die Unabhängigkeit der Abgeordneten vor finanziellen Einflußnahmen einigermaßen zu schützen. Der Gesetzgeber darf nicht untätig bleiben. In anderen Fällen ist anerkannt, daß den Gesetzgeber die verfassungsrechtliche Pflicht trifft, wichtige Rechtsgüter sogar unter strafrechtlichen Schutz zu stellen.[33] Muß hier nicht Entsprechendes gelten? Art. 38 III und Art. 48 III 3 GG verpflichten den Gesetzgeber, die nötigen Vorkehrungen zum Schutz der Unabhängigkeit der Abgeordneten zu erlassen.[34]

Öffentlichkeit von Einnahmen, Ausgaben und Vermögen

Die Regelung durch Gesetz und die weiter genannten Vorkehrungen reichen aber nicht aus. Das sieht man an den Öffentlichkeitsanforderungen für die politischen Parteien. Auch bei ihnen wurde die zunächst nur auf die Einnahmen bezogene Publizität auf die Ausgaben und das Vermögen erweitert, nachdem die direkte und indirekte Staatsfinanzierung der Parteien immer weiter zugenommen hatte und nunmehr bei weit über 60 Prozent liegt. Wer von der Öffentlichkeit finanziert wird, muß auch öffentlich über Einnahmen, Ausgaben und Vermögen Rechenschaft ablegen. Dies entspricht nun mal einem ehernen Grundsatz der Demokratie und des Haushaltsrechts. Die Realisierung dieses Grundsatzes auch bei den Parteistiftungen und den Abgeordnetenmitarbeitern sowie die Verbesserung der teils nur rudimentären Ansätze bei den Fraktionen ist überfällig.

Öffentlichkeitskontrolle durch Rechnungshöfe

Während die Stiftungen unzweifelhaft der Kontrolle durch den Bundesrechnungshof unterliegen, war dies hinsichtlich der Fraktionen lange umstritten. Seit dem Wüppesahl-Urteil des Bundesverfassungsgerichts von 1989 ist die Unterworfenheit der Fraktionen unter die Kontrolle der Rechnungshöfe aber klargestellt. Gleiches muß hinsichtlich der Verwendung der Mittel für Abgeordnetenmitarbeiter gelten. Die Rechnungshofkontrolle könnte eine erhebliche Wirkung haben. Vorausgesetzt ist allerdings, daß die Rechnungshöfe ihre Berichte auch veröffentlichen. Die Rechnungshöfe haben sich hier lange schwergetan.[35] Dies muß sich ändern, und eine Änderung ist auch schon im Gange. Angesichts des gesteigerten Kontrollbedarfs wird man noch einen Schritt weiter gehen und nicht nur von einer Befugnis, sondern sogar von einer *Pflicht* der Rechnungshöfe zur Prüfung und zur Veröffentlichung ausgehen müssen, wie dies auch das Bundesverfassungsgericht hinsichtlich der Fraktionen ausdrücklich getan hat.

Natürlich können die Prüfung der Rechnungshöfe und die Veröffentlichung ihrer Berichte die Transparenz der Parteien-, Fraktions-, Stiftungs- und Mitarbeiterfinanzierung in keinem Fall erübrigen, ebensowenig wie die Rechnungshofkontrolle der sonstigen Staatsfinanzen deren Publizität (zum Beispiel durch öffentliche Haushaltspläne und Haushaltsrechnungen) oder gesetzliche Regelung ersetzen kann.

22 Kontrolle durch das Bundesverfassungsgericht: zwiespältige Rolle

Das Bundesverfassungsgericht hat in zahlreichen Entscheidungen versucht, der Staatsfinanzierung der Politik Grenzen zu ziehen.

Richterrecht herrscht vor

Große Teile des Parteien- und Abgeordnetenrechts sind Richterrecht (dem das Parlament durch Erlaß oder Anpassung des Parteiengesetzes und der Abgeordnetengesetze mehr oder weniger bereitwillig gefolgt ist). Das Gericht ist vielfach als »Ersatz- und Übergesetzgeber« tätig geworden (These 16). Das mag besonders den verfassungsrechtlichen Laien überraschen, vor allem wenn man bedenkt, daß das Grundgesetz – außer den Bestimmungen über Publizität der Parteienfinanzen und das Recht des Abgeordneten auf eine angemessene, seine Unabhängigkeit sichernde Entschädigung und unentgeltliche Bahnfahrt – keinerlei ausdrückliche Regelungen über die Staatsfinanzierung enthält und das Gericht seine Kontrollmaßstäbe aus allgemeinen Verfassungsprinzipien selbst entwickeln mußte. Die zentrale Rolle des Bundesverfassungsgerichts bei der Entwicklung des Parteienrechts (das zum großen Teil Parteien*finanzierungs*recht ist) und des Abgeordnetenrechts wird aber nachvollziehbar, wenn man sich vergegenwärtigt, daß eine innere Abhängigkeit besteht zwischen der Intensität und Aktivität der gerichtlichen Kontrolle einerseits und dem Vertrauen, das man vernünftigerweise in den Gesetzgeber haben kann, andererseits. Schlägt das Vertrauen in den Gesetzgeber bei Entscheidungen in eigener Sache berechtigterweise in Mißtrauen um, so ergibt sich daraus als verfassungstheoretische Konsequenz eine intensivere und aktivere Kontrolle (soweit die der Rechtsprechung gezogenen funktionellen und sonstigen Grenzen dies zulassen). Insoweit kann bei Kontrolle des in eigener Sache entscheidenden Parlaments aus »judicial restraint« berechtigterweise »judicial activism« und eine mitgestaltende Rolle des Verfassungsgerichts werden. Man könnte die ganze Entwicklung der Parteienfinanzierung als eine Auseinandersetzung zwischen dem in eigener Sache entscheidenden Gesetzgeber und dem ihn kontrollierenden Verfassungsgericht interpretieren oder, wenn man will: zwischen Macht und Recht.

Betrachtet man die Rechtsprechung und die jeweiligen Reaktionen des in eigener Sache entscheidenden Parlaments im größeren Zusammenhang, so kommen allerdings Zweifel auf, ob das Bundesverfassungsgericht wirklich eine effektive Kontrolle ausgeübt hat. Tatsächlich hat es eine durchaus zwiespältige Rolle gespielt.

Asymmetrie des gerichtlichen Gegenhaltens

Gerichte können nur urteilen, wenn sie von einem Antragsbefugten angerufen werden. Ohne Kläger gibt es keinen Richter. Dieser Grundsatz begründet eine gewisse Asymmetrie des gerichtlichen Gegenhaltens. Benachteiligungen der parlamentarischen und außerparlamentarischen Opposition sind – auf deren Antrag – häufig vor den Richter gelangt. Dagegen kamen übermäßige Aufblähungen der staatlichen Mittel zu Lasten der Allgemeinheit nur selten zur gerichtlichen Entscheidung, da die Antragsbefugten regelmäßig selbst von den Leistungen profitieren und der einzelne Bürger (oder staatsbürgerliche Verbände) in solchen Fällen kein Antragsrecht besitzt. Die Zeiten, als eine Landesregierung die umfassende verfassungsrechtliche Überprüfung der staatlichen Parteienfinanzierung im Wege der Normenkontrolle nach Art. 93 I Ziff. 2 GG beantragte (wie die von der SPD gestellte hessische Landesregierung beim Parteienfinanzierungsurteil 1966) sind inzwischen vorbei. Die SPD ist nunmehr regelmäßig in das Kartell eingebunden. Als Antragsteller kamen seit den achtziger Jahren allein die Grünen und kommunale Wählergemeinschaften, seit den neunziger Jahren auch die PDS in Betracht, die sich regelmäßig auf eigene Benachteiligungen beriefen.

Hinzu kommt ein materieller Grund für die Kontrollschwäche: Das Bundesverfassungsgericht sieht seine Hauptfunktion in der Verhinderung staatlicher Eingriffe in die Rechte der Bürger; dabei kommt die Kontrolle unangemessener staatlicher Leistungen leicht zu kurz, obwohl von unangemessenen Regelungen der Politikfinanzierung viel größere Gefahren für Staat und Recht ausgehen können als von einzelnen Grundrechtsverletzungen.

So sind zentrale verfassungsrechtliche Fragen bisher unentschieden geblieben. Daß die staatliche Finanzierung der Fraktionen, der Stiftungen und der Mitarbeiter von Abgeordneten nur durch Leistungsgesetz erfolgen darf, hat das Gericht bisher noch nicht entschieden. Im Stiftungsurteil von 1986 und im Fraktionsurteil des Abgeordneten Wüppesahl von 1989 wurde die Frage ausdrücklich offengelassen.

Will man bei Entscheidungen des Parlaments in eigener Sache keine »Popularklage« einführen, so bedürfte es wenigstens eines Antragsrechts staatsbürgerlicher Vereinigungen wie des Bundes der Steuerzahler oder der Rechnungshöfe.

Anstoßeffekte durch das Bundesverfassungsgericht

Das Bundesverfassungsgericht hat allerdings bisweilen selbst zur Ausweitung der staatlichen Politikfinanzierung beigetragen (These 17). Es hat die Staatsfinanzierung nicht nur begrenzt, sondern sie im Gegenteil oft geradezu angestoßen und ihr, wahrscheinlich unbewußt, aber sehr wirksam, den Weg gebahnt. Man wird an die Achternacher Springprozession erinnert: Nach zwei durch das Bundesverfassungsgericht erzwungenen Schritten zurück folgten häufig drei (und mehr) Schritte nach vorn. Denn die in eigener Sache entscheidenden Parlamente haben die vom Gericht eröffneten Gestaltungsräume voll zu ihren Gunsten ausgeschöpft; sie sind regelmäßig an die Grenze des verfassungsrechtlich Erlaubten oder in kalkuliertem Risiko auch darüber hinausgegangen. Das gilt sowohl für die Parteien-, Fraktions- und Stiftungsfinanzierung als auch für die Finanzierung der Abgeordneten. Das Verfassungsgericht nimmt der in eigener Sache entscheidenden politischen Klasse auch jedes Risiko für derartiges Verhalten, ja es überläßt ihr insofern die rechtswidrige Beute, als es eine *Rückzahlung* selbst in Fällen eindeutiger Verfassungswidrigkeit bisher regelmäßig nicht erzwingt.[36]

Parteien-, Fraktions- und Stiftungsfinanzierung

Beispiele für Anstoßeffekte bieten die Entscheidungen des Bundesverfassungsgerichts von 1958, 1966 und 1986.

Entscheidung von 1958

In der Entscheidung von 1958 ging es allein um die Steuerbegünstigung von Parteispenden. Bei dieser Gelegenheit hat das Gericht gleichwohl in einer Nebenbemerkung die *direkte staatliche Parteienfinanzierung* für zulässig erklärt und es dabei – wohl in Verkennung des politischen Gewichts dieses »obiter dictum«

– versäumt, irgendwelche Einschränkungen mit zu erwähnen. Diese Generalvollmacht aus Karlsruhe ließen die Parteien im Bundestag nicht ungenutzt. Sie führten vielmehr sogleich die Parteienfinanzierung aus dem Bundeshaushalt ein, steigerten sie in kurzer Zeit von 5 auf 38 Millionen DM jährlich und waren dabei, Regelungen zu erlassen, die ihnen fast 100 Millionen DM jährlich eingebracht hätten, wäre ihnen das Bundesverfassungsgericht nicht in den Arm gefallen.

Entscheidung von 1966

Doch in der Entscheidung von 1966 wiederholte sich der geschilderte Ablauf in bezug auf die Fraktionen. Beim Versuch, der sprunghaft angestiegenen Staatsfinanzierung der Parteien Grenzen zu ziehen, segnete das Gericht nebenbei die volle *Finanzierung der Fraktionen* aus der Staatskasse verfassungsgerichtlich ab, auch hier, ohne verfahrensmäßige oder deutliche inhaltliche Grenzen zu setzen. Auch hier nutzten die Fraktionen den gerichtlichen »Persil-Schein« und erhöhten die Staatsfinanzierung zum Beispiel der Bundestagsfraktionen von 3,4 Millionen DM (1966) auf über 100 Millionen DM im Jahre 1996. Eine Korrektur steht noch aus.

Lange war sogar umstritten, ob die *Rechnungshöfe* die Fraktionsfinanzen *kontrollieren* dürfen. Die Parlamente verneinten dies, und die Mehrheit der Rechnungshöfe fügte sich bis in die jüngere Zeit, so die Rechnungshöfe Baden-Württembergs, Bayerns, Hessens, Niedersachsens, Nordrhein-Westfalens und des Saarlandes. Auch diejenigen Rechnungshöfe, die seit Anfang der achtziger Jahre zu prüfen begannen, wie der Bundesrechnungshof, taten dies sozusagen nur von der Parlamente Gnaden, nämlich aufgrund einer die Prüfung im Ergebnis beschränkenden Absprache mit den Parlamenten. Die erforderliche Klarstellung der uneingeschränkten Prüfung durch die Rechnungshöfe brachte erst das *Wüppesahl-Urteil* des Bundesverfassungsgerichts von 1989 (wobei sich in den neuen Fraktionsgesetzen aber wiederum Einschränkungen finden).

Auch hinsichtlich der parteinahen *Stiftungen* hatte das Bundesverfassungsgericht 1966 keine Grenzen gezogen, so daß die Parteien sich nicht gehindert sahen, nach Verbot der allgemeinen staatlichen Parteienfinanzierung die staatliche Stiftungsfinanzierung massiv auszuweiten und auch hier in die vollen zu gehen.

Entscheidungen von 1986

Das *Stiftungsurteil* des Bundesverfassungsgericht von 1986 hat dies auch ausdrücklich abgesegnet und in der Gewährung von Globalzuschüssen keine Umgehung der Grenzen für die Parteienfinanzierung gesehen. Gleichwohl ging es davon aus, eine Bundestagspartei, deren Stiftung kein Staatsgeld erhalte, werde verfassungswidrig benachteiligt, und hat auf diese Weise die staatliche Stiftungsfinanzierung nicht gebremst, sondern im Gegenteil die Grünen veranlaßt, ihrerseits auch eine Stiftung zu gründen, um die Staatszuschüsse gleichfalls in Empfang nehmen zu können.

Mit dem *Spendenurteil,* gleichfalls von 1986, hat das Gericht zur Überraschung von Wissenschaft und Praxis die bis dahin von ihm eng gesteckten Grenzen für den steuerlichen Abzug von Spenden erheblich gelockert, den »Chancenausgleich« abgesegnet und die Wirksamkeit der 50-Prozent-Grenze durch Ausklammerung des Chancenausgleichs und indirekter Staatsleistungen verringert. Es war wohl auch die unerwartete Großzügigkeit dieser Entscheidung, die den Gesetzgeber im Jahre 1988 zu einer anfechtbaren Einschränkung der Spendenpublikation, einer Umgestaltung und Ausweitung des »Chancenausgleichs« und einer Ausdehnung der Wahlkampfkostenerstattung durch Einführung des »Sockelbetrages« ermutigt hat. So äußerte der Abgeordnete Conradi in der Schlußdebatte im Bundestag –

unter Hinweis darauf, die Karlsruher Richter hätten die steuerliche Abzugsfähigkeit von Parteispenden »ohne Not und im Widerspruch zu ihrer früheren Rechtsprechung von 1800 DM im Jahr auf 100 000 DM erhöht« – die Hoffnung, von Karlsruhe sei »möglicherweise auch eine überraschende Entscheidung zum Sockelbetrag zu erwarten«.[37] Zwar hat das Gericht 1992 auf Antrag der Grünen die schlimmsten Auswüchse wieder beseitigt. Es hat das erreichte Niveau der Staatsfinanzierung jedoch verfassungsrechtlich abgesegnet, indem es die Obergrenze danach ausrichtete und ihre Anhebung entsprechend der Preisentwicklung ermöglichte.

Abgeordnetenentschädigung: Das Diätenurteil und seine Folgen

Auch das Diätenurteil des Bundesverfassungsgerichts von 1975 zeitigte Folgen, die das Gericht so mit Sicherheit nicht erwartet hatte. Das Urteil erklärte nicht nur bisherige Privilegien, vor allem die Steuerfreiheit, für verfassungswidrig, sondern sah gleichzeitig eine sogenannte Vollalimentation für Bundestagsabgeordnete vor. In weiten Bereichen versäumte es das Gericht aber wiederum, klare und damit wirksame Grenzen für die in eigener Sache entscheidenden Parlamente zu ziehen, und entfaltete so – sicher unbewußt und ungewollt[38] – im Ergebnis eine vielfache Anstoßwirkung, die durch die Aufweichung von Barrieren die Entwicklung der Abgeordnetenentschädigung in ihren verschiedenen Teilen wesentlich mitbeeinflußt hat.[39]

Folgen und Folgerungen

Beharrungseffekte

Betrachtet man die Rechtsprechung insgesamt, so hat sie die staatliche Politikfinanzierung im Ergebnis oft nicht gebremst, sondern eher beflügelt, indem sie – ohne die notwendigen Grenzen gleich mitzunennen – Wege aufzeigte oder offenließ, die die in eigener Sache entscheidenden Parlamente und ihre Abgeordneten und Parteien alsbald und nur allzu bereitwillig beschritten. Eine nachträgliche Begrenzung durch das Bundesverfassungsgericht erfolgt wegen des Fehlens Antragswilliger nicht oder erst nach Ablauf langer Zeit, nachdem das Finanzierungsniveau bereits explodiert ist. Dies ist um so gravierender, als hier wie bei allen Staatsleistungen eine charakteristische Asymmetrie zu beobachten ist. Es ist relativ leicht, eine beabsichtigte oder soeben erst eingeführte Leistung zu stoppen, aber sehr viel schwerer, ein seit längerem etabliertes Finanzierungsniveau zurückzuschneiden. Deshalb tut auch das Bundesverfassungsgericht sich schwerer, ein hohes Niveau der Staatsfinanzierung für verfassungswidrig zu erklären, wenn es erst einmal eine längere Zeit bestanden hat. Ein solcher Effekt war etwa beim Stiftungsurteil von 1986 zu beobachten. Auch hinsichtlich der Abgeordnetenentschädigung wird zuweilen ganz offen darauf spekuliert. So hieß es zum Beispiel in einem Gutachten der hessischen Staatskanzlei vom 8. August 1989 zur Frage, ob auch in den Landesparlamenten eine Vollalimentation zulässig sei, die »jahrzehntelang auf die Vollalimentation ausgerichtete Staatspraxis« müsse »auch letztlich von einem Verfassungsgericht akzeptiert werden«.[40] Für eine wirksame Begrenzung wäre es deshalb eigentlich besonders wichtig, bereits den Anfängen zu wehren.

Bundesverfassungsgericht vermittelt Scheinlegitimation

Einen die staatliche Politikfinanzierung beflügelnden Effekt besitzt auch die Erfahrungstatsache, daß die Rechtsprechung des Bundesverfassungsgerichts in der Praxis eine Art Legitimationseffekt oder besser Legitimationsersatz bewirkt, dessen sich das Gericht wohl nicht immer bewußt war. Die vom Bundesverfassungsgericht bescheinigte Zulässigkeit einer Regelung (oder auch nur die nicht ausdrücklich erfolgte Erklärung der Unzulässigkeit) scheint eine sachliche Begründung des Gesetzes durch das Parlament zu erübrigen. Darin liegt zwar ein Irrtum. Das Gericht hat immer wieder ausdrücklich betont, daß die Verfassungsmäßigkeit einer Regelung nicht gleichbedeutend mit ihrer Gerechtigkeit und Richtigkeit ist, die Bestätigung der Verfassungsmäßigkeit den Gesetzgeber also nicht aus seiner Verantwortung für eine gute und richtige Lösung entläßt. Die Bejahung der Verfassungsmäßigkeit durch das Gericht besagt noch nichts über die sachliche Ausgewogenheit und Richtigkeit der Regelung und kann allenfalls eine Scheinlegitimation begründen. Und dennoch wird die verfassungsmäßige Absegnung oft als umfassendes Gütesiegel mißdeutet.

Umdeutung der verfassungsgerichtlichen Urteile in der Praxis

Das Bundesverfassungsgericht hat die direkte und indirekte Staatsfinanzierung der Parteien zwar ausdrücklich nur für zulässig, nicht auch für verfassungsrechtlich geboten erklärt und eine Verfassungsgarantie abgelehnt. Gleichwohl wirkt die Zulassung durch das Gericht im praktischen Ergebnis wie eine Garantie, weil die Parteien die Aussagen im konkreten Fall zu ihren Gunsten umformen.[41] Die Ausfüllung der vom Gericht eröffneten Möglichkeiten erfolgt, so wie die Kräfte nun einmal verteilt sind, sozusagen von selbst. Das in eigener Sache entscheidende Parlament macht von der eröffneten Möglichkeit (fast) immer vollen Gebrauch. Die sonst in der Verfassungsrechtsprechung übliche Unterscheidung zwischen verfassungsrechtlicher Zulässigkeit und verfassungsrechtlichem Gebot greift hier also praktisch nicht mehr. Mit der Zulassung durch das Gericht fällt praktisch auch bereits die Entscheidung über die Einführung einer bestimmten Regelung.

Selbst wenn das Gericht bestimmte Fragen ausdrücklich ausgeklammert und unentschieden gelassen hat, wird seine Entscheidung von den Betroffenen oft in eine umfassende Absegnung umgedeutet, und sie kommen damit in der Öffentlichkeit – angesichts ihrer Überrepräsentation in den Medien – auch meist durch. So hat das Gericht im Stiftungsurteil von 1986 (neben anderem) die Frage, ob die Globalzuschüsse gesetzlich geregelt werden müssen, und im Wüppesahl-Urteil von 1989 die gleiche Frage hinsichtlich der Fraktionszuschüsse ausdrücklich offengelassen. Dennoch wurden beide Urteile als globale verfassungsrechtliche Absegnung der staatlichen Stiftungs- und Fraktionsfinanzierung mißverstanden.[42] In die Abgeordnetengesetze des Bundes und der Länder wurden sogar eine Reihe finanzieller Privilegien eingefügt, die mit dem Sinn des Diätenurteils unvereinbar sind, nur weil das Gericht ihre Verfassungswidrigkeit nicht nachdrücklich unterstrichen hatte. Selbst Entscheidungen, in denen das Gericht die Zulässigkeit des Antrags verneint hatte, in denen es also gar nicht zur Sachentscheidung kam, schufen in der Öffentlichkeit leicht eine Art Scheinlegitimation, weil sie oft fälschlicherweise doch als sachliche Absegnung interpretiert wurden. Dadurch wurde es dem in eigener Sache entscheidenden Parlament erleichtert, sehr weit zu greifen.

Aus allem ergibt sich der vielfach bestätigte Erfahrungssatz: Entscheidet das Parlament in eigener Sache über die staatliche Finanzierung der Politik, so pflegt es die vom Verfassungsgericht gelassenen Spielräume restlos auszuschöpfen[43] (These 17). Dies wurde in den Gesetzgebungsverfahren oft auch ausdrücklich hervorgehoben. So machte der Vorsitzende des Innenausschusses Bernrath sich bei Beratung der Novelle 1988 zum Parteiengesetz die Auffassung zu eigen, man müsse »die Grenzen dessen ausloten«, was das Bundesverfassungsgericht vorgezeichnet habe.[44]

Autoritätsverlust durch Zickzackkurs der Rechtsprechung

Darüber hinaus scheut man sich im Bestreben, alle Möglichkeiten der Staatsfinanzierung auszuschöpfen, auch nicht, bewußt verfassungsrechtliche Risiken einzugehen. Aus dieser Geisteshaltung heraus wurde der Begriff »verfassungsrechtliches Restrisiko« bei der staatlichen Politikfinanzierung geschaffen, das man, wie bereits der Begriff signalisieren soll, getrost in Kauf nehmen könne,[45] das in Wahrheit aber regelmäßig unvergleichlich viel größer ist als das (unausschaltbare) technische Restrisiko gefährlicher Anlagen, an das der Begriff in suggestiver Weise angelehnt ist. Ein Beispiel sind die kalkulierten Grenzüberschreitungen, die durch die Neuregelung der Parteien- und Fraktionsgesetzgebung 1993 vorgenommen wurden.

In dieser Grundhaltung wurden die Parlamente noch ermutigt, weil das Gericht seine Rechtsprechung in Sachen staatliche Politikfinanzierung wiederholt geändert hat. Spötter haben gesagt, die Hauptkonstante der Rechtsprechung sei ihre Unstetigkeit. So schränkte das Gericht seine 1958 (mit Leibholz) nebenbei, aber vorbehaltlos geäußerte Auffassung, die direkte staatliche Parteienfinanzierung sei zulässig, im Jahre 1966 (ohne Leibholz) massiv ein, indem es nur noch die Kosten eines zeitlich eng begrenzten Wahlkampfes für erstattungsfähig erklärte. Es lockerte die Einschränkungen 1968 (mit Leibholz) aber wiederum teilweise, indem es auch Abschlagszahlungen auf die Wahlkampfkostenerstattung guthieß, die über die gesamte Wahlperiode verteilt waren. Immerhin begründete das Gericht damals ansatzweise bereits eine Art »absolute Obergrenze«. 1992 stellte das Gericht die staatliche Direktfinanzierung dann insgesamt auf eine neue Basis. 1987 nahm das Gericht seine 1975 entwickelte Auffassung, die Bundestagsabgeordneten hätten kraft Verfassungsrechts Anspruch auf eine Vollalimentation aus der Staatskasse, zurück. Und in seiner Spendenentscheidung von 1986 beseitigte das Gericht die Grenzen, die es selbst dem Gesetzgeber früher gesteckt hatte. Dies geschah, nachdem die Parteien einen Mann zum Richter gewählt hatten,[46] der kurz zuvor durch entschiedene Kritik an der bisherigen strengen Rechtsprechung des Gerichts zur Steuerbegünstigung von Spenden an Parteien hervorgetreten war.[47] Dem Antrag der klagenden Parteien, den Richter wegen Befangenheit vom Verfahren auszuschließen, wurde vom Gericht nicht entsprochen.[48] Die Vermutung Arnold Heidenheimers, der Einfluß des Gerichts auf die staatliche Parteienfinanzierung könnte die Auswahl der Verfassungsrichter beeinflußt haben,[49] erscheint durchaus nicht abwegig. (Auch der Berufung von Leibholz und seiner mehrmaligen Wiederwahl dürfte seine Überhöhung der Stellung der politischen Parteien und die daraus folgende Zulassung ihrer Staatsfinanzierung nicht gerade abträglich gewesen sein.) Hier zeigt sich, wie weit der mächtige Arm der Parteien reicht: Sie können über die Auswahl der Verfassungsrichter auch die Rechtsprechung bis zu einem gewissen Grad zu ihren Gunsten beeinflussen. Immerhin hat die einhellige Kritik am Parteispendenurteil von 1986, das weithin als unverständlicher Ausrutscher angesehen wurde und dessen Mängel durch das überzeugende abweichende Votum von Böckenförde besonders deutlich wurden, das Gericht 1992 veranlaßt, bei der steuerlichen Behandlung von Spenden zu seiner ursprünglichen Auffassung zurückzukehren. Dadurch wurde allerdings der Eindruck einer Zickzackrechtsprechung eher noch verstärkt, so daß sich diejenigen ermutigt fühlten, die schon immer dafür eingetreten waren, es mit der Einhaltung der vom Gericht gezogenen Grenzen nicht allzu genau zu nehmen und die Grenzen der Belastbarkeit des Verfassungsgerichts stets aufs neue zu testen. Das ist besonders mißlich, weil das Gericht trotz allem in der repräsentativen Demokratie das Hauptwiderlager gegen eine überzogene Parteienfinanzierung bleibt.

Entscheidungen in eigener Sache begründen Unrichtigkeitsvermutung

Bei der Kontrolle der staatlichen Politikfinanzierung muß das Gericht auf allgemeine Prinzipien zurückgreifen. Wie immer bei solch vagen Maßstäben hängt das Auslegungsergebnis zu einem guten Teil von dem Grundverständnis über das Verhältnis von Parlament und Gericht ab. Hier kann das Gericht normalerweise von einer Vermutung der Richtigkeit der Gesetzgebung ausgehen. Dem Gesetzgeber wird aufgrund der in den Gesetzgebungsprozeß eingebauten Einwirkungsmöglichkeit der unterschiedlichen Anschauungen und Interessen und der vielfachen Gewährleistungen der Ausgewogenheit des Gesamtprozesses regelmäßig ein Vertrauensvorschuß eingeräumt. Das Gericht beläßt dem Gesetzgeber deshalb einen breiten Ermessensspielraum und fällt ihm nur in den Arm, wenn es im Ausnahmefall eine Fehlentscheidung des Gesetzgebers nachweisen kann.

Entscheiden die Akteure dagegen über die Regelung ihrer eigenen Finanzierung oder die nahestehender Einrichtungen, so ist die Ausgangslage eine völlig andere (These 12). Hier muß das Gericht bei seiner Entscheidung von vornherein in Rechnung stellen, daß das Parlament alle vom Gericht offengelassenen Möglichkeiten ausloten und zur Gänze ausschöpfen wird; daß es alle vom Gericht nicht nachdrücklich und eindeutig versperrten

Wege, zu mehr Geld aus der Staatskasse zu kommen, beschreiten und dabei auch verfassungsrechtliche »Restrisiken« nicht scheuen wird; daß das Parlament an die äußerste Grenze des vom Gericht gerade noch als zulässig Anerkannten gehen wird – und in kalkulierter Weise oft auch darüber hinaus. Das Gericht muß berücksichtigen, daß das Offenhalten einer Frage und das Unterlassen ausdrücklicher Begrenzungen in der politischen Praxis von dem in eigener Sache entscheidenden Parlament als Scheinlegitimation mißbraucht wird, die offenen Frage im Sinne der eigenen Finanzinteressen zu beantworten. Vor diesen Auswirkungen seiner Entscheidungen darf das Gericht nicht die Augen verschließen und so tun, als gäbe es sie nicht, sondern muß sie von vornherein in Rechnung stellen. Der klassische Satz, daß Nicht-Intervention auch eine Form der Intervention ist, nämlich Intervention zugunsten des Mächtigen, erhält hier aktuelle Bedeutung. In einer Situation, in der die Abgeordneten und Fraktionen alle rechtlichen Schlüsselpositionen der Gesetz- und Haushaltsgebung in der Hand haben, in der über ihre eigene Finanzierung und die nahestehender Einrichtungen wie der Parteien und Parteistiftungen entschieden wird, bedeutet Zurückhaltung des Gerichts im Ergebnis die ungehemmte Selbstfinanzierung der Mächtigen aus der Staatskasse. Die Nichtentscheidung einer Frage durch das Gericht und ihre Überantwortung an den Gesetzgeber läuft deshalb in der Praxis auf die Entscheidung im Sinne der Finanzinteressen der Betroffenen hinaus. Das Gericht trägt in dieser Lage nicht nur Verantwortung für das, was es verbietet, sondern es trägt Mitverantwortung auch für das, was es *nicht* entschieden verbietet und scheinbar in die alleinige Verantwortung des Gesetzgebers entläßt, weil es wissen muß, daß die von ihm in Sachen staatliche Parteienfinanzierung im weiteren Sinne eröffneten Wege – unter scheinlegitimierender Berufung auf das Gericht – fast immer auch beschritten werden.

Konsequenzen für die gerichtliche Kontrolldichte

Daraus ergeben sich Konsequenzen für die Dichte der gerichtlichen Kontrolle.[50] Die auch im anglo-amerikanischen Recht betonte Abhängigkeit der Intensität der gerichtlichen Kontrolle von dem Vertrauen, das man vernünftigerweise in den Gesetzgeber haben kann,[51] wird besonders deutlich in dem einflußreichen Buch von John Hart Ely mit dem Titel *Democracy and Distrust*.[52] Daß auch das deutsche Bundesverfassungsgericht Mängel des gesetzgeberischen Verfahrens in vielen Fällen auf die Dichte der Gerichtskontrolle hat durchschlagen lassen, hat sein früherer Präsident Ernst Benda dargelegt.[53] Schlägt das Vertrauen in den Gesetzgeber bei Entscheidungen in eigener Sache berechtigterweise und aufgrund langjähriger, durch eine Fülle von Beispielen erhärteter Erfahrungen in Mißtrauen um, so ergibt sich daraus die verfassungstheoretische Konsequenz: Der in eigener Sache entscheidende Gesetzgeber bedarf einer möglichst intensiven verfassungsgerichtlichen Kontrolle. Das Gericht darf sich nicht auf eine Evidenz- oder Vertretbarkeitskontrolle beschränken, sondern muß eine möglichst rigide Kontrolle vornehmen.

Wie die Entwicklung des Parteiengesetzes und der Abgeordnetengesetze zeigt, wurden Parteienfinanzierung und Abgeordnetenentschädigung in weitem Umfang vom Bundesverfassungsgericht festgelegt. Das Gericht ist als eine Art »Ersatzgesetzgeber« tätig geworden[54] (These 16). Das beruht aber nicht auf imperialistischen Übergriffen des Gerichts in die Sphäre der Gesetzgebung, sondern auf der beschränkten Fähigkeit des Parlaments, in eigener Sache zu angemessenen Entscheidungen zu kommen. So war das Parlament dem Auftrag des Grundgesetzes zum Erlaß eines Parteiengesetzes 18 Jahre lang nicht nachgekommen. Wenn die Rolle als »Ersatzgesetzgeber« aber nach den Gegebenheiten (Entscheidung des Parlaments in eigener Sache) unausweichlich ist, muß die Rechtsprechung diese Rolle auch annehmen und daraus bewußt die erforderlichen Konsequenzen ziehen. Dann stimmt die übliche Rollenverteilung, wonach die Rechtsprechung nur Grenzen setzt und es den Beteiligten überläßt, innerhalb dieser Grenzen zu einer sinnvollen Gestaltung zu kommen, nicht mehr. Dann muß das Gericht vielmehr die erforderliche »Ersatzgesetzgebung«, soweit die prozeßrechtlichen Normen dies irgend zulassen, auch weitgehend selbst durchführen und vollenden.

23 Kontrolle durch Öffentlichkeit und Bund der Steuerzahler

Ein Autor hat den Bund der Steuerzahler »die einzige wirksame Kontrollinstanz« gegen die Ausbeutung des Staates durch die Parteien genannt.[55] Das mag ziemlich übertrieben erscheinen und bestimmten anderen Autoren schon gar nicht gefallen. Fest steht aber, daß der Bund der Steuerzahler seit langem als »schärfster Kritiker« einer übertriebenen Staatsfinanzierung der Politik hervortritt und die Veröffentlichungen seines Karl-Bräuer-Instituts »in der politischen Reformdiskussion über die Parteien- und Abgeordnetenfinanzierung große Beachtung« finden.[56] Der Bund der Steuerzahler hat die öffentliche Diskussion in Sachen Politikfinanzierung in den letzten 25 Jahren wesentlich mitbestimmt,[57] eine Feststellung, durch die die zahlreichen, wichtigen Beiträge anderer Organisationen, Autoren und Wissenschaftler innerhalb und außerhalb der Parlamente und der Politik keinesfalls abgewertet werden sollen. Vor allem sind die Medien hier zu nennen, ohne deren Berichterstattung und Kommentierung noch so berechtigte Kritik keine öffentliche Wirkung entfalten könnte. Die Selbstheilungskräfte der Demokratie setzen zuallererst eine intensive öffentliche Diskussion der Defizite voraus (siehe S. 40 f.).

Da die in eigener Sache entscheidenden Parlamente bei den bestehenden institutionellen Gegebenheiten vornehmlich durch die Verfassungsrechtsprechung und die Öffentlichkeit kontrolliert werden können, sind dies auch die beiden Ebenen, auf denen der Bund der Steuerzahler meist »Verbündete« gefunden und dadurch Wirkung entfaltet hat. Allerdings fehlt ihm selbst die Befugnis, ein Verfahren in Karlsruhe (oder bei einem Landesverfassungsgericht) formell in Gang zu bringen. Er ist darauf beschränkt, durch verfassungsrechtliche Schriften und Gutachten zu überzeugen, sei es, daß Antragsbefugte dadurch zum Gang nach Karlsruhe bewogen werden, sei es, daß dem Gericht in bereits anhängigen Verfahren die Problematik eindringlich vor Augen geführt wird.

So folgte das Bundesverfassungsgericht, als es zahlreiche Privilegien der Abgeordnetenfinanzierung in seinem Diätenurteil von 1975 für verfassungswidrig erklärte, in weiten Teilen den Empfehlungen eines Gutachtens, das der Verfasser für das Karl-Bräuer-Institut erstellt hatte.[58] Die Kontrollanträge, die die Grünen gegen die Regelung der Parteienfinanzierung vom Dezember 1983 und gegen die Stiftungsfinanzierung erhoben, stützten sich wesentlich auf Stellungnahmen, die im Karl-Bräuer-Institut des Bundes der Steuerzahler veröffentlicht worden waren.[59] Ähnliches gilt auch für den Kontrollantrag, den die Grünen im Juni 1989 gegen die Neuregelung der Parteienfinanzierung vom Dezember 1988 erhoben,[60] und das darauf ergangene Urteil von 1992. Ebenso stützten sich die Anträge, die Abgeordnete der Grünen 1991 gegen die Abgeordnetengesetze von Thüringen und Rheinland-Pfalz beim Bundesverfassungsgericht und die PDS-Fraktion des thüringischen Landtags gegen das dortige neue Abgeordnetengesetz 1995 beim Thüringer Verfassungsgericht erhoben haben, auf Gutachten für den Bund der Steuerzahler.[61] Ein ebenfalls von den Grünen beantragtes Urteil des Verfassungsgerichtshofs von Nordrhein-Westfalen von 1992, das die Erhöhung der Wahlkampfkostenerstattung auf 6,25 DM pro Wahlberechtigten für verfassungswidrig erklärte, wurde durch ein Gutachten für den Bund der Steuerzahler Nordrhein-Westfalen[62] angestoßen.

Adressat der Gutachten und Stellungnahmen des Bundes der Steuerzahler ist nicht nur das Bundesverfassungsgericht, sondern auch die Öffentlichkeit. Seine Gutachten und Stellungnahmen werden deshalb stets veröffentlicht. Wie wirksam eine fundiert vorgetragene öffentliche Kritik sein kann, zeigt der hessische Diätenskandal: Die Veröffentlichung eines Gutachtens des Verfassers durch den hessischen Bund der Steuerzahler und die daraufhin einsetzende Kritik der Öffentlichkeit und der Grünen-Fraktion an den finanziellen Privilegien der Wiesbadener Abgeordneten zwangen den Landtag binnen Monatsfrist das kurz zuvor erlassene Diätengesetz zurückzunehmen. Auch in Hamburg und im Saarland mußten unhaltbare Diäten- und Ministergesetze nach öffentlicher Kritik zurückgenommen werden. Die Diäten- und Versorgungsskandale führten zu einer breiten öffentlichen Diskussion des finanziellen Status von Amtsträgern, besonders der Parlamentsabgeordneten, auch in anderen Bundesländern und im Bund; zahlreiche Gutachten und Kommissionsberichte wurden von den Parlamenten in Auftrag gegeben. Zugleich zeigten sich aber auch die Grenzen der öffentlichen Kontrolle: In Hessen wurde im Windschatten eines vom Landtagspräsidenten berufenen Beirats zwar ein neues Abgeordnetengesetz verabschiedet, ohne daß man sich von der mangelnden Begründung dieser Neuerungen aber noch hätte aufhalten lassen (siehe S. 322 ff.). In anderen Ländern und im Bund hatte die Diskussion zwar zahlreiche verfassungsrechtliche Mängel des finanziellen Status der Abgeordneten zutage gefördert. Zu einer durchgreifenden Revision ist es bisher aber noch nicht gekommen (siehe S. 214). In Bayern konnte die vom Bund der Steuerzahler geförderte öffentliche Kritik[63] zwar im Frühjahr 1995 die geplante Diätenerhöhung um 27 Prozent verhindern, die fällige Strukturreform blieb aber aus; statt dessen wurde ein verfassungsrechtlich kaum haltbares Verfahren der »Diätenanpassung« eingeführt (siehe S. 221 ff.).

Im Bund konnte im Herbst 1995 zwar der geplante Diätencoup verhindert werden. Statt dessen kam nur ein weniger problematisches Gesetz zustande. Doch ist die damit verfolgte Zielsetzung

411

nicht aufgegeben und auch hier ein höchst problematisches Verfahren der »Diätenanpassung« installiert worden (siehe S. 220 ff. und 349 ff.). Was die überzogene Ministerversorgung in den Bundesländern anlangt, die sogar weit günstiger ist als die für Bundesminister, wurden die Gesetze zwar in der einen Hälfte der Bundesländer auf Bundesniveau abgesenkt, in der anderen Hälfte gibt es aber bisher keine Anzeichen für Reformen (siehe S. 208 ff.)

Die bisherigen Erfahrungen bestätigen insgesamt, daß der Bund der Steuerzahler wesentlich zu einer Stärkung der Kontrolle durch die Verfassungsrechtsprechung und die Öffentlichkeit beigetragen hat. Daraus könnten in Zukunft auch institutionelle Konsequenzen gezogen werden, etwa dahin, daß der Bund der Steuerzahler in Sachen staatliche Politikfinanzierung ein förmliches Antragsrecht zum Bundesverfassungsgericht (und zu den Landesverfassungsgerichten) erhielte, um auch solche Probleme zur Entscheidung des Gerichts bringen zu können, für die sich bisher kein Antragsteller findet, obwohl ihnen die Verfassungswidrigkeit auf die Stirn geschrieben steht). Zugleich ist zu erwägen, in die einschlägigen Gesetze einen Passus aufzunehmen, daß der Bund der Steuerzahler rechtzeitig vor Änderungen von Regelungen über die staatliche Politikfinanzierung um Stellungnahme gebeten wird. Das würde Überrumpelungen der Öffentlichkeit durch rasches Durchziehen von Gesetzesvorlagen erschweren.[64] Und warum sollten nicht auch Parteien, Fraktionen, Stiftungen, Parlamentsverwaltungen und Rechnungshöfe gesetzlich verpflichtet werden, ihm die zur Erstellung seiner Gutachten und Stellungnahmen erforderlichen Auskünfte zu geben?

24 Verfassungswandel: Obergrenzen und Volksgesetzgebung

Es bleiben natürlich Zweifel, ob Rechtsprechung und Öffentlichkeit nicht auch dann überfordert bleiben, wenn man die vorgeschlagenen Modifikationen vornimmt und zum Beispiel die Antragsbefugnisse zum Bundesverfassungsgericht erweitert, so daß verfassungsrechtlich zweifelhafte Fragen einer baldigen Entscheidung des Gerichts zugeführt werden können. Selbst bei bewußter Annahme der Kontrollaufgabe durch das Gericht und bei institutioneller Stärkung der Öffentlichkeitskontrolle muß man sich immer darüber klar bleiben, daß solche Kontrollen nur Reparaturen an den Folgen des einen großen Grundproblems sind, das die staatliche Politikfinanzierung in der Bundesrepublik aufweist: der Entscheidung der Begünstigten in eigener Sache.

Das Grundproblem war den Vätern des Grundgesetzes unbekannt

Dieses verfassungspolitische Problem ist neu. Die Parlamente mußten zwar in der Weimarer Zeit und davor schon über die Entschädigung für Abgeordnete entscheiden. Heute aber ist daraus eine Vollalimentation aus der Staatskasse mit zahlreichen Zusatzleistungen geworden, und eine hohe Staatsfinanzierung der Parteien und eine noch höhere der Fraktionen und Parteistiftungen sind hinzugekommen. Dadurch erhält das Phänomen des Entscheidens in eigener Sache eine neue Dimension und eine neue Qualität (siehe auch S. 198 ff.). Gegenstand ist nicht mehr eine »quantité négligeable«, sondern eine staatliche Politik-finanzierung, die nach Art und Volumen zu einem zentralen Element im Kampf um die Macht geworden ist. Dem Parlamentarischen Rat war das Problem einer übermäßigen, ungleichgewichtigen und bürgerfernen Staatsfinanzierung der Politik durch in eigener Sache entscheidende Parlamente in den Jahren 1948/49 noch unbekannt. Die Notwendigkeit, Vorkehrungen gegen Mißbrauch und Fehlentwicklungen zu treffen, zeigte sich erst später. Wie die Erfahrung bestätigt, ist der Finanzhunger der Parteien, Fraktionen und Stiftungen mangels wirksamen Gegengewichts – unabhängig vom erreichten Finanzierungsniveau – unbegrenzt. Behalten die Begünstigten das Recht, in eigener Sache den staatlichen Geldhahn ständig weiter aufzudrehen, ist kaum eine wirksame Bremse zu erwarten. Die auch hier dringend erforderliche Abbremsung des Parlaments könnte darin bestehen, das Niveau der staatlichen Politikfinanzierung einzufrieren.[65] Diesen auch in der ersten Auflage dieses Buches enthaltenen Vorschlag hat das Bundesverfassungsgericht aufgegriffen und für die staatliche Finanzierung der Parteien im engeren Sinne eine »absolute Obergrenze« konkretisiert. Für Fraktionen, Parteistiftungen und andere Bereiche der Politikfinanzierung, in die die politische Klasse immer stärker ausweicht, fehlt es aber noch an der Konkretisierung entsprechender Grenzen durch die Rechtsprechung. Je mehr Aufgaben der Parteien von Fraktionen, Parteistiftungen und Abgeordnetenmitarbeitern übernommen werden, desto problematischer wird die Asymmetrie der gerichtlichen Kontrolle (These 17) und desto dringender wird es, die absolute Begrenzung, aber auch andere Anforderungen an die engere Parteienfinanzierung auch auf ihre Substitute zu erstrecken.

Übertragung der Entscheidungskompetenz auf Kommissionen?

Um die Entscheidung des Parlaments in eigener Sache zu beenden, ist vorgeschlagen worden, dem Parlament die Entscheidung ganz oder teilweise zu entziehen und die Entscheidungskompetenz (also nicht nur die Beratungskompetenz) auf eine Kommission von Unabhängigen zu übertragen. Wilhelm Henke, einer der großen Parteienrechtler, die sich *nicht* in die Abhängigkeit von Parteien begaben, hatte 1992, kurz vor seinem Tod, für eine solche Kommission votiert. Henke hielt die Entscheidungen des Parlaments in eigener Sache – über das Diätenurteil des Bundesverfassungsgerichts hinaus – bereits aufgrund des geltenden Verfassungsrechts wegen Verstoßes gegen das Rechtsstaatsprinzip für verfassungwidrig. Er schlug eine vom Bundespräsidenten zu berufende Kommission unabhängiger Sachverständiger vor, die die rechnerische und tatsächliche Prüfung der vom Parlament beabsichtigten Entscheidung vornehmen und ein bindendes Vetorecht gegen die vom Parlament beschlossenen Vorlagen haben sollte.[66] Henkes These, daß Entscheidungen in eigener Sache »zu politisch oder sachlich unerträglichen Ergebnissen« führen und deshalb gegen das Rechtsstaatsprinzip verstoßen, hat sich als außerordentlich produktiv erwiesen und dazu beigetragen, dem Kernproblem in der jüngsten Diskussion den Stellenwert zu geben, den es verdient. Allerdings bleiben bei genauer Betrachtung einige im Ergebnis wohl unüberwindbare verfassungspolitische und verfassungsrechtliche Einwände. Es besteht vor allem die Gefahr, daß eine solche Kommission mit Vetorecht das Parlament erst recht in Versuchung führen könnte, sie gleichzuschalten und zu einer »Hofkommission« zu degradieren. Gelänge es der politischen Klasse, die Kommission organisatorisch, prozedural und personell in den Griff zu bekommen, wären Gefälligkeitsgutachten zu befürchten, die den Bürger und

Steuerzahler vollends schutzlos machen und alle Bremsen gegen die Ausbeutung des Staates durch seine Diener beseitigen würden. Dann würde das Parlament die Kritik, so berechtigt sie sachlich auch sein mag, von sich weisen und die Zustimmung der Kommission als scheinbare Rechtfertigung vorschieben. Eine solche Kommission aber brauchte vom Volk nicht gewählt zu werden, wäre ihm nicht verantwortlich und deshalb gegen öffentliche Kritik weitgehend immun. Und die politische Versuchung zur Gleichschaltung der Kommission wäre gewaltig, viel größer noch als bei lediglich *beratenden* Kommissionen – angesichts dessen, was materiell für die politische Klasse auf dem Spiele stände. Es wäre vielleicht sogar zu befürchten, daß Bundespräsidenten durch geheime Absprachen vor ihrer Wahl den Parteien Einfluß auf die Besetzung der Kommission (sogenannte Wahlkapitulationen) geben müßten.[67]

Auch verfassungsrechtlich wäre die Einrichtung einer solchen Kommission zweifelhaft, selbst wenn sie durch Verfassungsänderung erfolgte. Denn es fehlte ihr wohl an der erforderlichen demokratischen Legitimation, die über Artikel 79 Absatz 3 und Artikel 20 GG für alle Einrichtungen mit staatlicher Entscheidungsbefugnis unverzichtbar ist.[68]

Zahlreiche Politiker haben mit ähnlichen Ideen geliebäugelt, insbesondere Hans-Jochen Vogel.[69] Die geschilderten Bedenken schlagen gleichwohl durch.

Entscheidung durch das Volk statt durch das Parlament in eigener Sache

Die wirksamste Bremse gegen eine überzogene Staatsfinanzierung der Politik wäre sicher die Einführung direktdemokratischer Elemente auf Bundesebene (These 19).[70] Wenn es zutrifft, daß die Aktivierung des Volkes letztlich das einzige wirksame

Gegengewicht gegen Übermacht und Machtmißbrauch der politischen Parteien und ihrer Führungen ist, dann gilt dies auch und vielleicht sogar in besonderem Maß für die Parteien*finanzierung*. Das zeigen die schweizerischen Erfahrungen. In der Bundesrepublik gibt es auf Bundesebene (von unbedeutenden Randbereichen abgesehen) keine direktdemokratischen Möglichkeiten der Sachentscheidung. Wohl aber sind auf Landesebene Volksbegehren und Volksentscheid möglich. In den Ländern können, soweit sie die Gesetzgebungszuständigkeit besitzen, Fragen der Politikfinanzierung also regelmäßig auch im Wege der Volksgesetzgebung geregelt werden, wenn auch die Quoren für Volksbegehren sehr viel höhere Hürden errichten als in der Schweiz. So hatte zum Beispiel der Bund der Steuerzahler im Jahre 1978 in Nordrhein-Westfalen ein Volksbegehren angedroht, um zu verhindern, daß der nordrhein-westfälische Landtag die üppige Diätenregelung, die der Bayerische Landtag sich bewilligt hatte, übernahm.[71] Der Bund der Steuerzahler nahm von der angedrohten Initiative erst Abstand, als der Landtag einlenkte und eine unabhängige Diätenkommission unter Vorsitz von Willi Weyer einsetzte, die dann auch zu moderateren Vorschlägen gelangte. Damals hatte die nordrhein-westfälische Staatskanzlei auch die Frage geprüft (und verneint), ob die Regelung der Abgeordnetenentschädigung eine »Besoldungsordnung« sei oder eine »Finanzfrage« darstelle. Nach Artikel 68 der Verfassung für das Land Nordrhein-Westfalen ist ein Volksbegehren »über Finanzfragen, Abgabengesetze und Besoldungsordnungen unzulässig«. In den anderen deutschen Ländern mit Volksgesetzgebung gibt es ähnliche Vorbehaltsklauseln. In den meisten Ländern könnte es sich – im Gegensatz zur Formulierung des Bundesverfassungsgerichts im Diätenurteil – also, jedenfalls in bestimmten Fällen, sehr wohl vermeiden lassen, daß das Parlament in eigener Sache entscheidet. In Hessen dürfte die Drohung des Bundes der Steuerzahler mit einem Volksbegehren dazu beigetragen haben, daß das maßlose Diätengesetz im Sommer 1988 nach vier Wochen öffentlicher Kritik zurückgenommen wurde. Hätte es in Hamburg ebenfalls die Möglichkeit der Volksgesetzgebung gegeben, hätte es dort im Herbst 1991 sicher nicht vier Monate gedauert, bis das Parlament von seinen grob unangemessenen Diätenplänen abließ.

In diesen Zusammenhang gehört auch der sogenannte *Bürgerbonus* (siehe S. 94 f.), der eine sinnvolle, wenn auch nur partielle direktdemokratische Einwirkung auf die staatliche Parteienfinanzierung begründen würde.

Würde im *Bund* das Grundgesetz geändert und ein Verfahren der unmittelbaren Volksgesetzgebung eingeführt,[72] so hätte schon die *Möglichkeit* der Volksgesetzgebung Vor-Wirkung auf die Politikfinanzierung. In der Schweiz stellt die Befugnis, jedes Gesetz dem Volk zur Entscheidung zu unterbreiten, einen wirkungsvollen präventiven »Domestizierungsmechanismus« dar,[73] der bisher die staatliche Parteien- und Fraktionsfinanzierung und die Abgeordnetenentschädigung auf einem geringen Niveau gehalten hat.[74] Wie der Schweizer Staatsrechtslehrer Gerhard Schmid betont, liegt die Wirkung der Volksrechte gerade darin, daß sie »den Übergang der Macht an ein ›Kartell‹ der unter sich geeinten Parteien« verhindern; genau das wird in diesem Buch immer wieder als Zentralproblem der Politikfinanzierung herausgestellt (siehe These 9 auf S. 35). Selbst bei geschlossenem Auftreten der Parteien kann das Volk das Referendum als »Vetorecht« der Bürger gegen die Parteien einsetzen.[75] Es spricht manches dafür, daß einige Parteien sich nicht zuletzt deshalb so sehr gegen die überfällige Einfügung direktdemokratischer Elemente ins Grundgesetz zur Wehr setzen, weil dann ein für allemal Schluß mit der parlamentarischen Selbstbedienung wäre.

Solange allerdings ein allgemeines Volksgesetzgebungsverfahren im Bund fehlt, verdient ein Vorschlag des Münchner Staatsrechtlehrers Klaus Vogel Interesse, Entscheidungen überall dort, wo eigene Interessen der Parlamentarier berührt sind, von einer Bestätigung durch die Wähler abhängig zu machen.[76] Dieser Vorschlag besitzt um so größeres Gewicht, als selbst solche Wissenschaftler, die der Einführung direktdemokratischer Elemente *im allgemeinen* skeptisch gegenüberstehen, sie doch in den Fallgruppen befürworten, um die es im vorliegenden Buch geht. So hielt der Münchner Staatsrechtslehrer Peter Lerche kürzlich zwar ein vehementes Plädoyer gegen Plebiszite im allgemeinen, machte aber ausdrücklich für diejenigen Fälle eine Ausnahme, wo im Parteienstaat »anstelle von Gewaltenbalance ... kraft überstabiler Einvernehmlichkeit der Parteien ... evidente Übermacht« tritt. Ebendies aber ist die typische Situation in Sachen Politikfinanzierung. In dieser Lage erkennt Lerche »eine legitime Grundsubstanz unmittelbarer, nicht revolutionärer Volksreaktion auf Machtmißbrauch«.[77] Wenn man (wie Lerche) glaubt, die überkommene Furcht vor der *allgemeinen* Zulassung von Plebisziten jedenfalls nicht insgesamt überwinden zu können, so wäre Vogels Vorschlag doch ein Weg, wenigstens diesen »sozusagen von Geburt an willkommenen Typ von Plebiszit« (Lerche) ausnahmsweise zuzulassen und zu verwirklichen. In die gleiche Richtung geht der Freiburger Staatsrechtslehrer und langjährige Richter am Bundesverfassungsgericht Ernst-Wolfgang Böckenförde. Auch er lehnt die direkte Demokratie zwar entschieden ab, läßt aber gleichfalls einen Ausnahmebereich ausdrücklich zu, ja er geht noch weiter, indem er eine unmittelbare Entscheidungszuständigkeit des Volkes für Grundregeln der staatlichen Ordnung ausnahmsweise nicht nur als möglich und durchführbar, sondern »im Sinne eines verwirklichten Demokratiebegriffs« auch als »notwendig« befürwortet.[78] Solche Grundregeln aber sind zuallererst die Regeln des Machterwerbs, zu denen auch die Ausgestaltung der Politikfinanzierung gehört (siehe S. 24).

Mehr Einfluß des Volkes auf die Personalauswahl

In Deutschland haben die Bürger nicht nur keine Rechte der unmittelbaren Sachentscheidung, jedenfalls auf Bundesebene; auch ihr Einfluß auf die Auswahl der *Personen,* die sie in den Parlamenten vertreten sollen, ist sehr begrenzt. Die starre Listenwahl im Bund, in Europa und den meisten Ländern verschiebt die Personalauswahl auf die Parteigremien, die die Listen aufstellen. Und wer bei Bundestagswahlen im Wahlkreis bei Vergabe der Erststimmen unterliegt, ist häufig auf der Liste abgesichert und kommt auf diesem Wege dennoch in den Bundestag. Das mindert die Möglichkeit der Wähler, die Abgeordneten für bestimmte Gesetze und sonstige politische Entscheidungen persönlich verantwortlich zu machen und sie so zu kontrollieren, und hat Auswirkungen auch auf Fragen der Politikfinanzierung. Diese Zusammenhänge bedürfen zwar noch weiterer Untersuchung, es ist aber wohl kein Zufall, daß in Ländern mit Personalwahlrecht (zum Beispiel in England und den USA) das Niveau der Parteienfinanzierung deutlich niedriger ist als in Ländern mit auf die Parteien bezogenem Listenwahlrecht (neben Deutschland zum Beispiel Österreich und Schweden). In Frankreich wurde die staatliche Parteienfinanzierung just in der Zeit eingeführt, als es dort vorübergehend ein Verhältniswahlrecht gab.[79] Eine stärkere Kontrolle der Politikfinanzierung ergäbe sich, wenn der Einfluß der Bürger auf die Auswahl der Kandidaten vergrößert würde, etwa durch Einführung der Möglichkeiten des Kumulierens und Panaschierens auf allen Ebenen, also desjenigen Wahlrechts, mit dem Süddeutschland auf Kommunalebene seit langem so gute Erfahrungen gemacht hat,[80] daß dieses System jetzt zunehmend auf andere Bundesländer übertragen wird. Zugleich wäre an verstärkte Direktwahl von Amtsträgern zu denken.[81] Auch hier kann die Volkswahl von Bürgermeistern und Landräten Vorbild sein, die ebenfalls von Süddeutschland ausgeht[82] und inzwischen einen Siegeszug durch ganz Deutschland angetreten hat.[83] Die bereits aus anderen Gründen zu befürwortenden Änderungen des Wahlrechts hätten also auch günstige Auswirkungen auf die Kontrolle der Politikfinanzierung. Ziel brauchte – neben der Beseitigung von Mißbräuchen – nicht unbedingt eine starke Senkung des Niveaus der Politikfinanzierung zu sein. Wenn die Bürger ihre Repräsentanten wirklich auswählen könnten, würde eine Hauptquelle von mangelnder Akzeptanz und Verdrossenheit beseitigt: das Mißverhältnis zwischen der Selbstversorgung einerseits und der fehlenden Sanktionsmöglichkeit der Bürger für mangelnde Leistung ihrer Repräsentanten andererseits. Derartiges könnte auf Landesebene durchaus auch durch Volksbegehren und Volksentscheid durchgesetzt werden.[84]

Wirkung von Gesetzen erst ab der nächsten Legislaturperiode

Ein großer und besonders effektiver Schritt in die richtige Richtung wäre es auch, wenn das Parlament Regelungen über Politikfinanzierung jeweils nur mit Wirkung für die künftige Legislaturperiode vornehmen dürfte. Darin läge ein gewisser Ausweg aus dem Dilemma des Parlaments, in eigener Sache entscheiden zu müssen; zumindest würde das Problem in erheblichem Umfang entschärft. Die Vereinigten Staaten haben eine dahingehende Vorschrift vor kurzem in Kraft gesetzt. Dort kann eine gesetzliche Regelung der Abgeordnetenentschädigung nunmehr immer nur mit Geltung für die zukünftige Legislaturperiode vorgenommen werden. Die entsprechende Verfassungsvorschrift wurde im Jahre 1992 durch den 27. Zusatzartikel in die amerikanische Bundesverfassung eingefügt (siehe S. 350). Sie lautet: »Ein Gesetz, welches die Entschädigung für die

Dienste der Senatoren und Abgeordneten ändert, soll so lange nicht in Kraft treten, bis zuvor die Wahl der Volksvertreter stattgefunden hat.« Die Geschichte dieser Verfassungsergänzung grenzt ans Unglaubliche.[85] Den Vorschlag hatte James Madison, einer der geistigen Väter der amerikanischen Verfassung, bereits im Jahre 1789 im Kongreß eingebracht, er wurde aber erst nach über 200 Jahren wirksam, nachdem mit seiner Ratifizierung durch den Staat Michigan die erforderliche Mehrheit von drei Vierteln der Einzelstaaten der USA erreicht war. Die Vorschrift beruht auf Madisons zeitloser Erkenntnis, daß »es unziemlich erscheint, wenn irgendeine Gruppe unkontrolliert mit der Hand in die Staatskasse greift, um daraus Geld in die eigene Tasche zu stecken«.[86]

Eine solche Regelung, die die Parteienfinanzierungskommission beim Bundespräsidenten auch für die Finanzierung der Parteien, Fraktionen und parteinahen Stiftungen empfohlen hat,[87] hätte den großen Vorteil, daß die Abgeordneten, die über Diätenerhöhungen entscheiden, nicht genau wissen, ob sie von ihrer Entscheidung selbst profitieren würden. Allerdings darf dieser Gesichtspunkt auch nicht überschätzt werden. Es gibt sicher Abgeordnete, die zum Zeitpunkt der Entscheidung bereits ziemlich sicher sein können, daß sie wieder in das nächste Parlament einziehen werden. Entscheidend aber ist, daß zwischen der Entscheidung des Parlaments und ihrem Inkrafttreten stets eine Wahl und ein vorangehender Wahlkampf liegen, in dem die Abgeordneten und ihre Parteien damit rechnen müssen, daß ihnen eventuelle Mißbräuche bei der Politikfinanzierung vom Wähler vorgehalten werden. Auf diese Weise könnten »überraschende Entscheidungsverfahren erschwert und die öffentliche Kontrolle verbessert« werden.[88]

Daß ein solcher Vorschlag vom Parlament im Wege der Selbstbindung verwirklicht werden könnte, ist klar. Hildegard Krüger hatte einen dahingehenden Vorschlag bereits im Jahre 1964 für die Bundesrepublik unterbreitet (siehe S. 350). Sie konnte sich dabei auf verfassungspolitische Gedanken berufen, die Julius Hatschek schon 1915 behandelt hatte. Hatschek hatte im Anschluß an Erörterungen in der französischen Nationalversammlung[89] die Frage gestellt, ob in einer parlamentarischen Demokratie »die jeweilige Legislatur für sich selbst eine Erhöhung der bestehenden Diäten beschließen« dürfe; Hatschek hatte die Frage verneint, weil solches »mangels jeden anderen Gegengewichts« »verfassungspolitisch nicht am Platze« sei.[90] Krüger ging noch einen Schritt weiter und meinte, das Verbot in eigener Sache und das Gebot, nur mit Wirkung für die zukünftige Wahlperiode zu entscheiden, folgten bereits zwingend aus der geltenden Verfassung. Diese Auffassung fand ursprünglich zwar keine Gefolgschaft.[91] Inzwischen hat sich die Lage aber völlig verändert. Das Phänomen des Entscheidens des Parlaments in eigener Sache hat in den vergangenen 30 Jahren durch die sprunghaft und weit überproportional gestiegene Staatsfinanzierung der Politik ein völlig anderes Gewicht und eine neue Qualität bekommen (siehe S. 198 ff.). Das hat Wilhelm Henke bewogen, Entscheidungen des Parlaments in eigener Sache heute als verfassungswidrig anzusehen. Zwar stößt sein Vorschlag, eine unabhängige Kommission mit Entscheidungsbefugnissen einzuschalten, auf Bedenken (siehe S. 415). Um so mehr aber dürfte – jedenfalls solange unmittelbare Entscheidungen des Volkes auf Bundesebene nicht in Betracht kommen (siehe S. 416 ff.) – das amerikanische Modell eine überzeugende verfassungsrechtliche Mindestlösung darstellen.

Da kaum damit zu rechnen ist, daß der Bundestag oder die Landtage ein derartiges Verfahren von sich aus einführen, wird das Bundesverfassungsgericht es durchsetzen müssen.[92] Wie wenig der Bundestag dazu in der Lage ist, zeigt die jüngste Änderung des Abgeordnetengesetzes des Bundes von Ende 1995. Nach § 30 Abgeordnetengesetz soll der Bundestag Diätenerhöhungen nicht am Ende einer Wahlperiode mit Wirkung für die zukünftige Periode, sondern am Anfang einer Wahlperiode, wenn die nächsten Wahlen noch weit entfernt sind, für die folgenden Jahre derselben Periode beschließen. Eine ähnliche Regelung hat der bayrische Landtag am 23. Dezember 1995 beschlossen (siehe S. 350), und es ist zu befürchten, daß derartiges auch in anderen Ländern Schule macht, wenn nicht wirksam gegengehalten wird. Dann bleibt es aber nicht nur in vollem Umfang bei der Entscheidung der Abgeordneten in eigener Sache, es fehlt auch an Wahlen zwischen der Entscheidung und ihrem Wirksamwerden, die die Distanz der Abgeordneten zu ihrer Entscheidung fördern und öffentliche Diskussion und Kontrolle durch die Wähler ermöglichen. Der Bundestag und der bayerische Landtag haben das amerikanische Verfahren also nur scheinbar aufgegriffen, es in der Sache aber pervertiert.

Nachwort

Bei der Finanzierung der Parteien, Fraktionen, Parteistiftungen und Abgeordneten besteht in einem Maße Regelungs- und Verbesserungsbedarf wie in kaum einem anderen Bereich von Staat und Gesellschaft. Das wurde in diesem Buch im einzelnen dargelegt. Doch wachsen die Zweifel, ob die sogenannte politische Klasse in der Lage ist, die Defizite und Fehlentwicklungen aus eigener Kraft zu beheben. Dieses Versagen der Politik wird durch die Geschichte vielfach belegt und war Anlaß für das Bundesverfassungsgericht, immer wieder in die Rolle eines Ersatzgesetzgebers zu schlüpfen, wenn das Gericht damit auch oft überfordert war. Die Versuche, die Politikfinanzierung in Deutschland unter Kontrolle zu bekommen, ähneln bisweilen dem Wettlauf zwischen Hase und Igel. Haben das Verfassungsgericht oder die öffentliche Kritik einen Mißbrauch festgestellt und Eckdaten für Begrenzung und Verbesserung festgelegt, verwandeln sich diese in den Händen der politischen Klasse auf wundersame Weise meist wieder zu deren Vorteil. Die, um deren Bezahlung es geht, sitzen in den Parlamenten an den Hebeln der Gesetzes- und Budgetmacht, verfügen über Umgehungs- und Ausweichwege und können selbst den verrücktesten Beschlüssen, die sie in eigener Sache treffen, durch Einkleiden in die Gesetzesform noch den Anstrich von Legalität geben. Wer sich mit dieser fatalen Konstellation abfindet, weil letztlich doch nichts Wirksames dagegen zu unternehmen ist, sollte sich auch die längerfristigen Folgen vor Augen führen. Geht die Entwicklung der Vergangenheit ungebremst weiter und wird das weit überdurchschnittliche Wachstum der Staatsfinanzierung der Politik auch für die kommenden Jahrzehnte festgeschrieben, besteht die Gefahr, daß das Vertrauen der Bürger noch stärker erschüttert wird und die Bürgerferne der politischen Klasse noch mehr zunimmt, als dies bisher schon der Fall ist – ganz abgesehen von der Möglichkeit, daß die berechtigte Politik(er)verdrossenheit sich schließlich auch eruptiv Bahn bricht. Hier sei an die Warnung des großen Staatsrechtslehrers Ulrich Scheuner erinnert, im »Schwinden der für jede Repräsentation nötigen Nähe zum Volk« liege »die spezifische Entartungsmöglichkeit eines repräsentativen Systems«.

Angesichts dieser Gefahren, denen es zu wehren gilt, solange noch Zeit ist, kann die gegenwärtige Kritik eigentlich gar nicht massiv genug sein. Hier zeigt sich die Berechtigung des Wortes, daß Demokratie zu wichtig ist, als daß man sie den Politikern allein überlassen dürfe. Neben dem Nachdenken darüber, wie Politikfinanzierung sinnvollerweise gestaltet werden sollte, muß die Wissenschaft sich auch mit der Frage befassen, wie Verbesserungen gegen den Widerstand der Betroffenen, die die Schlüsselpositionen der Macht in der repräsentativen Demokratie in Händen haben, *durchgesetzt* werden können. Appelle an die Einsicht von Politikern haben nur begrenzte Erfolgschancen, wenn finanzielle Eigeninteressen dagegenstehen. Eine wirksame Kontrolle ist deshalb in der Demokratie am Ende wohl nur von einer Aktivierung des Volkes selbst als des eigentlichen Souveräns zu erwarten – und von neuen Entscheidungsverfahren, die solche Kontrollen erleichtern. Deshalb spielen in diesem Buch Fragen der Organisation und des Verfahrens der politischen Willensbildung (und wie Organisations- und Verfahrensverbesserungen ihrerseits durchgesetzt werden könnten) die zentrale Rolle. Unverzichtbar ist in jedem Fall eine umfassende öffentliche Diskussion, weil sie Voraussetzung für alles weitere ist. Dabei müssen Wissenschaftler, wenn sie den finanziellen Nerv der Politiker treffen, sich auf Auseinandersetzungen »mit harten

Bandagen« einstellen. Aber worin sollte der Sinn der grundgesetzlich garantierten wissenschaftlichen Freiheit des Staatsrechtslehrers und Politikwissenschaftlers anders liegen als darin, den Forscher in die Lage zu versetzen, auch Gegenstände zu behandeln, die den Mächtigen in Staat und Politik nicht passen? In diesem Sinne will das vorliegende Buch auch ein Buch für die Praxis sein.

Anhang

Verzeichnis der Tabellen und Schaubilder

Tabellen

Schaubilder

Tabelle: Fraktionsgesetze in Bund und Ländern

Bund:	Sechzehntes Gesetz zur Änderung des Abgeordnetengesetzes (Fraktionsgesetz) vom 11. 3. 1994, BGBl. I S. 526; in Kraft getreten am 1. 1. 1995; geändert durch Gesetz zur Neuregelung der Rechtsstellung der Abgeordneten vom 15. 12. 1995, BGBl. I S. 1718
Baden-Württemberg:	(§ 19 Abgeordnetengesetz in der Fassung vom 6. 10. 1970, GBl. S. 459)
Bayern:	Gesetz zur Rechtsstellung und Finanzierung der Fraktionen im Bayerischen Landtag (Bayerisches Fraktionsgesetz) vom 26. 3. 1992, GVBl S. 39; in Kraft getreten am 1. 1. 1992
Berlin:	Gesetz über die Rechtsstellung der Fraktionen des Abgeordnetenhauses von Berlin (Fraktionsgesetz – FraktG) vom 8. 12. 1993, GVBl. S. 591; in Kraft getreten am 1. 1. 1994
Brandenburg:	Gesetz über die Rechtsstellung und Finanzierung der Fraktionen im Landtag Brandenburg (Fraktionsgesetz – FraktG) vom 29. 3. 1994, GVBl. S. 86; in Kraft getreten am 30. 3. 1994
Bremen:	Gesetz zur Änderung des Bremischen Abgeordnetengesetzes und des Senatsgesetzes vom 5. 7. 1994, GBl. S. 195; in Kraft getreten am 13. 10. 1995
Hamburg:	(§ 8 Abgeordnetengesetz vom 17. 12. 1985, GVBl. S. 382)
Hessen:	Gesetz über die Rechtsstellung und Finanzierung der Fraktionen im Hessischen Landtag (Hessisches Fraktionsgesetz) vom 5. 4. 1993, GVBl. S. 106; in Kraft getreten am 1. 1. 1994
Mecklenburg-Vorpommern:	Drittes Gesetz zur Änderung des Gesetzes über die Rechtsverhältnisse der Mitglieder des Landtages von Mecklenburg-Vorpommern (Abgeordnetengesetz) vom 16. 7. 1993, GVOBl. S. 679; in Kraft getreten am 29. 7. 1993; zuletzt geändert durch Sechstes Gesetz zur Änderung des Gesetzes über die Rechtsverhältnisse der Mitglieder des Landtages von Mecklenburg-Vorpommern (Abgeordnetengesetz) vom 11. 12. 1995, GVOBl. S. 608
Niedersachsen:	Zwölftes Gesetz zur Änderung des Niedersächsischen Abgeordnetengesetzes vom 30. 11. 1992, GVBl. S. 311; in Kraft getreten am 1. 1. 1993; zuletzt geändert durch

	Fünfzehntes Gesetz zur Änderung des Niedersächsischen Abgeordnetengesetzes vom 14. 2. 1995, GVBl. S. 30
Nordrhein-Westfalen:	(§ 30 Abgeordnetengesetz in der Fassung vom 24. 4. 1979, GV. S. 238)
Rheinland-Pfalz:	Landesgesetz zur Rechtsstellung und Finanzierung der Fraktionen (Fraktionsgesetz Rheinland-Pfalz) vom 21. 12. 1993, GVBl. S. 642; in Kraft getreten am 1. 1. 1994; zuletzt geändert durch Gesetz vom 20. 12. 1994, GVBl. S. 471
Saarland:	(§ 29 Abgeordnetengesetz vom 4. 7. 1979, Amtsbl. S. 656)
Sachsen:	(keine Regelung)
Sachsen-Anhalt:	Gesetz über die Rechtsstellung und Finanzierung der Fraktionen im Landtag von Sachsen-Anhalt (Fraktionsgesetz SAn.) vom 5. 11. 1992, GVBl. S. 768; in Kraft getreten am 12. 11. 1992
Schleswig-Holstein:	Gesetz über die Rechtsstellung und Finanzierung der Fraktionen im Schleswig-Holsteinischen Landtag (FraktionsG) vom 18. 12. 1994, GVOBl. S. 4; in Kraft getreten am 1. 1. 1995
Thüringen:	Zweites Gesetz zur Änderung des Thüringer Abgeordnetengesetzes vom 28. 2. 1995, GVBl. S. 109; in Kraft getreten am 1. 1. 1995

Im Bund und in den Ländern Bremen, Mecklenburg-Vorpommern, Niedersachsen und Thüringen gibt es keine eigenen Fraktionsgesetze; die reformierten Regelungen sind aber als eigene Paragraphengruppe in den Abgeordnetengesetzen enthalten. Baden-Württemberg, Hamburg, Nordrhein-Westfalen, das Saarland und Sachsen haben noch keine Gesetzesreformen durchgeführt. Die bisherigen jeweils nur in einem Paragraphen enthaltenen Regelungen sind, soweit vorhanden, in Klammern angegeben.

Stand: Januar 1996

Tabelle:
Abgeordnetengesetze in Bund und Ländern

Bund:	Gesetz vom 18. 2. 1977 (BGBl. S. 297); zuletzt geändert durch Gesetz vom 15. 12. 1995 (BGBl. S. 1718)
Baden-Württemberg:	Gesetz vom 12. 9. 1978 (GBl. S. 473); zuletzt geändert durch Gesetz vom 24. 7. 1995 (GBl. S. 582)
Bayern:	Gesetz vom 25. 7. 1977 (GVBl S. 369); zuletzt geändert durch Gesetz vom 23. 12. 1995 (GVBl S. 848)
Berlin:	Gesetz vom 21. 7. 1978 (GVBl. S. 1497); zuletzt geändert durch Gesetz vom 26. 9. 1995 (GVBl. S. 625)
Brandenburg:	Gesetz vom 15. 3. 1991 (GVBl. S. 16); zuletzt geändert durch Gesetz vom 30. 3. 1995 (GVBl. S. 102)
Bremen:	Gesetz vom 16. 10. 1978 (GBl. S. 209); zuletzt geändert durch Gesetz vom 17. 10. 1995 (GBl. S. 383)
Hamburg:	Gesetz vom 4. 2. 1986 (GVBl. S. 28); zuletzt geändert durch Gesetz vom 27. 9. 1995 (GVBl. S. 244)
Hessen:	Gesetz vom 18. 10. 1989 (GVBl. S. 261); zuletzt geändert durch Gesetz vom 20. 12. 1995 (GVBl. S. 557)
Mecklenburg-Vorpommern:	Gesetz vom 20. 12. 1990 (GVOBl. 1991 S. 3); zuletzt geändert durch Gesetz vom 11. 12. 1995 (GVOBl. S. 608)
Niedersachsen:	Gesetz vom 3. 2. 1978 (GVBl. S. 101); zuletzt geändert durch Gesetz vom 14. 2. 1995 (GVBl. S. 30)
Nordrhein-Westfalen:	Gesetz vom 24. 4. 1979 (GV. S. 238); zuletzt geändert durch Gesetz vom 12. 12. 1995 (GV. S. 1202)
Rheinland-Pfalz:	Gesetz vom 21. 7. 1978 (GVBl. S. 587); zuletzt geändert durch Gesetz vom 20. 12. 1994 (GVBl. S. 471)
Saarland:	Gesetz vom 4. 7. 1979 (Amtsbl. S. 656); zuletzt geändert durch Gesetz vom 29. 11. 1995 (Amtsbl. 1996 S. 42)
Sachsen:	Gesetz vom 26. 2. 1991 (GVBl. 44); zuletzt geändert durch Gesetz vom 18. 4. 1995 (GVBl. S. 141)
Sachsen-Anhalt:	Gesetz vom 24. 1. 1991 (GVBl. S. 1); zuletzt geändert durch Gesetz vom 13. 10. 1995 (GVBl. S. 290)
Schleswig-Holstein:	Gesetz vom 11. 8. 1978 (GVOBl. S. 223); zuletzt geändert durch Gesetz vom 16. 10. 1995 (GVBl. S. 334)
Thüringen:	Gesetz vom 7. 2. 1991 (GVBl. S. 27); zuletzt geändert durch Gesetz vom 28. 2. 1995 (GVBl. S. 109)

Stand: Januar 1996.

Anmerkungen

I. Einführung: Überblick und Thesen

1 Hier muß man allerdings unterscheiden: Während über die Parteienfinanzierung im engeren Sinne durchaus eine beachtliche kritische
politikwissenschaftliche und staatsrechtliche Literatur vorliegt, sind
die Fraktions- und Stiftungsfinanzierung und die Abgeordnetenbezahlung bisher selten Gegenstand literarischen Interesses gewesen.
Charakteristisch ist, daß die neuere politikwissenschaftliche Gesamt-
darstellung »Parteifinanzen und politische Macht« (2. Aufl. 1994)
von *Christine Landfried* die Finanzierung der Fraktionen, Parteistiftungen und Abgeordneten nur streift.

2 *Rousseau*, Contrat social, Buch III, Kap. 15 (2): »un mot d'esclave«.

3 *Isensee*, Steuerstaat als Staatsform, in: Festschrift für Hans-Peter Ipsen,
1977, 409 (412).

4 Auch die Finanzwissenschaft pflegte lange einen Bogen um diese
Thematik zu machen, obwohl die Politikfinanzierung als Forschungs-
gegenstand zumindest für die Neue politische Ökonomie eigentlich
prädestiniert erscheint. So jetzt auch *Hood/Peters* (eds.), Rewards at
the Top. A Comparative Study of High Public Office, 1994.

5 Die symptomatische, aber auch die ursächliche Bedeutung der Finanzen für das politische Geschehen hat *Joseph A. Schumpeter* immer
wieder betont. Zum Beispiel in: Die Krise des Steuerstaates, in:
Goldscheid/Schumpeter (Hg.): Die Finanzkrise des Steuerstaates,
1917, wieder herausgegeben von R. Hickel, 1976, 329 (332).

6 So treten vor allem die auf der Dominanz von partikularen Eigeninteressen beruhende Problemlösungsschwäche der Politik, der zu
geringe Einfluß der Bürger, der die Fehlentwicklungen erst ermöglicht hat, die Ersatzgesetzgebung durch das Bundesverfassungsgericht
und anderes mehr (Näheres bei *von Arnim*, Demokratie vor neuen
Herausforderungen, Zeitschrift für Rechtspolitik 1995, 340 ff.) in der
Politikfinanzierung besonders deutlich, teilweise sogar *über*zeichnet,
hervor.

7 Vergleiche auch *Klaus Vogel*, Grundzüge des Finanzrechts des Grundgesetzes, in: Isensee/Kirchhof (Hg.), Handbuch des Staatsrechts, Bd.
4, 1990, 3 (4).

8 »Wer der Spur des Geldes folgt, wird auf die Wahrheit stoßen.« –
R. L. Cope, Legislative Studies vol. 9 No. 2 (Autumn 1995), 80 (81).

9 *Michael Stolleis*, Pecunia nervus rerum, 1983.

10 So auch die wichtige, in Anm. 4 genannte vergleichende Untersuchung über die Bezahlung politischer Führungsgruppen in neun europäischen Ländern, der Europäischen Union und den USA.

11 Statt vieler *von Arnim*, Staatslehre der Bundesrepublik Deutschland, 1984.

12 *Leif/Legrand/Klein* (Hg.), Die politische Klasse in Deutschland, 1992; *von Beyme*, Die politische Klasse im Parteienstaat, 1993.

13 Zur Gesamtzahl der Mitglieder siehe Tabelle 5 auf S. 125 f.

14 So, bezogen auf das Parteien*recht*, auch *Dian Schefold*, Rechtsvergleichende Ausblicke auf die Finanzen der politischen Parteien, in: Tsatsos/Schefold/Schneider (Hg.), Parteienrecht im europäischen Vergleich, 1990, 829 ff.

15 *Gerhard Leibholz*, zum Beispiel in: Verfassungsrechtliche Stellung und innere Ordnung der Parteien, in: Verhandlungen des 38. Deutschen Juristentages, 1950, S. C 10.

16 Entscheidung des Bundesverfassungsgerichts vom 24. Juni 1958, amtliche Sammlung Bd. 8, S. 51 (63) = BVerfGE 8, 51 (63).

17 *Richard von Weizsäcker*, Krise und Chance unserer Parteiendemokratie, Aus Politik und Zeitgeschichte B 42/1982, 3 ff., abgedruckt auch in: *von Weizsäcker*, Die deutsche Geschichte geht weiter, 1983, 154 (157). Vergleiche jetzt auch *Richard von Weizsäcker* im Gespräch mit Gunter Hofmann und Werner A. Perger, 1992, 135 ff., und die dadurch ausgelöste Diskussion, z. B. in: *Hofmann/Perger* (Hg.), Die Kontroverse. Weizsäckers Parteienkritik in der Diskussion, 1992.

18 Vergleiche auch *von Arnim*, Staat ohne Diener, überarbeitete Taschenbuchausgabe 1995, insbesondere Kapitel 4.

19 *Tsatsos*, Rechtsvergleichende Ausblicke auf politische Partei und Staat, in: Tsatsos/Schefold/Schneider (Hg.), Parteienrecht im europäischen Vergleich, 1990, 848 (849).

20 VVDStRL 44 (1986) mit umfassenden Berichten von *Michael Stolleis* (S. 7 ff.), *Heinz Schäffer* (S. 46 ff.), *René A. Rhinow* (S. 83 ff.) und einer ebenfalls lesenswerten Aussprache (S. 114 ff.).

21 Vgl. nur *Christian Graf von Krockow/Peter Lösche* (Hg.), Parteien in der Krise, 1986; *Peter Haungs/Eckard Jesse* (Hg.), Parteien in der Krise?, 1987.

22 Dazu die Kritik durch *von Arnim*, Zur normativen Politikwissenschaft. Versuch einer Rehabilitierung, Der Staat 1987, 477.

23 *Wildenmann*, z. B. in: Mühleisen (Hg.), Das Geld der Parteien, 1986, 80 (82). Vgl. auch schon *Wildenmann*, Regeln der Machtbewerbung,

Kölner Antrittsvorlesung 1963; in *Ders.:* Gutachten zur Frage der Subventionierung politischer Parteien aus öffentlichen Mitteln, 1968, 70.

24 *von Arnim,* Der strenge und der formale Gleichheitssatz, Die öffentliche Verwaltung 1984, 85.

25 BVerfGE 40, 296 (327); *von Arnim,* Die Abgeordnetendiäten, 1974, 41 ff., 49; *ders.,* Parteienfinanzierung, 1982, 46 ff.; *Parteienfinanzierungskommission,* 1983, 175; *Hans-Peter Schneider,* Gesetzgeber in eigener Sache, in: Grimm/Maihofer (Hg.), Gesetzgebungstheorie und Rechtspolitik, Jahrbuch für Rechtssoziologie und Rechtstheorie, 1988, 327 (329 f.); *Wilhelm Henke,* Geld, Parteien, Parlamente, Der Staat, 1992, 98 (101); *ders.,* Bearbeitung des Art. 21 GG im Bonner Kommentar (1991), Randnummer 321.

26 Näheres zu diesem Ansatz bei *von Arnim,* Staatslehre der Bundesrepublik Deutschland, 1984, 192 ff.

27 Vgl. *Rudolf Wildenmann,* Gutachten zur Frage der Subventionierung politischer Parteien aus öffentlichen Mitteln, 1968, 10: Für eine begründete Entscheidung bedürfe es einer »Klärung und Abgrenzung der Aufgaben, die politische Parteien in einem demokratischen Staat zu erfüllen haben, und einer Erörterung der Bedingungen, die zur Erfüllung dieser Aufgaben gegeben sein müssen«.

28 Dazu bereits die Kritik bei *von Arnim,* Aktuelle Probleme der Parteienfinanzierung, 1983, 21 f. mwN.

29 So auch schon die erste Auflage dieses Buches, S. 232 f.

30 BVerfGE 85, 264 (290).

31 Auf sie hat vor allem *Göttrik Wewer* hingewiesen: *Wewer,* Plädoyer für eine integrierende Sichtweise von Parteien-Finanzen und Abgeordneten-Alimentierung, in: *ders.* (Hg.), Parteienfinanzierung und politischer Wettbewerb, 1990, 420.

32 Dazu *von Arnim,* Die finanziellen Privilegien von Ministern in Deutschland, 1992; *ders.,* Der Staat als Beute, 1993.

33 *Josef Schumpeter,* Kapitalismus, Sozialismus und Demokratie, 1950, 427 ff.

34 *Anthony Downs,* Ökonomische Theorie der Demokratie, 1968.

35 Zu drei wissenschaftlichen Ansätzen zur Erforschung der Politikfinanzierung, dem »politisch-ökonomischen«, dem »institutionellen« und dem »kulturellen«, jetzt auch *Hood/Peters,* Rewards at the Top, 1994, 3 ff. In dem vorliegenden Buch werden vornehmlich die beiden ersten Ansätze zugrunde gelegt.

36 So vehement schon *Jaspers,* Wohin treibt die Bundesrepublik?, 1966, 128 ff.

37 *Rolf Zundel*, Das verarmte Parlament, 1980, 47 ff.

38 *Eschenburg* warnte schon 1961, daß die Parteien sich von der Parteien-finanzierung her selbst wandelten, was auf lange Sicht die Existenz der parlamentarischen Demokratie in ihrer auf die Existenz klassischer Par-teien zugeschnittenen Form in Frage stellen könnte; Stuttgarter Zei-tung vom 12. 5. 1961. Vgl. auch die Warnung *Herbert Wehners*, durch die staatliche Parteienfinanzierung werde »die Bereitschaft zur eige-nen, zur freiwilligen Leistung« demoralisiert (Deutscher Bundestag, 4. Wahlperiode, 122. Sitzung vom 15. 4. 1964, Protokoll S. 5777 f.).

39 *von Arnim*, Der Staat als Beute. Wie Politiker in eigener Sache Gesetze machen, 1993.

40 Vergleiche jetzt auch BVerfGE 85, 264 (290). Die eindrucksvollen Ausführungen des Gerichts sind wörtlich auf S. 90 wiedergegeben.

41 *Hood/Peters*, Understanding RHPO's, in: *dies.* (Hg.), Rewards at the Top, 1994, 1.

42 BVerfGE 40, 296 (327).

43 *Ernst Benda*, Zeitschrift für Rechtspolitik 1994, 366 (367).

44 Daß Teile der politik-soziologischen Parteienforschung hier allerdings versagt haben und die Anstöße von anderen gekommen sind, betont z. B. *Stefan Immerfall*, Die letzte Dekade westdeutscher Parteienfor-schung. Zur Analogie der Defizite von Parteien und Parteienfor-schung, ZParl 1992, 172 (189). Die Anstöße haben den Initiatoren allerdings nicht nur Zustimmung, sondern auch heftige und diffa-mierende Kritik von bestimmten Vertretern eines in seinem Selbstver-ständnis getroffenen wissenschaftlichen Establishments eingetragen.

45 *Ernst Fraenkel*, Die Wissenschaft von der Politik und die Gesellschaft (1963), in: *ders.*, Reformismus und Pluralismus, 1973, 337 (344).

46 Näheres z. B. bei *von Arnim*, Die politischen Parteien und das Geld, Bitburger Gespräche 1993/2 61 (64 f.).

II. Parteienfinanzierung

1 *Richard von Weizsäcker*, Gesprächsbuch, 1992, 152.

2 Zitiert nach *Dübber*, Geld und Politik, 1970, 97.

3 BVerfGE 20, 56 (108).

4 BVerfGE 25, 167.

5 Zum Problem generell *von Arnim*, Gemeinwohl und Gruppeninter-essen. Die Durchsetzungsschwäche allgemeiner Interessen in der pluralistischen Demokratie, 1977.

6 Das Problem, das allgemeine Interesse an der Herstellung der Öffentlichkeit der Parteienfinanzen in der Politik zur Geltung zu bringen, die Frage also, ob »die Sorge um Parteienverdrossenheit und mangelnde Funktionsfähigkeit der Parteien (sich) auch in Wählerstimmen umsetzen« läßt, spricht *Wildenmann* an. *Wildenmann,* Kriterien zur Regelung der Parteifinanzen im System der Parteienregierung der Bundesrepublik, in: Mühleisen (Hg.), Das Geld der Parteien, 1986, 80 (100 f.).

7 Davon geht grundsätzlich auch das Parteiengesetz aus. Ausnahmsweise verboten ist den Parteien lediglich die Annahme bestimmter Spenden wie sog. finaler oder anonymer Spenden, Spenden von politischen Stiftungen und aus dem Ausland (§ 25 I 2 PartG). Die Sanktionen bei Verstößen sind jedoch so milde (Abführung des rechtswidrig Erlangten und Verfall des Zweifachen) und die Wahrscheinlichkeit, daß Verstöße überhaupt aufgedeckt und geahndet werden, zudem so gering, daß davon kaum eine wirksame Abschreckung ausgehen kann. – Zur Wirkungslosigkeit des 1993 eingeführten Straftatbestandes der Abgeordnetenbestechung (§ 108e StGB) siehe S. 295 ff.

8 Im Ausland sind Spenden, die eine gewisse Höhe überschreiten, und Spenden von juristischen Personen teilweise schlicht verboten. *Eschenburg* hat auch für die Bundesrepublik ein völliges Spendenverbot vorgeschlagen, weil im Spendenwesen die Korruption »institutionell« angelegt sei *(Eschenburg,* Kommission soll Diäten vorschlagen, Rhein-Neckar-Zeitung, 25. 7. 1988, S. 2). *Peter Lösche (Lösche,* Über das Geld in der Politik, in: Graf von Krockow/Lösche [Hg.], Parteien in der Krise, 1986, 84 [91]) hat für die Spenden natürlicher Personen eine Höchstgrenze und zusammen mit *Christine Landfried* ein gänzliches Verbot von Spenden juristischer Personen angeregt *(Landfried,* Parteifinanzen und politische Macht, 1990, 300 ff.). Juristische Personen haben mit gutem Grund kein Wahlrecht bei Wahlen zu Volksvertretungen und sollten deshalb auch nicht die Möglichkeit erhalten, mit Geldzuwendungen Einfluß auf die politische Willensbildung zu nehmen. Zur Durchsetzung und Kontrolle der von ihm empfohlenen restriktiven Regelungen hat *Lösche* »eine unabhängige, an keine Weisungen von Regierung und Parlament gebundene Kontrollbehörde nach amerikanischem Vorbild« vorgeschlagen. *Lösche,* Über das Geld in der Politik, 92.

9 Spenden von juristischen Personen sollten zunächst erst bei Beträgen über 200 000 DM publiziert werden müssen. Das Bundesverfassungsgericht hat die Differenzierung zwischen Spenden von juristischen und natürlichen Personen in seinem Urteil vom 3. 12. 1968

(BVerfGE 24, 300 [357]) aber wegen Verstoßes gegen den Gleichheitssatz für verfassungswidrig erklärt.

10 Das Bundesverfassungsgericht hat die 20 000-DM-Grenze zwar 1968 abgesegnet (BVerfGE 24, 300 [356]), dabei blieben aber viele kritische Fragen unbeantwortet (vgl. *von Münch*, Staatsrecht I, 5. Aufl., 1993, Rz 251): Sind Spenden von 20 000 DM jährlich wirklich von geringem Gewicht, vor allem wenn sie über mehrere Jahre, z. B. über zehn Jahre und länger fließen? Und: Hängt die Frage der Beeinflussung der Partei durch Spenden nicht auch von der Größe der Partei ab? – Die Parteienfinanzierungskommission von 1993 hatte vorgeschlagen, die Publikationsgrenze für Spenden an Landesverbände und Bezirke auf 10 000 DM und für Ortsvereine auf 5000 DM herabzusetzen: Empfehlungen der Kommission unabhängiger Sachverständiger zur Parteienfinanzierung vom 19. 2. 1993, Bundestagsdrucksache 12/4425, S. 43.

11 *Herrmann/Heuer/Raupach*, Einkommen- und Körperschaftssteuergesetz. Kommentar (Stand 12/1989), § 10b EStG, Anm. 130: Die Spenden zusammenveranlagter Ehegatten sind nicht zusammenzurechnen.

12 *Kaack*, Schriftliche Stellungnahme für die Anhörung des Innenausschusses des Deutschen Bundestages vom 21. 11. 1988, Stenographisches Protokoll, 138 (141 ff.).

13 BVerfGE 20. 56 (105): »Größere private Spenden« sind »offenzulegen«. BVerfGE 24, 300 (356): Art. 21 I GG verlangt, daß »die Spender benannt werden, deren Spende ihrer Höhe nach für eine Partei maßgeblich ins Gewicht fällt.« BVerfGE 52, 63 (87): »Der Wähler soll über die Herkunft der ins Gewicht fallenden Spenden an politische Parteien korrekt und vollständig informiert werden und die Möglichkeit haben, daraus seine Schlüsse zu ziehen.«

14 Dazu ausführlicher *von Arnim*, Die neue Parteienfinanzierung, 1989, 8487. *Landfried*, Parteifinanzen und politische Macht, 1990, 303, plädiert für die Einführung einer Offenlegungspflicht bei Spenden ab 10 000 DM.

15 BVerfGE 85, 264 (318 ff.).

16 § 25 II PartG.

17 So tauchten z. B. die über 200 Mio. DM die die »Staatsbürgerliche Vereinigung von 1954 e. V.« von 1968 bis 1980 an die CDU, CSU und FDP verteilt hatte, in den Rechenschaftsberichten nicht auf.

18 *Parteienfinanzierungskommission*, 1983, 224.

19 In der Frankfurter Allgemeinen Zeitung vom 12. 5. 1984 wird der frühere Schatzmeister der SPD *Halstenberg* von *Herles* dahingehend zitiert, Firmen hätten ihre Publikationspflicht umgehen können,

»indem sie ihre Spenden über ihre ›Töchter und Enkel‹ jeweils unter 20 000 Mark hielten, um dann dennoch zu großen Summen zu kommen«. Diese auf die Publikationspflicht bei Parteispenden gemünzte Bemerkung gilt natürlich erst recht für die Anzeigepflicht bei Direktspenden an Abgeordnete.

20 BVerfGE 85, 264 (324 ff.). Eine entsprechende Ergänzung des § 4 der Verhaltensregeln für Mitglieder des Deutschen Bundestages wurde am 30. 9. 1995 bekanntgemacht (BGBl. S. 1246).

21 BVerfGE 40, 296 (318 f.).

22 Näheres zum ganzen Komplex siehe S. 293 ff.

23 Der Spiegel Nr. 27 vom 1. 7. 1985 S. 29 f. (Pharmaindustrie); Der Spiegel Nr. 34 vom 19. 8. 1985, S. 19 ff. (Versicherungswirtschaft). Vgl. auch den Hinweis von *Steinberg,* Parlament und organisierte Interessen, in: Schneider/Zeh (Hg.), Parlamentsrecht und Parlamentspraxis, 1989, 217 (226), daß er selbst »bei einem Bonner Spitzenverband die Existenz eines Wahlkampffonds in Millionenhöhe feststellen« konnte, »der an ›nahestehende‹ Abgeordnete und Kandidaten ausgeschüttet wurde«.

24 *Göttrik Wewer,* Plädoyer für eine integrierende Sichtweise von Parteien-Finanzen und Abgeordneten-Alimentierung, in: ders. (Hg.), Parteienfinanzierung und politischer Wettbewerb, 1990, 420 (443 ff.).

25 *Christine Landfried,* Parteifinanzen und politische Macht, 1990, 143 ff.

26 Zur Verfassungswidrigkeit der »Parteisteuern« und dazu, daß diese nicht auch noch doppelt staatlich prämiert werden sollten, wie dies aber seit 1994 der Fall ist, Parteienfinanzierungskommission 1993, Abweichende Meinung des Kommissionsmitglieds *von Arnim,* Bundestagsdrucksache 12/4425, S. 51 (55 f.). Näheres siehe S. 317 ff.

27 Ein Grund für die Abdunklung war wohl auch, daß man die durch die hohe Steuerbegünstigung von Parteizuwendungen begünstigte »Umwandlung« von »Fraktionsteuern« in »Parteisteuern« (siehe S. 313) nicht publik werden lassen wollte.

28 *Parteienfinanzierungskommission,* 1983, 181: »Die Gesamthöhe der Kredite darf pro Gebietsverband die Quote von 20 v. H. der Einnahmen nicht länger als zwölf Monate pro Wahlperiode übersteigen. Als Einnahmen werden hier alle Einnahmen gemäß Parteiengesetz mit Ausnahme der Kredite verstanden. Für die Festsetzung der Quote wird als jährliche Einnahme ein Viertel der Einnahmensumme der letzten vier Jahre zugrunde gelegt.« Denkbar wäre aber durchaus

auch eine strengere Kreditbegrenzung. Eine Begrenzung der Kreditaufnahme hatte auch die Parteienfinanzierungskommission 1993 vorgeschlagen: Bundestagsdrucksache 12/4425. S. 29 f.

29 Vgl. auch *Landfried*, Parteifinanzen und politische Macht, 1990, 269.

30 Die Vermögensrechnung kann keinen Ersatz für den Ausweis der Kreditaufnahme geben, weil sie nur den Schuldenstand am Jahresende, nicht aber die Kreditaufnahme während des Berichtsjahres angibt.

31 Die Einnahmen aus Kreditaufnahme wurden mit der Begründung gestrichen, »den jeweiligen Zuflüssen aus Kreditaufnahmen« stünden »Rückzahlungsverpflichtungen gegenüber, so daß eine Verbesserung der Einnahmesituation durch solche Zuflüsse nicht erfolgt« (Bericht des Innenausschusses des Deutschen Bundestages v. 29. 11. 1983, Bundestagsdrucksache 10/697, S. 5). Diese Argumentation ist im Rahmen der Einnahmen- und Ausgabenrechnung, um die es hier geht (vgl. § 24 I 1 PartG), unhaltbar. Wäre es anders, bräuchten auch in den staatlichen Haushaltsplänen die Einnahmen aus Kreditaufnahme nicht aufgeführt zu werden. Auch die Besorgnis über mögliche Manipulationen bei Berechnung der 50-Prozent-Grenze für die Staatsfinanzierung rechtfertigt es nicht, auf den Ausweis der Krediteinnahmen zu verzichten (so aber Bericht der Bundestagspräsidentin über die Finanzen der Parteien v. 5. 4. 1990, Bundestagsdrucksache 11/6885, S. 16). Der Besorgnis hätte ohne weiteres dadurch abgeholfen werden können, daß zum Zwecke der Berechnung der 50-Prozent-Grenze die Krediteinnahmen nicht mitgezählt werden.

32 So schon *von Arnim*, Parteienfinanzierung, 1982, 100 f.

33 Vgl. z. B. Neue Osnabrücker Zeitung vom 6. 7. 1988.

34 Grundlegend: Rechtliche Ordnung des Parteiwesens, Bericht der vom Bundesminister des Innern eingesetzten Parteienrechtskommission, 2. Aufl., 1958, 181 ff.

35 Den vorstehenden drei Vorschlägen hat sich die Parteienfinanzierungskommission von 1993 angeschlossen: Bundestagsdrucksache 12/4425, S. 42 f.; der Gesetzgeber hat sie jedoch bisher nicht übernommen.

36 *von Arnim*, Parteienfinanzierung, 1982, 65 ff., 101 ff.

37 *Parteienfinanzierungskommission*, 1983, 182.

38 Dazu mit beherzigenswerten Verbesserungsvorschlägen *Thomas Kaufner*, Rechenschaftspflicht und Chancengleichheit – Zur Bedeutung einer ordnungsgemäßen finanziellen Rechenschaftslegung für den

Wettbewerb der Parteien, in: Wewer (Hg.), Parteienfinanzierung und politischer Wettbewerb, 1990, 100 ff.

39 *Wildenmann,* Kriterien zur Regelung der Parteifinanzen im System der Parteienregierung der Bundesrepublik, in: Mühleisen (Hg.), Das Geld der Parteien, 1986, 80 (100). *Wildenmann* plädiert für eine Erweiterung der Öffentlichkeit nach amerikanischem Muster, um »die Maßstabshaltung der Bevölkerung« zum Zuge kommen zu lassen.

40 Bundestagsdrucksache 12/4425, S. 42.

41 *Erler,* Dt. BT, 2. Wahlp., 55. Sitzung v. 16. 11. 1954, Protokoll S. 2683 f. *Kühn,* Dt. BT, 2. Wahlp., 193. Sitzung v. 21. 2. 1957, Protokoll S. 10984 ff.

42 Dt. BT, 2. Wahlp., 57. Sitzung v. 19.11.1954, Protokoll S. 2858.

43 BVerfGE 6, 273 (279–281).

44 BVerfGE 8, 51 (64–69).

45 Diese Regelung hat das Bundesverfassungsgericht in seinem Urteil vom 3.12.1968 bestätigt (BVerfGE 24, 300 [358–361]).

46 BVerfGE 52, 63 (91–94).

47 *Uwe Schleth,* Parteifinanzen, 1973, 183 ff.

48 *Schreiber,* Parteispenden und Strafrecht, 1989, 10–12.

49 *Roland Kirbach,* »Schon zuviel getan. Der Mann, der die Bonner Spendenaffäre ans Licht brachte«, in: Die Zeit vom 6. 7. 1984. Vgl. auch *Hubert Seipel,* Der Mann, der Flick jagte. Die Geschichte des Steuerfahnders Klaus Förster, 1985; *Gerd Kröncke,* Ins Abseits befördert, weil er zuviel wissen wollte, in: Süddeutsche Zeitung v. 14. 8. 1981.

50 Vgl. z. B. den Bericht von *Rainer Frenkel* über den Merkle-Prozeß vor dem Stuttgarter Landgericht mit dem Titel »Fordern, fördern, fallenlassen«, in: Die Zeit vom 30. 3. 1990.

51 *Joachim Wagner,* Tatort Finanzministerium. Die staatlichen Helfer beim Spendenbetrug, 1986.

52 *Schünemann,* Die strafrechtlichen Aspekte der Parteispendenaffäre – Eine (Zwischen-?)Bilanz –, in: De Boor/Pfeiffer/Schünemann, Parteispendenproblematik, 1986, 35 (67).

53 Vgl. den Leserbrief des früheren für das Spendenwesen im Bundesministerium der Finanzen zuständigen Referenten, Ministerialrat a. D. *Troll,* in der Frankfurter Allgemeinen Zeitung vom 3. 12. 1983: »Die heute als Steuerstraftat angeprangerte Parteispendenpraxis« sei »schon seit Jahrzehnten der Finanzverwaltung bekannt« gewesen.

54 In Frankreich wurde mit dem Gesetz über die Parteienfinanzierung vom 15. 1. 1990 eine Amnestie verbunden für grundsätzlich »alle

Straftaten, die vor dem 15. Juni 1989 im Zusammenhang mit der direkten oder indirekten Finanzierung von Wahlkämpfen oder von Parteien und politischen Gruppen begangen worden sind«. Vgl. Die Zeit vom 20. 4. 1990; Frankfurter Allgemeine Zeitung vom 5. und 9. 5. 1990.

55 Vgl. *Landfried,* Parteifinanzen und politische Macht, 1990, 227 ff.

56 *Parteienfinanzierungskommission,* 1983, 197 ff.

57 *Parteienfinanzierungskommission,* 1983, 201: Die Neuregelung wäre »ohne weitere Vorkehrungen verfassungswidrig« weil sie »gegen den Grundsatz der Chancengleichheit und das gleiche Teilhaberecht des Bürgers verstoßen würde«.

58 Zum Kompensationscharakter der sog. Kleinbetragsbegünstigung und des Chancenausgleichs *Parteienfinanzierungskommission,* 1983, 4 f., 197 f., 203 ff.

59 Dazu *von Arnim,* Verfassungsfragen der Parteienfinanzierung, 2 Teile, Juristische Arbeitsblätter 1985, 121 ff., 207 ff.

60 Diese Vergünstigungen wurden nicht einmal an die Vorlage korrekter Rechenschaftsberichte der Parteien gebunden. Selbst Zuwendungen an solche Parteien sind voll steuerbegünstigt, die überhaupt keine Berichte vorlegen.

61 BVerfGE 73, 40 II. Vgl. dazu das überzeugende abweichende Votum der Richter *Böckenförde* und *Mahrenholz* (BVerfGE 73, 40 II [103 ff.]).

62 *Kunig,* Parteien, in: Isensee/Kirchhof (Hg.), Handbuch des Staatsrechts, Bd. 2, 1987, 103 (139): »... bleiben Großspender in ihrer Einflußmöglichkeit unvertretbar im Vorteil.« *Grimm,* Parlament und Parteien, in: Schneider/Zeh (Hg.), Parlamentsrecht und Parlamentspraxis, 1989, 199 (215): »... schwer begründbare Abweichung vom Grundsatz der Parteiengleichheit.« *Steinberg,* Parlament und organisierte Interessen, in: Schneider/Zeh (Hg.), a. a. O., 217 (258): »... bedauerlich das in sich höchst widersprüchliche Parteienfinanzierungsurteil des Bundesverfassungsgerichts vom 14. 7. 1986«. *von Alemann,* Parteienfinanzierung: Skandale, Umwege, Urteile, in: Haungs/Jesse, Parteien in der Krise?, 1987, 210 (213): »Gerade die Gleichheitsargumentation des Bundesverfassungsgerichts nicht überzeugend.« Vgl. auch die ausführliche Kritik von *Jörn Ipsen,* Die unbegrenzte Parteienfinanzierung – Bemerkungen zu den Urteilen des Bundesverfassungsgerichts vom 14. Juli 1986, in: Wewer (Hg.), Parteienfinanzierung und politischer Wettbewerb, 1990, 74 ff.

63 *Hans H. Klein,* Parteien sind gemeinnützig – das Problem der Parteienfinanzierung, NJW 1982, 735–737.

64 BVerfGE 73, 40 II (64).

65 § 10b II EStG i. d. F. des Fünften Gesetzes zur Änderung des Parteiengesetzes und anderer Gesetze vom 22. 12. 1988.

66 Für den Ausgleich der Steuerbegünstigung von Beiträgen ist er ohnehin nicht erforderlich.

67 § 22a PartG i. d. F. des Änderungsgesetzes vom 22. 12. 1988.

68 So auch die ungeschminkte Feststellung des Bundestagspräsidenten in seinem Bericht vom 14. 3. 1988, Bundestagsdrucksache 11/2007, S. 5.

69 § 22a II PartG n. F. lautete: »Der Chancenausgleich wird wie folgt errechnet: Für jede Partei, die bei der letzten vor dem Stichtag liegenden Bundestagswahl mindestens 5 vom Hundert der im Wahlgebiet abgegebenen gültigen Zweitstimmen erreicht hat, werden Ausgangsbeträge in Höhe von 40 vom Hundert des Gesamtbetrages der in dem Rechenschaftsbericht (§ 24) des vorausgegangenen Kalenderjahres angegebenen Mitgliedsbeiträge, geteilt durch die Zahl der im selben Rechenschaftsbericht angegebenen Mitglieder, sowie der Spenden, geteilt durch die Zahl der auf die Partei entfallenen gültigen Zweitstimmen, festgestellt. Der jeweils höchste der Ausgangsbeträge wird mit der Zahl der Mitglieder beziehungsweise der erreichten gültigen Zweitstimmen jeder Partei im Sinne des Absatzes 1 vervielfacht. Die sich nach beiden Berechnungen ergebenden Differenzen zwischen den Ergebnissen nach Satz 2 und 40 vom Hundert des Gesamtbetrages der einer Partei zugeflossenen Mitgliedsbeiträge beziehungsweise Spenden im Sinne des Satzes 1 werden addiert und durch zwei geteilt und ergeben den an die jeweilige Partei als Chancenausgleich zu zahlenden Betrag. Dieser Betrag darf 10 vom Hundert der Gesamtsumme der nach dem Ergebnis der vorausgegangenen Wahl der anspruchsberechtigten Partei zu erstattenden Wahlkampfkosten nicht übersteigen.«

70 Berichte der Bundestagspräsidentin vom 16. 6. 1989 (Bundestagsdrucksache 11/4814, S. 7) und vom 5. 4. 1990 (Bundestagsdrucksache 11/6885, S. 9).

71 *Bernrath,* Dt. BT, 11. Wahlp., 117. Sitzung v. 9. 12. 1988, Protokoll S. 8592.

72 *Kaack,* Anhörung des Innenausschusses des Deutschen Bundestages am 21. 11. 1988, Stenographisches Protokoll, 4, 40, 62, 65; *Seifert,* Anhörung, 9; *Fürst,* Anhörung, 16, 60, 110; *Schneider,* Anhörung, 132.

73 Näheres zum Ablauf des Verfahrens bei *von Arnim,* Die neue Parteienfinanzierung, 1989, 117 ff.

74 Zum politischen Zusammenhang zwischen Chancenausgleich und Sockelbetrag *von Arnim,* Die neue Parteienfinanzierung, 1989, 81 ff.

75 Die Einzelheiten des Chancenausgleichs und des Sockelbetrages sind behandelt bei *von Arnim,* Die neue Parteienfinanzierung, 1989.

76 Vgl. *von Arnim,* Die neue Parteienfinanzierung, 1989, 128 ff., 133 f.

77 So schon *von Arnim,* Verfassungsfragen der Parteienfinanzierung, Teil 1, Juristische Arbeitsblätter 1985, 121 (126 ff. m. w. N.). Vgl. auch das Spiegel-Gespräch zwischen *Hans Peter Schneider* und *von Arnim,* Der Spiegel, 25. 7. 1983, 27–32.

78 BVerfGE 85, 264 (313).

79 Bundestagsdrucksache 12/4425, S. 31 f.: »Eine weitergehende Anhebung sieht die Kommission auf der Grundlage des Urteils als nicht mehr zulässig an.«

80 BVerfGE 85, 264 (316).

81 BVerfGE 85, 264 (316).

82 Dazu *Horst Sendler,* Verfassungsgemäße Parteienfinanzierung, Neue Juristische Wochenschrift 1994, 365; *Thomas Drysch,* Staatliche Parteienfinanzierung und kein Ende: das neue Parteienfinanzierungsgesetz, Neue Zeitschrift für Verwaltungsrecht 1994, 218; *Hans-Rüdiger Schmidt/Peter Steffen,* Standortpapier zum neuen Parteienfinanzierungsrecht, Mitteilungen des Instituts für Deutsches und Europäisches Parteienrecht, Heft 4, Dezember 1994, 67; *Hans Hofmann,* Die staatliche Teilfinanzierung der Parteien, Neue Juristische Wochenschrift 1994, 691; *Volker Schütte;* Ein Bürgerbeitrag gegen Parteiverdrossenheit, ZParl 1994, 262; *Michael Vesper,* Langer Anlauf, kurzer Sprung, die tageszeitung (taz) vom 12. 11. 1993; *Jörn Ipsen,* Stenographisches Protokoll über die 77. Sitzung des Innenausschusses des Deutschen Bundestages am 18. 10. 1993, S. 34 ff.; *Hans-Peter Schneider,* Die politischen Parteien und das Geld, Festschrift Otwin Massing zum 60. Geburtstag, 1995, 335.

83 Sechstes Gesetz zur Änderung des Parteiengesetzes und anderer Gesetze vom 28. 1. 1994, BGBl. I S. 142.

84 Zwar gilt für die 6000-DM-Grenze für die Zuschußberechtigung von Zuwendungen (§ 18 III Nr. 3 PartG) keine Verdoppelung für einen zusammenveranlagten Verheirateten wie bei der steuerlichen Begünstigung; doch kann *jeder* der beiden Ehegatten bis zu 6000 DM – zuschußberechtigt – an die Partei geben, wodurch in der Praxis das gleiche wirtschaftliche Ergebnis erzielt wird.

85 BVerfGE 69,92. Dazu *von Arnim,* Zum Ausschluß kommunaler

Wählergemeinschaften von der steuerlichen Spenden- und Beitrags-
begünstigung, Neue Juristische Wochenschrift 1985, 1005.

86 BverfG, Deutsches Verwaltungsblatt 1989, 147.

87 BGBl. I S. 1185.

88 BVerfGE 8, 51 (63).

89 Dt. BT. 3. Wahlp. 70. Sitzung v. 3. 6. 1959, Protokoll S. 3712.

90 Dt. BT, 4. Wahlp., 23. Sitzung v. 5. 4. 1962, Protokoll S. 862 f.; Dt.
BT. 4. Wahlp., 122. Sitzung v. 15. 4. 1964, Protokoll S. 5748 ff.

91 Vgl. Bundestagsabgeordneter *Dr. Althammer* (CDU/CSU), Deutscher Bundestag, 4. Wahlperiode, 122. Sitzung vom 15. 4. 1964,
Protokoll S. 5747 (5750).

92 *Heiko Faber,* Parteifinanzierung und Grundgesetz, 1966, 57; *Dübber,*
Geld und Politik, 1970, 94.

93 *Heiko Plate,* a. a. O.

94 Entwurf eines Parteiengesetzes der Fraktionen der CDU/CSU und
der FDP vom 17. 12. 1964, Bundestagsdrucksache IV/2853.

95 *Ulrich Dübber,* Geld und Politik, 1970, 91.

96 Unter Einschluß der 1959 in Nordrhein-Westfalen in den Haushalts-
plan eingestellten zusätzlichen eine Million Mark für die dortigen
Parteien ergibt sich für dieses Jahr eine Staatsfinanzierung von sechs
Millionen Mark.

97 Dt. BT, 4. Wahlp., 122. Sitzung v. 15. 4. 1964, Protokoll S. 5756.

98 *Erwin Hielscher,* Die Finanzierung der politischen Parteien, 1955,
18.

99 Rechtliche Ordnung des Parteiwesens, Bericht der vom Bundesminister des Innern eingesetzten Parteienrechtskommission, 1957, 212,
216, 218.

100 *Landfried,* Parteifinanzen und politische Macht, 1990, 275 ff.

101 Bericht der vom Bundesminister des Innern eingesetzten Parteienrechtskommission, 1957, 218.

102 *Wehner,* Deutscher Bundestag, 4. Wahlperiode, 122. Sitzung vom
15. 4. 1964, Protokoll S. 5777 f.

103 BVerfGE 20, 56.

104 BVerfGE 20, 119.

105 BVerfGE 20, 56 (114): »Der Wahlkampf setzt voraus, daß die Wahl
nahe bevorsteht; er ist zeitlich begrenzt.«

106 BVerfGE 20, 56 (113).

107 BVerfGE 20, 56 (102).

108 Gesetz über die politischen Parteien (Parteiengesetz) vom 24. 7. 1967
(BGBI. I S. 773).

109 BVerfGE 24, 300 (339–343).
110 BVerfGE 24, 300 (339). Jedenfalls wurde das Bundesverfassungs-
    gericht in der Literatur im Sinne einer solchen Begrenzung verstan-
    den: Bericht der (ersten) Parteienfinanzierungskommission, 1983,
    209; *Kaack,* Anhörung des Innenausschusses des Deutschen Bundes-
    tages vom 21. 11. 1983, 117 f.; *von Arnim,* Die neue Parteienfinan-
    zierung, 1989, 65 ff.
111 BVerfGE 24, 300 (339).
112 BVerfGE 24, 300 (305 f.).
113 Anhörung des Innenausschusses des Deutschen Bundestages am
    21. 11. 1988, Stenographisches Protokoll, 117.
114 *Rupert Breitling.* Offene Partei- und Wahlfinanzierung, Politische
    Vierteljahresschrift 1968, 223 (224): »Rechnet man die 2,50 Mark
    auf gleiche Jahresbeträge um, so werden die Ansprüche an den
    Bundeshaushalt nach dem Parteiengesetz von bisher 38 Millionen
    Mark p. a. auf ca. 28 Millionen Mark ermäßigt.«
115 Näheres bei *Dübber,* Geld und Politik, 1970, 102 f.
116 Bericht 210 f.
117 *Kaack,* Vortrag vor der Deutschen Vereinigung für Parlamentsfragen
    am 22. 6. 1983, Stenographische Niederschrift, 4 (16 f.).
118 *Kurt H. Biedenkopf,* Zeitsignale, 1989, 249.
119 Näheres siehe S. 27.
120 *Ilona Klein,* Die Bundesrepublik als Parteienstaat, 1991, 280.
121 Zum Beispiel *Biedenkopf,* a. a. O.; *Richard von Weizsäcker,* Gesprächs-
    buch, 1992, 146 f.
122 *Rupert Breitling,* Offene Partei- und Wahlfinanzierung, Politische
    Vierteljahresschrift 1968, 223 (224).
123 *Rolf Groß,* Zum neuen Parteienrecht, Die Öffentliche Verwaltung
    1968, 80 (81).
124 *Ilona Klein,* a. a. O., 285. Vergleiche auch *Dieter Grimm,* Die poli-
    tischen Parteien, in: *Benda/Maihofer/Vogel* (Hg.), Handbuch des
    Verfassungsrechts, 1983, 317 (370): Die Parteien pflegen mit ihrer
    verfassungsrechtlichen Anerkennung »und dem im Wege der Selbst-
    charakterisierung beschlossenen Aufgabenkatalog des § 1 Parteien-
    gesetz zu wuchern«, »wenn es um die Ausweitung von Privilegien
    geht«. Ferner *Heinrich Oberreuter,* Die Macht der Parteien, in: Emil
    Hübner/Heinrich Oberreuter (Hg.), Parteien in Deutschland 1992,
    187 (204): »Rechtstitel für weitreichende Aktivitäten ... Aufgaben
    und Rechtspflichten, die öffentliche Zuwendungen legitimieren.«
125 Bericht, 1983, 52–56. Dazu kritisch bereits *von Arnim,* Aktuelle

449

Probleme der Parteienfinanzierung, September 1983 (Nr. 18 der Stellungnahmen des Karl-Bräuer-Instituts des Bundes der Steuerzahler), 21 f.; *ders.*, Die Partei, der Abgeordnete und das Geld, 1991, 232 f.

126 Dazu *Gerhard Konow,* Verfassungsrechtliche Fragen zum Parteiengesetz, Die Öffentliche Verwaltung 1968, 73 (74).

127 Dazu kritisch *Ernst Friesenhahn,* Die verfassungsrechtliche Stellung der Parteien in der Bundesrepublik Deutschland, Zeitschrift für Schweizerisches Recht 1968, 245 (263); *Ilona Klein,* a. a. O., 283 f. m. w. N.

128 BVerfGE 20, 56 (113).

129 Näheres siehe S. 89.

130 So auch Parteienfinanzierungskommission 1993, Bundestagsdrucksache 12/4425, S. 14).

131 BVerfGE 85, 264.

132 Zur Verfassungswidrigkeit des Sockelbetrages und des Chancenausgleichs auch schon *von Arnim,* Die neue Parteienfinanzierung, 1989, und in der Vorauflage des vorliegenden Buches.

133 BVerfGE 85, 264 (292).

134 BVerfGE 85, 264 (293).

135 BVerfGE 85, 264 (328).

136 BVerfGE 85, 264 (290–292).

137 BVerfGE 85, 264 (290).

138 BverfGE 85, 264 (291).

139 Siehe *Göttrik Wewer,* in ders., Parteienfinanzierung und politischer Wettbewerb, 1990, 459 (486 f.); *von Arnim* in der ersten Auflage dieses Buches, 1991, 291.

140 BVerfGE 85, 264 (289).

141 BVerfGE, a. a. O.

142 Dazu berechtigte Kritik bei *Landfried,* Parteifinanzen und politische Macht, 2. Aufl. 1994, 319 ff., die die »Parteisteuern« auch bei Berechnung der relativen Obergrenze zu den staatlichen Einnahmen gezählt wissen möchte. Kritik am weitgehenden Übergehen der Problematik der »Parteisteuern« durch die Parteienfinanzierungskommission auch bei *von Arnim,* Abweichende Meinung, Bundestagsdrucksache 12/4425, S. 51 (55 f.).

143 BVerfGE 85, 264 (289 f.).

144 BVerfGE 85, 264 (289).

145 BVerfGE 85, 264, Leitsatz 1.

146 BVerfGE 85, 264 (283).

147 So schon *von Arnim,* Parteienfinanzierung, 1982, 49 ff. m. w. N.; *Jörn Ipsen,* Steuerbegünstigung und Chancenausgleich, Juristen-Zeitung 1984, 1060 (1064).

148 *von Arnim,* Verfassungsfragen der Parteienfinanzierung (Teil 2), Juristische Arbeitsblätter 1985, 207 (213 f. m. w. N.).

149 *Parteienfinanzierungskommission,* 1983, 217.

150 *Schütte,* Ein Bürgerbeitrag gegen Parteiverdrossenheit, ZParl 1994, 262 (265).

151 BVerfGE 85, 264 (291).

152 Empfehlungen der Kommission unabhängiger Sachverständiger zur Parteienfinanzierung vom 19. 2. 1993, Bundestagsdrucksache 12/4425. Dazu auch die abweichende Meinung des Kommissionsmitglieds *von Arnim,* ebda, S. 51 ff. Empfehlungen und abweichende Meinung wurden auch als Buch vom Bundespräsidialamt herausgegeben und bei der Nomos Verlagsgesellschaft, Baden-Baden 1994, veröffentlicht.

153 Vgl. *Kaltefleiter/Naßmacher,* Das Parteiengesetz 1994 – Reform in kleinen Schritten, ZParl 1994, 253.

154 Z. B. *Werner Kaltefleiter,* Das Sündenregister der Laienspielschar, Handelsblatt vom 19./20. 2. 1993. Dazu *von Arnim,* Die politischen Parteien und das Geld, Bitburger Gespräche, Jahrbuch 1993/2, 61 (64 f.).

155 *Wettig-Danielmeier* in einer Presseerklärung der SPD vom 17. 2. 1993 (98/93).

156 So treffend die ironischen Bemerkungen von *Hans Peter Schneider,* Die politischen Parteien und das Geld. Aktuelle Probleme der Parteienfinanzierung, Festschrift Massing, 1995, 335 (341).

157 Dazu *Wettig-Danielmeier* in der erwähnten Pressemitteilung der SPD vom 17. 2. 1993: »Die vom Bundesverfassungsgericht vorgegebene und von der Kommission außerordentlich restriktiv ausgelegte Beschränkung der Steuerabzugsfähigkeit von Spenden und Beiträgen trifft vor allem Ratsmitglieder, Kreis-, Landtags-, Bundestags- und Europaabgeordnete, ohne deren substantielle Beiträge keine Partei lebensfähig ist.«

158 *Wettig-Danielmeier,* a. a. O.: »Eine ganze Reihe der vorgeschlagenen Verteilungsmechanismen und bürokratischer Auflagen kann eine von ehrenamtlichen Parteifunktionären getragene Partei kaum erfüllen. Hier ist eine Aufbereitung der Kommissionsvorschläge anhand der praktischen Möglichkeiten erforderlich. Der Ausbau eines qualifizierten hauptamtlichen bezahlten Apparats auch auf der kommunalen

Ebene ist den Parteien durch die Auferlegung des Sparsamkeitsgebots seit Jahren nicht möglich, er muß im Gegenteil immer weiter eingeschränkt werden«.

159 Interessanterweise bemängelten andere, daß die Kommission in ihren Vorschlägen noch nicht weit genug gegangen sei. So z.B. *Düselder/Rieken/Römmele,* Vorschläge der Sachverständigenkommission zur Parteienfinanzierung, ZParl 1993, 179 ff.

160 *Wettig-Danielmeier,* a. a. O. Gerade umgekehrt hatte z. B. *von Beyme,* Die politische Klasse im Parteienstaat 1993, 155, bei Berufung des Verfassers in die Kommission befürchtet, der schärfste Kritiker würde durch Eintritt in die Kommission seine Unabhängigkeit aufgeben, was »der Tradition des deutschen Etatismus« entspreche. Inwieweit diese Befürchtung wirklich gerechtfertigt war, mögen andere anhand des Berichts der Kommission beurteilen und dabei berücksichtigen, daß auch die Möglichkeit bestand, in der Kommission ein Sondervotum abzugeben (von der der Verfasser Gebrauch machte), und auf die vorgesehene Bezahlung einer Entschädigung, die der Haushaltsausschuß des Bundestags bewilligen mußte, zu verzichten (wovon der Verfasser ebenfalls Gebrauch machte).

161 Sechstes Gesetz zur Änderung des Parteiengesetzes und anderer Gesetze vom 28. 1. 1994, BGBl. S. 142.

162 § 8 I des vorgenannten Gesetzes. Nach § 8 II trat die Herabsetzung der Publikationspflicht von 40 000 auf 20 000 DM mit Wirkung vom 10. 4. 1992 in Kraft.

163 Frankfurter Allgemeine Zeitung vom 30. 5. 1995.

164 Dagegen hatte der Verfasser in seiner Abweichenden Meinung zum Bericht der Parteienfinanzierungskommission vorgeschlagen, die staatlichen Zuwendungen so zu bemessen, daß sie zunächst um etwa 50 Mio. DM unter der absoluten Obergrenze bleiben, und pro Wählerstimme auf vier Ebenen 60 Pfennig und pro Zuwendungsmark 20 Pfennig an Staatszuschuß zu gewähren (Bundestagsdrucksache 12/4425, S. 51 [54 f.]). Kritik an der Ausschöpfung der Obergrenze übt auch *Landfried,* Parteifinanzen und politische Macht, 2. Aufl. 1994, 344 ff. Sie weist darauf hin, daß die Einnahmen der Parteien seit 1968 erheblich schneller gestiegen sind als mögliche Vergleichsdaten und auch schneller als die Kostenfaktoren (S. 92 ff., 317 ff.).

165 Parteienfinanzierungskommission von 1993, Bundestagsdrucksache 12/4425, S. 27.

166 So auch schon die Parteienfinanzierungskommission von 1993, Bundestagsdrucksache 12/4425, S. 28.

167 Ebda.

168 Parteienfinanzierungskommission, 1993, Bundestagsdrucksache 12/
4425, S. 23 f., 26 ff.

169 So treffend *Wolfgang Rudzio,* Das neue Parteienfinanzierungsmodell
und seine Auswirkungen, ZParl 1994, 390 (399).

170 Kritik daran in der Abweichenden Meinung des Verfassers zum
Bericht der Parteienfinanzierungskommission 1993, Bundestagsdrucksache 12/4425, S. 51 ff.

171 *Jörn Ipsen,* Verfassungsrechtliche Zulässigkeit degressiv gestaffelter Globalzuschüsse an politische Parteien, Gutachterliche Stellungnahme für die FDP, Juni 1993, veröffentlicht in ZParl 1994,
S. 401.

172 BVerfGE 85, 264 (294).

173 BVerfGE 85, 264 (328).

174 Bundestagsdrucksache 12/4425, S. 23.

175 Bundestagsdrucksache 12/4425, S. 26.

176 Bundestagsdrucksache 12/5575, S. 69.

177 So der Bericht von *Wolfgang Hoffmann,* Die Zeit vom 1. 10. 1993.

178 Stenographisches Protokoll über die 77. Sitzung des Innenausschusses
am 18. 10. 1993, Protokoll Nr. 77.

179 Stenographisches Protokoll, S. 10 ff., 20 ff., 72 ff., 128 ff., 146 ff.
Teilweise Kritik auch etwa bei *Jörn Ipsen* (an der steuerlichen Spendenbegünstigung): S. 34 ff.; bei *Rudzio* (am zunehmenden Ungleichgewicht von wählerbedingten und zuwendungsbedingten Staatszuschüssen): S. 39 ff.

180 Z. B. der Abgeordnete *Wolfgang Zeitlmann* (CDU/CSU), Deutscher
Bundestag, Stenographischer Bericht der Sitzung vom 12. 11. 1993,
S. 16407; ebenso der Schatzmeister der CSU, der Abgeordnete *Dr.
Kurt Faltlhauser,* ebda, S. 16412

181 Bundesrat, Stenographischer Bericht der Sitzung vom 17. 12. 1993,
S. 647*.

182 Deutscher Bundestag, Stenographischer Bericht der Sitzung vom
12. 11. 1993, S. 16448* f.

183 *von Arnim,* Die neue Parteienfinanzierung, 1989, 97 f.

184 *Parteienfinanzierungskommission,* 1983, 180 f., 223; Parteienfinanzierungskommission 1993, Bundestagsdrucksache 12/4425, S. 29 f.

185 *Naßmacher,* Parteienfinanzierung im Wandel, Der Bürger im Staat
1989, 271 (275).

186 Die etablierten Bundestagsparteien gaben in den Jahren 1984–1987
nur ein Fünftel der Wahlkampfkostenerstattungen »nach unten«

weiter. *Naßmacher*, Parteienfinanzierung im Wandel, Der Bürger im Staat 1989, 271 (275).

187 Vgl. auch Parteienfinanzierungskommission, Bundestagsdrucksache 12/4425, 20, 72 f.

188 BVerfGE 20, 56 (102): »Eine völlige oder auch nur überwiegende Deckung des Geldbedarfs der Parteien aus öffentlichen Mitteln ist nach allgemeiner Ansicht mit dem Grundgesetz nicht zu vereinbaren.«

189 So auch Parteienfinanzierungskommission, a. a. O. 26.

190 Zur üppigen Ausstattung der Landesverbände der CDU *Josef Schmid*, Parteien im Föderalismus, Der Bürger im Staat 1989, 259 (261).

191 Bericht der Bundestagspräsidentin über die Finanzen der Parteien vom 5. 4. 1990, Bundestagsdrucksache 11/6885, S. 15 f., 18; vgl. auch Der Spiegel Nr. 50 vom 12. 12. 1988, S. 26 ff.

192 *Naßmacher*, Parteienfinanzierung im Wandel, Der Bürger im Staat 1989, 271 (278). Der Untertitel seines Beitrags lautet: »Auch innerparteilich müßte über Geld gesprochen werden.«

193 *Naßmacher*, Der Bürger im Staat 1989, 278; *ders.*, Parteienfinanzierung im internationalen Vergleich, Bitburger Gespräche 1993/2, 97 (102 f.).

194 *Naßmacher*, Parteienfinanzierung im Wandel, Der Bürger im Staat 1989, 271 (277).

195 *Naßmacher*, Der Bürger im Staat 1989, 277.

196 BVerfGE 73, 1 II (37–39).

197 Die Ausgaben für Öffentlichkeitsarbeit sind nach einer Mitteilung der SPD-Bundestagsfraktion vom 6. 4. 1990 von 222 Mio. DM im Jahr 1982 auf über 438 Mio. DM im Jahr 1990 gestiegen.

198 Näheres bei *von Arnim*, Staat ohne Diener, 1995, Kapitel 4.

199 *Dimitris Tsatsos*, Europäische politische Parteien, Europäische Grundrechtszeitschrift 1994, 45 (47 f.).

200 *Wolfgang Graf Vitzthum*, Probleme der Parteiendemokratie, in: Huber/Mößle/Stock, Zur Lage der parlamentarischen Demokratie, 1995, 71 (96).

201 In diesem Zusammenhang verdient auch die Entstehungsgeschichte des Art. 138a EGV Beachtung, dazu *Tsatsos*, S. 49. Die Vorschrift war in dem Vertragsentwurf, der dem Europäischen Rat in Maastricht vorgelegt wurde, nicht enthalten. Auf Vorschlag des belgischen Ministerpräsidenten *W. Martens*, der damals Präsident der EVP war, wurde er schließlich aufgenommen. Unterstützt wurde *Martens* vor allem durch die anderen der EVP angehörenden Regierungschefs *(H. Kohl, R. Lubbers, J. Santer, K. Mitsotakis, G. Andreotti)*, die am Vortage –

zusammen mit den Vorsitzenden der Mitgliederparteien – in Den
Haag im sog. EVP-Gipfel zusammengekommen waren, um die Sitzung des Europäischen Rats vorzubereiten. Vgl. auch *Graf Vitzthum*,
95 Fn. 55.

202 Vgl. auch *Graf Vitzthum*, 95.

203 Vgl. *Elmar Wiesendahl*, Der Marsch aus den Institutionen, Aus Politik
und Zeitgeschichte, B 21/1990, 3 ff.

204 *Josef Schmid*, Die Finanzen der CDU, in: Wewer (Hg.), Parteienfinanzierung und politischer Wettbewerb, 1990, 235 ff.; *Wewer*, Unfähig
zu strategischem Denken? Sozialdemokraten und staatliche Parteienfinanzierung, in: ders., a. a. O, 256 ff.

205 So z. B. auch Bericht der Bundestagspräsidentin über die Finanzen
der Parteien vom 5. 4. 1990, Bundestagsdrucksache 11/6885, S. 8 f.

206 Das Bundesverfassungsgericht hat eine Berücksichtigung von indirekten Staatszuwendungen nicht verboten, sondern hält sie nur für
»nicht geboten« (BVerfGE 85, 265 [289]).

207 Näheres siehe S. 312 ff.

208 *Naßmacher*, Öffentliche Rechenschaft und Parteienfinanzierung. Erfahrungen in Deutschland, Kanada und in den Vereinigten Staaten, Aus
Politik und Zeitgeschichte B 14–15/1982, 3 (7); *von Arnim*, Parteienfinanzierung, 1982, 120 ff., 131 f.; *Naßmacher*, Parteienfinanzierung im
Wandel. Einnahmenentwicklung, Ausgabenstruktur und Vermögenslage der deutschen Parteien seit 1968, Der Bürger im Staat 1989, 271
(274); *Landfried*, Parteifinanzen und politische Macht, 1990, 99, 278;
dies., 2. Aufl., 1994, 319 ff. Das Bundesverfassungsgericht hat die Problematik in der Entscheidung v. 14. 7. 1986 nicht erschöpft (BVerfGE
73, 40 [100]).

209 Zuwendungen von natürlichen Personen an politische Parteien bis
3000 DM jährlich (bei zusammenveranlagten Ehegatten bis 6000
DM) werden nach § 34g EStG in Höhe von 50 v. H. von der
Steuerschuld abgezogen. Höhere Zuwendungen können bis zur
Höhe von insgesamt 6000 DM (12 000 DM) als Sonderausgaben
von der Bemessungsgrundlage abgezogen werden (§ 10b EStG).
Letzteres führt – je nach Einkommenshöhe und Steuersatz des
Geldgebers – zu einer Ermäßigung der Einkommensteuer zwischen
19 und 53 Prozent der Zuwendung. Hinzu kommt die entsprechende
Ermäßigung des Solidarzuschlags von 7,5 Prozent der Einkommen-
steuerschuld und gegebenenfalls die Ermäßigung an Gewerbeertrag-
steuer. Da Spenden von über 6000 DM im Jahr nur von Personen mit
relativ hohem Einkommen zu erwarten sein dürften und die nicht

steuerbegünstigten Spenden juristischer Personen selbst im Wahljahr 1994 nach den Rechenschaftsberichten der Parteien nur ca. 7% der gesamten Mitgliedsbeiträge, Spenden und »Parteisteuern« ausmachten, erscheint die Annahme einer durchschnittlichen Steuerersparnis von 50% (auch ohne Berücksichtigung der eventuellen Ersparnis an Kirchensteuer) nicht zu hoch gegriffen.

210 Vgl. z. B. den Zwölften Bericht der Bundesregierung über die Entwicklung der Finanzhilfen des Bundes und der Steuervergünstigungen, Bundestagsdrucksache 11/5116, S. 203, 205.

211 Dieser Berechnung, die, wenn auch in knapperer Form, schon in der ersten Auflage dieses Buches enthalten war, läßt sich nicht mit dem Einwand begegnen, die Zahlungen an die *Fraktionen* dürften nicht zur Parteienfinanzierung gerechnet werden (so aber *von Beyme,* Die politische Klasse im Parteienstaat, 1993, 177, im Widerspruch übrigens zu *von Beyme,* Das politische System der Bundesrepublik Deutschland nach der Vereinigung, 1991, 144). Denn die Zahlungen an die Fraktionen sind in der Berechnung gar nicht enthalten und würden, wenn man sie einbezöge, eine noch höhere Staatsquote ergeben (siehe den folgenden Absatz im Text).

212 Bundestagsdrucksache 12/4425, 22.

213 *Landfried,* Parteifinanzen und politische Macht, 2. Aufl., 1994, 113 ff.

III. Die Finanzierung der Fraktionen, Parteistiftungen und der Mitarbeiter von Abgeordneten

1 Davon ging auch die Parteienfinanzierungskommission 1993 (Bundestagsdrucksache 12/4425) aus, die sich deshalb nicht auf Empfehlungen zur Parteifinanzierung im engeren Sinne beschränkte, sondern unter den von ihr zu begutachtenden »mit der Parteienfinanzierung zusammenhängenden Fragen« (a. a. O., S. 7) auch die Finanzierung der Fraktionen, Parteistiftungen und Abgeordnetenmitarbeiter verstand.

2 Vgl. BVerfGE 40, 296 (327).

3 Vgl. BVerfGE 85, 264 (291 f.).

4 Vgl. auch *Hans Meyer,* Das fehlfinanzierte Parlament, 43.

5 Im Superwahljahr 1994 und im Jahr davor sind die Zahlungen an die Parteistiftungen und die Bundestagsfraktionen zwar zurückgegangen. Dies steht in Zusammenhang mit der massiven öffentlichen Diskus-

sion und der Kritik durch die Parteienfinanzierungskommission. Eine
vorübergehende Kürzung bringt aber wenig, wenn die Problematik –
das Fehlen einer rechtlichen Ordnung und Disziplinierung – nicht an
der Wurzel gepackt wird.

6 *Ulrich Dübber,* Geld und Politik, 1970 103.

7 Zuerst wohl *von Arnim,* Parteienfinanzierung, 1982, 29 ff., 110 ff.;
ders., Fraktionsfinanzierung ohne Kontrolle, 1987.

8 Sechzehntes Gesetz zur Änderung des Abgeordnetengesetzes (Fraktionsgesetz) vom 11. März 1994, BGBl I S. 526.

9 Näheres bei *von Arnim,* Finanzierung der Fraktionen. Defizite der in
Bund und Ländern vorgesehenen Regelungen, 1993 (Nr. 77 der
Schriften des Karl-Bräuer-Instituts des Bundes der Steuerzahler);
ders., Parteienfinanzierung auf Umwegen, Die Zeit vom 19. 11. 1993,
12; *Annette Fischer,* Abgeordnetendiäten und staatliche Fraktionsfinanzierung in den fünf neuen Bundesländern, 1995, 157 ff.;
Schmidt-Bens, Finanzkontrolle und Fraktionen, Zeitschrift für
Rechtspolitik 1992, 281; *Jekewitz,* Die gesetzliche Regelung von
Funktion, Status und Finanzierung der Parlamentsfraktionen als
kodifikatorische Herausforderung, Zeitschrift für Rechtspolitik
1993, 344; *Hans Meyer,* Die Fraktionen auf dem Weg zur Emanzipation von der Verfassung, Festschrift Mahrenholz, 1994, 319; *ders.,*
Das fehlfinanzierte Parlament, in: Huber/Mößle/Stock (Hg.), Zur
Lage der parlamentarischen Demokratie, 1995, 17; *Morlok,* Gesetzliche Regelung des Rechtsstatus und der Finanzierung der Bundestagsfraktionen, Neue Juristische Wochenschrift 1995, 29; *Schmidt-Jortzig,* Neue Rechtslage für die Bundestagsfraktionen, Neue Zeitschrift
für Verwaltungsrecht 1994, 1145; *Helmut Martin,* Staatliche Fraktionsfinanzierung in Rheinland-Pfalz, 1995. – *Hans Meyer* bezweifelt
u. a. die Zulässigkeit einer gesetzlichen Regelung; die Rechtsstellung
der Fraktionen dürfe vielmehr nur durch die Geschäftsordnungen der
Parlamente geregelt werden. Dies ist auch (Haupt-)Gegenstand einer
Organklage zum Bundesverfassungsgericht vom 15. 8. 1994, die er
im Namen des (früheren) fraktionslosen Bundestagsabgeordneten
Ortwin Lowack erhoben hat. Er läßt dabei aber die Öffentlichkeits-
funktion des Gesetzes und des Gesetzgebungsverfahrens, die bei
Entscheidungen des Parlaments in eigener Sache von besonderem
Gewicht ist, unberücksichtigt.

10 Empfehlungen der Kommission unabhängiger Sachverständiger zur
Parteienfinanzierung, Bundestagsdrucksache 12/4425, Kapitel 6 (Finanzierung der Fraktionen), S. 33 ff. Wie sehr die Kritik den für die

Fraktionsgesetze verantwortlichen Politikern an den Nerv geht und wie sehr sie mit ihrem »Spezialwissen, wie man politische Gegner bekämpft« (Richard von Weizsäcker) deshalb versuchen, die Öffentlichkeit zu täuschen und Kritiker mundtot zu machen, hat *Jürgen Rüttgers,* seinerzeit Erster Parlamentarischer Geschäftsführer der CDU/CSU-Fraktion des Deutschen Bundestages, in einer Presseerklärung seiner Fraktion vom 30. 8. 1993 zu der in der vorangehenden Anmerkung genannten Schrift des Verfassers gezeigt. Rüttgers erklärte darin, der Verfasser dieses Buches führe mit seiner Kritik der Fraktionsfinanzierung »die Öffentlichkeit in die Irre«. Weiter schrieb Rüttgers: »Die Behauptungen von Herrn von Arnim über die Finanzierung der Fraktionen verletzen die elementaren Gebote der Redlichkeit, der Wahrhaftigkeit und der Vollständigkeit.« Zur Begründung dieses Vorwurfs führte Rüttgers an, die Fraktionen des Bundestags erfüllten in Wahrheit »die Anforderungen an Transparenz und Kontrolle, die von der Parteienfinanzierungskommission des Bundespräsidenten unter Beteiligung von Herrn von Arnim formuliert worden sind. Wer sehen will, hat jede Gelegenheit dazu.« Diese Ausführungen sind grob unrichtig, wie der Leser aus den weiteren Ausführungen im Text und den zugehörigen Anmerkungen, in denen die Parteienfinanzierungskommission zitiert wird, unschwer ersehen kann; das zeigt, mit welchen Methoden von der in eigener Sache entscheidenden politischen Klasse versucht wird, der Öffentlichkeit Sand in die Augen zu streuen.

11 Im Bund ist vorgesehen, daß der Bundestag die Höhe der Grund- und Kopfbeträge und des Oppositionszuschusses vom Bundestag jährlich festlegt. »Dazu erstattet der Präsident dem Bundestag im Benehmen mit dem Ältestenrat jeweils bis zum 30. September einen Bericht über die Angemessenheit der Beträge und des Oppositionszuschlages und legt zugleich einen Anpassungsvorschlag vor.« (§ 50 II AbgG) Diese Regelung kann die fehlende gesetzliche Festlegung der Beträge aber schon deshalb nicht ersetzen, weil der Bericht des Präsidenten lediglich ein unverbindlicher Vorschlag ist, von dem die Fraktionen in jedem Fall abweichen können. Die Festlegung der Beträge muß in dem verfassungsrechtlich vorgeschriebenen gesetzlichen Verfahren erfolgen.

12 Das Bundesverfassungsgericht hatte die Frage 1989 noch offengelassen: BVerfGE 80, 188 (214 f.). Dazu, daß dieser Vorbehalt sich nicht nur auf die Geld-, sondern auch auf die Sachleistungen bezieht, *Helmut Martin,* Staatliche Fraktionsfinanzierung in Rheinland-Pfalz, 1995, 80 ff.

13 Parteienfinanzierungskommission 1993, Bundestagsdrucksache 12/
4425 vom 19. 2. 1993, S. 36: »Geboten sind spezielle Fraktionsgeset-
ze, die die öffentlichen Leistungen, die die Fraktionen erhalten, nach
Art und Höhe genau benennen, auch die konkreten Beträge der
Zahlungen, wie dies bisher nur vereinzelt geschehen ist. Es gilt nach
Auffassung der Kommission auch hier von Verfassungs wegen ein
Gesetzesvorbehalt.« S. 40: »Die Kommission ist sich deshalb einig,
daß genauso wie bisher schon bei der Parteienfinanzierung die
Finanzierung der Fraktionen durch das Parlament selbst und vollstän-
dig in einem eigenen, vom Haushaltsgesetz getrennten materiellen
Gesetz geregelt werden muß. In diesem Gesetz müssen die Maßstäbe
und die Höhe der jährlichen Leistungen des Staates exakt und
durchschaubar festgelegt sein.«

14 Dazu *Annette Fischer*, Abgeordnetendiäten und staatliche Fraktionsfinanzierung in den fünf neuen Bundesländern, 1995, 159 ff.; *Helmut
Martin*, Staatliche Fraktionsfinanzierung in Rheinland-Pfalz, 1995,
36 ff.

15 Schleswig-Holsteinisches Verwaltungsgericht in Schleswig, Gerichts-
bescheid vom 24. 5. 1995, Aktenzeichen 6 A 286/94.

16 So schon *von Arnim*, Finanzierung der Fraktionen, 1993, 54 ff.;
ebenso *Annette Fischer*, Abgeordnetendiäten und staatliche Fraktionsfinanzierung in den fünf neuen Bundesländern, 1995, 204 ff.; *Hans
Meyer*, Das fehlfinanzierte Parlament, a. a. O., 46. Vgl. auch schon
Göttrik Wewer, Die Dialektik der Stabilität – Politischer Wettbewerb
in der BRD, in: *ders.* (Hg.), Parteienfinanzierung und politischer
Wettbewerb, 459 (486 f.).

17 Parteienfinanzierungskommission 1993, Bundestagsdrucksache 12/
4425, 33 f.

18 Tagespresse vom 15. 2. 1996.

19 Schreiben von *Hermann Otto Solms* vom 22. 2. 1996. Da die Arbeit
der Fraktion auch darauf gerichtet sei, ihre Beschlüsse gegenüber dem
Bundesrat durchzusetzen, und die Chancen dafür auch von der
Zusammensetzung des Bundesrates abhingen, dürfe die Bundestagsfraktion auch bei Landtagswahlen Öffentlichkeitsarbeit betreiben.

20 Parteienfinanzierungskommission 1993, a. a. O., 34.

21 Z. B. BVerfGE 20, 56 (104).

22 BVerfGE 80, 188 (231).

23 Ausführlich dargelegt bei *von Arnim*, Finanzierung der Fraktionen,
1993, 21 ff.

24 Dazu auch *Udo Müller*, Fraktionsfinanzierung unter Kontrolle der

Rechnungshöfe, NJW 1990, 2046. Für Fraktionen auf Gemeinde-ebene hatte das *Verwaltungsgericht Gelsenkirchen* in einem vielbeach-teten Urteil von 1986 einen ähnlich strengen Standpunkt vertreten. VG Gelsenkirchen, NWVBl. 1987, 53; ähnlich ein Beschluß des OVG Nordrhein-Westfalen vom 12. 6. 1992, DVBl. 1993, 212 (213); vgl. auch *Ulrike Bick,* Die Ratsfraktion, 1989, 111 ff.

25 BVerfGE 44, 125 (147).

26 Umgekehrt wollen die Fraktionen des Bundestags für ihre Öffentlich-keitsarbeit nicht einmal die Einschränkungen anerkennen, die für die »Öffentlichkeitsarbeit von Regierung und gesetzgebenden Körper-schaften« gelten. So ausdrücklich die Begründung des Gesetzentwurfs (Bundestagsdrucksache 12/4756, zu § 47). Dagegen hatte ein Dreier-ausschuß des Bundesverfassungsgerichts die Grundsätze des Bundes-verfassungsgerichts zur Öffentlichkeitsarbeit von Regierung und Par-lament ausdrücklich auf die Fraktionen erstreckt (DÖV 1983, 153 f.). Ebenso z. B. Landesrechnungshof Schleswig-Holstein, Nach-trag zu den Bemerkungen 1994, S. 7 ff.; *ders.,* Bemerkungen 1995, S. 107 f.; *Annette Fischer,* Abgeordnetendiäten, 185.

27 Zu erwägen wäre allenfalls, den Fraktionen den normalen Kontakt mit der Presse im Wege von Pressemitteilungen und Pressekonferen-zen zu gestatten. Vgl. auch *Hans Meyer,* Das fehlfinanzierte Parla-ment, 38.

28 So auch *Meyer,* Das fehlfinanzierte Parlament, a. a. O., 36 f.

29 *Udo Müller,* NJW 1990, 2046 (2048). Ein konkretes Beispiel: Die im ersten Nachtragshaushalt zum Bundeshaushalt 1990 den Bundestags-fraktionen zusätzlich bewilligten 5,4 Millionen Mark »für deutsch-deutsche Kooperation«, deren Zweckbestimmung im dritten Nach-tragshaushalt umformuliert wurde in »Unterstützung der parlamenta-rischen Arbeit der Fraktionen in den Volksvertretungen des Beitritts-gebietes«, dürften kaum unter die enge Zweckbestimmung, für die Fraktionszuschüsse nur zulässig sind, zu subsumieren sein.

30 Parteienfinanzierungskommission 1993, Bundestagsdrucksache 12/4425, S. 34.

31 Entwurf eines Fraktionsfinanzierungsgesetzes der Gruppe Bündnis 90/Die Grünen im Bundestag vom 29. 9. 1993, Bundestagsdrucksa-che 12/5788, § 3 III.

32 *Ismayer,* Der Deutsche Bundestag, 1992, 42.

33 Vgl. *Joachim Raschke,* Das Unbehagen an den Parteien, Gewerkschaft-liche Monatshefte 1992, 523; zurückhaltend *Peter Haungs,* Plädoyer für eine erneuerte Mitgliederpartei, ZParl 1994, 108.

34 *Radunski,* Fit für die Zukunft? Die Volksparteien vor dem Superwahljahr 1994, Sonde 1991/4, 3 (5). Prinzipiell zustimmend auch für die
SPD: *Lösche,* Die SPD nach Mannheim: Strukturprobleme und
aktuelle Entwicklungen, Aus Politik und Zeitgeschichte B 6/96 vom
2. 2. 1996, 20 (27 f.).

35 Focus 37/1993, 19.

36 Der Spiegel 1994, Nr. 3, 29.

37 Der Spiegel 1995, Nr. 8, 39.

38 CDU-Fraktion im Landtag Mecklenburg-Vorpommern (Hg.), Iden-
titätsgewinn im Aufbau Ost. Diskussionspapier zur Werte- und
Strategiedebatte »CDU 2000« in Mecklenburg-Vorpommern, Januar
1996.

39 *Schindler,* Datenhandbuch zur Geschichte des Deutschen Bundestages
1949 bis 1982, 3. Aufl., 1984, 285; *ders.* Datenhandbuch zur Geschichte des Deutschen Bundestages 1983 bis 1991, 1994, 404. Vgl.
auch *Jekewitz,* Das Personal der Parlamentsfraktionen: Funktion und
Status zwischen Politik und Verwaltung, ZParl 1995, 395 (404 ff.).

40 *Hennis,* Frankfurter Allgemeine Zeitung vom 11. 3. 1996.

41 *Hans Meyer,* a. a. O., 132.

42 *Hans Meyer,* Das fehlfinanzierte Parlament, in: Huber/Mößle/Stock
(Hg.), Zur Lage der parlamentarischen Demokratie, 1995, 17 (46).

43 *Hennis,* Frankfurter Allgemeine Zeitung vom 11. 3. 1996.

44 Näheres bei *von Arnim,* Der Staat als Beute, 1993, 209 ff., 222 ff.

45 Dazu *Hellmuth Günther,* Beförderungserprobung von Beamten als
Fraktionsassistenten. »Legalisierung« von Ämterpatronage oder Ausgestaltung des Leistungsprinzips?, Der Öffentliche Dienst 1994, 178.

46 *Claus Jäger/Ralf Bärsch,* Dürfen Fraktionsmittel für Öffentlichkeitsarbeit eingesetzt werden? Eine Auseinandersetzung mit dem »Wüppesahl-Urteil«, ZParl 1991, 204, betonen zwar die Gegengewichtsfunk-
tion der Öffentlichkeitsarbeit von Oppositionsfraktionen gegen die
Öffentlichkeitsarbeit von Regierungen, übersehen aber die nächstlie-
gende Konsequenz ihrer Auffassung: die Verlagerung der finanziellen
Mittel von den Regierungs- auf die Oppositionsfraktionen. – Der
Vorschlag von *Hans Meyer* (Das fehlfinanzierte Parlament, 17 [44 f.]),
das bisher an die Fraktionen geleistete Geld den Abgeordneten als
zusätzliche Aufwandsentschädigung zu geben, die dann ihrerseits
mittels Beiträgen die Fraktionen zu unterhalten hätten, dürfte kaum
zu Verbesserungen führen, weil die Mittel bei den Abgeordneten wohl
noch schwerer unter Kontrolle zu bringen sind und die Abgeordneten
versucht sind, die Mittel verstärkt für eigene Einkommensmehrung

oder für Parteizwecke zu verwenden, wie schon die jetzigen Erfahrungen mit den Abgeordnetenmitarbeitern zeigen (siehe S. 182 f.). Auch dürfte der Druck der Parteien auf die Volksvertreter, höhere »Parteisteuern« zu leisten, zunehmen, besonders im kommunalen Bereich. Zudem würde – solange alle Abgeordneten eine gleich hohe Ausstattung bekommen – die nötige Umschichtung der Mittel von der Regierungs- auf die Oppositionsfraktionen unmöglich gemacht.

47 Im Entwurf eines Fraktionsgesetzes der SPD- und CDU-Fraktionen des Schleswig-Holsteinischen Landtags (Drucksache 13/605 vom 7. 12. 1992, § 46c) war eine differenzierte Veranschlagung vorgesehen, die aber nicht in das Gesetz vom 18. 12. 1994 übernommen wurde. Angesichts der abweichenden Fraktionsgesetze in Bund und Ländern dürfte die Versuchung, dem Konformitätsdruck nachzugeben, zu groß gewesen sein.

48 Parteienfinanzierungskommission 1993, Bundestagsdrucksache 12/4425, S. 36: »Die bewilligten Mittel dürfen – anders, als es bisher regelmäßig der Fall ist – nicht nur in einem Globalbetrag, sondern müssen nach Art und Zweck spezifiziert im Haushaltsplan ausgewiesen werden.«

49 *von Arnim,* Zur haushaltsrechtlichen Veranschlagung von Fraktionsmitteln. Rechtsgutachten für den Landesrechnungshof Schleswig-Holstein, 1992 (hektographiert). Den Besonderheiten der autonomen Fraktionen läßt sich dadurch Rechnung tragen, daß jede Fraktion im Rahmen des vom Parlament geplanten finanziellen Gesamtvolumens einen eigenen Haushaltsplan über die geplante Verwendung der ihr danach zufließenden Mittel vorzulegen hat, der den haushaltsrechtlichen Anforderungen zu entsprechen hat und im Einzelplan des Parlaments zu veröffentlichen ist. Zu beachten ist auch, daß die Veranschlagung von Mitteln zur Selbstbewirtschaftung (§12 III HGrG, § 15 II BHO/LHO) grundsätzlich nicht von den haushaltsrechtlichen Veranschlagungsgrundsätzen dispensiert. Die Veranschlagung von Mitteln zur Selbstbewirtschaftung soll größere Flexibilität im Vollzug erlauben, nicht aber die Übersichtlichkeit bei der Veranschlagung und Bewilligung mindern.

50 *Hans-Friedrich Fensch,* Die Veranschlagung der Fraktionskostenzuschüsse im Spannungsfeld zwischen freiem Mandat und Haushaltstransparenz, Zeitschrift für Rechtspolitik 1993, 209.

51 Bei der Bewilligung von Mitteln müssen das Parlament und – bei Entscheidungen des Parlaments in eigener Sache vor allem – die Öffentlichkeit wissen können, *wofür* die Mittel ganz konkret gedacht

sind. Sonst kann die Öffentlichkeit nicht beurteilen, ob eine Ausweitung der Mittel sinnvoll ist. Wer Mittel *bewilligt* bzw. die Bewilligung in eigener Sache kontrolliert, muß wissen, *wofür.* Die öffentliche Rechenschaft über die Herkunft der Mittel, die nach den Fraktionsgesetzen und Entwürfen vorgesehen ist, kann die vorherige Veranschlagung der *geplanten* Verausgabung nicht ersetzen, weil sie die Mittel erst *nachträglich* erfaßt und zudem viel zu grob ist.

52 So z. B. der Präsident des Landesrechnungshofs Baden-Württemberg *Otto Rundel* in dem Beitrag »Kontrolle der Fraktionsfinanzen«, in: Erich Schneider (Hg.), Der Landtag – Standort und Entwicklungen. 1989, 141.

53 BVerfGE 20, 56 (104 f.).

54 *Klaus Lange,* Die Prüfung staatlicher Zuwendungen durch den Bundesrechnungshof, in: Zavelberg (Hg.), Die Kontrolle der Staatsfinanzen, 1989, 279 (291). Vgl. auch schon *von Arnim,* Staatliche Fraktionsfinanzierung ohne Kontrolle?, 1987, 50 ff.

55 BVerfGE 80, 188 (214).

56 Ebda.

57 Hessischer Landtag, Drucksache 13/3153.

58 So auch Parteienfinanzierungskommission 1993, Empfehlungen, 6. Kapitel, IV (Bundestagsdrucksache 12/4425, S. 34).

59 Einen internen Gesetzentwurf (»Entwurf eines Gesetzes zur Neuregelung des Rechts der Politischen Stiftungen und zur Änderung anderer Gesetze« vom 27. 3. 1995) hat jüngst die FDP-Fraktion formuliert; die PDS-Fraktion hat einen Entschließungsantrag, ein Stiftungsgesetz zu erlassen, eingebracht (Bundestagsdrucksache 13/621 vom 17. 2. 1995). Beide griffen die Empfehlungen der Parteienfinanzierungskommission 1993 (Bundestagsdrucksache 12/4425, 7. Kapitel) auf und wurden möglicherweise ausgelöst durch einen kritischen Beitrag des Verfassers in Der Spiegel vom 26. 12. 1994, 22–28. Kritik auch bei *Jürgen Ockermann,* Die staatliche Finanzierung parteinaher bzw. parteibeeinflußter Organisationen im Lichte der Wesentlichkeitstheorie, Zeitschrift für Rechtspolitik 1992, 323.

60 Die Konrad-Adenauer-Stiftung ging aus der Politischen Akademie Eichholz e. V. hervor, die es seit 1958 gab und die ihrerseits aus der 1956 gebildeten Gesellschaft für Christlich-Demokratische Bildungsarbeit e. V. entstanden war. In die Konrad-Adenauer-Stiftung ging noch das Institut für Internationale Solidarität ein, das 1962 gegründet worden war.

61 Näheres über die etablierten Parteistiftungen BVerfGE 73, 1 (2–12); *Henning von Vieregge,* Die Partei-Stiftungen: Ihre Rolle im politischen System; in: Göttrik Wewer (Hg.), Parteienfinanzierung und politischer Wettbewerb, 1990, 164 ff.

62 *Rudolf Wildenmann,* Volksparteien – ratlose Riesen, 1989, 113 f.; Wildenmann bezieht in seine Darstellung der Aufgaben der Parteistiftungen allerdings die Friedrich-Naumann-Stiftung wegen ihrer zum Teil andersartigen Stellung in der FDP nicht ein.

63 Derzeit erhalten die Stiftung Regenbogen 5,5 Prozent des Gesamtansatzes, die »Stiftungen« der etablierten Parteien den »Rest«, aufgeteilt im Verhältnis 2 : 2 : 1 : 1. Parteienfinanzierungskommission 1993, 7. Kapitel III (Bundestagsdrucksache 12/4425, S. 37).

64 *von Arnim,* Verfassungsfragen der Parteienfinanzierung, Juristische Arbeitsblätter 1985, 207 (208 ff.); *Jürgen Ockermann,* Die staatliche Finanzierung parteinaher bzw. parteibeeinflußter Organisationen im Lichte der Wesentlichkeitstheorie, Zeitschrift für Rechtspolitik 1992, 323.

65 BVerfGE 73, 1 (39).

66 So z. B. *Langguth,* Politische Stiftungen und politische Bildung in Deutschland, Aus Politik und Zeitgeschichte B 34/93, S. 38; *ders.,* Wer soll sonst helfen?, Die Zeit vom 26. 11. 1993, 12.

67 BVerfGE 73,1 (38).

68 Bundestagsdrucksache 12/4425, S. 36 f.

69 *Michael Pinto-Duschinsky,* The Party Foundations and Political Finance in Germany, in: F. Leslie Seidle (ed.), Comparative Issues in Party and Election Finance, Vol. 4 of the Research Studies, 1991, 179 ff.

70 Zur Problematik generell *von Arnim,* Finanzzuständigkeit, in: Isensee/Kirchhof (Hg.), Handbuch des Staatsrechts, Bd. IV, 1990, 987 ff.

71 BVerfGE 73, 1 (31 ff.).

72 Das Bundesverfassungsgericht hat die Frage ausdrücklich offengelassen (BVerfGE 73, 1 [29]).

73 Parteienfinanzierungskommission 1993, 8. Kapitel, II 3 (Bundestagsdrucksache 12/4425, S.41).

74 So auch die Kritik in meinem abweichenden Votum, Parteienfinanzierungskommission 1993. E IV 3 (Bundestagsdrucksache 12/4425, S. 56).

75 Stiftungsverband Regenbogen, Die öffentliche Finanzierung politischer Stiftungen und ihre gesetzliche Regelung, Dokumentation eines ExpertInnengesprächs am 28. 2. 1994 in Bonn. Vgl. auch *Günt-*

her/Vesper, Wie weiter mit dem Stiftungsgeld?, Zeitschrift für Rechtspolitik, 1994, 289.

76 BVerfGE 73, 1.

77 Die gesetzlich festgelegten Mittel für Bundestagsabgeordnete selbst haben von 1978 bis 1988 um ca. 44 Prozent zugenommen, während die nicht im Gesetz, sondern nur im Haushaltsplan festgelegten Mittel für die Beschäftigung von Mitarbeitern im gleichen Zeitraum um ca. 133 Prozent gestiegen sind. Vgl. *von Arnim*, Finanzierung der Politik, in: Mainzer Runde '88, herausgegeben vom Ministerium der Justiz Rheinland-Pfalz, 1989, 16.

78 *Peter Schindler*, Datenhandbuch zur Geschichte des Deutschen Bundestages 1983–1991, 1994, S. 1283.

79 Zu Berlin unten Fn. 67.

80 BVerfGE 40, 296 (316 f., 327). Das folgt schon aus Art. 48 III 3 GG. Es handelt sich um einen zwingenden Gesetzgebungsauftrag, nicht nur (wie etwa in Art. 112 Satz 3 GG) um eine bloße Ermächtigung (vgl. auch BVerfGE 79, 311 II [352]). Der aus der »Entscheidung in eigener Sache« folgende erhöhte Kontrollbedarf unterstreicht das zusätzlich.

81 *von Arnim*, Macht macht erfinderisch, 1988, 180 f.; *ders.*, Zur »Wesentlichkeitstheorie« des Bundesverfassungsgerichts, DVBI. 1987, 1241 (1245 ff. m. w. N.). Vgl. auch *Maaß/Rupp*, Gutachten, 1988, 59: »Die verfassungsrechtlich sauberste Lösung. «

82 So auch *Maaß/Rupp*, Gutachten, 1988, 59.

83 In § 7 Abs. 4 LAbgG Berlin findet sich zwar die Bestimmung, daß »Aufwendungen für die Beschäftigung von Mitarbeitern ... nach Maßgabe des Haushaltsgesetzes ersetzt (werden)«, jedoch wurden entsprechende Mittel bislang in die Haushaltspläne nicht eingestellt.

84 *Heide-Karen Hirsch*, Die persönlichen parlamentarischen Mitarbeiter der Bundestagsabgeordneten, ZParl 1981, 203 ff. Ihre Ausführungen sind auch heute in weiten Teilen noch aktuell.

85 *Peter Schindler*, Datenhandbuch zur Geschichte des Deutschen Bundestages 1983–1991, 1994, S. 1283: »Völlig umgekehrt hat sich das Verhältnis zwischen den in Bonn und im Wahlkreis eingesetzten Mitarbeitern: Waren anfangs im Durchschnitt zwei Drittel im Bundeshaus beschäftigt, so ist ihr Anteil schrittweise auf ein reichliches Drittel gesunken. Die Entwicklung läßt sich auch so interpretieren: Als von dem anfangs zur Verfügung stehenden Betrag von 1500 DM nur eine Bürokraft bezahlt werden konnte, wurde zunächst der Bedarf

am Parlamentssitz erfüllt; als mit steigendem Betrag die Beschäftigung mehrerer Mitarbeiter möglich wurde, wurden die Wahlkreisbüros – d. h. nicht selten: die Ortsvereine der eigenen Partei – personell stärker berücksichtigt. Bei der Einstufung der Mitarbeiter fällt der konstante Anteil von rund einem Fünftel bei der Beschäftigung von wissenschaftlichen Mitarbeitern auf.«

86 Statistisches Bundesamt, Fachserie 17, Reihe 7, Preise und Preisindizes für die Lebenshaltung, 1994, 131, 139.

87 Statistisches Bundesamt, Fachserie 16, Reihe 2.2, Angestelltenverdienste in Industrie und Handel, April 1995, 12.

88 *Alexander,* Money and politics: rethinking a conceptual framework, in: *ders.* (Hg.), Comparative Political Finance in the 1980s, 1989, 9 (14).

89 *Alexander,* Money and politics, a. a. O. 22 Fn. 9.

90 Neuere Daten bei *Karl-Heinz Naßmacher,* Parteienfinanzierung im internationalen Vergleich, Bitburger Gespräche, Jahrbuch 1993/2, 97 ff.; *ders.,* Comparing Party and Campaign Finance in Western Democracies, in: Arthur B. Gunlicks (ed.), Campaign and Party Finance in North America and Western Europe, 1993, 233 ff.; *Thomas Drysch,* Finanzierung der Politik in Österreich, in der Schweiz und in den Vereinigten Staaten von Amerika, 1994; *ders.,* The New French System of Political Finance, in Gunlicks, a. a. O., 155; *Christine Landfried,* Parteifinanzen und politische Macht. Eine vergleichende Studie zur Bundesrepublik Deutschland, zu Italien und den USA, 2. Aufl., 1994. Naßmacher kommt zu dem Ergebnis, daß Deutschland, was den *Anteil* der öffentlichen Mittel an den Gesamteinnahmen anlangt, international führend ist; diese Quote ist im internationalen Vergleich allerdings nur für die Partei*zentralen* zu ermitteln. Dagegen lägen die öffentlichen Subventionen, bezogen auf die *Wahlberechtigten,* in Österreich und Schweden, wahrscheinlich auch in Italien höher (Bitburger Gespräche, a. a. O., 99). Es ist bereits fraglich, ob ein solcher ungewichteter Vergleich zwischen Staaten derart unterschiedlicher Größe – in Anbetracht der zu erwartenden Kostendegression von Parteiausgaben bei größeren Ländern mit sehr viel mehr Wahlberechtigten – sinnvoll ist. Fraglich ist es auch, ob ein Bundesstaat mit selbständigen Ländern wie die Bundesrepublik Deutschland mit Schweden und Italien ohne weiteres verglichen werden darf. Darüber hinaus sind die Angaben Naßmachers, die belegen sollen, Deutschland habe hier keine Spitzenstellung, auch aus folgenden Gründen mit Vorsicht zu genießen: Die öffentlichen Zuwendungen an Partei*stiftungen,* insbesondere die Globalzuschüsse,

sind nicht in den Vergleich einbezogen; in Italien und in Schweden gibt es derartiges nicht. Ebensowenig berücksichtigt sind die staatlichen Zahlungen an *Fraktionen,* die in Deutschland viel höher sind als in Italien. Auch nicht berücksichtigt ist die indirekte Staatsfinanzierung der Parteien durch »Parteisteuern«, die weder in Schweden noch in Italien (außer bei der kommunistischen Partei) bekannt ist, ebensowenig die gerade in Deutschland besonders hohe indirekte staatliche Förderung durch *Steuervergünstigung* von Beiträgen und Spenden.

IV. Abgeordnetenentschädigung

1 *Mardini,* Die Finanzierung der Parlamentsfraktion durch staatliche Mittel und Beiträge der Abgeordneten, 1990, 176 ff.

2 *Hans Apel,* Die deformierte Demokratie, 1991, 231 ff.

3 *Radunkski,* Fit für die Zukunft, Sonde 1991, 3 (5).

4 *Lösche,* Die SPD nach Mannheim: Strukturprobleme und aktuelle Entwicklungen, Aus Politik und Zeitgeschichte B 6/96 vom 2. 2. 1996, 20 (27 f.).

5 So nachdrücklich schon *Göttrik Wewer,* Plädoyer für eine integrierende Sichtweise von Parteien-Finanzen und Abgeordneten-Alimentierung, in: *ders.* (Hg.), Parteienfinanzierung und politischer Wettbewerb, 1990, 420.

6 Zuruf aus dem Plenum zu Ausführungen eines Vertreters der Grünen bei der ersten Lesung der Gesetzentwürfe am 29. 6. 1995 (Protokoll, S. 3859 [A]): »Was ist aus den Grünen geworden!«

7 BVerfGE 40, 296.

8 BVerfGE 76, 256 (341 ff.).

9 *Hans Heinrich Rupp,* Legitimation des Parlaments zur Entscheidung in eigener Sache, Zeitschrift für Gesetzgebung 1992, 285 (288).

10 *Ernst-Rudolf Huber,* Deutsche Verfassungsgeschichte, Band III, 3. Aufl., 1988, 922.

11 Vgl. *Eschenburg,* Der Sold des Politikers, 1959, 58f.; *von Arnim,* Bonner Kommentar, Zweitbearbeitung des Art. 48 GG (1980), Rn. 58ff. mit weiteren Nachweisen.

12 *Ernst-Rudolf Huber,* Deutsche Verfassungsgeschichte, Band VI, 1981, 411 f.

13 Eine Ausnahme machte das Veto des Bundesrats zur Änderung des Art. 48 III GG am 13. 10. 1995 (Näheres siehe S. 348).

14 *Christopher Hood*, in Hood/Peters (Hg.), Rewards at the Top, 1994, 1: »In fact, rewards for high public offices go as close as any issue can do to the heart of the relationship between the rulers and the ruled.«

15 Diesen schon in der ersten Auflage dieses Buches stehenden Satz hat das Bundesverfassungsgericht in seinem Parteienfinanzierungsurteil bestätigt (BVerfGE 85, 264 [290]): »Gewönne der Bürger den Eindruck, die Parteien ›bedienten‹ sich aus der Staatskasse, so führte dies notwendig zu einer Verminderung ihres Ansehens und würde letztlich ihre Fähigkeit beeinträchtigen, die ihnen von der Verfassung zugewiesenen Aufgaben zu erfüllen.«

16 BVerfGE 40, 296.

17 *von Arnim*, Bonner Kommentar, Art. 48 GG, Rn 97, 117 ff.

18 *Geiger*, Der Abgeordnete und sein Beruf. Eine kritische Auseinandersetzung mit folgenreichen Mißdeutungen eines Urteils, ZParl 1978, 522.

19 Zusammenfassend *von Arnim*, Bonner Kommentar, Art. 48 GG (1980), durchgehend.

20 Gesetz zur Änderung des Hessischen Abgeordnetengesetzes und anderer Rechtsvorschriften vom 11. 2. 1988 (GVBl. I S. 62).

21 Als Taschenbuch erschienen: *von Arnim*, Macht macht erfinderisch. Der Diätenfall: ein politisches Lehrstück, 1988.

22 *Martin Hirsch*, Kurzgutachten vom 1. 9. 1988; *Maaß/Rupp*, Verfassungsrechtliche Fragen der Abgeordnetenentschädigung in Hessen. Gutachtliche Äußerung vom 10. 9. 1988. Vgl. auch *von Arnim*, Der hessische Diätenfall. Zweiter Teil, 1989.

23 Gesetz über die Rechtsverhältnisse der Abgeordneten des Hessischen Landtags (HessAbgG) v. 18. 10. 1989 (GVBl. I S. 261).

24 Bericht der vom Präsidenten des Hessischen Landtags eingesetzten Kommission (Präsidenten-Beirat) zur Beratung über die Angemessenheit der Abgeordnetenentschädigung vom 5. 4. 1989.

25 Ausführliche Darstellung bei *von Arnim*, Der Staat als Beute, 1993, S. 67ff.; *ders.* , Der Fall Hamburg. Inhalt und Zustandekommen des Camouflage-Gesetzes von 1987, in: Bürgerschaft der Freien und Hansestadt Hamburg, Drucksache 14/2052 vom 2. 6. 1992, S. 17 bis 120; *Schmidt-Jortzig*, Die Steuerungskraft der Verfassungsvorschriften über das Gesetzgebungsverfahren. Zur formellen Rechtmäßigkeit der umstrittenen Novelle des Diäten- und Senatsgesetzes 1987 in Hamburg, ZParl 1992, 582.

26 Näheres bei *von Arnim*, Der Staat als Beute, 67 ff.

27 Die Enquête-Kommission hat ihren Bericht »Parlamentsreform« im

Oktober 1992 vorgelegt. Bürgerschaftsdrucksache 14/2600 vom 20. 10. 1992.

28 Bericht des Parlamentarischen Untersuchungsausschusses »Klärung von verfassungsrechtlichen Fragen und politischen Verantwortlichkeiten im Zusammenhang mit der Änderung des Senatsgesetzes vom 19. März 1987«, Bürgerschaft der Freien und Hansestadt Hamburg, Drucksache 14/2000 vom 25. 5. 1992.

29 Vgl. nur den Bericht des Rechtsausschusses der Bürgerschaft vom 14. 1. 1992 (Drucksache 14/938), S. 1, und die dort erwähnte persönliche Erklärung des Ausschußvorsitzenden Ralf-Dieter Fischer: »Er verglich die Untersuchung des eigenen Handelns durch ein Parlament mit einem In-sich-Geschäft, an dem er sich nicht beteiligen wolle.«

30 Näheres bei *von Arnim*, Der Staat als Beute, 1993, 121 ff.

31 Aktenzeichen H VerfG 3/92. Dazu kritisch *Jörm Ipsen*, ZParl 1994, 235; *Hans-Peter Ipsen*, Bestandsschutz des fehlerhaft gewählten Parlaments, Gedächtnisschrift für Eberhard Grabitz, 1995, 227.

32 *von Arnim*, Die finanziellen Privilegien von Ministern in Deutschland, 1992 (Heft 74 der Veröffentlichungen des Karl-Bräuer-Instituts des Bundes der Steuerzahler). Die Thematik wurde u. a. durch eine dreiviertelstündige *Zündstoff*-Sendung des Zweiten Deutschen Fernsehens am 22. 7. 1992 publik gemacht.

33 Vgl. dazu auch die Titelgeschichte des *Spiegel* vom 11. 5. 1992.

34 Näheres bei *von Arnim*, Der Staat als Beute, 1993, 135 ff.

35 *von Arnim*, Der Staat als Beute, 1993, 180 f.

36 Näheres bei *von Arnim*, Der Staat als Beute, 1993, 184 f.

37 Auch Thüringen hat sein Ministergesetz geändert und Privilegien abgebaut. Die Anrechenbarkeit von Zeiten als Abgeordneter im Thüringer Landtag und in der am 18. 3. 1990 gewählten Volkskammer der DDR auf die Ministerpension wurde jedoch aufrechterhalten.

38 Gelegentlich wurde die Berechtigung der Kritik aber auch ausdrücklich anerkannt. So z. B. der Abgeordnete *Goldbeck* (FDP) im Landtag Mecklenburg-Vorpommern. Protokoll der ersten Lesung des Änderungsgesetzes zum dortigen Landesministergesetz am 3. 3. 1994, 5901: »Wir kommen mit diesem Ministergesetz einen ... Schritt dem näher, was ... Professor von Arnim bereits in seinen ... kritischen Schriften gefordert hat ... Ich muß sagen, gerade seine Mahnungen haben viel Nachdenken erzeugt.« Ferner der hessische Ministerpräsident *Eichel* bei der ersten Lesung des hessischen Ministerbezügegesetzes, Protokoll der Sitzung des Landtages vom 11. 10. 1992,

2859: »Es ist jetzt wichtiger denn je, in Hessen über den vorgesehenen Abbau der Überversorgung von Regierungsmitgliedern zu beraten und diesen auch zu beschließen.« Vgl. auch den Abgeordneten *Gruschke* (SPD) im Landtag des Saarlandes bei der ersten Lesung des Änderungsgesetzes zum saarländischen Ministergesetz, Protokoll der Sitzung des Landtags vom 7. 7. 1993, 2831: »Das Saarländische Ministergesetz wurde durch ein Gutachten des Verwaltungsrechtlers Professor Hans Herbert von Arnim zu einem Sinnbild der Selbstbedienungsmentalität der Politiker, nicht nur im Saarland, sondern in der gesamten Bundesrepublik.« Ähnlich der Abgeordnete *Peter Müller* (CDU) in derselben Sitzung, 2834: »Das Saarländische Ministergesetz ist tatsächlich revisionsbedürftig. Dies wissen wir spätestens seit einem Gutachten, das im Auftrag des saarländischen Steuerzahlerbundes im vergangenen Jahr erstellt worden ist und das zutage gefördert hat, daß bei uns die Minister hinsichtlich der Besoldung, insbesondere aber hinsichtlich der Versorgungsregelungen eine bundesweite Spitzenstellung einnehmen und daß hier dringend Anpassungsbedarf besteht.«

39 Näheres bei *von Arnim*, Der Staat als Beute, 1993, 192 ff. mit weiteren Nachweisen.

40 Diese Reform wurde vorbereitet durch einen unerschrockenen Ministerialrat im Ruhestand, der den Gesetzentwurf erarbeitete, und eine beherzte Staatssekretärin, die ihrem Ministerialrat die Stange hielt und dabei von ihrem Ministerpräsidenten gestützt wurde.

41 Näheres dazu, inwieweit die Ministerversorgung in den einzelnen Ländern überzogen ist, bei *von Arnim*, Der Staat als Beute, 1993, 377 ff.

42 Gesetz zur Änderung des Schleswig-Holsteinischen Abgeordnetengesetzes vom 15. 7. 1990 (GVOBl. Schl.-H. S. 437), dessen Regelungen allerdings z. T. erheblich von den Vorschlägen in der Stellungnahme des Sachverständigengremiums gemäß § 28 des Abgeordnetengesetzes, 1989, abweichen.

43 Bericht der *Kommission zur Erörterung von Fragen der Abgeordnetenentschädigung* vom 16. 5. 1989.

44 Dazu *von Arnim*, Staat ohne Diener (Taschenbuchausgabe 1995), 19 ff., 344 ff.; Thesen der »Frankfurter Intervention«, Recht und Politik 1995, 16 ff., jeweils mit weiteren Nachweisen.

45 Überblick bei *von Arnim*, »Der Staat sind wir!«, 1995, 90 ff. *Annette Fischer*, Abgeordnetendiäten und staatliche Fraktionsfinanzierung in den fünf neuen Bundesländern, 1995, 223 ff.

46 Die Ausführungen des Bundesverfassungsgerichts beziehen sich auf den Bund, besitzen aber – angesichts der geringeren Mandatsaufgaben von Landtagsabgeordneten – für die Landesparlamente erst recht Relevanz.

47 BVerfGE 76, 256 II (341–343).

48 BVerfGE 40, 296, 330 (338f.). Zustimmend *Kloepfer*, Diätenurteil und Teilalimentation, DVBl. 1979, 378 (379); *Hans-Peter Schneider*, Kommentierung des Art. 48 GG im Alternativ-Kommentar (1984), Rn. 11 f.

49 *Hans Meyer*, Stenographische Niederschrift der öffentlichen Anhörung durch die Kommission zur Überarbeitung des Hessischen Abgeordnetengesetzes vom 31. 8. 1989, 17.

50 *von Arnim*, Der hessische Diätenfall. Zweiter Teil, 1989, 24 f.; vgl. auch *Maaß/Rupp*, Gutachten, 1988, 4–17.

51 Dazu Näheres unten S. 322 ff.

52 Dazu unten S. 348 ff.

53 BVerfGE 40, 296 (315).

54 BVerfGE 76, 256 II (341–343).

55 Zu beachten ist, daß damit zweierlei offengelassen wurde: die Frage, ob Art. 48 III 1 GG (Anspruch der Abgeordneten auf eine angemessene, ihre Unabhängigkeit sichernde Entschädigung) auch für Landtagsabgeordnete gilt, und die weitere Frage, ob sich daraus auch für Landtagsabgeordnete ein Anspruch auf Vollalimentation ergibt.

56 *Willi Geiger*, Der Abgeordnete und sein Beruf, ZParl 1978, 522 (528): »Vollständig unerfindlich ist die Selbstverständlichkeit, mit der die Landtage davon ausgehen, die Tätigkeit ihrer Mitglieder sei als ›Full-time-Job‹ zu qualifizieren. Aus dem Urteil des Bundesverfassungsgerichts läßt sich das nicht herauslesen. Das Gericht hat insbesondere nicht entschieden, daß die Mitglieder des saarländischen Landtags *mit Recht* sich als Inhaber eines ›Full-time-Jobs‹ betrachtet haben. Es hat nur festgestellt, daß die saarländische Regelung eine komplette Regelung für einen durch sein Mandat zeitlich völlig in Anspruch genommenen Abgeordneten ist, und hat daraus die Konsequenzen gezogen.«

57 BVerfGE 40, 296 (319). Dies wird auch durch den Enderlein-Beschluß ausdrücklich bestätigt (BVerfGE 64, 301, 318).

58 So ursprünglich auch der Verfasser, jedenfalls für die Parlamente der Flächenstaaten: *von Arnim*, Bonner Kommentar, Art. 48 GG, Rn. 112 ff. Anders *Michael Kloepfer*, Diäten-Urteil und Teilalimentation, DVBl. 1979, 378 (379); *Hans-Peter Schneider*, Kommentierung des Art. 48 GG im Alternativ-Kommentar (1984), Rn. 11 f.

59 In Hessen wurde bis zur Neuregelung des Abgeordnetengesetzes auch

eine dreizehnte Versorgungszahlung und gegebenenfalls sogar ein dreizehntes Übergangsgeld gewährt (*von Arnim*, Der hessische Diätenfall. Zweiter Teil, 1989, 19).

60 Materialien zu dem von den Fraktionen der SPD, der CDU/CSU, FDP eingebrachten Entwurf eines Gesetzes zur Neuregelung der Rechtsverhältnisse der Mitglieder des Deutschen Bundestages vom 30. 6. 1976, Bundestagsdrucksache 7/5531, S. 7: »Eine Sonderzuwendung (13. Monatsgehalt), die ihrer ursprünglichen Natur und Zweckbestimmung nach eine am Ende des Jahres gezahlte Treueprämie bzw. Gratifikation an zu Dienstleistungen Verpflichtete darstellt, ist mit dem Status eines Mitglieds des Bundestages nicht vereinbar.« Zustimmend *Maaß/Rupp*, Gutachten, 1988, 47.

61 Zum Gesetzgebungsverfahren *von Arnim*, Macht macht erfinderisch, 1988, 53–55.

62 *Schleswig-holsteinische Kommission*, 1989, 6.

63 *Präsidenten-Beirat*, 1989, 13 f.

64 BVerfGE 40, 296 (316 f., 327).

65 Dazu besonders *Pestalozza*, NJW 1987, 818; vgl. auch *von Arnim*, Macht macht erfinderisch, 1988, 70–72; *Maaß/Rupp*, Gutachten, 1988, 84–86.

66 A. a. O., S. 27.

67 Auch in Hessen soll es sie in Zukunft nicht mehr geben. *Starzacher*, Hessischer Landtag, 12. Wahlp., 82. Sitzung vom 12. 7. 1989, Protokoll S. 4529: »Es wird keine Staffeldiäten mehr geben, also keine Erhöhung über mehrere Jahre im voraus.«

68 Gesetz vom 28. 2. 1995 (GVBl. S. 109).

69 Berücksichtigt man den gleichzeitigen Wegfall der dreizehnten Entschädigung, so ergibt sich eine Steigerung um 32 Prozent.

70 Bundestagsdrucksache 13/1825.

71 Dazu die Kritik von *von Arnim*, »Der Staat sind wir!«, 1995.

72 Bundestagsdrucksache 13/1824.

73 GVBl. S. 848.

74 Die Indexierung der *Kostenerstattungen* mit Preisindizes bedarf gesonderter Beurteilung und wird hier nicht behandelt.

75 Kissel-Kommission, Bundestagsdrucksache 12/5020, S. 22.

76 BVerfGE 40, 296 (317 f.).

77 BVerfGE 40, 296 (327).

78 Zur Frage, ob auch die Verfassungsänderung wegen Verstoßes gegen Art. 79 III GG verfassungswidrig gewesen wäre, *von Arnim*, »Der Staat sind wir!«, 1995, 137 ff., und unten S. 346 ff.

79 So aber *Linck*, Zur Verfassungsmäßigkeit des Thüringer Modells einer Indexierung der Abgeordnetendiäten, ThürVBl. 1995, 104 (105).

80 So aber *Huber*, Diätenregelung in Thüringen, ThürVBl. 1995, 80 (81).

81 BVerfGE, 40, 296 (319).

82 *von Arnim*, Zweitkommentierung des Art. 48 im Bonner Kommentar, Randnummer 14 mit weiteren Nachweisen.

83 Näheres bei *von Arnim*, Stellungnahme zur Neuregelung der Abgeordnetendiäten in Thüringen, Februar 1995, S. 18–21.

84 Normenkontrollantrag der PDS-Fraktion des Thüringer Landtags vom 5. 10. 1995.

85 Verfassungsrechtliche Zweifel auch bei der bayerischen Diätenkommission in ihrem Bericht vom 5. 5. 1995, S. 10. Die Kommission hat diese Zweifel aber nicht vertieft, weil sie eine »unflexible Indexierung« ohnehin als »unzweckmäßig« ablehnte.

86 Zum Hamburger »Feierabendparlament« *Herbert Schneider*, Zum Abgeordnetenbild in den Landtagen, Aus Politik und Zeitgeschichte B 5/1989, 3 (7f. mwN). Dazu nunmehr auch eine vom Vorsitzenden der CDU-Fraktion in Hamburg berufene Kommission unter dem Vorsitz von *Jürgen Westphal*, die in ihrem Bericht vom Juli 1990 vorschlägt, die Tätigkeit des Abgeordneten »als vergütete Teilzeittätigkeit« auszugestalten, »so daß der Beruf in einem von jedem Bürgerschaftsmitglied frei gewählten Umfange weiter wahrgenommen werden kann. Dazu gehört insbesondere, daß die Sitzungen des Parlaments grundsätzlich weiterhin außerhalb der üblichen Arbeitszeit durchgeführt werden.« (Empfehlungen zur Reform der Hamburger Verfassung, 7).

87 Und auch ehrenamtlich tätig sein müssen: BVerfGE 48, 64 (89). Daran hält auch ein »Gutachten über die Entschädigung der Stadtverordneten der Stadt Frankfurt a. M.« vom Juni 1990 (Mitglieder u. a. *Hans Meyer*) fest.

88 *H. Eicher*, Der Machtverlust der Landesparlamente, 1988.

89 So mit Recht *Behrend*, Auf der Suche nach dem Teilzeitabgeordneten, DÖV 1982, 774 (776).

90 *Herbert Schneider*, Zum Abgeordnetenbild in den Landtagen, Aus Politik und Zeitgeschichte B 5/1989, 3 (9 ff.).

91 *Herbert Schneider*, Parlamentsreform in Hessen, 1990, 12. In Baden-Württemberg gingen in der Legislaturperiode 1984 bis 1988 nach Angaben von *Herbert Schneider*, Parlamentsreform in Hessen, 12, rd. 67 v. H. der Landtagsabgeordneten neben ihrem Mandat einer beruflichen Tätigkeit nach. Diese Zahl gibt das Ausmaß der außerpar-

lamentarischen Berufstätigkeit jedoch nicht voll wieder, weil darin die Regierungsmitglieder noch nicht enthalten sind. Vgl. *Schneider*, Zum Abgeordnetenbild in den Landtagen, Aus Politik und Zeitgeschichte B 5/1989, 3 (10).

92 So für Schleswig-Holstein *Pappi*, Der Zeitaufwand der Abgeordneten für Parlamentsarbeit (Dezember 1988), Schleswig-Holsteinischer Landtag, zu Drucksache 12/180, S. 36.

93 *Kai-Uwe von Hassel*, Straffung der Arbeit in den Parlamenten, Frankfurter Allgemeine Zeitung vom 2. 8. 1989.

94 BVerfGE 40, 296 (315).

95 *Behrend*, Auf der Suche nach dem Teilzeitabgeordneten, DÖV 1982, 774 (776).

96 So nannte der englische Abgeordnete *Davies* als Hauptgrund für die Fortführung seines Berufs neben dem Mandat im House of Commons »die finanzielle Notwendigkeit«. Die Mitglieder des House of Commons erhalten etwa 20 000 Pfund im Jahr (*Quentin Davies*, Ansprache vor dem Forum der CDU-Fraktion des hessischen Landtages am 6. 10. 1989, S. 20).

97 *Pappi*, Der Zeitaufwand der Abgeordneten für Parlamentsarbeit (Dezember 1988), Schleswig-Holsteinischer Landtag, zu Drucksache 12/180, S. 17.

98 Landtag Baden-Württemberg, 7. Wahlp., 42. Sitzung v. 27. 1. 1978, Protokoll S. 2783.

99 *Willi Geiger*, in: Politik als Beruf? Das Abgeordnetenbild im historischen Wandel, Protokoll eines Seminars der Deutschen Vereinigung für Parlamentsfragen, 1979, 144.

100 *von Hassel*, Straffung der Arbeit in den Parlamenten, Frankfurter Allgemeine Zeitung vom 2. 8. 1989.

101 Vgl. Art. 82 LVBre, Art. 13 Abs. 1 HambVerf, Art. 31 BayVerf, Art. 98 Abs 1 HessVerf, Art. 97 Abs. 1 VerfRP. – Dabei ist davon auszugehen, daß die Parlamente keine höheren Entschädigungen festlegen dürfen, als verfassungsrechtlich vorgesehen ist (*von Arnim*, Bonner Kommentar, Art. 48 GG, Rn 98; ebenso schon *von Mangoldt/Klein* und *Maunz* [zitiert in: *von Arnim*, Abgeordnetenentschädigung und Grundgesetz, 1975, 68]; vgl. auch *Maaß/Rupp*, Gutachten, 1988, 17 ff.; *Hans Meyer* und *Kewenig* in der öffentlichen Anhörung durch die Kommission zur Überarbeitung des Hessischen Abgeordnetengesetzes vom 31. 8. 1989. Unzutreffend BayVerfGH, DVBl. 1983, 706 [707]; *Zinn/Stein*, Die Verfassung des Landes Hessen, Erl. 3 zu Art. 98 HV). Zumindest sind die Parlamente nicht

befug, über die Diätengestaltung aus dem ehrenamtlichen Charakter einen Full-time-Job zu machen.

102 *Kai-Uwe von Hassel*, Rede anläßlich seines 80. Geburtstages am 21. 4. 1993 in Bonn.

103 Unabhängige Kommission zur Überprüfung des Abgeordnetenrechts, Bericht vom 3. 6. 1993, Bundestagsdrucksache 12/5020, S. 10. Dort hat die Kommission Zweifel geäußert, »ob die Tätigkeit eines Landtagsabgeordneten generell als so umfassend anzusehen ist, daß sie als Ausübung eines ›Hauptberufs‹ gewertet werden muß«.

104 So der Direktor des Niedersächsischen Landtags *Albert Janssen*, Der Landtag im Leineschloß – Entwicklungslinien und Zukunftsperspektiven, in: Präsident des Niedersächsischen Landtags, Rückblicke – Ausblicke, 1992, S. 15 (31).

105 Vgl. auch eine in der FAZ v. 29. 7. 1937 wiedergegebene Äußerung des früheren Wuppertaler Oberbürgermeisters und nordrhein-westfälischen Ministerpräsidenten *Johannes Rau*: »Eine politische Partei, die ihre führenden Funktionäre von montags morgens bis sonntags abends so beschäftigt, daß die Gefahr der Begegnung mit dem Wähler erst gar nicht mehr entsteht, die muß ihre Gremienarbeit überprüfen. Da ist etwas nicht in Ordnung.«

106 *Ellwein*, Das Dilemma der Verwaltung, 1994, S. 121: »Dem Grunde nach bleibt ... Verwaltung auf Wachstum und Ausweitung hin angelegt. Das Dilemma der Verwaltung ist ihre Verflechtung mit der Politik. Sie bewirkt, daß Politik und Verwaltung zugleich verändert werden müßten. Da daran nicht zu denken ist, verfestigen sie wechselseitig ihre Zustände. Die deutschen Landtage könnten ›Politik‹ bequem in zwei kürzeren Sitzungsperioden im Jahr betreiben. Verwaltung mit Einzelfallentscheidungen, Mittelverteilung, Lobbytätigkeit in den Ministerien gewährleistet dagegen eine Dauertätigkeit mit der entsprechenden Besoldung und Versorgung. Kritik an der Verwaltung richtet sich deshalb in Wahrheit meist gegen die Politik. Der wirksamen Verwaltungsvereinfachung müßte die Politikvereinfachung vorausgehen. Diese Kombination gewährleistet, daß das meiste so bleibt, wie es ist. Es ist keine resignierte Prognose, sondern (meine) fatale Gewißheit: Wir werden uns in Deutschland auch weiterhin eine Verwaltung leisten, die wir uns nicht leisten können. Das Ende davon ist abzusehen.«

107 *May*, Lean Politics. Eine Radikalkur für den Staat, 1995.

108 In 18 Einzelstaaten der USA gibt es inzwischen verfassungsrechtliche Höchstgrenzen für die Dauer, die ein Abgeordnetenmandat ausgeübt

werden darf. Sie wurden in den letzten Jahren zumeist durch Volksbe-gehren und Volksentscheid durchgesetzt. Dazu *Thad Beyle/Rich Jones,* Term Limits in the States, in: Book of the States 1994–95 Edition, Vol. 30, 1994, 28 ff.

109 Näheres dazu bei *von Arnim,* Staat ohne Diener, Taschenbuchausgabe 1995, 344 ff.; Thesen der »Frankfurter Intervention«, Recht und Politik 1995, 16.

110 BVerfGE 40, 296 (317 f.).

111 Vgl. *Hans Meyer,* Behandlung der »auf den ersten Blick frappierenden Idee Hans Herbert von Arnims« in: Das fehlfinanzierte Parlament, 17 (55).

112 Siehe den entsprechenden Hinweis von *Heino Kaack,* Das System der Selbstversorger, Die Zeit vom 26. 10. 1984.

113 *Wewer,* Plädoyer für eine integrierende Sichtweise von Parteien-Finanzen und Abgeordneten-Alimentierung, in: ders. (Hg.), Parteien-finanzierung und politischer Wettbewerb, 1990, 420 (457 f.).

114 *Martin Hirsch,* Kurzgutachten zum hessischen Abgeordnetengesetz vom 1. 9. 1988.

115 *Geiger,* Der Abgeordnete und sein Beruf, ZParl 1978, 522 (529). Zu prüfen wäre auch, ob und inwieweit als Voraussetzung für die *steuerliche* Absetzbarkeit der über eine Grundpauschale hinausgehen-den mandatsbedingten Kosten eine Änderung des § 22 Nr. 4 Satz 2 Einkommensteuergesetz erforderlich würde, wonach durch das Man-dat veranlaßte Aufwendungen nicht als Werbungskosten abgezogen werden, wenn zur Abgeltung dieser Aufwendungen Aufwandsent-schädigungen gezahlt werden.

116 Das war auch der Einwand, den der bayerische Landtagspräsident *Hanauer* gegen *Geigers* Vorschlag vorbrachte (*Rudolf Hanauer,* Der Abgeordnete und seine Bezüge – Fragen zu einer Antwort von Willi Geiger, ZParl 1979, 115 [118 f.]).

117 Schlußbericht der Von-Hassel-Kommission zur Parlamentsreform vom April 1991, S. 9.

118 § 1 Absatz 2 Satz 2 des Gesetzes über die Entschädigung der Mitglieder des Bundestages in der Fassung des Änderungsgesetzes vom 15. 6. 1961, BGBl. I Seite 763.

119 Bundestagsdrucksache 1444 (3. Wahlperiode).

120 Diätengesetz 1968 vom 3. 5. 1968, BGBl. I S. 334.

121 § 18 Absatz 1 Satz 2 des Gesetzes zur Neuregelung der Rechtsverhält-nisse der Mitglieder des Deutschen Bundestages vom 18. 2. 1977, BGBl. I S. 297.

122 *von Arnim*, Zweitkommentierung des Art. 48 GG im Bonner Kommentar, Rnrn. 125 ff.

123 *Geiger*, Der Abgeordnete und sein Beruf, ZParl 1978, 522 (533).

124 Beachtenswert auch der Vorschlag der Hamburger Enquête-Kommission »Parlamentsreform« von 1992, Hamburger Bürgerschaft Drucksache 14/2600, 180 ff., die Entschädigung nur drei Monate in voller Höhe, die folgenden neun Monate dagegen nur in halber Höhe zu gewähren. Auch die Kissel-Kommission hatte vorgeschlagen, das Übergangsgeld höchstens für 12 Monate zu zahlen, und zwar nur noch in Höhe von 75 Prozent der Entschädigung (Bundestagsdrucksache 12/5020, S. 14).

125 Überblick mit ausführlichen Nachweisen bei *Annette Fischer*, Abgeordnetendiäten und staatliche Fraktionsfinanzierung in den fünf neuen Bundesländern, 1995, 84 ff.

126 Kissel-Kommission, Bundestagsdrucksache 12/5020, S. 13.

127 Vgl. auch *Annette Fischer*, a. a. O., 87.

128 Bericht des Beirates für Entschädigungsfragen beim Präsidium des Deutschen Bundestages (Rosenberg-Beirat) vom Juni 1976, Bundestagsdrucksache 7/5531, S. 32 ff.

129 Kritik bei *Fischer*, a. a. O., 101 ff., 108 f.

130 Dazu *Fischer*, a. a. O., 107 f.

131 BVerfGE 76, 256 (341 f.).

132 BVerfGE 32, 157 (163 f.).

133 BVerfGE 76, 256 (341 f.).

134 Bericht der Kommission der Landtagsdirektoren vom 16. 5. 1989, 33 f.

135 *Geiger*, ZParl 1978, 522 (532 f.). Vgl. auch *von Arnim*, Bonner Kommentar, Art. 48 GG Rn 132.

136 Statt vieler *Rudolf Scharping*, Parlamentarische Demokratie im Wandel, in: Landeszentrale für politische Bildung (Hg.), Parlamentarische Demokratie in der Krise 1992, 25 (28): »Politiker sind zu schlecht bezahlt und zu gut versorgt.«

137 Kienbaum-Vergütungsstudie 1990/91, S. 38.

138 *Heinz Evers* in einer Anhörung des Hessischen Landtags vom 19. 1. 1993, stenographische Niederschrift der 21. Sitzung des Ältestenrats des Hessischen Landtags vom 19. 1. 1993, S. 51. Evers fährt fort: »Wenn Sie das den 75 Prozent (im öffentlichen Bereich) gegenüberstellen, dann verstehen Sie, warum ich sagte: Die sind aus der Sicht der Privatwirtschaft eher eine Überversorgung.«

139 Bericht der *Kommission zur Erörterung von Fragen der Abgeordnetenentschädigungen* vom 16. 5. 1989, 33 f.

140 Bericht der vom Landtag von Baden-Württemberg eingesetzten unabhängigen Diätenkommission vom 15. 7. 1993, S. 13. – Ähnlich auch Empfehlungen und Vorschläge der hamburgischen Enquête-Kommission »Parlamentsreform«, Bürgerschaft Freie und Hansestadt Hamburg, Drucksache 14/2600; Bericht der vom Präsidenten des Sächsischen Landtags im Einvernehmen mit dem Präsidium berufenen Unabhängigen Diätenkommission vom 13. 12. 1994, S. 4.

141 Vorschläge der Diätenkommission zur Neuordnung der Diäten-Regelung für den rheinland-pfälzischen Landtag vom Dezember 1992, S. 11.

142 Vgl. auch Niedersächsische Diätenkommission von 1989, S. 6; Sondervotum der Kommissionsmitglieder Paul Arend und Rolf Fillibeck zum Bericht der rheinland-pfälzischen Diätenkommission von Ende 1992, S. 14 f.; Fachkommission »Politikfinanzierung« von Bündnis 90/Die Grünen im Bundestag, Vorschläge zur Parlamentsfinanzierung vom 25. 1. 1993, S. 4.

143 Vgl. dazu die Kritik der Fraktion Die Grünen bei der Beratung im Bundestag. Abg. *Häfner*, Dt. BT, 11. Wahlp., 165. Sitzung vom 6. 10. 1989, Protokoll S. 12514 f.; Abg. *Beck-Oberdorf*, Dt. BT, 11. Wahlp., 174. Sitzung vom 9. 11. 1989, Protokoll S. 13176 f. Im Bund war mit der Umwandlung auch eine Kürzung verbunden. Während das Sterbegeld zuvor in zweifacher Höhe der Entschädigung gezahlt wurde, wird nun das Überbrückungsgeld nur noch in Höhe einer Entschädigung gewährt. Diese erhöht sich allerdings auf das Eineinhalbfache der Entschädigung, wenn die Dauer der Mitgliedschaft im Bundestag mehr als acht Jahre oder mehr als zwei Wahlperioden betragen hat (§ 24 I AbgG i. d. F. des Änderungsgesetzes vom 18. 12. 1989). Die gleiche Regelung gilt auch in Bayern und Baden-Württemberg (Art. 17 Bayerisches Abgeordnetengesetz i. d. F. des Änderungsgesetzes vom 24. 8. 1990; § 16 AbgG Baden-Württemberg i. d. F. des Änderungsgesetzes vom 16. 7. 1990). Dagegen wurde in Schleswig-Holstein das Überbrückungsgeld gegenüber dem Sterbegeld vom Zweifachen der Entschädigung auf das Zweieinhalbfache erhöht (§ 22 AbgG Schleswig-Holstein i. d. F. des Änderungsgesetzes vom 15. 7. 1990). Das Überbrückungsgeld wird aber auf den (Beihilfe-)Zuschuß für die Kosten im Todesfall angerechnet.

144 BVerfGE 40, 296 (318).

145 BVerfGE 40, 296 (318).

146 Nachweise bei *von Arnim*, Bonner Kommentar, Art. 48 GG, Rn. 123.

147 § 5 Abs. 4 HessAbgG i. d. F. des Änderungsgesetzes vom 11. Februar 1988 (GVBl. I S. 62).

148 § 5 II des Hessischen Abgeordnetengesetzes v. 18. 10. 1989 (GVBl. I S. 261); § 5 II des rheinland-pfälzischen Abgeordnetengesetzes i. d. F. des Änderungsgesetzes vom 21. 11. 1989 (GVBl. S. 240).

149 Dazu *von Arnim*, Staatliche Fraktionsfinanzierung ohne Kontrolle?, 1987, 41 ff.

150 BVerfGE 20, 56 (104).

151 BVerfGE 40, 296 (316).

152 Bericht der *Kommission zur Erörterung von Fragen der Abgeordneten-entschädigung* vom 16. 5. 1989, S. 15 ff.

153 Die kaum lösbare Schwierigkeit, »ob und gegebenenfalls wie zusätzliche Zahlungen aus der Fraktionskasse entweder angerechnet oder aber ganz ausgeschlossen werden können«, war denn auch für die Landtagsdirektoren ein wichtiger Grund, von der Einführung von Zusatzentschädigungen für Funktionsträger abzuraten (Bericht der *Kommission zur Erörterung von Fragen der Abgeordnetenentschädigung* vom 16. 5. 1989, S. 17).

154 *Hessischer Präsidenten-Beirat*, 1989, 22: »Da die Funktionszulagen an Abgeordnete mit besonderen parlamentarischen Funktionen nicht ›aus dem Mandat fließen‹ und deshalb ›nicht unter Art. 3 Abs. 1 GG mit der Abgeordnetenentschädigung vergleichbar‹ sind, können sie allerdings auch nicht bei der Altersversorgung berücksichtigt werden, weil sich die Altersversorgung für Abgeordnete – soweit sie nach der insoweit gewandelten Rechtsprechung des Bundesverfassungsgerichts überhaupt noch geboten erscheint – nur aus der Mandatsausübung und der damit unter Umständen verbundenen längeren Unterbrechung der früheren beruflichen Tätigkeit herleiten läßt. Die Kommission empfiehlt daher dringend, weder die Zusatzentschädigung für den Präsidenten und die Vizepräsidenten des Hessischen Landtags noch die von ihr vorgeschlagenen zusätzlichen Vergütungen für Fraktionsvorsitzende in die Altersversorgung einzubeziehen.« Die *schleswig-holsteinische Kommission* (S. 50) wollte dem Präsidenten und seinen Stellvertretern dagegen eine erhöhte Versorgung geben, nicht aber anderen Beziehern von Funktionszulagen.

155 BVerfGE 40, 296 (329 f.).

156 Vgl. auch BVerfGE 40, 296 (330).

157 BVerfGE 40, 296 (329 f.).

158 BVerfGE 76, 256 II (343); dazu auch *hessischer Präsidenten-Beirat*, 1989, 37 f.

159 Vgl. *von Arnim*, Bonner Kommentar, Art. 48 GG, Rnrn. 162 ff.;
ders., Der hessische Diätenfall. Zweiter Teil, 1989, 35 ff.; *Maaß/Rupp*,
Gutachten, 1988, 73 ff. Demgegenüber haben die Prozeßvertreter der
Parlamente in dem beim Bundesverfassungsgericht anhängigen Diätenverfahren auf Antrag von Abgeordneten der Grünen der Landtage
von Rheinland-Pfalz und Thüringen (Aktenzeichen: 2 BVH 4/91)
versucht, die verfassungsrechtlichen Bedenken zu zerstreuen. *Steinberger* kommt in einer Stellungnahme vom 24. 2. 1992 für den
Bundestag zum Ergebnis, Minister-Abgeordnete könnten beide Einkommen nebeneinander beziehen. Steinberger kann sich dabei aber
nicht auf das Diätenurteil von 1975, sondern lediglich auf das
Minderheitsvotum von Seufert stützen und bestätigt das Diätenurteil
dadurch indirekt. Auch die spätere Entscheidung des Bundesverfassungsgerichts (E 76, 256) zieht Steinberger nur partiell heran, nämlich nur zum Beleg des unterschiedlichen Status von Beamten und
Abgeordneten, nicht aber hinsichtlich der vom Gericht ausdrücklich
behandelten und für unser Thema relevanten Frage, wie zu verfahren
ist, wenn der Gesetzgeber vom Alimentationscharakter auch der
Abgeordnetenentschädigung ausgegangen ist, wie dies im Bund und
in den meisten Ländern geschehen ist. Dann, so sagt das Gericht in
E 76, 256 (343) ausdrücklich, sei es »wenig folgerichtig«, von der
Anrechnung abzusehen; eine solche liege vielmehr nahe. Steinberger
läßt diese entscheidende Stelle bezeichnenderweise weg. Im übrigen
geht es bei der Frage, ob eine Anrechnung verfassungsrechtlich
geboten ist, nicht etwa um »Einzelheiten« der Ausgestaltung, wie
Redeker in einer Stellungnahme vom 10. Februar 1992 für das Land
Rheinland-Pfalz meint (S. 65), um ihre Konkretisierung dem Gesetzgeber überlassen zu können; es geht vielmehr um die Kernfrage. Die
genannten Stellungnahmen für die Parlamente sind als das einzuschätzen, was sie sind: prozessuale Äußerungen der Prozeßparteien.
Insofern mutet es merkwürdig an, daß der interfraktionelle Gesetzentwurf eines Hamburgischen Abgeordnetengesetzes vom 27. 2.
1996 (Drucksache 15/5001) sich in seiner Begründung für die
vorgesehene Nichtanrechnung auf die vorgenannten Stellungnahmen
der Parlamente stützt, die erkennen ließen, daß grundsätzlich »kein
Anrechnungszwang« bestehe, und sie auf diese Weise wie unabhängige wissenschaftliche Äußerungen behandelt.
160 *Schleswig-holsteinische Kommission*, 1989, 63.
161 Ähnlich auch der hessische *Präsidenten-Beirat*, 1989, 39f. Der Beirat machte seinen Vorschlag »im Hinblick auf die« von ihm »vor-

geschlagene beträchtliche Erhöhung der Grundentschädigung«. Der Vorschlag ist davon in Wahrheit aber unabhängig, sofern die Grundentschädigung nur eine angemessene Vollalimentation darstellt.

162 BVerfGE 20, 56 (104).

163 So auch die Landtagsdirektoren (Bericht der *Kommission zur Erörterung von Fragen der Abgeordnetenentschädigung* vom 16. 5. 1989, 28).

164 Für den Bund: § 12 Abs. 4 AbgG.

165 Für den Bund: Art. 48 III 2 GG i. V. m. § 16 AbgG.

166 Die Kostenerstattung für Abgeordnetenmitarbeiter wurde bereits oben (siehe S. 179 f.) behandelt.

167 BVerfGE 40, 296 (318, 328); 49, 1 (2). Zur näheren Erläuterung *von Arnim*, Bonner Kommentar, Art. 48 GG, Rn. 176.

168 BVerfGE 40, 296 (328).

169 Näheres bei *von Arnim*, Bonner Kommentar, Art. 48 GG, Rn. 180.

170 Dazu *von Arnim*, Bonner Kommentar, Art. 48 GG, Rn. 183.

171 *von Arnim*, Bonner Kommentar, Art. 48 GG, Rn 184.

172 Dazu *von Arnim*, Macht macht erfinderisch, 1988, 28–31.

173 So der Zweite Senat für Familiensachen des OLG Düsseldorf in einer Entscheidung vom 6. 2. 1984 (Aktenzeichen 2 UF 151/82, S. 8 des Urteilsumdrucks).

174 BGH, Urteil vom 7. 5. 1986, FamRZ 1986, 780 (783).

175 So schon *von Arnim*, Bonner Kommentar, Art. 48 GG, Rn. 184.

176 S. 32. Ebenso *Maaß/Rupp*, Gutachten, 1988, 55: »Eine verfassungsrechtlich einwandfreie Regelung setzt daher hinreichend verläßliche Informationen über die tatsächliche Höhe der den Abgeordneten entstehenden Auslagen voraus. Als Informationsquellen können dabei entweder gesicherte Erfahrungswerte oder Erhebungen bei einer repräsentativen Zahl von Abgeordneten dienen.« *Hessischer Präsidenten-Beirat*, 1989, 28: »Zur Festlegung einer verfassungsrechtlich einwandfreien Pauschale« muß der Hessische Landtag sich »die notwendigen Kenntnisse über die tatsächliche Höhe des mandatsbedingten Aufwandes ... beschaffen.« Bericht der *Kommission zur Erörterung von Fragen der Abgeordnetenentschädigung* vom 16. 5. 1989, 21: »Damit die Orientierung der Pauschale am tatsächlich entstandenen Aufwand gewährleistet bleibt, erscheint eine regelmäßige empirische Überprüfung des tatsächlichen Aufwandes notwendig.«

177 Vgl. *von Arnim*, Der strenge und der formale Gleichheitssatz, DÖV 1984, 85 (86).

178 *Willi Geiger*, Der Abgeordnete und sein Beruf, ZParl 1978, 522 (527).

179 BVerfGE 49, 1.

180 Beschluß vom 29. 6. 1983, BVerfGE 64, 301.

181 Bayerischer Verfassungsgerichtshof, DVBl. 1983, 706 (710) mit Anmerkung *von Arnim*; vgl. auch *von Arnim*, Macht macht erfinderisch, 1988, 42 ff.

182 So z. B. OLG Düsseldorf vom 6. 2. 1984 (Aktenzeichen Uf 151/82); BGH vom 7. 5. 1986 (FamRZ 1986, 780).

183 Bundestagsdrucksache 10/5734.

184 Vgl. *Der Spiegel* Nr. 13 vom 23. 3. 1987, S. 98 (100).

185 BVerfGE 40, 296 (327).

186 Die Erstattung von Mitarbeiterkosten auf Nachweis kommt im Bund und in Bayern allerdings noch hinzu. Ebenso die Amtsausstattung und die freie Benutzung öffentlicher Verkehrsmittel.

187 *Friedrich-Karl Fromme* wies hinsichtlich der Kostenpauschale von Bundestagsabgeordneten darauf hin, daß sie »von fast allen Kennern in der jetzigen Form als verfassungswidrig angesehen wird« (Frankfurter Allgemeine Zeitung v. 23. 10. 1980).

188 *Geiger*, Der Abgeordnete und sein Beruf, ZParl 1978, 522 (527 ff., 529).

189 BVerfGE 49, 1. Auch der Bundesgerichtshof ging in einem von ihm zu entscheidenden Unterhaltsprozeß von der Überhöhung der Kostenpauschale für den beklagten bayerischen Landtagsabgeordneten aus. BGH, FamRZ 1986, 780.

190 Zur Unhaltbarkeit eines Urteils des Bayerischen Verfassungsgerichtshofs vom 15. 12. 1982, das die Pauschale in Bayern für verfassungsmäßig erklärt hat (DVBl. 1983, 706 [710]), *von Arnim*, DVBl. 1983, 712 ff.; *ders.*, Macht macht erfinderisch, 1988, 42–45.

191 *Präsidenten-Beirat*, 1989, 48.

192 In Hessen fand sich zwar eine Differenzierung nach der Entfernung des Wohnsitzes des Abgeordneten von Wiesbaden. Das reicht aber nicht aus. Substantiierte Zweifel auch bei *Maaß/Rupp*, Gutachten, 1988, 59 f.

193 BVerfGE 40, 296 (317 f.).

194 Näheres bei *von Arnim*, Der strenge und der formale Gleichheitssatz, DÖV 1984, 85 ff.

195 Solange man am Diätenurteil festhält.

196 *von Arnim*, Bonner Kommentar, Art. 48 GG, Rn. 181.

197 *von Arnim*, Bonner Kommentar, Art. 48 GG, Rn. 189.

198 Dazu *von Arnim*, Bonner Kommentar, Art. 48 GG, Rn. 184.

199 So schon (zu damals noch geringeren Pauschalen) *von Arnim*, Bonner Kommentar, Art. 48 GG, Rnrn. 186–188.

200 *Präsidenten-Beirat*, 1989, 28.

201 *Schleswig-holsteinische Kommission*, 1989, 33 i. V. m. 12 f.

202 A. a. O., S. 31.

203 A. a. O., S. 12. Auch die in Anm. 182 erwähnte zivilrechtliche Unterhaltsrechtsprechung geht regelmäßig davon aus, daß ein erheblicher Teil der Kostenpauschalen nicht mandatsbedingt verwendet wird, sondern zusätzliches Einkommen darstellt und deshalb der Berechnung des Unterhaltsanspruchs zugrunde zu legen ist.

204 *Schleswig-holsteinische Kommission*, 1989, 31. Zu dieser Pflicht, den tatsächlichen Aufwand der Abgeordneten zu ermitteln, vgl. auch oben S. 273 ff.

205 Zur Begründung der Höhe der Kostenpauschale wurde statt dessen ausgeführt, »Aufzeichnungen von einzelnen Abgeordneten« hätten ergeben, »daß die von der Kommission getroffene Annahme, 800 DM als allgemeine Kostenpauschale seien ausreichend, nicht annähernd stimmte« (Abg. *Wellmann*, Schleswig-Holsteinischer Landtag, 12. Wahlp., 56. Sitzung vom 12. 6. 1990, Protokoll S. 3355). Diese Aussage wurde weder erläutert noch belegt.

206 Dies entspricht unter Berücksichtigung der Kostenentwicklung etwa dem Betrag von 500 DM, den der niedersächsische Landtagspräsident 1977 für angemessen gehalten hat. Dazu *von Arnim*, Bonner Kommentar, Art. 48 GG, Rn. 186.

207 *Präsidenten-Beirat*, 1989, 25 f.

208 *Präsidenten-Beirat*, 1989, 25.

209 Eine Begründung gab weder der Landtagspräsident in seinem Bericht (vgl. LT-Drucksache 12/4720, S. 5) noch der Berichterstatter *Starzacher* in der ersten und zweiten Lesung des Gesetzentwurfs (vgl. Hessischer Landtag, 12. Wahlp., 82. Sitzung v. 12. 7. 1989, Protokoll S. 4526–4532 und 88. Sitzung v. 11. 10. 1989, Protokoll S. 4910–4914).

210 Näheres in Tabelle 17, S. 278–283.

211 Die Abgeordnetengesetze umschreiben das unterschiedlich: »Abgeordnete, die einen Dienstwagen zur ausschließlichen Verfügung haben« oder »Abgeordnete, die Amtsbezüge beziehen« (vgl. Tabelle 17, Fn. 4 und 29).

212 So sinngemäß auch *schleswig-holsteinische Kommission*, 1989, 33.

213 S. 38. Die Kommission beruft sich dabei auf eine Empfehlung des Landesrechnungshofs Schleswig-Holstein.

214 Vgl. schon *von Arnim*, Bonner Kommentar, Art. 48 GG, Rn. 182.

215 *von Arnim*, Bonner Kommentar, Art. 48 GG, Rn. 191.

216 BVerfGE 40, 296 (328).

217 Der hessische *Präsidenten-Beirat* hält »nennenswerte finanzielle Mehrbelastungen ... für unwahrscheinlich« (S. 27). Für die *schleswig-holsteinische Kommission* fallen eventuell zusätzliche Kosten jedenfalls nicht ins Gewicht (S. 34).

218 *Schleswig-holsteinische Kommission*, 1989, 34: »Die Kommission empfiehlt, diese zusätzlichen Unkostenpauschalen entfallen zu lassen.«

219 *Präsidenten-Beirat*, 1989, 27: »Die Kommission schlägt vor, die bisher für die Ausübung besonderer parlamentarischer Funktionen gewährten zusätzlichen Unkostenpauschalen ersatzlos zu streichen.«

220 So auch schon die Kommission zur Begutachtung der Rechtsstellung und Entschädigung der Mitglieder des Landtags Nordrhein-Westfalen *(Weyer-Kommission)*, Gutachtliche Stellungnahme v. 19. 12. 1978, 19.

221 BVerfGE 40, 296 (327): »Die parlamentarische Demokratie basiert auf dem Vertrauen des Volkes.« BVerfGE 85, 264 (290): »Gewönne der Bürger den Eindruck, die Parteien ›bedienten‹ sich aus der Staatskasse, so führte dies notwendig zu einer Verminderung ihres Ansehens und würde letztlich ihre Fähigkeit beeinträchtigen, die ihnen von der Verfassung zugewiesenen Aufgaben zu erfüllen.«

222 Strafrechtsänderungsgesetz BGBl. I 1994, S. 84.

223 Begründung des Gesetzentwurfs der Bundestagsfraktion der SPD vom 19. 11. 1991, Bundestagsdrucksache 12/1630, S. 6.

224 A. a. O., S. 5.

225 Die Befürchtung, durch Einbeziehung auch der Volksvertreter auf *kommunaler* Ebene in den Straftatbestand des neuen § 108e werde in Zweifel gestellt, ob die weitergehende Strafbarkeit, die die *Rechtsprechung* für Kommunalvertreter dadurch bisher entwickelt hat, daß sie sie als Beamte im strafrechtlichen Sinn ansah, in Zukunft noch Bestand haben werde, scheint allerdings nicht begründet zu sein. Vgl. *Lackner/Kühl*, Strafgesetzbuch, 21. Aufl., 1995, § 108e StGB, Anm. 8; *Dreher/Tröndle*, Strafgesetzbuch, 47. Aufl., 1995, § 108e StGB, Anm. 15.

226 So z. B. auch *Dirk Pohl*, Drittzuwendungen an Bundestagsabgeordnete, ZParl 1995, 385 (390).

227 *Stefan Barton*, Der Tatbestand der Abgeordnetenbestechung, Neue Juristische Wochenschrift 1994, 1098.

228 So der Bundestagsabgeordnete v. Geldern bzw. die Vizepräsidentin

des Bundestags Renate Schmidt. Vgl. Der Spiegel Nr. 9 vom 1. 3. 1993, 49.

229 So *Schlink*, Stenogr. Protokoll der 69. Sitzung des Rechtsausschusses und der 43. Sitzung des Ausschusses für Immunität und Geschäftsordnung vom 3. 3. 1993, Anhang S. 139 (145).

230 So auch *Barton*, a. a. O., 1100 f.

231 So auch *Lackner/Kühl*, a. a. O., vor Anm. 1.

232 Verhaltensregeln für Mitglieder des Deutschen Bundestages (Anlage 1 der Geschäftsordnung des Deutschen Bundestages), neugefaßt durch Bek. v. 18. 12. 1986 (BGBl. 1987 I S. 147), zuletzt geändert durch Bekanntmachung von Änderungen der Geschäftsordnung des Deutschen Bundestages, BGBl. 1995 V S. 1246. Vgl. auch die Ausführungsbestimmungen vom 26. 6. 1987 (BGBl. I S. 1758).

233 § 4 III Verhaltensregeln i. V. m. § 25 I Nr. 6 PartG. Weitere Verbote finden sich in Nrn. 1–5. Danach dürfen Parteien nicht annehmen: Spenden von politischen Stiftungen; von gemeinnützigen Organisationen; von Ausländern; Spenden, die über Berufsverbände geleitet werden; anonyme Spenden, soweit sie 1000 DM übersteigen. Auch diese Verbote gelten nach § 4 III Verhaltensregeln entsprechend für Bundestagsabgeordnete.

234 So treffend *Dirk Pohl*, Drittzuwendungen an Bundestagsabgeordnete, ZParl 1995, 385 (394).

235 Das stellt § 4 der »Verhaltensregeln für Bundestagsabgeordnete« ausdrücklich klar, indem sein Absatz 1 den Abgeordneten verpflichtet, über alle unentgeltlichen Zuwendungen, »die ihm für seine politische Tätigkeit zur Verfügung gestellt werden, gesondert Rechnung zu führen«, und sein Absatz 2 den Abgeordneten verpflichtet, Spenden über 10 000 DM der Bundestagspräsidentin anzuzeigen.

236 Einen instruktiven Überblick gibt das Urteil des Landgerichts Bonn vom 16. 2. 1987, Az. 27 F 7/83.

237 Der Spiegel Nr. 27 vom 1. 7. 1985, S. 29 f. (Pharmaindustrie); Der Spiegel Nr. 34 vom 19. 8. 1985, S. 19 ff. (Versicherungswirtschaft). Vgl. auch den Hinweis von *Steinberg*, Parlament und organisierte Interessen, in: Schneider/Zeh (Hg.), Parlamentsrecht und Parlamentspraxis, 1989, 217 (226), daß er selbst »bei einem Bonner Spitzenverband die Existenz eines Wahlkampffonds in Millionenhöhe feststellen« konnte, »der an ›nahestehende‹ Abgeordnete und Kandidaten ausgeschüttet wurde«.

238 *Göttrik Wewer*, Plädoyer für eine integrierende Sichtweise von Parteien-Finanzen und Abgeordneten-Alimentierung, in: ders. (Hg.),

Parteienfinanzierung und politischer Wettbewerb, 1990, 420 (443 ff.); *Christine Landfried*, Parteifinanzen und politische Macht, 1990, 143 ff. Vergleiche auch schon die Studie von *von Arnim*, Das Verbot von Interessentenzahlungen an Abgeordnete, Veröffentlichungen des Karl-Bräuer-Instituts des Bundes der Steuerzahler, 1976.

239 Zitiert nach Der Spiegel Nr. 34 vom 19. 8. 1985, S. 19 (21).

240 *Eschenburg*, Paragraphen gegen Parlamentarier, in: ders., Zur politischen Praxis in der Bundesrepublik, Bd. 1, 1967, 124.

241 »Zur Person: Rainer Makulski«, Frankfurter Rundschau vom 28. 1. 1987.

242 Vgl. § 4 der Verhaltensregeln für Bundestagsabgeordnete. Die – soweit ersichtlich – einzige Ausnahme machten bis vor kurzem noch die Verhaltensregeln des schleswig-holsteinischen Landtages; nach dem mit dem Änderungsgesetz vom 15. 7. 1990 (GVOBl. Schl.-H. S. 437) neu eingefügten § 47a AbgG SH müssen die Verhaltensregeln nur noch Bestimmungen enthalten über »die Pflicht zur Rechnungsführung und Anzeige von Spenden, soweit ein festgelegter Mindestbetrag überschritten wird« (Abs. 2 Nr. 6); der Landtagspräsident erhebt und verarbeitet die Daten (Abs. 3). Nach Nr. X. Ziff. 3 der Verhaltensregeln für die Abgeordneten des Schleswig-Holsteinischen Landtages vom 12. November 1992 in der Fassung vom 1. Februar 1995 sind Spenden an Abgeordnete, soweit sie in einem Kalenderjahr einzeln oder bei mehreren Spenden derselben Spenderin/desselben Spenders zusammen den Wert von 20 000 DM übersteigen unter Angabe ihrer Höhe und Herkunft als Drucksache des Landtages zu veröffentlichen.

243 § 4 II der Verhaltensregeln für Mitglieder des Bundestags. Nach den Verhaltensregeln der Landesparlamente liegt die Anzeigegrenze niedriger (z. B. Baden-Württemberg 3000 DM), oder es besteht keinerlei Grenze (z. B. Berlin, Hamburg, Niedersachsen, Nordrhein-Westfalen, Rheinland-Pfalz).

244 *Wewer*, Plädoyer für eine integrierende Sichtweise von Parteien-Finanzen und Abgeordneten-Alimentierung, in: ders. (Hg.), Parteienfinanzierung und politischer Wettbewerb, 1990, 420 (447).

245 § 25 II PartG.

246 Art. 21 I 4 GG.

247 BVerfGE 20, 56 (106).

248 BVerfGE 52, 63 (87).

249 BVerfGE 85, 264 (323 ff.). Siehe auch S. 52.

250 So z. B. der Erlaß des Finanzministers Nordrhein-Westfalen vom

14. 11. 1985 über die Behandlung von Wahlkampfspenden, DB 1986, 621.

251 §§ 15 f. und 19 Erbschaftsteuer- und Schenkungsteuergesetz.

252 *Henkel*, DÖV 1975, 819 (821); *Thaysen*, Die Volksvertretungen der Bundesrepublik und das Bundesverfassungsgericht: Uneins in ihrem Demokratie- und Parlamentsverständnis, ZParl 1976, 3 (13 f.).

253 *Dirk Pohl*, Drittzuwendungen an Bundestagsabgeordnete, ZParl 1995, 385 (390).

254 *Tsatsos*, Die parlamentarische Betätigung von öffentlichen Bediensteten, 1970, 152 ff.; *Kühne*, Die Abgeordnetenbestechung, 1971, 34 ff.; ähnlich *Hans-Peter Schneider*, Gesetzgeber in eigener Sache, in: Grimm/Maihofer (Hg.), Gesetzgebungstheorie und Rechtspolitik, Jahrbuch für Rechtssoziologie und Rechtstheorie, Bd. 13, 1988, 327 (331 ff.). Dagegen *Krause*, Freies Mandat und Kontrolle der Abgeordnetentätigkeit, DÖV 1974, 325 (327); *von Arnim*, Gemeinwohl und Gruppeninteressen, 1977, 388 ff. mwN.; *Peine*, Der befangene Abgeordnete, JZ 1985, 914.

255 Stellungnahme des Deutschen Bundestages, vervielfältigtes Manuskript, 34 f.; zitiert in: *von Arnim*, Das Verbot von Interessentenzahlungen an Abgeordnete, 1976, 7.

256 BVerfGE 40, 296 (318 f.).

257 Vgl. dazu *von Arnim*, Das Verbot von Interessentenzahlungen an Abgeordnete, 1976; *ders.* , Stellungnahme zur vorgesehenen Neuordnung der Verhaltensregeln für Bundestagsabgeordnete (Bundestagsdrucksache 10/3544 und 10/3557), abgegeben vor dem Ausschuß für Wahlprüfung, Immunität und Geschäftsordnung des Deutschen Bundestages am 24. 10. 1985, S. 6 ff.; Stellungnahme des Bundesinnenministeriums zum Entwurf eines Gesetzes zur Neuregelung der Rechtsverhältnisse der Mitglieder des Deutschen Bundestages (Bundestagsdrucksache 7/5525), vervielfältigtes Manuskript, S. 4 f., 10, 21 f., 33 f.; *Landfried*, Parteifinanzen und politische Macht, 1990, 145 ff.

258 *Mann*, Dt. BT, 10. Wahlp., 255. Sitzung v. 10. 12. 1986, Protokoll S. 19851 (19852); *Conradi*, ebenda, S. 19859.

259 Für Bundestagsabgeordnete schreibt § 44a II Ziff. 4 AbgG vor, daß die Verhaltensregeln des Bundestages Bestimmungen enthalten müssen »über die Unzulässigkeit einer Annahme von Zuwendungen, die das Mitglied des Bundestages, ohne die danach geschuldeten Dienste zu leisten, nur deshalb erhält, weil von ihm im Hinblick auf sein Mandat erwartet wird, daß er im Bundestag die Interessen der

Zahlenden vertreten und nach Möglichkeit durchsetzen wird«. (Fast wörtlich stimmt damit überein der durch das Änderungsgesetz vom 15. 7. 1990 [GVOBl. Schl.-H. S. 437] neu eingefügte § 47a II Ziff. 7 AbgG SH.) Dies ist eine wörtliche Wiederholung des vom Bundesverfassungsgericht im Diätenurteil formulierten Grundsatzes. Es fehlt an der vom Bundesverfassungsgericht geforderten gesetzlichen Regelung, die konkretisiert und sanktioniert. Damit bleiben die mit jener Formulierung verbundenen Auslegungsfragen unbeantwortet, etwa, ob schon eine minimale Gegenleistung für den weiter zahlenden Arbeitgeber ausreicht (so anscheinend *Schneider*, Gesetzgeber in eigener Sache, in: Grimm/Maihofer [Hg.], Gesetzgebungstheorie und Rechtspolitik, Jahrbuch für Rechtssoziologie und Rechtstheorie, Bd. 13, 1988, 327 [346]), um den Verbotstatbestand nicht anzuwenden, und ob der Zahlende eine unzulässige Einflußnahme beabsichtigen muß (so anscheinend *Schneider*, a. a. O., 328 f.: »final finanzierte Interessenwahrnehmung«). Daß diese und andere Zweifelsfragen nicht beantwortet werden, betonen auch *Roll*, Verhaltensregeln, in: Schneider/Zeh (Hg.), Parlamentsrecht und Parlamentspraxis, 1989, 607 (614), und *Pohl*, Drittzuwendungen an Bundestagsabgeordnete, ZParl 1995, 385 (392 f.). Bejahte man beide Fragen, so würde die Vorschrift im Ergebnis leerlaufen, was sicher nicht der Intention des Bundesverfassungsgerichts entsprechen würde (*von Arnim*, Sachverständigen-Anhörung des BT-Ausschusses für Wahlprüfung, Immunität und Geschäftsordnung vom 24. 10. 1985, 10. Wahlp., Stenographisches Protokoll der 28. Sitzung). Deshalb werden sie in den Abgeordnetengesetzen Bremens und Niedersachsens mit Recht verneint (dazu schon *von Arnim*, Bonner Kommentar, Art. 48 GG, Rn. 153 f.). Gleichwohl wird es den Abgeordneten durch das Offenlassen dieser Fragen – trotz ihrer offensichtlichen Regelungsbedürftigkeit – ermöglicht, sich auf den Standpunkt zu stellen, die Vorschrift sei so großzügig auszulegen, daß sie praktisch leerläuft. Dies wird auch durch § 9 I der Verhaltensregeln für Mitglieder des Deutschen Bundestages nicht verhindert, ganz abgesehen davon, daß es sich nicht um die verfahrensrechtlich vorgeschriebene *gesetzliche* Bestimmung handelt. In § 9 I heißt es, ein Abgeordneter dürfe »für die Ausübung des Mandats keine anderen als die gesetzlich vorgesehenen Zuwendungen oder andere Vermögensvorteile annehmen«. Diese Vorschrift klingt zunächst so, als dürfe der Abgeordnete nur die im AbgG vorgesehenen Diäten annehmen. Die Verfasser scheinen jedoch davon auszugehen, auch die Annahme von Interessentenzahlungen sei »gesetzlich vorgesehen«, soweit sie nicht gesetzlich verboten sei. Was gesetzlich verboten sei, richte sich wiederum nach § 44a II Ziff. 6 AbgG. So wird die Vorschrift jedenfalls in der Kommentierung durch *Roll*, einen Beamten der Bundestagsverwaltung, verstanden (*Roll*, a. a. O., 614). Damit liegt hier ein klassischer Fall von Ringverweisung vor: Das Bundesverfassungsgericht und das Abgeordnetengesetz verlangen Bestimmungen gegen Interessentenzahlungen. Die daraufhin ergangenen Verhaltensregeln verweisen hinsichtlich der Frage, was solche unzulässige Interessentenzahlungen sind, wiederum zurück auf das Abgeordnetengesetz, das insoweit aber keine Klärung enthält, sondern diese seinerseits in den Verhaltensregeln verlangt. Daß es bisher an der erforderlichen Konkretisierung fehlt, betont auch *Pohl*, ZParl 1995, 385 (394).

260 § 23 III und IV Abgeordnetengesetz Niedersachsen, § 46 Abgeordnetengesetz Bremen.

261 § 46 BremAbgG hat denselben Wortlaut wie § 27 III NdsAbgG. Mißverständlich formuliert dagegen § 24 S. 2 AbgGNW, § 23 I 2 AbgG SL und § 23 BraAbgG.

262 Die in § 18 II des Hessischen Abgeordnetengesetzes v. 18. 10. 1989 enthaltene Regelung reicht schon deshalb nicht aus, weil sie ihrem Wortlaut nach so verstanden werden muß, daß in Höhe der Interessentenzahlung die Grundentschädigung erst dann ruht, wenn ihr überhaupt »keine tatsächlich geleistete Arbeit entspricht«. Statt dessen ist wie in Niedersachsen eine Soweit-Formulierung geboten. Von »wirksamen Vorkehrungen« kann im übrigen im neuen Hessischen Abgeordnetengesetz keine Rede sein.

263 Abg. *Conradi*, Dt. BT, 10. Wahlp., 255. Sitzung v. 10. 12. 1986, Protokoll S. 19859 f.; *Landfried*, Parteifinanzen und politische Macht, 1990, 144 f.

264 *Conradi*, Dt. BT. 10. Wahlp., 255. Sitzung v. 10. 12. 1986, Protokoll S. 19861.

265 BVerfGE 39, 1.

266 Vgl. auch BVerfGE 40, 296 (318 f.): Pflicht, gesetzliche Vorkehrungen gegen Interessentenzahlungen zu treffen. BVerfGE 79, 311 II (336, 352 ff.): Pflicht zum Erlaß der gesetzlichen Regelungen gem. Art. 115 I 3 GG.

267 So praktisch die gesamte strafrechtliche Literatur. Vgl. *Burkhard Schulze*, Zur Frage der Strafbarkeit der Abgeordnetenbestechung, JR 1973, 485 (486); *Peter Krause*, Freies Mandat und Kontrolle der Abgeordnetentätigkeit, DÖV 1974, 325 (334); *Dreher*, Das Dritte

Strafrechtsänderungsgesetz, JZ 1953, 421 (427); *Rolf Klein*, Straflosigkeit der Abgeordnetenbestechung. Einer Strafrechtslücke zum 25jährigen Bestehen, ZRP 1979, 174.

268 So das Bundesverfassungsgericht E 40, 296 (318 f.).

269 Die *Parteienfinanzierungskommission* hatte vorgeschlagen, daß bei Verstoß gegen Spendenverbote das Zehnfache verfallen müsse (S. 224). Dieser Gedanke könnte auch hier fruchtbar gemacht werden.

270 Empfehlungen der Kommission unabhängiger Sachverständiger zur Parteienfinanzierung, Bundestagsdrucksache 12/4425 vom 19. 2. 1993, S. 31.

271 So schon *von Arnim*, Stellungnahme zur vorgesehenen Neuordnung der Verhaltensregeln für Bundestagsabgeordnete (Bundestagsdrucksache 10/3544 und 10/3557), abgegeben vor dem Ausschuß für Wahlprüfung, Immunität und Geschäftsordnung des Deutschen Bundestages am 24. 10. 1985, S. 19; *Troltsch*, Der Verhaltenskodex von Abgeordneten in westlichen Demokratien, Aus Politik und Zeitgeschichte B 24–25/1985, 3 (14–16); *Wewer*, Plädoyer für eine integrierende Sichtweise von Parteien-Finanzen und Abgeordneten-Alimentierung, in: ders. (Hg.), Parteienfinanzierung und politischer Wettbewerb, 1990, 420 (447); *Landfried*, Parteifinanzen und politische Macht, 1990, 305 ff.

272 Bericht und Empfehlungen der Unabhängigen Kommission zur Überprüfung des Abgeordnetenrechts, Bundestagsdrucksache 12/5020 vom 3. 6. 1993, 19 f., 23. Dazu kritisch *von Arnim*, in: Der Spiegel vom 14. 6. 1993, S. 91 f.

273 *Oskar Lafontaine*, Wunschlos unglücklich, in: Gunter Hoffmann/Werner A. Perger (Hg.), Die Kontroverse, 1992, 103 (106 f.).

274 Einige Beispiele, wie Politiker sich durch diffamierende Angriffe auf Kritiker Entlastung zu verschaffen suchen, bei *von Arnim*, Der Staat als Beute, 1993. Vergleiche auch Deutscher Bundestag, Stenographischer Bericht der abschließenden Lesung über die neuen Parteien- und Fraktionsfinanzierungsgesetze am 12. 11. 1993, 16403–16421 (dazu *von Arnim*, Staat ohne Diener, Taschenbuchausgabe 1995, 369 mwN); Deutscher Bundestag, Stenographischer Bericht der abschließenden Lesung über die Diätenentwürfe am 21. 9. 1995, 4584 bis 4635.

275 BVerfGE 40, 296 (312, 318 f.); 76, 256 (341).

276 Bundestagsdrucksache 13/2343 vom 19. 9. 1995.

277 Im übrigen sollte die Veröffentlichungspflicht nach dem genannten

Gesetzentwurf erst eingreifen, wenn ein Mindestbetrag überschritten
würde, den der Gesetzentwurf aber nicht nannte.

278 Oben S. 49 f.

279 Vgl. *von Arnim*, Reform der Abgeordnetenentschädigung, 1976, 40
mwN.

280 *Landfried*, Parteifinanzen und politische Macht, 1990, 97 ff.; *Mardini*, Die Finanzierung der Parlamentsfraktion durch staatliche Mittel
und Beiträge der Abgeordneten, 1990, 24. Neuere Angaben in Focus
vom 3. 6. 1995 (»Von der Partei erpreßt«); Focus Nr. 8 vom 17. 2.
1996, S. 20 (»Das Millionending«); Der Spiegel vom 3. 7. 1995
(»Erzwungene Parteispende«).

281 BVerfGE 40, 296 (316).

282 Auch das Urteil des Bundesverfassungsgerichts von 1992 hat keine verfassungsgerichtliche Klärung gebracht. Es beschäftigte sich mit den »Parteisteuern« nur unter dem Gesichtspunkt der Zuordnung zu den Spenden
oder den Beiträgen im Rahmen des ohnehin verfassungswidrigen
Chancenausgleichs (BVerfGE 85, 264 [311 f.]). Die Frage der Verfassungswidrigkeit der »Parteisteuern« selbst wurde nicht behandelt.

283 Ähnlich auch eine Entscheidung eines Dreierausschusses des Bundesverfassungsgerichts, DÖV 1983, 153 (154 mit Anm. *von Arnim*).

284 So schon *von Arnim*, Bonner Kommentar, Art. 48 GG, Rn. 212–216
m. w. N.

285 *Wewer*, Plädoyer für eine integrierende Sichtweite von Parteien-
Finanzen und Abgeordneten-Alimentierung, Forschungsberichte und
Diskussionsbeiträge des Instituts für Politische Wissenschaft der
Universität Hamburg, Nr. 33, S. 2. Vgl. auch *Schleth*, Parteienfinan-
zen, 1973, 138 ff.

286 *Wewer*, a. a. O.

287 So auch *Naßmacher*, Parteienfinanzierung im Wandel, Der Bürger im
Staat 1989, 271 (274); *Landfried*, Parteifinanzen und politische
Macht, 1990, 97 ff.

288 *Parteienfinanzierungskommission* 1993, Bundestagsdrucksache 12/4425,
30. Kritisch anzumerken bleibt, daß die Kommission konsequenterweise auch dafür hätte eintreten müssen, daß die Steuervergünstigungen und Staatszuschüsse auf »Parteisteuern« beseitigt werden. Dazu
Abweichende Meinung von *von Arnim*, Bundestagsdrucksache 12/
4425, 52, 55 f.

289 *Parteienfinanzierungskommission*, 1983, 188. Aber auch diese Kommission hatte keine wirksamen Mittel zum Abbau von »Parteisteuern«
vorgeschlagen, sondern im Gegenteil die Aufrechterhaltung ihrer

steuerlichen Begünstigung toleriert. Die von der Kommission 1983 empfohlene Aufhebung der Veröffentlichung dieser Quelle der Parteieinnahmen, die der Gesetzgeber alsbald übernahm, führte natürlich nicht zur Unterbindung, sondern nur zur Abdunkelung. Angesichts dieser Ausführungen ist es unverständlich, daß das Bundesverfassungsgericht in seinem Spendenurteil von 1986 *ohne jede Auseinandersetzung mit der Problematik* meint, es sei »nicht ersichtlich, weshalb die ›Einnahmen der Parteien aus den Diäten der Fraktionsmitglieder‹ als staatliche Parteienfinanzierung zu qualifizieren seien«. BVerfGE 73, 40 II (100).

290 Tatsächlich ist der Staatszuschuß niedriger, weil die Staatszuwendungen aufgrund der absoluten Obergrenze proportional gekürzt werden müssen (Näheres siehe S. 99).

291 *Arnulf Baring*, zitiert nach Focus Nr. 8 vom 17. 2. 1996, S. 22.

292 Ebda.

293 So in Schleswig-Holstein.

294 *Geiger*, Der Abgeordnete und sein Beruf, ZParl 1978, 522 (528).

295 Näheres siehe S. 253 ff.

296 Derzeit genau von 3267 DM.

297 *Geiger*, Der Abgeordnete und sein Beruf, ZParl 1978, 522 (528, 532).

298 *Dieter Meng*, Frankfurter Rundschau vom 12. 10. 1989, S. 3.

299 Ausführliche Auseinandersetzung mit der Nichtbegründung der Gesetzesänderung in der 1. Auflage dieses Buches, S. 220 ff.

300 Vgl. auch *Meng*, Frankfurter Rundschau, 30. 9. 1989: »Die Öffentlichkeit und auch die Basis in den Parteien sind des Themas überdrüssig, und allein das erklärt die bisherige Geräuschlosigkeit, mit der eine Diäten-Vorlage behandelt wurde, die die hessischen Abgeordneten mit 10 200 Mark bundesweit an die Spitze bringen wird.«

301 Diesen Effekt hatte auch der Berichterstatter *Starzacher* in der zweiten Lesung des Gesetzentwurfs am 11. Oktober 1989 ausdrücklich eingeräumt. *Starzacher*, Hessischer Landtag, 12. Wahlp., 88. Sitzung v. 11. 10. 1989, Protokoll S. 4920 f.: »Es war klar, nachdem der Beirat des Präsidenten seinen Bericht vorgelegt und uns Empfehlungen gegeben hatte, daß nur unter großen argumentativen Schwierigkeiten von den gegebenen Empfehlungen abzurücken wäre.« S. 4914: Das neue Gesetz war »nicht unsere Idee, sondern es waren die Vorschläge des Sachverständigenbeirats« ... Wenn es nach ihm, Starzacher, gegangen wäre, hätte das Hessische Abgeordnetengesetz sich »möglichst nahe an dem Gesetz über die Entschädigung für Bundestagsabgeordnete orientiert«.

302 Der Auslagenersatz in Höhe von 0,52 DM/km in § 7 I 2 HessAbgG liegt deutlich höher als die regelmäßige Wegstreckenentschädigung nach § 6 I 1 Hessisches Reisekostengesetz (höchstens 0,38 DM); ein derartig hoher Ersatz wird nach dem HRKG nur gewährt für »anerkannt privateigene Kraftfahrzeuge«, d. h. solche, die mit schriftlicher Anerkennung der vorgesetzten Behörde im überwiegenden dienstlichen Interesse gehalten werden (§ 6 II), und auch dann nur bei einer dienstlichen Jahresfahrleistung bis 10 000 km (andernfalls nur 0,38 DM/km); dies ergibt sich aus der Verordnung über die Wegstreckenentschädigung für privateigene Kfz, auf die in § 7 I 3 HessAbgG zum Zwecke der Dynamisierung Bezug genommen ist (aber auch wieder unterschiedslos auf den *höchsten Betrag* der Wegstreckenentschädigung). Abgeordnete sind also auch insoweit *privilegiert.*

303 Quelle: The Council of State Governments (ed.), The Book of the States, 1992–93 Edition, Vol. 29, 124 (130 f., 151 ff.); 1994–95 Edition, Vol. 30, 98 (102, 123 f., 132 ff.).

304 Vgl. Deutsche Bundesbank, Monatsberichte Februar 1996, S. 76*.

305 *Thomas Drysch,* Finanzierung der Politik in Österreich, in der Schweiz und in den Vereinigten Staaten von Amerika, 1994, 100 f.; *Peter Amstutz,* Was National- und Ständeräte beziehen – eine Übersicht, Basler Zeitung vom 6. 8. 1994, S. 9.

306 Basler Zeitung vom 19. 5. 1994 und vom 16. 6. 1994; Züricher Tages-Anzeiger vom 30. 11. 1995, S. 2.

307 Dazu gehörte auch die Einsetzung eines Beratergremiums durch den Bundestag, das seinen Bericht 1990 vorlegte (Bundestagsdrucksache 11/7348), aber nach Organisation und Arbeitsweise vom Bundestag abhängig war, nur Erhöhungen vorschlug, ohne die Strukturmängel zu erwähnen, und auch nicht auf die Gründe für die früheren »Nullrunden« einging (Näheres bei *von Arnim,* »Der Staat sind wir!«, 1995, 86 ff.) Als offensichtlich geworden war, daß ein derartig einseitiger Bericht keine tragfähige Grundlage für eine Änderung des Abgeordnetengesetzes des Bundes abgeben konnte, setzte Bundestagspräsidentin Süssmuth 1992 eine zweite Diätenkommission unter Vorsitz des Präsidenten des Bundesarbeitsgerichts *Kissel* ein, die ihren Bericht 1993 vorlegte (Bundestagsdrucksache 12/5020). Der dann eingebrachte Gesetzentwurf blieb, was den Abbau von Privilegien anlangt, allerdings erheblich hinter den Empfehlungen der Kommission zurück, z. B. bei Abbau der Kostenpauschale (siehe S. 349), des Übergangsgeldes (S. 339 und der Altersversorgung (S. 339 ff.), ob-

wohl die Kommission im Bewußtsein, daß dem Bundestag in eigener Sache ohnehin das letzte Wort verbleibt, bei ihren Empfehlungen bereits erhebliche Kompromisse hinsichtlich der Wünsche des Bundestags gemacht hatte (vgl. z. B. Der Spiegel Nr. 20 vom 17. 5. 1993, S. 21). – Unzutreffend war die Behauptung der früheren Präsidentin des Bundes der Steuerzahler und jetzigen Bundestagsabgeordneten *Susanne Tiemann,* der Gesetzentwurf entspreche den Empfehlungen der Kissel-Kommission, auch wenn dies »die Bürger in diesem Land nicht so recht einsehen können« (stenographischer Bericht der Bundestagssitzung vom 21. 9. 1995, S. 4600).

308 Bundestagsdrucksache 13/1825. Zur Kritik dieses Gesetzentwurfs eingehend *von Arnim,* »Der Staat sind wir!«, 1995. Die folgenden Ausführungen beruhen auf diesem Buch, soweit sie jenen Gesetzentwurf und seine Behandlung bis Ende Juni 1995 betreffen.

309 (13 789 : 10 366) x 100 = 133.

310 Für 1996 war ohnehin bereits eine konkrete Erhöhung der Besoldung im öffentlichen Dienst um 3,2 Prozent beschlossen.

311 Siehe vorangehende Anmerkung.

312 Und ohne Rückwirkung auf den Januar des jeweiligen Jahres.

313 Zur Auseinandersetzung mit möglichen Einwänden gegen diese Argumentation siehe *von Arnim,* »Der Staat sind wir!«, 72 ff. Dort auch weitere Argumente gegen den Gesetzentwurf, z. B. auch der Nachweis, daß die offizielle Behauptung des Bundestages, der Gesetzgeber habe sich bei Neukonzeption der Entschädigung im Jahre 1976 an einer B6- bzw. R6-Besoldung orientiert, nicht zutrifft (S. 79 f.).

314 Dazu zuletzt näher *von Arnim,* »Der Staat sind wir!«, 71, 77 ff. mit weiteren Nachweisen.

315 Stellungnahme der Kommission nach Art. 23 Abs. 2 des Bayerischen Abgeordnetengesetzes vom 5. 5. 1995, S. 10.

316 Auf einige Argumente hat schon die bayerische Diätenkommission hingewiesen, als sie die Argumentation des Bonner Berater-Gremiums von 1990, wonach die Diäten massiv erhöht werden müßten (siehe S. 332 und Anm. 307), zurückwies (vgl. *von Arnim,* »Der Staat sind wir!«, 88 f.).

317 *von Arnim,* Staat ohne Diener, 1993, 295 ff., 314 ff.

318 Zur völligen Wirkungslosigkeit des neuen Tatbestandes der Abgeordnetenkorruption (§ 108e StGB) siehe S. 295 ff..

319 Bundestagsdrucksache 13/2327 vom 20. 9. 1995.

320 Bundestagsdrucksache 113/2364 vom 20. 9. 1995.

321 Die Kissel-Kommission hatte nur eine Höchstdauer von 12 Monaten

und nur einen Monatsbetrag von 75 Prozent der Entschädigung vorgeschlagen, Bundestagsdrucksache 12/5020, S. 13 f. Siehe auch S. 248 in diesem Buch.

322 Die Kissel-Kommission hatte eine stärkere Beschränkung der Altersversorgung empfohlen. Dazu *von Arnim*, »Der Staat sind wir!«, 45, 50, und S. 258 in diesem Buch.

323 Bundestagsabgeordnete, die im Herbst 1990 (Ende der 11. Legislaturperiode des Bundestags) bereits mindestens sechs Jahre im Bundestag waren und damit nach damals noch geltendem Recht eine Anwartschaft erworben hatten, erhalten ihre Versorgung sogar nach dem noch günstigeren früheren Recht: 35 Prozent nach 6 Jahren im Bundestag, 5 Prozent für jedes weitere Jahr, 75 Prozent nach 16 Jahren (§ 35 AbgG).

324 Und ab 1996 mit Rückwirkung der Erhöhung auf den Januar.

325 Ohne Rückwirkung auf den Januar.

326 *von Arnim*, »Der Staat sind wir!«, 55.

327 *Rudolf Scharping*, Parlamentarische Demokratie im Wandel, in: Landeszentrale für politische Bildung (Hg.), Parlamentarische Demokratie in der Krise, 1992, 25 (28).

328 Tagespresse vom 13. und 14. 6. 1995. Belege bei *von Arnim*, »Der Staat sind wir!«, S. 172 Anm. 36.

329 *von Arnim*, »Der Staat sind wir!«, 54, 56.

330 BVerfGE 85, 264 (290).

331 Bundestagsdrucksache 13/1824.

332 Vgl. § 124 Gerichtsverfassungsgesetz, § 10 I Verwaltungsgerichtsordnung, § 41 I Arbeitsgerichtsgesetz, § 10 I Finanzgerichtsordnung und § 38 II Sozialgerichtsgesetz.

333 Daß die vorgesehene Formulierung des Art. 48 III GG dem einfachen Gesetzgeber diese Möglichkeit eröffnete, mußte auch der Vorsitzende des zuständigen Bundestagsausschusses Dieter Wiefelspütz einräumen, Bremer Nachrichten vom 15. 9. 1995.

334 Protokoll der Bundestagssitzung vom 29. 6. 1995, S. 3853 D.

335 *von Arnim*, »Der Staat sind wir!«, 1995. Das Manuskript wurde während der Sommerpause des Bundestags geschrieben und im September vom Knaur Verlag innerhalb weniger Tage als Taschenbuch herausgebracht.

336 Stenographischer Bericht der ersten Beratung der Gesetzentwürfe am 29. 6. 1995, S. 3851 ff.

337 Stenographischer Bericht der zweiten und dritten Beratung der Gesetzentwürfe am 21. 9. 1995, S. 4584 ff.

338 Diese Vorlage beruhte auf Vorschlägen einer sog. Rechtsstellungs-kommission des Ältestenrats des Bundestags unter Vorsitz des Vize-präsidenten Klose, veröffentlicht in Bundestagsdrucksache 13/1803 vom 26. 6. 1995. Dazu *von Arnim,* »Der Staat sind wir!« 1995, 17 ff.

339 *Süssmuth* (siehe Fußnote 337), S. 4586(B) und in amtlichen Presseer-klärungen. Diese und die weiteren im Text genannten Angaben der Bundestagpräsidentin wurden in vollem Umfang redaktionell über-nommen, z. B. von der Sendung »Bonn direkt« des Zweiten Deut-schen Fernsehens vom 17. 9. 1995, 19.10 Uhr. Verantwortlicher Redakteur war Klaus Rommerskirchen, der den Fernsehpreis des Deutschen Bundestages für Arbeiten zum Parlamentarismus erhielt!

340 BVerfGE 40, 296. Dazu *von Arnim,* »Der Staat sind wir!«, 199 ff.; *Hans Schneider,* Frankfurter Allgemeine Zeitung vom 21. 9. 1995 (Leserbrief).

341 Näheres bei *von Arnim,* »Der Staat sind wir!« 1995, 40 ff., 117 f., 125 ff.

342 Bundestagsdrucksache 13/1824.

343 So der Titel des schon genannten Buches.

344 Näheres bei *von Arnim,* »Der Staat sind wir!«, 137 ff.; *Hans Meyer,* Der Spiegel Nr. 40, vom 2. 10. 1995, S. 34 ff.

345 Vgl. die Tagespresse vom 29. 9. und 11. 10. 1995. Der Appell war dem Präsidenten des Bundesrats vom Senior der Staatsrechtslehrer, *Hans Schneider,* übermittelt worden. Die Kritik des Thüringer Parla-mentsdirektors *Joachim Linck,* ZParl 1995, 683, verbleibt im Vorder-gründigen; sie verkennt das zentrale staatspolitische Anliegen des Appells: die Verhinderung der Verfassungsänderung in eigener Sache, weil die politische Klasse sich dadurch die ihr gesetzten Verfassungs-grenzen verfügbar gemacht hätte, was rasch auf andere Bereiche des Entscheidens in eigener Sache hätte übergreifen können.

346 Stenographischer Bericht der 689. Sitzung vom 13. 10. 1995, S. 456. Dort hat der brandenburgische Minister Bräutigam bei Begründung der Verweigerung der Zustimmung durch den Bundesrat auch auf den Appell »zahlreicher unabhängiger Staatsrechtler in den letzten Tagen« Bezug genommen.

347 Bundestagsdrucksache 13/3121.

348 Gesetz zur Neuregelung der Rechtsstellung der Abgeordneten vom 15. 12. 1995, BGBl. I S. 1718.

349 § 11 Abs. 1 AbgG lautet nunmehr: »Ein Mitglied des Bundestages erhält eine monatliche Abgeordnetenentschädigung, die sich an ei-nem Zwölftel der Jahresbezüge

– eines Richters bei einem obersten Gerichtshof des Bundes (Besoldungsgruppe R6)

– eines kommunalen Wahlbeamten auf Zeit (Besoldungsgruppe B6)

orientiert. Abweichend von Satz 1 beträgt die Abgeordnetenentschädigung mit Wirkung vom 1. Oktober 1995 11 300 Deutsche Mark, vom 1. Juli 1996 11 825 Deutsche Mark, vom 1. April 1997 12 350 Deutsche Mark und vom 1. Januar 1989 12 875 Deutsche Mark. Für spätere Anpassungen gilt das in § 30 geregelte Verfahren.«

350 Bundestagsdrucksache 12/5020, S. 11 ff.

351 Zur Kritik dieser Dynamisierung im ersten Gesetzentwurf und der damals noch vorgesehenen Möglichkeit, die Pauschale aufgrund weit zurückliegender Preissteigerungen anzuheben, *von Arnim*, »Der Staat sind wir!«, 40 ff.

352 § 30 AbgG lautet nunmehr: »Der Bundestag beschließt innerhalb des ersten Halbjahres nach der konstituierenden Sitzung über die Anpassung der Abgeordnetenentschädigung nach § 11 Abs. 1 Satz 1 und des fiktiven Bemessungsbetrages für die Altersentschädigung nach § 35a Abs. 2 mit Wirkung für die gesamte Wahlperiode. Der Präsident leitet den Fraktionen den entsprechenden Gesetzesvorschlag zu.«

353 Gesetz zur Änderung des Bayerischen Abgeordnetengesetzes vom 23. 12. 1995, GVBl S. 848.

354 *Winfried Brugger,* Ein amerikanischer Vorschlag zur Kontrolle von Diätenerhöhungen, ZRP 1992, 321.

355 Ein solches Verfahren hat auch die Kommission unabhängiger Sachverständiger zur Parteienfinanzierung nachdrücklich empfohlen, Bundestagsdrucksache 12/4425, S. 42 f. Näheres auch bei *von Arnim,* »Der Staat sind wir!«, 142 f.

356 *Hildegard Krüger,* Die Diäten der Bundestagsabgeordneten, DVBl. 1964, 220.

357 Vgl. z. B. *von Arnim,* Zweitbearbeitung des Art. 48 GG im Bonner Kommentar (1980), Rn. 87.

358 *Hans Heinrich Rupp,* Legitimation der Parlamente zur Entscheidung des Parlaments in eigener Sache, ZG 1992, 285 (286–288).

359 *Wilhelm Henke,* Geld, Parteien, Parlamente, Der Staat 1992, 98 (102 ff.); *ders.,* Drittbearbeitung des Art. 21 GG im Bonner Kommentar (1991), Rn. 321.

360 Empfehlungen der Kommission unabhängiger Sachverständiger zur Parteienfinanzierung vom 19. 2. 1992, Bundestagsdrucksache 12/4425, S. 45 f.; Bericht und Empfehlungen der Unabhängigen Kommission zur Überprüfung des Abgeordnetenrechts vom 3. 6. 1993,

Bundestagsdrucksache 12/5020, S. 21; Bericht der Gemeinsamen Verfassungskommission vom 5. 11. 1993, Bundestagsdrucksache 12/6000, S. 88 f.; *von Arnim,* Der Staat als Beute, 1993, 332 f.

361 Vgl. *von Arnim,* Die Partei, der Abgeordnete und das Geld, 1991, 292 f.; *ders.,* Der Staat als Beute, 1993, 356 ff. – Beachtung verdient auch der Vorschlag von *Klaus Vogel,* Entscheidungen des Parlaments in eigener Sache stets von einer Bestätigung durch die Wähler abhängig zu machen. *Klaus Vogel,* Das Grundgesetz für die Bundesrepublik Deutschland, Vortrag auf der katholischen Akademie in Bayern am 29. 9. 1992 in München, Typoschrift, S. 18.

362 Vgl. auch den erwähnten Appell von 86 deutschen Staatsrechtslehrern: »Wenn ein Parlament schon die Verfassung um eigener politischer oder materieller Vergünstigungen willen ändert, so soll die notwendige Distanz und Unabhängigkeit wenigstens dadurch hergestellt werden, daß diese Vorteile nicht unmittelbar ihm selbst, sondern allenfalls seinem Nachfolger zugute kommen, um auf diese Weise auch dem Volk Gelegenheit zu geben, bei der Neuwahl darüber mitzuentscheiden. Wenn dieser Grundsatz nicht mehr gelten soll, geht ein wichtiges Stück demokratischer Kultur in unserem Lande verloren.«

V. Zusammenfassung und Auswertung der bisherigen Erfahrungen

1 Wissenschaftliche Dienste des Deutschen Bundestages, Steuerliche Absetzbarkeit von Wahlkampfkosten, 1993, 2 f.

2 Dazu grundlegend *Göttrik Wewer,* Die Dialektik der Stabilität. Politischer Wettbewerb in der Bundesrepublik Deutschland, in: *ders.,* Parteienfinanzierung und politischer Wettbewerb, 1990, 459 ff.

3 *Heino Kaack,* Das System der Selbstversorger, Die Zeit vom 26. 10. 1984.

4 *Michael Th. Greven* (Hg.), Parteimitglieder, 1987, 195 (196).

5 *von Arnim,* Staat ohne Diener, 1995, Kapitel 2.

6 *Erwin und Ute Scheuch,* Cliquen, Klüngel und Karrieren, 1992.

7 Dazu *von Arnim,* Staat ohne Diener, 1995, 342 ff.

8 *Wildenmann,* Regeln der Machtbewerbung, in: *ders.,* Gutachten zur Frage der Subventionierung politischer Parteien aus öffentlichen Mitteln, 1968, 70 (82).

9 Die Gefahren eines Monopols hat das Bundesverfassungsgericht bei

Behandlung des öffentlich-rechtlichen Rundfunks treffend skizziert und den Rundfunkanstalten – trotz der verfassungsrechtlich garantierten Rundfunkfreiheit (Art. 5 I 2 GG) – das Recht, ihre Gebühren in eigener Sache selbst festzusetzen, mit der Begründung vorenthalten, »daß das jedem Großunternehmen mit einer faktischen Monopolstellung eigentümliche Interesse an Erhöhung seiner Finanzmittel die Gefahr in sich birgt, daß bei der Bestimmung der Gebührenhöhe nicht nach dem Grundsatz größtmöglicher Sparsamkeit verfahren wird, die Monopolstellung ausgenutzt wird und die Interessen der Rundfunk- und Fernsehteilnehmer zu kurz kommen« (BVerfGE 31, 314 [345]).

10 Vgl. § 1 des Gesetzes gegen Wettbewerbsbeschränkungen (Grundsatz des Kartellverbots) und § 25 I desselben Gesetzes (Verbot abgestimmter Verhaltensweisen).

11 1988 wendete sich die SPD zum Schluß des Gesetzgebungsverfahrens allerdings gegen die Verdoppelung der Publizitätsgrenze auf 40 000 DM.

12 Auch wenn die Oppositionsparteien den Haushalt oder seine Einzelpläne pauschal ablehnen, liegt darin noch kein Widerspruch zu den in diesen Einzelplänen bewilligten Zuwendungen an Fraktionen oder Stiftungen, wenn sie diesen vorher im Haushaltsausschuß zugestimmt haben.

13 *Hans-Peter Schneider*, VVDStRL 44, 149 (151).

14 Dazu *von Arnim*, Die neue Parteienfinanzierung, 1989, durchgehend; *Wewer*, Eine neue Phase der Parteienfinanzierung in der Bundesrepublik Deutschland hat begonnen – öffentliche Diskussionen, wissenschaftlicher Forschungsstand und offene Fragen, in: ders. (Hg.), Parteienfinanzierung und politischer Wettbewerb, 1990, 12 (24 f.).

15 Die vom Bundesverfassungsgericht 1986 zugelassene Höchstgrenze für die steuerliche Berücksichtigung von Spenden von 100 000 DM wurde allerdings nur bis zur Höhe von 60 000 DM ausgeschöpft, was um so leichter fiel, als Großspenden nach den Spendenskandalen ohnehin kaum anfielen.

16 Vgl. auch *Stettner*, VVDStRL 44, 132 (133); *Krause*, ebenda, 133 (134).

17 *von Arnim*, Verfassungsfragen der Parteienfinanzierung (Teil 2), JA 1985, 207 (218 f.). Vgl. auch *Wahl*, VVDStRL 44, 153. *Wewer*, Die Dialektik der Stabilität – Politischer Wettbewerb in der Bundesrepublik Deutschland, in: ders. (Hg.), Parteienfinanzierung und politischer Wettbewerb, 1990, 459 (486): »Der Geldhunger der Parteien, der sich gegenseitig aufschaukelt, ist tendenziell grenzenlos.«

18 Zu den genannten Triebkräften kommen spezifische Eigengesetzlichkeiten der alle Parteien einbindenden kartellartigen Absprachen hinzu, auf die bereits hingewiesen wurde.

19 *Stolleis*, Parteienstaatlichkeit – Krisensymptome des demokratischen Verfassungsstaates, VVDStRL 44, 7 (33); *Hans-Peter Schneider*, ebenda, 149; *Naßmacher*, Parteienfinanzierung als verfassungspolitisches Problem, Aus Politik und Zeitgeschichte, B 11/1989, 27 (35).

20 *Parteienfinanzierungskommission*, 1983, 225.

21 *Wewer*, Unfähig zu strategischem Denken? Sozialdemokraten und staatliche Parteienfinanzierung, in: ders. (Hg.), Parteienfinanzierung und politischer Wettbewerb, 1990, 256 ff.

22 Bereits die Anhebung der Staatsfinanzierung der Parteien im Jahre 1962 von 5 auf 20 Mio. DM hatten die Koalitionsparteien vorgenommen, um ihre Schulden aus dem vorangegangenen Bundestagswahlkampf abzutragen (so *Wewer*, Unfähig zu strategischem Denken? Sozialdemokraten und staatliche Parteienfinanzierung, in: ders. [Hg.], Parteienfinanzierung und politischer Wettbewerb, 1990, 256 [268]).

23 Siehe auch *von Arnim*, Parteienfinanzierung, 1982, 61 ff. m. w. N.

24 So auch *Parteienfinanzierungskommission 1993*, Bundestagsdrucksache 12/4425, S. 41 f. mit konkreten Vorschlägen.

25 Vgl. auch *von Arnim*, Macht macht erfinderisch, 1988, 128 ff., 153 ff.; *ders.*, Der hessische Diätenfall. Zweiter Teil, 1989, 48.

26 Dazu *von Arnim*, Der hessische Diätenfall. Zweiter Teil, 1989, 48 ff.

27 So auch Parteienfinanzierungskommission, a. a. O., S. 41.

28 So ausdrücklich der jetzige Bundesverfassungsrichter *Paul Kirchhof* (VVDStRL 44, 153 f.).

29 OLG Düsseldorf, 6. 2. 1984, Az. 2 UF 151/82, S. 8 des Umdrucks.

30 Kommission zur Begutachtung der Rechtsstellung und Entschädigung der Mitglieder des Landes Nordrhein-Westfalen (Weyer-Kommission), Gutachtliche Stellungnahme vom 19. 12. 1978.

31 In Rheinland-Pfalz wurde § 22 S. 2 AbgG vom 21. 7. 1978 (GVBl. S. 587), der ein »Sachverständigengremium« institutionalisiert hatte, das regelmäßig eine Stellungnahme über die Angemessenheit der Entschädigung und der Aufwandsentschädigung abzugeben hatte, durch Gesetz vom 17. 12. 1986 (GVBl. S. 374) geändert und dadurch das Gremium wieder abgeschafft.

32 Gesetz vom 18. 4. 1995 (SächsGVBl. S. 141).

33 BVerfGE 39, 1.

34 Vgl. auch BVerfGE 40, 296 (318 f.): Pflicht, gesetzliche Vorkehrun-

gen gegen Interessentenzahlungen zu treffen; BVerGE 79, 311 (336, 352 ff.): Pflicht zum Erlaß der gesetzlichen Regelung gemäß Art. 115 I 3 GG.

35 Deshalb bleibt auch die praktische Bedeutung des weiteren Hinweises, daß auch die Parteien der Kontrolle der Rechnungshöfe unterliegen (*von Arnim*, Parteienfinanzierung, 1982, 67–69 und 106–109; *ders.*, Zur Neuregelung der Parteienfinanzierung – Kritische Anmerkungen zum Bericht der Sachverständigen-Kommission zur Neuordnung der Parteienfinanzierung –, 1983, 3), vorerst zweifelhaft. Vgl. dazu auch die Besprechung von *Haverkate*, AöR 1984, 460 (461 f.).

36 Hier setzt der wichtige Vorschlag *Paul Kirchhofs* an (VVDStRL 44, 153 f.), durch eine bereits im geltenden Verfassungsrecht angelegte Rückzahlungverpflichtung die Bereitschaft der Parteien »zum verfassungsrechtlichen Risiko bei der Neuregelung der Parteienfinanzierung [zu] mindern«. Aufschlußreich ist auch die Rechtsprechung des Bundesgerichtshofs bei Kontrolle allgemeiner Geschäftsbedingungen. Der Bundesgerichtshof vermeidet es ganz bewußt, das Austesten rechtswidriger Klauseln in allgemeinen Geschäftsbedingungen dadurch für den Verwender *risikolos* zu machen und zu fördern, daß er sie durch Reduktion auf das gerade noch zulässige Maß teilweise aufrechterhält; er behandelt sie vielmehr als im Ganzen unwirksam (Überblick in: *Palandt*, Bürgerliches Gesetzbuch, 53. Aufl., 1994, Vorbemerkungen vor AGB-Gesetz, Rn. 9). Die Situation ist insofern der Kontrolle der Parteienfinanzierung durch das Bundesverfassungsgericht ähnlich, als auch bei Verwendung von allgemeinen Geschäftsbedingungen die Richtigkeitschance vertraglicher Absprachen stark gemindert ist, weil keine Parität zwischen den Vertragspartnern vorliegt und die Richtigkeitskontrolle deshalb zu einem guten Teil auf die Rechtsprechung übergegangen ist.

37 *Conradi*, Dt. BT, 11. Wahlp., 117. Sitzung v. 9. 12. 1988, Protokoll S. 8608.

38 Dies zeigt die vehemente Kritik, die *Willi Geiger* an den nach dem Diätenurteil ergangenen neuen Abgeordnetengesetzen des Bundes und der Länder übte. *Geiger*, Der Abgeordnete und sein Beruf, ZParl 1978, 522.

39 Dies ist im einzelnen oben S. 320 f. dargestellt.

40 S. 8.

41 So nachdrücklich auch *Frowein*, VVDStRL 44, 128 (129): Im Bereich der Parteienstaatlichkeit bilde sich leicht ein Konsens zwi-

schen allen Parteien heraus, die Dikta des Bundesverfassungsgerichts »zu ihren Gunsten im konkreten Fall zu benutzen und, ohne daß eigentlich eine politische Diskussion darüber aufkommt, umzuformen. Das führt dann dazu, daß das Gericht, und ich bitte das nicht als irgendeine Schuldzuweisung zu verstehen, kausal mit wirksam wird dafür, daß Parteienstaatlichkeit weit über das hinaus, was einer bloßen Analyse des Art. 21 zu entnehmen ist, sich in der Praxis niederschlägt.«

42 Dies unterlief sogar Fachleuten wie dem früheren Vorsitzenden der Parteienfinanzierungskommission *Walther Fürst*, der die Auffassung äußerte, das Stiftungsurteil habe die derzeitige (Nicht-)Verfassung der Stiftungen abgesegnet. Anhörung des Innenausschusses des Deutschen Bundestages am 21. 11. 1988, Stenographisches Protokoll S. 110a.

43 Ausnahmen bestätigen die Regel: Hinter der vom Bundesverfassungsgericht 1986 zugelassenen Obergrenze für steuerbegünstigte Spenden von 100 000 DM blieb der Gesetzgeber 1988 zurück, als er die Obergrenze bereits bei 60 000 DM zog, gleichzeitig allerdings die Publikationsgrenze verdoppelte, deren Einhaltung Voraussetzung für das Erlangen der Steuerbegünstigung ist.

44 *Bernrath*, Dt. BT, 11. Wahlp., 117. Sitzung v. 9. 12. 1988, Protokoll S. 8596.

45 Vgl. z. B. *Friauf*, Parteienfinanzierung im Spannungsfeld von Bürgergleichheit und staatlicher Neutralitätspflicht, Aus Politik und Zeitgeschichte B 8/1984, S. 3 (5).

46 Zur beherrschenden Rolle der Parteien bei der Wahl der Bundesverfassungsrichter *Brun-Otto Bryde*, Verfassungsentwicklung, 1982, 148 ff.

47 Dazu *von Arnim*, Parteienfinanzierung, 1982, 76 ff.

48 BVerfGE 73, 40 II (64).

49 *Heidenheimer*, Adenauer's Legacies: Party Finance and the Decline of Chancellor Democracy, in: Merkl (Hg.), The Federal Republic of Germany at Fourty, 1989, 213 (225).

50 *von Arnim*, Gemeinwohl und Gruppeninteressen, 1977, 242 ff; *ders.*, Staatslehre der Bundesrepublik Deutschland, 1984.

51 Vgl. dazu den Überblick bei *Schuppert*, Self-restraint der Rechtsprechung. Überlegungen zur Kontrolldichte in der Verfassungs- und Verwaltungsgerichtsbarkeit, DVBl. 1988, 1191 ff.

52 *John Hart Ely*, Democracy and Distrust. A Theory of Judicial Review, 1980.

53 *Ernst Benda*, Bundesverfassungsgericht und Gesetzgeber im dritten Jahrzehnt des Grundgesetzes, DÖV 1979, 465 (467 f. m. w. N.).

54 *Wildenmann*, Kriterien zur Regelung der Parteifinanzen im System der Parteienregierung der Bundesrepublik, in: Mühleisen (Hg.), Das Geld der Parteien, 1986, 80 (84): »Superparlament«.

55 *Bruno Bandulet*, Die Rückseite des Wunders, 1990, 129 (im Kapitel »Der Staat als Beute der Parteien«, S. 97–144).

56 Dies betont der Politikwissenschaftler *Jürgen Hartmann* in seiner Studie »Wider die Verschwendung öffentlicher Mittel«: Der Bund der Steuerzahler und die Parteien- und Abgeordnetenfinanzierung, in: Wewer (Hg.), Parteienfinanzierung und politischer Wettbewerb, 1990, 334 (335).

57 Die Publikationen des Karl-Bräuer-Instituts zur staatlichen Politik-finanzierung stammen fast alle aus der Feder des Verfassers dieses Buches, der von 1968 bis 1978 wissenschaftlicher Leiter des Instituts war und auch danach einschlägige Arbeiten in der Schriftenreihe des Instituts veröffentlichte. Die Publikation durch den Bund der Steuer-zahler auf Pressekonferenzen und die breite Streuung der Schriften in Publizistik, Politik und Wissenschaft festigten den Ruf des Bundes der Steuerzahler als kompetenten Kritiker der Staatsfinanzierung der Politik und verschafften zugleich der Feder des Verfassers eine unmit-telbare Auswirkung auf die Praxis, wie sie wissenschaftlichen Arbeiten nicht häufig beschieden ist.

58 *von Arnim*, Abgeordnetenentschädigung und Grundgesetz. Ein ver-fassungsrechtliches Gutachten über die finanziellen Privilegien der Parlamentsabgeordneten in Bund und Ländern (Karl-Bräuer-Institut des Bundes der Steuerzahler, Heft 32), 1975. Der Einfluß des Bundes der Steuerzahler auch durch frühere Gutachten ist in seiner Entwick-lung näher dargestellt bei *von Arnim*, Reform der Abgeordnetenent-schädigung (Karl-Bräuer-Institut des Bundes der Steuerzahler, Heft 35), 1976, 9–12.

59 *von Arnim*, Parteienfinanzierung – Eine verfassungsrechtliche Unter-suchung (Karl-Bräuer-Institut des Bundes der Steuerzahler, Heft 52), 1982; *ders.*, Aktuelle Probleme der Parteienfinanzierung – Stellung-nahme zum Entwurf eines Gesetzes über die Neuordnung der Par-teienfinanzierung vom 21. 6. 1983 (BT-Drs. 10/183) – (Stellungnah-men des Karl-Bräuer-Instituts des Bundes der Steuerzahler, Nr. 18), 1983. Vgl. auch *ders.*, Verfassungsfragen der Parteienfinanzierung, Juristische Arbeitsblätter 1985, 121 ff. und 207 ff.

60 Vgl. *von Arnim*, Stellungnahme zur geplanten Änderung der Parteien-

finanzierung im Herbst 1988 v. 17. 11. 1988, wiedergegeben in der Niederschrift der Anhörung des Innenausschusses des Deutschen Bundestages vom 21. 11. 1988, S. 190–274; *ders.*, Stellungnahme zur Neuregelung der Parteienfinanzierung, Stand. 5. 12. 1988 (hektographiert); *ders.*, Die neue Parteienfinanzierung (Karl-Bräuer-Institut des Bundes der Steuerzahler, Heft 67), 1989. In dieser Schrift sind auf den S. 117–134 auch der Ablauf des Gesetzgebungsverfahrens und der Einfluß des Bundes der Steuerzahler nachgezeichnet.

61 *Joachim Wieland*, Rechtsgutachten zur Verfassungsmäßigkeit des Abgeordnetengesetzes des Landes Rheinland-Pfalz; *von Arnim*, Stellungnahme zur Neuregelung der Abgeordnetendiäten in Thüringen, 1995.

62 *von Arnim*, Verfassungsrechtliches Gutachten über die Erhöhung der Wahlkampfkostenerstattung in Nordrhein-Westfalen, 1991.

63 Vgl. z. B. Süddeutsche Zeitung vom 6. 4. 1995; Münchner Merkur vom 12. 4. 1995.

64 Eine Alternative wäre die Einsetzung der oben diskutierten Kommission aus unabhängigen Sachverständigen, die jeweils vor Änderungen der einschlägigen Gesetze einen öffentlichen Bericht abgeben müßte. Bestellung und Verfahren wären so zu regeln, daß die Unabhängigkeit der Kommission und ihrer Mitglieder, besonders von den politischen Parteien, einigermaßen gesichert wäre. Dies könnte dadurch geschehen, daß auch der Bund der Steuerzahler Einfluß auf die Personalauswahl erhielte.

65 So auch *Wewer*, Die Dialektik der Stabilität – Politischer Wettbewerb in der Bundesrepublik Deutschland, in: ders. (Hg.), Parteienfinanzierung und politischer Wettbewerb, 1990, 459 (486).

66 *Wilhelm Henke*, Drittbearbeitung des Artikels 21 GG (1991), Rn. 322.

67 *von Arnim*, Verdienen die Politiker, was sie verdienen?, Frankfurter Allgemeine Zeitung vom 16. 6. 1992.

68 So auch Parteienfinanzierungskommission 1993, Empfehlungen, Kapitel 8, VI 1 (Bundestagsdrucksache 12/4425, S. 39).

69 *Hans-Jochen Vogel*, Entscheidungen des Parlaments in eigener Sache, Zeitschrift für Gesetzgebung 1992, 293.

70 Zur Verstärkung direktdemokratischer Elemente in der Bundesrepublik generell *von Arnim*, Staatslehre der Bundesrepublik Deutschland, 1984, 512 ff.; *ders.*, Möglichkeiten unmittelbarer Demokratie auf Gemeindeebene, DÖV 1990, 85 ff.; *ders.* Staat ohne Diener, 1995, Kap. 2; jew. mwN.

71 Frankfurter Allgemeine Zeitung vom 18. 5. 1978, S. 4.

72 Nachweis in Anm. 70.

73 *Gerhard Schmid*, Diskussionsbeitrag, Veröffentlichungen der Vereinigung Deutscher Staatsrechtslehrer, Band 44, 135.

74 In der Schweiz tauchen umgekehrte Probleme auf. Vgl. *Schmid*, 135: Die Präventivwirkung der plebiszitären Institutionen bewirke, »daß wir auch das Vernünftige nur mit Mühe tun können«. Diese Gefahr dürfte bei dem in der Bundesrepublik schon jetzt erreichten Niveau der Parteienfinanzierung aber nicht bestehen.

75 *Gerhard Schmid*, Politische Parteien, Verfassung und Gesetz. Zu den Möglichkeiten und Problemen einer Parteiengesetzgebung in der Schweiz, 1981, 53 ff.

76 *Klaus Vogel*, Das Grundgesetz für die Bundesrepublik Deutschland, Vortrag auf der katholischen Akademie in Bayern am 25. 9. 1992 in München, Typoskript, S. 18.

77 *Peter Lerche*, Grundfragen repräsentativer und plebiszitärer Demokratie, in: Huber/Mößle/Stock (Hg.), Zur Lage der parlamentarischen Demokratie, 1995, 179 (186 f.).

78 *Ernst-Wolfgang Böckenförde*, Mittelbare/repräsentative Demokratie als eigentliche Form der Demokratie, Festschrift für Kurt Eichenberger, 1982, 301 (316).

79 *Thomas Drysch*, The French System of Political Finance, in: Gunlicks (ed.), Campaign and Party Finance in North America and Western Europe, 1993, 155 (172).

80 Sachverständigenrat zur Neubestimmung der kommunalen Selbstverwaltung beim Institut für Kommunalwissenschaft der Konrad-Adenauer-Stifung, Politik und kommunale Selbstverwaltung, 1984.

81 Vgl. *von Arnim*, Staat ohne Diener, 1995, 344 ff. m. w. N.

82 *Wehling/Siewert*, Der Bürgermeister in Baden-Württemberg, 1984.

83 *von Arnim*, Demokratie vor neuen Herausforderungen, Zeitschrift für Rechtspolitik 1995, 340 ff.

84 Vgl. »Wege aus der Krise des Parteienstaates«. Thesen der »Frankfurter Intervention«, Recht und Politik 1995, 16 (23 f.).

85 Dazu *Winfried Brugger*, Ein amerikanischer Vorschlag zur Kontrolle von Diätenerhöhungen, Zeitschrift für Rechtspolitik 1992, 321.

86 *Leo Wieland*, Mit Madison wider die Selbstbedienung der Diätenerhöher, Frankfurter Allgemeine Zeitung vom 22. 5. 1992.

87 Empfehlungen der Kommission unabhängiger Sachverständiger zur Parteienfinanzierung, Bundestagsdrucksache 12/4425, S. 42.

88 Parteienfinanzierungskommission, a. a. O.

89 In der französischen Nationalversammlung war am 4. 10. 1848 der

Antrag gestellt worden: »Chaque représentant de peuple reçoit un traitement auquel il ne peut renoncer, et qui est déterminé par une loi dans une des législatures qui précèdent à l'élection.« Die Feststellung des Abgeordnetengehalts sollte nur in einer vorhergehenden Legislaturperiode vorgenommen werden können, ehe sie wirksam würde. Der Antrag hatte allerdings keine Mehrheit gefunden.

90 *Julius Hatschek*, Das Parlamentsrecht des Deutschen Reiches, 1. Teil, 1915, 627 f.

91 *von Arnim*, Zweitbearbeitung des Art. 48 GG im Bonner Kommentar (1980), Rn. 87.

92 Auf *Landes*ebene könnte das neue Verfahren in denjenigen Ländern, wo auch Verfassungsänderungen mit Volksbegehren und Volksentscheiden möglich sind, auf diesem Wege durchgesetzt werden.

Literatur

ALEMANN, ULRICH VON: Parteienfinanzierung: Skandale, Umwege, Urteile, in: Haungs, Peter/Jesse, Eckhard (Hg.), *Parteien in der Krise? In- und ausländische Perspektiven*, Köln 1987, S. 210–214

ALEXANDER, HERBERT E. (Hg.): American Presidential Election Since Public Funding 1976–84, in: ders. (Hg.), *Comparative Political Finance in the 1980s*, Cambridge, Mass. 1989, S. 95–123

—, *Comparative Political Finance in the 1980s*, Cambridge, Mass. 1989

—, Money and Politics: Rethinking a Conceptual Framework, in: ders. (Hg.), *Comparative Political Finance in the 1980s*, Cambridge, Mass. 1989, S. 9–23

APEL, HANS: *Die deformierte Demokratie. Parteienherrschaft in Deutschland*, Stuttgart 1991

ARNIM, HANS HERBERT VON: *Die Abgeordnetendiäten. Dokumentation, Analyse und Reformvorschläge zur Abgeordnetenbesoldung in Bund und Ländern* (Schriften des Karl-Bräuer-Instituts des Bundes der Steuerzahler, Heft 28), Wiesbaden 1974

—, *Abgeordnetenentschädigung und Grundgesetz* (Schriften des Karl-Bräuer-Instituts des Bundes der Steuerzahler, Heft 32), Wiesbaden 1975

—, *Aktuelle Probleme der Parteienfinanzierung. Stellungnahme zum Entwurf eines Gesetzes über die Neuordnung der Parteienfinanzierung vom 21. Juni 1983* (Bundestagsdrucksache 10/1831), Wiesbaden 1983

—, Beruf und Mandat – Einflüsse der Diätenregelung, in: *Bitburger Gespräche, Jahrbuch 1993/II*, München 1993, S. 169–177

—, *Demokratie ohne Volk. Plädoyer gegen Staatsversagen, Machtmißbrauch und Politikverdrossenheit*, München 1993

—, Demokratie vor neuen Herausforderungen, *Zeitschrift für Rechtspolitik* 1995, S. 340–352

—, Entmündigen die Parteien das Volk? Parteienherrschaft und Volkssouveränität, *Aus Politik und Zeitgeschichte, Beilage zur Wochenzeitung Das Parlament*, B 21/1990, S. 25–36

—, Entschädigung und Amtsausstattung, in: Schneider, Hans-Peter/Zeh, Wolfgang (Hg.), *Parlamentsrecht und Parlamentspraxis in der Bundesrepublik Deutschland*, Berlin, New York 1989, S. 523–553

—, *Finanzierung der Fraktionen. Defizite der in Bund und Ländern vorgesehenen Regelungen* (Schriften des Karl-Bräuer-Instituts des Bundes der Steuerzahler, Heft 77), Wiesbaden 1993

—, Finanzierung der Politik, in: *Mainzer Runde '88*, herausgegeben vom Ministerium der Justiz Rheinland-Pfalz, Mainz 1989

—, *Gemeinwohl und Gruppeninteressen. Die Durchsetzungsschwäche allgemeiner Interessen in der pluralistischen Demokratie*, Frankfurt a. M. 1977

—, *Der hessische Diätenfall. Zweiter Teil*. Gutachten im Auftrag des Bundes der Steuerzahler Hessen e. V., Wiesbaden 1989

—, *Macht macht erfinderisch. Der Diätenfall: ein politisches Lehrstück*, Zürich/Osnabrück 1988

—, *Die neue Parteienfinanzierung* (Schriften des Karl-Bräuer-Instituts des Bundes der Steuerzahler, Heft 67), Wiesbaden 1989

—, *Zur Neuregelung der Parteienfinanzierung – Kritische Anmerkungen zum Bericht der Sachverständigen-Kommission zur Neuordnung der Parteienfinanzen* (herausgegeben vom Karl-Bräuer-Institut des Bundes der Steuerzahler), Wiesbaden 1983

—, *Parteienfinanzierung – Eine verfassungsrechtliche Untersuchung* (Schriften des Karl-Bräuer-Instituts des Bundes der Steuerzahler, Heft 52), Wiesbaden 1982

—, *Reform der Abgeordnetenentschädigung. Stellungnahme zum Entwurf eines Abgeordnetengesetzes 1976* (Bundestagsdrucksache 7/5525), (Schriften des Karl-Bräuer-Instituts des Bundes der Steuerzahler, Heft 35), Wiesbaden 1976

—, *Der Staat als Beute. Wie Politiker in eigener Sache Gesetze machen*, München 1993

—, *»Der Staat sind wir!« Politische Klasse ohne Kontrolle? Das neue Diätengesetz*, München 1995

—, *Staat ohne Diener. Was schert die Politiker das Wohl des Volkes?*, München 1993; aktualisierte und ergänzte Taschenbuchausgabe, München 1995

—, *Staatliche Fraktionsfinanzierung ohne Kontrolle?* (Schriften des Karl-Bräuer-Instituts des Bundes der Steuerzahler, Heft 62), Wiesbaden 1987

—, *Staatslehre der Bundesrepublik Deutschland*, München 1984

—, *Stellungnahme vom 21. 12. 1995 zur Neuregelung der Abgeordnetendiäten in Thüringen* (hektographierte Stellungnahme für den Bund der Steuerzahler Thüringen)

—, Der strenge und der formale Gleichheitssatz, *Die öffentliche Verwaltung* 1984, S. 85–92

—, *Das Verbot von Interessentenzahlungen an Abgeordnete*, Wiesbaden 1976

—, Verfassungsfragen der Parteienfinanzierung, *Juristische Arbeitsblätter* 1985, S. 121–131 (Teil 1), S. 207–220 (Teil 2)

—, Zur »Wesentlichkeitstheorie« des Bundesverfassungsgerichts. Einige Anmerkungen zum Parlamentsvorbehalt, *Deutsches Verwaltungsblatt* 1987, S. 1241–1249

—, Zweitbearbeitung des Art. 48 GG (1980), in: *Bonner Kommentar*, Loseblatt, Stand: Dezember 1989

BADURA, PETER: *Gutachtliche Äußerung zu verfassungs- und haushaltsrechtlichen Fragen der Veranschlagung und Bewirtschaftung von Globalzuschüssen an politische Stiftungen*, erstattet im Auftrage des Bundesministers des Innern, Dezember 1988

BANDULET, BRUNO: *Die Rückseite des Wunders. Die Tabus der Deutschen*, München 1990

BARTON, STEFAN: Der Tatbestand der Abgeordnetenbestechung, *Neue Juristische Wochenschrift* 1994, S. 1098–1101

BEHREND, OTTO: Auf der Suche nach dem Teilzeitabgeordneten, *Die Öffentliche Verwaltung* 1982, S. 774–778

BENDA, ERNST: Besprechung von »Staat ohne Diener«, *Zeitschrift für Rechtspolitik* 1994, S. 366–367

—, Bundesverfassungsgericht und Gesetzgeber im dritten Jahrzehnt des Grundgesetzes, *Die Öffentliche Verwaltung* 1979, S. 465–470

Bericht der gemäß § 24 des Gesetzes über die Rechtsverhältnisse der Mitglieder der Bremischen Bürgerschaft berufenen Kommission über die Versorgungs- und Anrechnungsregeln für Abgeordnete und Senatoren, 1993

Bericht der Kommission (der Landtagsdirektoren) zur Erörterung von Fragen der Abgeordnetenentschädigung vom 16. Mai 1989 (Typoskript)

Bericht der Kommission beim Landtag Niedersachsen zur Überprüfung der Angemessenheit der Abgeordnetenentschädigungen vom 26. 8. 1992, Drucksache 12/3640

Bericht der unabhängigen Persönlichkeiten über die Beratung der Präsidentin bei Überprüfung der für die Mitglieder des Deutschen Bundestages bestehenden materiellen Regelungen und Bestimmungen vom 15. 6. 1990, Bundestagsdrucksache 11/7398

Bericht der vom Landtag Baden-Württemberg eingesetzten unabhängigen Diätenkommission, 15. 7. 1993 (Typoskript)

Bericht der vom Präsidenten des Hessischen Landtags eingesetzten Kommission zur Beratung über die Angemessenheit der Abgeordnetenentschädigung vom 5. April 1989 (zitiert: Präsidenten-Beirat)

Bericht des Beirats für Entschädigungsfragen beim Präsidium des Deutschen Bundestages (Rosenberg-Beirat), Zweites Gutachten zur Neuregelung der Diäten der Mitglieder des Bundestages, Juni 1976, Bundestagsdrucksache 7/5531, Anhang 1, S. 32–56

Bericht und Empfehlungen der Unabhängigen Kommission zur Überprüfung des Abgeordnetenrechts, Juni 1993, Bundestagsdrucksache 12/5020

Bericht zur Neuordnung der Parteienfinanzierung. Vorschläge der vom Bundespräsidenten berufenen Sachverständigenkommission. Beilage zum Bundesanzeiger, Köln 1983 (zitiert: Parteienfinanzierungskommission)

BEYME, KLAUS VON: *Die politische Klasse im Parteienstaat,* Frankfurt/Main 1993

—, *Das politische System der Bundesrepublik Deutschland nach der Vereinigung,* München 1991

BICK, ULRIKE: *Die Ratsfraktion,* Berlin 1989

BIEDENKOPF, KURT H., *Zeitsignale,* München 1989

BREIDENBACH, GESA: Die Neuregelung der staatlichen Teilfinanzierung der Parteien und die Probleme beim Vollzug dieser Regelungen, *Verwaltungsrundschau* 1995, S. 263–267

BREITLING, RUPERT, Offene Partei- und Wahlfinanzierung, *Politische Vierteljahresschrift* 1968, S. 223–233

BRÜNER, CHRISTIAN: Parteien(demokratie im Umbruch – »Hohe Zeit« für das freie Mandat?), in: Österreich/Parlamentsdirektion: *Jahrbuch des Österreichischen Parlaments,* Wien 1994

BRUGGER, WINFRIED: Ein amerikanischer Vorschlag zur Kontrolle von Diätenerhöhungen, *Zeitschrift für Rechtspolitik* 1992, S. 321–322

BRYDE, BRUN-OTTO: *Verfassungsentwicklung. Stabilität und Dynamik im Verfassungsrecht der Bundesrepublik Deutschland,* Baden-Baden 1982

Bundesminister des Innern (Hg.): *Bericht der Parteienrechtskommission: Rechtliche Ordnung des Parteiwesens,* Berlin, 2. Auflage 1958

The Council of State Governments (ed.), *The Book of the States,* 1992–93 Edition, vol. 29; 1994–95 Edition, vol. 30

DERLIEN, HANS-ULRICH: Germany: The Structure and Dynamics of the Reward for Bureaucratic and Political Élites, in: Hood/Peters (ed.), *Rewards at the Top. A Comparative Study of High Public Office,* London 1994, S. 166–186

DOWNS, ANTHONY: *Ökonomische Theorie der Demokratie,* Tübingen 1968

DRYSCH, THOMAS: *Finanzierung der Politik in Österreich, in der Schweiz und in den Vereinigten Staaten von Amerika,* Speyer 1994

—, The New French System of Political Finance, in: Arthur B. Gunlicks (ed.), *Campaign and Party Finance in North America and Western Europe,* Boulder u. a. 1993, S. 155–177

—, Staatliche Parteienfinanzierung und kein Ende; das neue Parteienfinanzierungsgesetz, *Neue Zeitschrift für Verwaltungsrecht* 1994, S. 218–224

DÜBBER, ULRICH: *Geld und Politik. Die Finanzwirtschaft der Parteien,* Freudenstadt 1970

—, *Parteifinanzierung in Deutschland,* Köln, Opladen 1962

EICHER, HERMANN: *Der Machtverlust der Landesparlamente. Historischer Rückblick, Bestandsaufnahme, Reformansätze,* Berlin 1988

ELY, JOHN HART: *Democracy and Distrust. A Theory of Judicial Review,* Cambridge, Mass. 1980

Empfehlungen der Kommission unabhängiger Sachverständiger zur Parteienfinanzierung, Februar 1992, Bundestagsdrucksache 12/4425, erschienen auch als Buch (herausgegeben vom Bundespräsidialamt) beim Nomos Verlag, Baden-Baden 1994

Empfehlungen und Vorschläge der hamburgischen Enquête-Kommission »Parlamentsreform«, Bürgerschaft Freie und Hansestadt Hamburg, Drucksache 14/2600, veröffentlicht auch als Buch: *Bericht der Enquête-Kommission »Parlamentsreform«,* Hoffmann-Riem (Hg.), Baden-Baden 1993

Empfehlungen zur Reform der Hamburger Verfassung vom Juli 1990

ESCHENBURG, THEODOR: *Der Sold des Politikers,* Stuttgart 1959

—, Paragraphen gegen Parlamentarier, in: ders., *Zur politischen Praxis in der Bundesrepublik,* Band 1, München 1967, S. 121–128

EYERMANN, ERICH: Die ewigen Diätenquerelen, *Zeitschrift für Rechtspolitik* 1992, S. 201–203

FABER, HEIKO, *Parteifinanzierung und Grundgesetz,* 1966

FENSCH, HANS-FRIEDRICH, Die Veranschlagung der Fraktionskostenzuschüsse im Spannungsfeld zwischen freiem Mandat und Haushaltstransparenz, *Zeitschrift für Rechtspolitik* 1993, S. 209–210

FISCHER, ANNETTE: *Abgeordnetendiäten und staatliche Fraktionsfinanzierung in den fünf neuen Bundesländern,* Frankfurt/Main u. a. 1995

FRAENKEL, ERNST, Die Wissenschaft von der Politik und die Gesellschaft (1963), in: ders., *Reformismus und Pluralismus,* Hamburg 1973, S. 337–353

FRIAUF, KARL HEINRICH: Parteienfinanzierung im Spannungsfeld von Bürgergleichheit und staatlicher Neutralitätspflicht. Bemerkungen zur Verfassungsmäßigkeit der neuen Parteispendenregelung, *Aus Politik und Zeitgeschichte, Beilage zur Wochenzeitung Das Parlament,* B 8/1984, S. 3–8

FRIESENHAHN, ERNST, Die verfassungsrechtliche Stellung der Parteien in der Bundesrepublik Deutschland, *Zeitschrift für Schweizerisches Recht* 1968, S. 245–282

FRÖHLICH, SIGRID: Selbstbedienung. Besprechung von: »Die Partei, der Abgeordnete und das Geld«, *Capital* 4/1991, S. 231–233

GEIGER, WILLI: Der Abgeordnete und sein Beruf. Eine kritische Auseinandersetzung mit folgenreichen Mißdeutungen eines Urteils, *Zeitschrift für Parlamentsfragen* 1978, S. 522–533

—, Politik als Beruf? Das Abgeordnetenbild im historischen Wandel, in: *Protokoll eines Seminars der Deutschen Vereinigung für Parlamentsfragen,* Bonn 1979, S. 132 ff.

Gesellschaft für Rechtspolitik Trier, *Bitburger Gespräche, Jahrbuch 1993/II,* München 1993

GRIMM, DIETER: Parlament und Parteien, in: Schneider, Hans-Peter/Zeh, Wolfgang (Hg.), *Parlamentsrecht und Parlamentspraxis in der Bundesrepublik Deutschland,* Berlin, New York 1989, S. 199–216

GROH, MANFRED: Die steuerrechtlichen Grundlagen der Parteispendenverfahren, *Neue Juristische Wochenschrift* 1985, S. 993–997

GROSS, ROLF, Zum neuen Parteienrecht, *Die Öffentliche Verwaltung* 1968, S. 80–84

GUNLICKS, ARTHUR B., (ed.): *Campaign and Party Finance in North America and Western Europe,* Boulder u. a. 1993

—, Campaign and Party Finance in the West German »Party State«, in: *The Review of Politics,* Winter 1988, S. 30–48

GÜNTHER, HELLMUTH: Beförderungserprobung von Beamten als Fraktionsassistenten, *Der Öffentliche Dienst* 1994, S. 178–187

GÜNTHER, UWE/VESPER, MICHAEL: Wie weiter mit dem Stiftungsgeld?, *Zeitschrift für Rechtspolitik* 1994, S. 289–292

Gutachten über die Entschädigung der Stadtverordneten der Stadt Frankfurt am Main vom Juni 1990 (Typoskript)

GRUNDMANN, MARTIN: Zur Altersentschädigung für Abgeordnete, *Die Öffentliche Verwaltung* 1994, S. 329–335

HÄBERLE, PETER: Freiheit, Gleichheit und Öffentlichkeit des Abgeordnetenstatus. Zum Diätenurteil des BVerfG, *Neue Juristische Wochenschrift* 1976, S. 537–543

—, Das Mehrheitsprinzip als Strukturelement der freiheitlich-demokratischen Grundordnung, *Juristenzeitung* 1977, S. 242–245

—, Öffentlichkeitsarbeit zwischen Parteien- und Bürgerdemokratie, *Juristenzeitung* 1977, S. 361–371

HANAUER, RUDOLF: Der Abgeordnete und seine Bezüge – Fragen zu einer Antwort von Willi Geiger, *Zeitschrift für Parlamentsfragen 1979*, S. 115–119

HARTMANN, JÜRGEN: »Wider die Verschwendung öffentlicher Mittel«: Der Bund der Steuerzahler und die Parteien- und Abgeordnetenfinanzierung, in: Wewer, Göttrik (Hg.), *Parteienfinanzierung und politischer Wettbewerb: Rechtsnormen, Realanalysen, Reformvorschläge*, Opladen 1990, S. 334–357

HATSCHEK, JULIUS: *Das Parlamentsrecht des Deutschen Reiches*, 1. Teil, Berlin, Leipzig 1915

HAUNGS, PETER, Plädoyer für eine erneuerte Mitgliederpartei, *ZParl* 1994, S. 108–115

HEIDENHEIMER, ARNOLD J.: Adenauer's Legacies: Party Finance and the Decline of Chancellor Democracy, in: Merkl, Peter H. (Hg.), *The Federal Republic of Germany at Fourty*, New York, London 1989, S. 213–227

HENKE, WILHELM: Geld, Parteien, Parlamente, *Der Staat* 1992, S. 98–108

—, *Drittbearbeitung des Art. 21 GG im Bonner Kommentar 1991*

HENKEL, JOACHIM, Das Abgeordnetengesetz des Bundestages, *Die Öffentliche Verwaltung* 1975, S. 315–356

HERRMANN, KARL/HEUER, GERHARD/RAUPACH, ARNDT: *Einkommen- und Körperschaftsteuergesetz, Kommentar*, Köln, Loseblatt, Stand: 12/1989

HEUER, ERNST: Kontrollauftrag gegenüber den Fraktionen, in: Böning, Wolfgang/Mutius, Albert von (Hg.), *Finanzkontrolle im repräsentativdemokratischen System. Dokumentation der zweiten wissenschaftlichen Fachtagung des Landesrechnungshofs Schleswig-Holstein und des Lorenz-von-Stein-Instituts am 23./24. Februar 1989*, Heidelberg 1990, S. 107 bis 114

HEUVELS, KLAUS: *Diäten für Ratsmitglieder? – Zur Frage der Übertragbarkeit der Grundsätze des »Diäten-Urteils« des Bundesverfassungsgerichts auf den kommunalen Bereich*, Köln 1986

HIELSCHER, ERWIN, *Die Finanzierung der politischen Parteien*, 1955

HIRSCH, HEIDE-KAREN: Die persönlichen parlamentarischen Mitarbeiter der Bundestagsabgeordneten, *Zeitschrift für Parlamentsfragen* 1981, S. 203–223

HIRSCH, MARTIN: *Kurzgutachten für die vom Hessischen Landtag eingesetzte*

Kommission zur Überarbeitung des Hessischen Abgeordnetengesetzes vom 1. September 1988

HOFFMANN, WOLFGANG: Die Finanzen der Parteien, München 1973

HOFMANN, GUNTER/PERGER, WERNER A.: *Die Kontroverse. Weizsäcksers Parteienkritik in der Diskussion*, Frankfurt/Main 1992

HOFMANN, HANS: Die staatliche Teilfinanzierung der Parteien, *Neue Juristische Wochenschrift* 1994, S. 691–696

HOOD, CHRISTOPHER/PETERS GUY (ed.): *Rewards at the Top. A Comparative Study of High Public Office*, London 1994

HUBER, ERNST-RUDOLF: *Deutsche Verfassungsgeschichte, Band III, Bismarck und das Reich*, Stuttgart, Berlin, Köln, Mainz, 3. Auflage 1988

—, *Deutsche Verfassungsgeschichte, Band VI, Die Weimarer Reichsverfassung*, Stuttgart, Berlin, Köln, Mainz 1981

HUBER, PETER M.: Zur Diätenregelung in Thüringen, *Thüringer Verwaltungsblätter* 1995, S. 73–83

—, Gedanken zur Verfassung des Freistaates Thüringen, *Thüringer Verwaltungsblätter* 1993, Sonderheft, S. B 4–B 14

—, Die neue Verfassung des Freistaats Thüringen, Landes- und Kommunalverwaltung 1994, S. 121–131

—, Die parlamentarische Demokratie unter den Bedingungen der europäischen Integration, in: Huber/Mößle/Stock (Hg.), *Zur Lage der parlamentarischen Demokratie*, Tübingen 1995, S. 105–133

HUBER, PETER M./MÖSSLE, WILHELM/STOCK, MARTIN (Hg.): *Zur Lage der parlamentarischen Demokratie. Symposium zum 60. Geburtstag von Peter Badura*, Tübingen 1995

HÜBNER, EMIL/OBERREUTER, HEINRICH (Hg.): *Parteien in Deutschland zwischen Kontinuität und Wandel*, München 1992, S. 187–214

IMMERFALL, STEFAN: Die letzte Dekade westdeutscher Parteienforschung – zur Analogie der Defizite von Parteien und Parteienforschung, *Zeitschrift für Parlamentsfragen* 1992, S. 172–189

IPSEN, JÖRN: Steuerbegünstigung und Chancenausgleich, *Juristen-Zeitung* 1984, S. 1060–1065

—, Verfassungsrechtliche Zulässigkeit degressiv gestaffelter Globalzuschüsse an politische Parteien, Gutachterliche Stellungnahme für die FDP, *ZParl* 1994, S. 401–409

ISENSEE, JOSEF: Steuerstaat als Staatsform, in: *Festschrift für Hans-Peter Ipsen*, Tübingen 1977, S. 409–436

ISMAYER, WOLFGANG, *Der deutsche Bundestag*, Opladen 1992

JÄGER, CLAUS/BÄRSCH RALF, Dürfen Fraktionsmittel für Öffentlichkeitsarbeit eingesetzt werden? Eine Auseinandersetzung mit dem »Wüppesahl-Urteil«, *ZParl* 1991, S. 204–209

JASPERS, KARL: *Wohin treibt die Bundesrepublik? Tatsachen, Gefahren, Chancen*, München 1966

JEKEWITZ, JÜRGEN: Die gesetzliche Regelung von Funktion, Status und

Finanzierung der Parlamentsfraktionen als kodifikatorische Herausforderung, *Zeitschrift für Rechtspolitik* 1993, S. 344–349

—, Das Personal der Parlamentsfraktionen: Funktion und Status zwischen Politik und Verwaltung, *Zeitschrift für Parlamentsrecht* 1995, S. 395 bis 423

KAACK, HEINO: *Schriftliche Stellungnahme für die Anhörung des Innenausschusses des Deutschen Bundestages vom 21. 11. 1988,* Stenographisches Protokoll, S. 138–153

KAUFNER, THOMAS: Rechenschaftspflicht und Chancengleichheit – Zur Bedeutung einer ordnungsgemäßen finanziellen Rechenschaftslegung für den Wettbewerb der Parteien, in: Wewer, Göttrik (Hg.), *Parteienfinanzierung und politischer Wettbewerb: Rechtsnormen, Realanalysen, Reformvorschläge,* Opladen 1990, S. 100–133

KAUFNER, THOMAS/WEWER, GÖTTRIK: *Grundsätzliche Überlegungen zur Analyse der finanziellen Rechenschaftsberichte der politischen Partei, in ihrer neuen Form,* Diskussionsbeiträge und Berichte aus dem Institut für politische Wissenschaft der Universität Hamburg, o. J. Nr. 11

KLEE-KRUSE, GUDRUN: *Öffentliche Parteienfinanzierung in westlichen Demokratien,* Frankfurt/Main u. a. 1993

KLEIN, GERD: Besprechung von: »Die Partei, der Abgeordnete und das Geld«, *Gemeinsames Ministerialblatt Saarland,* Nr. 20, 23. 11. 1991, S. 459 f.

KLEIN, HANS H.: Parteien sind gemeinnützig – das Problem der Parteienfinanzierung, *Neue Juristische Wochenschrift* 1982, S. 735–737

KLEIN, ILONA, *Die Bundesrepublik als Parteienstaat,* Frankfurt/Main u. a. 1991

KLEIN, ROLF: Straflosigkeit der Abgeordnetenbestechung. Einer Strafrechtslücke zum 25jährigen Bestehen, *Zeitschrift für Rechtspolitik* 1979, S. 174

KLOEPFER, MICHAEL: Diäten-Urteil und Teilalimentation, *Deutsches Verwaltungsblatt* 1979, S. 378–383

Kommission zur Begutachtung der Rechtsstellung und Entschädigung der Mitglieder des Landtags Nordrhein-Westfalen (Weyer-Kommission): *Gutachtliche Stellungnahme vom 19. 12. 1978* (Typoskript)

KONOW, GERHARD, Verfassungsrechtliche Fragen zum Parteiengesetz, *Die Öffentliche Verwaltung* 1968, S. 73–80

KRAUSE, PETER: Freies Mandat und Kontrolle der Abgeordnetentätigkeit, *Die Öffentliche Verwaltung* 1974, S. 325–337

KRESS, ROLAND: *Die politischen Stiftungen in der Entwicklungspolitik. Eine Analyse der Kooperation von Friedrich-Ebert-Stiftung und Konrad-Adenauer-Stiftung mit politischen Partnern in Entwicklungsländern,* Bochum 1985

KREUTZ-GERS, WALTRAUD: *Die Reform der Wahlkampf- und Parteienfinanzierung in Kanada. Problemlage, Programmgestaltung, Implementation und Wirkungen,* Oldenburg 1988

KÜHNE, JÖRG-DETLEF: *Die Abgeordnetenbestechung. Möglichkeiten einer gesetzlichen Gegenmaßnahme unter dem Grundgesetz,* Frankfurt a. M. 1971

KUNIG, PHILIP: Parteien, in: Isensee, Josef/Kirchhof, Paul (Hg.), *Handbuch des Staatsrechts der Bundesrepublik Deutschland,* Band 2, Heidelberg 1987, S. 103–147

LANDFRIED, CHRISTINE: *Money and Politics in France,* unveröffentlichter Vortrag auf dem Workshop »Money and Politics« des European Consortium of Political Research, Paris, April 1989

—, *Parteifinanzen und politische Macht – Eine vergleichende Studie zur Bundesrepublik Deutschland, zu Italien und den USA,* Baden-Baden 1990, 2. Aufl. 1994

LANGE, KLAUS: Die Prüfung staatlicher Zuwendungen durch den Bundesrechnungshof, in: Zavelberg, Heinz Günter (Hg.), *Die Kontrolle der Staatsfinanzen,* Berlin 1989, S. 279–303

LANGGUTH, GERD: Politische Stiftungen und politische Bildung in Deutschland, *Aus Politik und Zeitgeschichte, Beilage zur Zeitschrift Das Parlament,* B 34/93, 20. 8. 1993 S. 38–47

—, Wer sollte sonst helfen?, *Die Zeit* Nr. 48 vom 26. 11. 1993, S. 12

LEIF, THOMAS/LEGRAND, HANS-JOSEF/KLEIN, ANSGAR (Hg.), *Die politische Klasse in Deutschland,* Bonn, Berlin 1992

LINCK, JOACHIM: Indexierung der Abgeordnetendiäten. Das Thüringer Modell gegen den bösen Schein der Selbstbedienung, *Zeitschrift für Parlamentsfragen* 1995, S. 372–379

—, Zur Verfassungsmäßigkeit des Thüringer Modells einer Indexierung der Abgeordnetendiäten, *Thüringer Verwaltungsblätter* 1995, S. 104 bis 107

LINCK, JOACHIM u. a.: *Die Verfassung des Freistaats Thüringen, Kommentar,* Stuttgart u. a. 1994

LÖSCHE, PETER: Über das Geld in der Politik, in: Graf von Krockow, Christian/Lösche, Peter (Hg.), *Parteien in der Krise,* München 1986, S. 84–93

—, Die SPD nach Mannheim: Strukturprobleme und aktuelle Entwicklungen, *Aus Politik und Zeitgeschichte, Beilage zur Wochenzeitung Das Parlament,* B 6/96 vom 2. 2. 1996, S. 20–28

MAASS, WOLFGANG/RUPP, HANS H.: *Verfassungsrechtliche Fragen der Abgeordnetenentschädigung in Hessen. Gutachtliche Äußerung für die vom Hessischen Landtag eingesetzte Kommission zur Überarbeitung des Hessischen Abgeordnetengesetzes vom 10. September 1988* (Typoskript)

MACKSCHEIDT, KLAUS: Besprechung von: »Die Partei, der Abgeordnete und das Geld«, *Finanzarchiv* 1992, S. 271

MARDINI, MARTINA: *Die Finanzierung der Parlamentsfraktion durch staatliche Mittel und Beiträge der Abgeordneten,* Frankfurt a. M., Bern 1990

MARTIN, HELMUT: *Staatliche Fraktionsfinanzierung in Rheinland-Pfalz,* Berlin 1995

MAY, RÜDIGER, *Lean Politics. Eine Radikalkur für den Staat*, München 1995

MEIER, HORST: *Besprechung von: »Die Partei, der Abgeordnete und das Geld«*, Zeitschrift für Rechtspolitik 1992, S. 189

MEYER, HANS: Das fehlfinanzierte Parlament, in: Huber/Mößle/Stock (Hg.), *Zur Lage der parlamentarischen Demokratie*, Tübingen 1995, S. 17–70

—, Die Fraktionen auf dem Weg zur Emanzipation von der Verfassung, in: Herta Däubler-Gmelin u. a. (Hg.), *Gegenrede, Aufklärung – Kritik – Öffentlichkeit*, 1994, S. 319–347

MORLOCK, MARTIN: Gesetzliche Regelung des Rechtsstatus und der Finanzierung der Bundestagsfraktionen, *Neue Juristische Wochenschrift* 1995, S. 29–31

MÜHLEISEN, HANS-OTTO (Hg.), *Das Geld der Parteien*, München/Zürich 1986

MÜLLER, UDO: Fraktionsfinanzierung unter Kontrolle der Rechnungshöfe, *Neue Juristische Wochenschrift* 1990, S. 2046–2048

NASSMACHER, KARL-HEINZ: Öffentliche Parteienfinanzierung in Westeuropa: Implementationsstrategien und Problembestand in der Bundesrepublik Deutschland, Italien, Österreich und Schweden, *Politische Vierteljahresschrift* 1987, S. 101–125

—, Öffentliche Parteienfinanzierung in westlichen Demokratien, *Journal für Sozialforschung* 1981, S. 351–374

—, Öffentliche Rechenschaft und Parteienfinanzierung. Erfahrungen in Deutschland, Kanada und in den Vereinigten Staaten, *Aus Politik und Zeitgeschichte, Beilage zur Wochenzeitung Das Parlament*, B 14-15/1982, S. 3–18

—, Parteienfinanzierung im internationalen Vergleich, *Bitburger Gespräche, Jahrbuch 1993/II*, S. 97 ff.

—, Parteienfinanzierung im internationalen Vergleich, *Aus Politik und Zeitgeschichte, Beilage zur Wochenzeitung Das Parlament*, B 8/1984, S. 27–45

—, Parteienfinanzierung als verfassungspolitisches Problem, *Aus Politik und Zeitgeschichte, Beilage zur Wochenzeitung Das Parlament*, B 11/1989, S. 27–38

—, Parteienfinanzierung im Wandel. Einnahmenentwicklung, Ausgabenstruktur und Vermögenslage der deutschen Parteien seit 1968, *Der Bürger im Staat* 1989, S. 271–278

OBERREUTER, HEINRICH: Die Macht der Parteien, in: *Parteien in Deutschland zwischen Kontinuität und Wandel*, München 1992, S. 187–214

OCKERMANN, JÜRGEN: Die staatliche Finanzierung parteinaher bzw. parteibeeinflußter Organisationen im Lichte der Wesentlichkeitstheorie, *Zeitschrift für Rechtspolitik* 1992, S. 323–325

GRAF VON PESTALOZZA, CHRISTIAN: Die Staffeldiät oder: Das Parlament als Dunkelkammer, *Neue Juristische Wochenschrift* 1987, S. 818–821

PAPPI, FRANZ URBAN: *Der Zeitaufwand der Abgeordneten für Parlaments-arbeit (Dezember 1988)*, Schleswig-Holsteinischer Landtag, 12. Wahl-periode, zu Drucksache 12/180

PEINE, FRANZ JOSEPH: Der befangene Abgeordnete, *Juristen-Zeitung* 1985, S. 914–921

PINTO-DUSCHINSKY, MICHAEL: *British Political Finance 1830–1980*, Wa-shington, D.C., London 1981

—, The Party Foundations and Political Finance in Germany, in: F. Leslie Seidle, (ed.), *Comparative Issues in Party and Election Finance*, Vol. 4 of the Research Studies, 1991

PLATE, HEIKO: *Parteifinanzierung und Grundgesetz*, Berlin 1966

RADUNSKI, PETER, Fit für die Zukunft? Die Volksparteien vor dem Superwahljahr 1994, *Sonde* 1991/4, S. 3–8

RASCHKE, JOACHIM, Das Unbehagen an den Parteien, *Gewerkschaftliche Monatshefte* 1992, S. 523–530

ROLL, HANS-ACHIM: Verhaltensregeln, in: Schneider, Hans-Peter/Zeh, Wolfgang (Hg.), *Parlamentsrecht und Parlamentspraxis in der Bundes-republik Deutschland*, Berlin, New York 1989, S. 607–617

RUDZIO, WOLFGANG, Das neue Parteienfinanzierungsmodell und seine Auswirkungen, *ZParl* 1994, S. 390–401

RUNDEL, OTTO: Kontrolle der Fraktionsfinanzen, in: Schneider, Erich (Hg.), *Der Landtag – Standort und Entwicklungen*, Baden-Baden 1989, S. 141–148

RUPP, HANS HEINRICH: Legitimation der Parlamente zur Entscheidung in eigener Sache, *Zeitschrift für Gesetzgebung* 1992, S. 285–293

SCHARPING, RUDOLF: Parlamentarische Demokratie im Wandel, in: Landeszentrale für politische Bildung (Hg.), *Hambacher Disput 1992. Parlamentarische Demokratie in der Krise?*, Mainz 1993, S. 25–32

SCHEUCH, ERWIN und UTE, *Cliquen, Klüngel und Karrieren*, Reinbek 1992

SCHINDLER, PETER: *Datenhandbuch zur Geschichte des Deutschen Bundes-tages 1949–1982*, 3. Aufl. 1984

—, *Datenhandbuch zur Geschichte des Deutschen Bundestages 1983–1991*, 1994

SCHLENKER, HEINZ: Besprechung: »Die Partei, der Abgeordnete und das Geld«, *Verwaltungsblatt Baden-Württemberg* 1991, S. 488

SCHLETH, UWE: Analyse der Rechenschaftsberichte der Parteien für 1968, in: *Zeitschrift für Parlamentsfragen* 1970, S. 128–140

—, Analyse der Rechenschaftsberichte der Parteien für 1969, in: *Zeitschrift für Parlamentsfragen* 1971, S. 139–153

—, *Parteifinanzen. Eine Studie über Kosten und Finanzierung der Parteien-tätigkeit, zu deren politischer Problematik und zu den Möglichkeiten einer Reform*, Meisenheim 1973

SCHMID, JOSEF: Die Finanzen der CDU, in: Wewer, Göttrik (Hg.),

Parteienfinanzierung und politischer Wettbewerb: Rechtsnormen, Realana-lysen, Reformvorschläge, Opladen 1990, S. 235–255

—, Parteien im Föderalismus, *Der Bürger im Staat* 1989, S. 259–263

SCHMIDT, HANS RÜDIGER/STEFFEN, PETER: Standortpapier zum neuen Parteienfinanzierungsrecht, *Mitteilungen des Instituts für Deutsches und Europäisches Parteienrecht*, Heft 4, Dezember 1994

SCHMIDT, WALTER: Besprechung von: »Die Partei, der Abgeordnete und das Geld«, *Die Öffentliche Verwaltung* 1992, S. 414

SCHMIDT-BENS, WALTER, Finanzkontrolle und Fraktionen. Ist das Bayeri-sche Fraktionsgesetz verfassungsfest?, *Zeitschrift für Rechtspolitik* 1992, S. 281–284

SCHMIDT-JORTZIG, EDZARD, Die Steuerungskraft der Verfassungsvorschrif-ten über das Gesetzgebungsverfahren. Zur formellen Rechtmäßigkeit der umstrittenen Novelle des Diäten- und Senatsgesetzes 1987 in Hamburg, *ZParl* 1992, S. 582–604

SCHMIDT-JORTZIG, EDZARD/HANSEN, FRANK: Neue Rechtsgrundlage für die Bundestagsfraktionen, *Neue Zeitschrift für Verwaltungsrecht* 1994, S. 1145–1150

SCHNEIDER, HANS-PETER: Gesetzgeber in eigener Sache, in: Grimm, Dieter/Maihofer, Werner (Hg.), *Gesetzgebungstheorie und Rechtspolitik, Jahrbuch für Rechtssoziologie und Rechtstheorie*, Band XIII, Opladen 1988, S. 327–349

—, Kommentierung des Art. 48 GG, in: *Kommentar zum Grundgesetz für die Bundesrepublik Deutschland (Reihe Alternativkommentare)*, Band 2, Neuwied, Darmstadt, 1984

—, Die politischen Parteien und das Geld, in: *Politik - Verfassung - Gesellschaft. Festschrift Otwin Massing zum 60. Geburtstag*, Nahamo-witz/ Breuer (Hg.), Baden-Baden 1995, S. 335–346

—, *Probleme der Parteienfinanzierung bei der Herstellung der deutschen Einheit*, Kurzgutachten für die SPD (Manuskript), 1990

SCHNEIDER, HANS-PETER/ZEH, WOLFGANG (Hg.): *Parlamentsrecht und Parlamentspraxis in der Bundesrepublik Deutschland*, Berlin, New York 1989

SCHNEIDER, HERBERT: Zum Abgeordnetenbild in den Landtagen, *Aus Politik und Zeitgeschichte, Beilage zur Wochenzeitung Das Parlament*, B5/1989, S. 3–16

—, *Parlamentsreform in Hessen, Gutachten im Auftrag des Bundes der Steuerzahler Hessen e. V.*, Wiesbaden 1990

SCHREIBER, HANS-LUDWIG: *Parteispenden und Strafrecht*, Bergisch-Glad-bach, Köln 1989

SCHÜTTE, VOLKER: *Bürgernahe Parteienfinanzierung*, Baden-Baden 1993

SCHULZE, BURKHARD: Zur Frage der Strafbarkeit der Abgeordnetenbeste-chung, *Juristische Rundschau* 1973, S. 485–488

SCHUMPETER, JOSEPH A.: *Kapitalismus, Sozialismus und Demokratie*, 2. Auflage, Bern 1950

—, Die Krise des Steuerstaates, in: Goldscheid, Rudolf/Schumpeter, Jo-
seph A. (Hg.), *Die Finanzkrise des Steuerstaates. Beiträge zur politischen
Ökonomie der Staatsfinanzen*, 1917, wieder hg. von Hickel, Rudolf,
Frankfurt am Main 1976, S. 329–379

SCHÜNEMANN, BERND: Die strafrechtlichen Aspekte der Parteispendenaffäre – Eine (Zwischen-?)Bilanz, in: de Boor, Wolfgang/Pfeiffer, Gerd/
Schünemann, Bernd, *Parteispendenproblematik*, Köln 1986

SCHUPPERT, GUNNAR FOLKE: Self-restraint der Rechtsprechung. Überlegungen zur Kontrolldichte in der Verfassungs- und Verwaltungsgerichtsbarkeit, *Deutsches Verwaltungsblatt* 1988, S. 1191–1200

SCHWEITZER, KARL CHRISTOPH: *Der Abgeordnete im parlamentarischen
Regierungssystem der Bundesrepublik Deutschland*, Opladen 1979

SEIPEL, HUBERT: *Der Mann, der Flick jagte. Die Geschichte des Steuerfahnders Klaus Förster*, Gütersloh 1985

SENDLER, HORST: Verfassungsgemäße Parteienfinanzierung, *Neue Juristische Wochenschrift* 1994, S. 365–367

SOLMS, OTTO: Der Staat ist keine Beute – Kontrolle kostet Geld, *Focus*
13/1994, S. 50

STEINBERG, RUDOLF: Parlament und organisierte Interessen, in: Schneider,
Hans-Peter/Zeh, Wolfgang (Hg.), *Parlamentsrecht und Parlamentspraxis
in der Bundesrepublik Deutschland*, Berlin, New York, 1989, S. 217–259

*Stellungnahme des Sachverständigengremiums gemäß § 28 des Abgeordneten-
gesetzes*, 1989 (Typoskript)

*Stellungnahme des Sachverständigengremiums gemäß § 28 des Abgeordneten-
gesetzes*, 1992 (Typoskript)

*Stenographische Niederschrift der öffentlichen Anhörung durch die Kommis-
sion zur Überarbeitung des Hessischen Abgeordnetengesetzes zum Gesetzentwurf der Fraktionen der CDU, der SPD, der Grünen und der FDP für
ein Gesetz über die Rechtsverhältnisse der Abgeordneten des Hessischen
Landtags*, Drucksache 12/4803 vom 31. August 1989

*Stenographisches Protokoll über die öffentliche Anhörung von Sachverständigen
in der 36. Sitzung des Innenausschusses des Deutschen Bundestages* vom
21. November 1988

Stiftungsverband Regenbogen: *Die öffentliche Finanzierung politischer
Stiftungen und ihre gesetzliche Regelung*, Dokumentation eines ExpertInnengesprächs am 28. 2. 1994 in Bonn

STOLLEIS, MICHAEL: Parteienstaatlichkeit – Krisensymptome des demokratischen Verfassungsstaats? in: *Veröffentlichungen der Vereinigung der
Deutschen Staatsrechtslehrer*, Band 44, Berlin, New York 1986, S. 7–45

—, *Pecunia nervus rerum. Zur Staatsfinanzierung in der frühen Neuzeit*,
Frankfurt a. M. 1983

TANDLER, GEROLD: Politische Bildung und praktische Politik, in: Hanns-
Seidel-Stiftung, Broschüre: *Eröffnung Bildungszentrum Wildbad Kreuth*,
München (o. J.), 1975/76

THAYSEN, UWE: Die Volksvertretungen der Bundesrepublik und das Bundesverfassungsgericht: Uneins in ihrem Demokratie- und Parlamentsverständnis, *Zeitschrift für Parlamentsfragen* 1976, S. 3–18

TITZCK, KARL-REINHARD: *Verfassungsfragen der Wahlkampfkostenerstattung*,
Baden-Baden 1990

TROLTSCH, KLAUS: Der Verhaltenskodex von Abgeordneten in westlichen
Demokratien, *Aus Politik und Zeitgeschichte, Beilage zur Wochenzeitung
Das Parlament*, B 24-25/1985, S. 3–16

TSATSOS, DIMITRIS TH. (Hg.): *Parteienfinanzierung im europäischen Vergleich*, Baden-Baden 1992

—, Europäische politische Parteien, *Europäische Grundrechtszeitschrift*
1994, S. 45–53

—, *Die parlamentarische Betätigung von öffentlichen Bediensteten. Das Problem ihrer Beschränkbarkeit*, Bad Homburg, Berlin, Zürich 1970

TSATSOS, DIMITRIS/SCHEFOLD, DIAN/SCHNEIDER, HANS-PETER (Hg.):
Parteienrecht im europäischen Vergleich. Die Parteien in den demokratischen Ordnungen der Staaten der Europäischen Gemeinschaft, Baden-
Baden 1990

VIEREGGE, HENNING VON, Die Partei-Stiftungen: Ihre Rolle im politischen
System, in: Göttrik Wewer (Hg.), *Parteienfinanzierung und politischer
Wettbewerb*, Opladen 1990, S. 164–194

VITZTHUM, WOLFGANG GRAF: Probleme der Parteiendemokratie, in: Huber/Mößle/Stock (Hg.), *Zur Lage der parlamentarischen Demokratie*,
Tübingen 1995, S. 71–103

VOGEL, HANS-JOCHEN: Entscheidungen des Parlaments in eigener Sache,
Zeitschrift für Gesetzgebung 1992, S. 293–302

VOGEL, KLAUS: Grundzüge des Finanzrechts des Grundgesetzes, in: Isensee,
Josef/Kirchhof, Paul (Hg.), *Handbuch des Staatsrechts der Bundesrepublik Deutschland*, Band 4, Heidelberg 1990, S. 3–87

*Vorschläge der Diätenkommission zur Neuordnung der Diätenregelung für den
rheinland-pfälzischen Landtag*, Dezember 1992 (Typoskript)

WAGNER, JOACHIM: *Tatort Finanzministerium, Die staatlichen Helfer beim
Spendenbetrug*, Reinbek 1986

WALTHER, CHRISTOPH J.: *Wahlkampfrecht*, Baden-Baden 1989

WASSERMANN, RUDOLF: *Die Zuschauerdemokratie*, Düsseldorf/Wien 1986

WEIZSÄCKER, RICHARD VON: *Die Deutsche Geschichte geht weiter*, 3. Auflage, Berlin 1983

—, *im Gespräch mit Gunter Hofmann und Werner A. Perger*, Frankfurt am
Main 1992

—, Krise und Chance unserer Parteiendemokratie, *Aus Politik und Zeitgeschichte, Beilage zur Wochenzeitung Das Parlament*, B 42/1982,
S. 3–12

WEWER, GÖTTRIK (Hg.): *Parteienfinanzierung und politischer Wettbewerb:
Rechtsnormen, Realanalysen, Reformvorschläge*, Opladen 1990

—, Die Dialektik der Stabilität – Politischer Wettbewerb in der Bundesrepublik Deutschland, in: ders. (Hg.), *Parteienfinanzierung und politi-*

scher Wettbewerb: Rechtsnormen, Realanalysen, Reformvorschläge, Opladen 1990, S. 459–488

—, Eine neue Phase der Parteienfinanzierung in der Bundesrepublik Deutschland hat begonnen – öffentliche Diskussionen, wissenschaftlicher Forschungsstand und offene Fragen, in: ders. (Hg.), *Parteienfinanzierung und politischer Wettbewerb: Rechtsnormen, Realanalysen, Reformvorschläge*, Opladen 1990, S. 12–71

—, Plädoyer für eine integrierende Sichtweise von Parteien-Finanzen und Abgeordneten-Alimentierung, in: ders. (Hg.), *Parteienfinanzierung und politischer Wettbewerb: Rechtsnormen, Realanalysen, Reformvorschläge*, Opladen 1990, S. 420–458; vorab veröffentlicht mit kleinen Abweichungen in: *Forschungsberichte und Diskussionsbeiträge des Instituts für Politische Wissenschaft der Universität Hamburg*, Nr. 33

—, Die »Stiftungen« der Parteien. Weltweite Aktivitäten, aber geringe Transparenz, in: Haungs, Peter/Jesse, Eckhard (Hg.), *Parteien in der Krise? In- und ausländische Perspektiven*, Köln 1987, S. 215–220

—, Unfähig zu strategischem Denken? Sozialdemokraten und staatliche Parteienfinanzierung, in: ders. (Hg.), *Parteienfinanzierung und politischer Wettbewerb: Rechtsnormen, Realanalysen, Reformvorschläge*, Opladen 1990, S. 256–288

WIELAND, JOACHIM: *Rechtsgutachten zur Verfassungsmäßigkeit des Abgeordnetengesetzes des Landes Rheinland-Pfalz*, 1991

WIESENDAHL, ELMAR: Der Marsch aus den Institutionen. Zur Organisationsschwäche politischer Parteien in den achtziger Jahren. *Aus Politik und Zeitgeschichte, Beilage zur Wochenzeitung Das Parlament*, B 21/1990, S. 3–14

WILDENMANN, RUDOLF: *Gutachten zur Frage der Subventionierung politischer Parteien aus öffentlichen Mitteln*, Meisenheim a. G. 1968

—, Kriterien zur Regelung der Parteifinanzen im System der Parteienregierung der Bundesrepublik, in: Mühleisen, Hans-Otto (Hg.), *Das Geld der Parteien*, München, Zürich 1986, S. 80–93

—, *Macht und Konsens als Problem der Innen- und Außenpolitik*, Köln, Opladen 1967

—, *Volksparteien: Ratlose Riesen?*, Baden-Baden 1989

ZUNDEL, ROLF: *Das verarmte Parlament. Der Preis der Stabilität*, München, Wien 1980

521

Register

Es sind nur Eigennamen aufgeführt, die im Text vorkommen – die in den Anmerkungen sind nicht berücksichtigt.

Hans Herbert von Arnim

(80062)

(80021)

(80014)

(80079)